# Ética
# a Nicômaco

O GEN | Grupo Editorial Nacional – maior plataforma editorial brasileira no segmento científico, técnico e profissional – publica conteúdos nas áreas de concursos, ciências jurídicas, humanas, exatas, da saúde e sociais aplicadas, além de prover serviços direcionados à educação continuada.

As editoras que integram o GEN, das mais respeitadas no mercado editorial, construíram catálogos inigualáveis, com obras decisivas para a formação acadêmica e o aperfeiçoamento de várias gerações de profissionais e estudantes, tendo se tornado sinônimo de qualidade e seriedade.

A missão do GEN e dos núcleos de conteúdo que o compõem é prover a melhor informação científica e distribuí-la de maneira flexível e conveniente, a preços justos, gerando benefícios e servindo a autores, docentes, livreiros, funcionários, colaboradores e acionistas.

Nosso comportamento ético incondicional e nossa responsabilidade social e ambiental são reforçados pela natureza educacional de nossa atividade e dão sustentabilidade ao crescimento contínuo e à rentabilidade do grupo.

**FORA DE SÉRIE**

# Aristóteles

# Ética a Nicômaco

TRADUÇÃO DO GREGO
**ANTÓNIO DE CASTRO CAEIRO**

**2ª EDIÇÃO** revista e atualizada

■ A EDITORA FORENSE se responsabiliza pelos vícios do produto no que concerne à sua edição (impressão e apresentação a fim de possibilitar ao consumidor bem manuseá-lo e lê-lo). Nem a editora nem o autor assumem qualquer responsabilidade por eventuais danos ou perdas a pessoa ou bens, decorrentes do uso da presente obra.

Todos os direitos reservados. Nos termos da Lei que resguarda os direitos autorais, é proibida a reprodução total ou parcial de qualquer forma ou por qualquer meio, eletrônico ou mecânico, inclusive através de processos xerográficos, fotocópia e gravação, sem permissão por escrito do autor e do editor.

Impresso no Brasil – *Printed in Brazil*

■ Direitos exclusivos para o Brasil na língua portuguesa
*Copyright* © 2017 by

**EDITORA FORENSE LTDA.**
Uma editora integrante do GEN | Grupo Editorial Nacional
Travessa do Ouvidor, 11 – Térreo e 6º andar – 20040-040 – Rio de Janeiro – RJ
Tel.: (21) 3543-0770 – Fax: (21) 3543-0896
faleconosco@grupogen.com.br | www.grupogen.com.br

■ O titular cuja obra seja fraudulentamente reproduzida, divulgada ou de qualquer forma utilizada poderá requerer a apreensão dos exemplares reproduzidos ou a suspensão da divulgação, sem prejuízo da indenização cabível (art. 102 da Lei n. 9.610, de 19.02.1998). Quem vender, expuser à venda, ocultar, adquirir, distribuir, tiver em depósito ou utilizar obra ou fonograma reproduzidos com fraude, com a finalidade de vender, obter ganho, vantagem, proveito, lucro direto ou indireto, para si ou para outrem, será solidariamente responsável com o contrafator, nos termos dos artigos precedentes, respondendo como contrafatores o importador e o distribuidor em caso de reprodução no exterior (art. 104 da Lei n. 9.610/98).

■ Capa: Danilo Oliveira

■ Fechamento desta edição: 10.05.2017

■ Título original: Hoika nikoauxeia
Tradução de: António de Castro Caeiro.

■ Esta obra passa a compor a série "Fora de série", pela editora Forense, a partir desta 2ª edição.

■ **CIP – Brasil. Catalogação-na-fonte.**
**Sindicato Nacional dos Editores de Livros, RJ.**

A75e

Aristóteles

Ética a Nicômaco / Aristóteles – 2. ed. [3. Reimpr.]– São Paulo: Forense, 2024.
(Fora de série)

Inclui bibliografia
ISBN: 978-85-309-7637-8

1. Aristóteles. Ética a Nicômaco. I. Caeiro, António de Castro. II. Título. III. Série.

| 17-41450 | CDD: 170 |
| | CDU: 17 |

# APRESENTAÇÃO DA EDITORA

O Grupo Editorial Nacional – Editora Forense tem a honra de apresentar a série "Fora de série", que tem por objetivo disponibilizar ao leitor livros fundamentais para a formação do pensamento contemporâneo com uma roupagem moderna e um projeto gráfico diferenciado.

A "Fora de série" traz desde grandes clássicos da antiguidade até importantes pensadores da atualidade, reunindo sob um mesmo selo textos essenciais às Ciências Sociais e Sociais Aplicadas.

As obras selecionadas são parte da base do conhecimento na área de humanidades, sendo leitura indispensável para disciplinas propedêuticas nas Ciências Humanas.

Com um *layout* inovador, a série demonstra e enfatiza que seu conteúdo, mesmo com o passar do tempo, continua vivo e atual.

Boa leitura!

# SUMÁRIO

| | |
|---|---|
| Agradecimentos | IX |
| Apresentação | XI |
| Introdução à Edição Brasileira | 1 |
| Estrutura da Ética a Nicômaco | 15 |
| Livro I | 17 |
| Livro II | 39 |
| Livro III | 53 |
| Livro IV | 75 |
| Livro V | 95 |
| Livro VI | 119 |
| Livro VII | 137 |
| Livro VIII | 163 |
| Livro IX | 185 |
| Livro X | 205 |
| Notas | 229 |
| Bibliografia | 253 |
| Glossário | 261 |

# AGRADECIMENTOS

Esta tradução da *Ética a Nicómaco* não teria sido possível sem uma dispensa das minhas atividades docentes no semestre de Verão do ano letivo de 2001-2002 e que tenho a agradecer ao Departamento de Filosofia da Faculdade de Ciências Sociais e Humanas da Universidade Nova de Lisboa. Imprescindível foi também o apoio da Fundação para a Ciência e Tecnologia que me atribuiu uma bolsa de pós-doutoramento para que pudesse trabalhar durante o referido período na Universidade Albert Ludwig em Freiburg i. B. com o Prof. Dr. F.-W. von Herrmann. Indispensável ao apoio bibliográfico foi o senhor Prof. Dr. Hans-Christian Günther, que me permitiu um acesso incondicionado à biblioteca do departamento de Filologia Clássica da mesma universidade. Agradeço ainda à senhora Prof.ª Dr.ª Maria Helena da Rocha Pereira da Faculdade de Letras de Coimbra a leitura de uma primeira versão da presente tradução que lhe mereceu a redação de um parecer. A esmagadora maioria dos seus conselhos e indicações foram seguidos o mais escrupulosamente possível, mas deverá obviamente ser ilibada de qualquer responsabilidade no resultado final. Agradeço também às senhoras Lúcia Reis e Paula Lobo, que reviram a primeira versão desta tradução, bem como aos senhores Dr. Nuno Horta, Prof. Dr. Rui Pinto Duarte, Dr. Emílio Mesquita, Dr. Ben Almeida Faria e ao Prof. Dr. Pedro Paixão. Sem eles a *Ética a Nicómaco* não teria vindo a lume.

Por fim, gostaria de mencionar o senhor Prof. Dr. Mário Jorge de Almeida Carvalho, responsável pela orientação de seminários livres de tradução do Alemão filosófico, de Grego e de Latim, durante anos a fio no Departamento de Filosofia da F.C.S.H. da U.N.L. Com ele, tive o privilégio de ter aprendido Grego e ter sido introduzido à «coisa» da Filosofia de uma maneira jamais suposta. As suas análises de Platão e de Aristóteles, designadamente da Metafísica e da Ética a Nicómaco, exerceram há quase vinte anos, como exercem, sobretudo agora, sobre mim um fascínio indelével: – πάλιν ἐξ ἀρχῆς!

*O Tradutor*

# APRESENTAÇÃO

Do *corpus aristotelicum*, a *Ética a Nicômaco*[1] é o mais importante dos textos sobre o problema ético na produção de Aristóteles, conjuntamente com a *Ética a Eudemo*, os *Magna moralia*[2] e um pequeno tratado chamado *Sobre virtudes e vícios*.[3] A análise do problema ético em Aristóteles depende de uma caracterização nos seus traços essenciais do seu horizonte específico: o horizonte prático. A identificação deste horizonte e o seu isolamento são operações executadas através de um contraste sistemático com o horizonte teórico.[4] Se a filosofia na sua dimensão teórica visa à constituição de uma situação que permita contemplar a verdade, na sua dimensão prática,[5] contudo, a filosofia tende a expressar-se no agir.[6] A diferença fundamental entre ambas as dimensões reside em que os entes que caem dentro do horizonte teórico não admitem alteração, enquanto os que caem dentro do horizonte prático a admitem. Os entes que se constituem no horizonte prático, as diversas circunstâncias em que de cada vez nos encontramos, as mais diversas situações em que caímos ou que criamos etc., etc. são sempre diferentes.[7]

A par da identificação dos respectivos horizontes e dos entes que os inerem estruturalmente vai a detecção das formas específicas de lhes acedermos. O ponto de vista teórico acede aos princípios fundamentais (ἀρχαί) e às causas (αἰτίαι) responsáveis pelos entes que são inalteráveis em si mesmos e enquanto tais. Mas a teoria acede também a entes sujeitos à alteração, isto é, visa também aos entes que são por natureza (τὰ φύσει ὄντα). Mas uma alteração deste gênero, natural, à qual estão sujeitos os entes naturais é necessária e conforme a uma lei. Na sua possibilidade extrema, a teoria, como contemplação, é sabedoria (σοφία), quer dizer, uma perícia, uma capacidade exímia para pôr a descoberto e compreender intuitivamente no seu isolamento os princípios e as causas das coisas. Princípios e causas das coisas que são assim o alvo visado pelo olhar contemplativo. O prático é um horizonte que admite estruturalmente variação. Como tal, os seus princípios e causas terão de ser necessariamente diferentes dos que presidem ao horizonte teórico. A sua deteção está sob a égide de uma forma diferente de acesso. A perspectiva que abre para eles não pode perder de vista nem as situações concretas em que de cada vez nos encontramos, nem o sentido orientador que planeia, orienta e assim permite agir. Esta disposição desocultante é a *frónesis*, a sensatez. Trata-se da possibilidade extrema do ponto de vista prático, homóloga da sabedoria no ponto de vista teórico.

As ações têm, assim, o seu princípio de ser no Humano enquanto tal. Sem o elemento Humano não há ação. É o próprio Humano que é causa eficiente enquanto motivação da ação. E é também o Humano a causa final da ação, o *terminus ad quem* de todo e qualquer encaminhamento prático. O modelo aristotélico do pensamento da ação é o da produção. Sem dúvida que agir (*agere*) é diferente de produzir (*facere*). Pode haver uma perícia da produção, mas já não uma perícia da ação.

O sentido da palavra «perícia» é equívoco. «Perícia» pode ser um ofício ou uma profissão. Mas tem também o sentido de produção artística, arte. Em ambos os casos, a língua grega faz pensar, de fato, numa fabricação, numa produção. O operador fundamental da perícia é o domínio de uma competência (artístico-técnica), a qual pode ser adquirida por aprendizagem. Para perceber de uma determinada perícia, é necessário exercê-la, pô-la em prática, por assim dizer. Saber é fazer.

Ora, é precisamente aqui que reside a diferença entre o agir e o produzir. O agir não admite perícia. Assim, se considerarmos, a respeito da produção, distintamente cada uma das partes envolvidas no seu processo, isto é, o produzir, o produtor (o perito ou o técnico) e o produto enquanto resultado da sua aplicação, perceberemos a natureza da relação entre cada uma delas. Os entes produzidos por perícia (ἀπὸ τέχνης) existem, de fato, apenas sob a dependência e ação direta do Humano. Ou seja, sem perícia ou perito não existem apetrechos nem obras de arte. Contudo, os produtos de uma perícia são-lhe extrínsecos quando acabados.

Na ação não é assim. Quer dizer, não há aqui distinção entre ato, agente ou o resultado da ação. Agir enquanto tal alberga *a priori* tanto o seu princípio como o seu próprio fim. Por outro lado, agir e produzir têm em comum a natureza do horizonte em que acontecem. Trata-se de um horizonte que admite alteração. Depende do Humano enquanto o seu princípio e fundamento para existir. Mas é o agir, mais do que o produzir, que exprime o Humano enquanto Humano. O Humano enquanto prático é princípio da ação. É ele também que é tido em vista como o seu fim. É no agir que o Humano se pode cumprir na sua possibilidade extrema, como ser ético. A ação é a produção humana enquanto tal em sentido estrito.

A análise de Aristóteles permite-nos, assim, uma recondução do horizonte concreto da ação ao seu princípio. Contudo, o princípio da ação não está ao alcance de uma detecção cognitiva e puramente teórica. Na verdade, há uma distância abissal entre conhecer o princípio da ação e exprimi-lo no agir. O saber prático é adquirido apenas quando se converte em ação realizada. Isto é, não importa saber apenas qual é a possibilidade extrema do Humano, mas saber como ser-se essa possibilidade, existir nela, de acordo com ela, em vista dela. A possibilidade extrema do Humano é a de ele se tornar excelente. Saber o que fazer não é suficiente. Tem de se agir.

Mas de todos os problemas postos, o maior resulta de há já muito termos perdido o contato com o sentido essencial do prático tal como os gregos o experimentavam espontaneamente. É desse sentido que dependem a possibilidade da sua caracterização, enquadramento e compreensão. Caracterizar o horizonte prático é caracterizar a situação específica em que o Humano se encontra. O sentido original do substantivo «*práxis*»[8] é dificilmente vertido para português através de termos como «ação» ou «prática». O verbo «*práttein*» significa passar por, atravessar. Significa também estar sujeito ao acaso, ao feliz tanto quanto ao infeliz. Significa bem assim «levar a cabo», «realizar», «cumprir»[9]. Nesta conformidade, o horizonte prático é o espaço onde tem lugar aquilo por que se passa: as situações em que caímos e as situações que criamos. O Humano existe desprotegido num horizonte que o deixa necessariamente exposto aos reveses da fortuna, aos caprichos do acaso, aos golpes do destino, à adversidade em geral. O mundo em que vivemos, os outros que aí encontramos, nós próprios no que nos dá para fazer, tudo isto forma frentes provocadoras da ação. Mas a ação só acontece quando arranjamos um espaço de manobra para a levar a cabo de livre e espontânea vontade, de forma plenamente consciente.

É, assim, no quadro deste horizonte que Aristóteles procurará circunscrever as diversas possibilidades de nos relacionarmos de modo excelente com o que aí nos acontece.

A indiciação dos fenômenos de natureza prática é feita por afecções disposicionais de sentido, por *páthe*. Estas afecções dispõem-nos bem ou mal, segundo as suas possibilidades-limite. Bem, se se tratar de uma manifestação de prazer ou de qualquer dos seus matizes. Mal, se se tratar de uma manifestação de sofrimento ou de qualquer dos seus matizes. Para além de fazerem sentir a sua presença, manifestarem-se, dizem-nos como é de cada vez conosco. Mais, projetam movimentações de vida com uma determinada orientação e uma dada direção. O prazer lança-nos no encalço de qualquer coisa que nos obriga ou convida a persegui-la. Desencadeia um movimento de perseguição. O sofrimento, contrariamente, leva-nos a evitar qualquer coisa que esteja ligada a essa disposição, obriga-nos a um movimento de recuo, ou fuga. O que assim se esboça de um modo passivo parece deixar-nos sem margem de manobra. Entregues à mera possibilidade de reação às provocações disposicionais, com orientações e direções determinadas em vista dos objetivos e dos fins que se apresentam ora prometedores ora ameaçadores.

O que se procura na análise ética é precisamente uma possibilidade que transcenda uma tal afecção e seja mais do que um mero movimento reativo ao que de cada vez acontece. O que se pretende é poder constituir uma disposição, ἕξις,[10] que, enquanto modo de ser adquirido, permita ultrapassar a passividade patológica e orientar os movimentos de reação dando-lhes um sentido. É através da constituição permanente destas disposições que se forma o caráter. Uma tal constituição depende de se operar uma dissociação entre o plano passivo, em que as mais diversas afecções nos deixam de cada vez em estados diferentes, e um outro plano

# XIV | Ética a Nicômaco · Aristóteles

ativo a constituir-se como disposição permanente do caráter.[11] Só a partir de um tal horizonte, ativamente constituído, é possível apurar do sentido dos movimentos de perseguição e fuga que de cada vez se predefinem. Isto é, se serão encaminhamentos com sentido, ou se, finalmente, percorridos esses lances, não acontecerá, precisamente, deixar-nos numa situação pior do que aquela de que partíramos. A constituição de uma disposição do caráter[12] é uma possibilidade extrema do Humano. O esforço de apropriação desse modo de ser é a atividade específica do Humano enquanto Humano: a tentativa de transcender a condição que naturalmente tende a confiná-lo no âmbito da patologia e da mera passividade.

A análise de Aristóteles procura precisamente identificar um sentido que nos possa servir como orientação prática. O sentido orientador está presente em cada situação em que de cada vez nos encontramos. É esse o seu campo de ação. Mas a sua presença pode não manifestar-se. É o que, de resto, acontece o mais das vezes. É necessário por isso evocá-lo. Um tal plano prático, mesmo que seja interpretado universalmente, será sempre ativado apenas por alguém que se encontra numa determinada situação. É para ele que de algum modo apelamos quando não sabemos o que fazer, quando de algum modo nos encontramos perdidos. É, portanto, a situação concreta em que cada um de nós se pode encontrar que especifica o tempo e a maneira de manifestar-se. Compreende-se, desta feita, por que razão as ações autênticas não são ações em geral, mas o resultado concreto, se assim se pode dizer, da aplicação do princípio de orientação prática.

As ações são τὰ ἐφ' ἡμῖν, *entes* que dependem de nós, isto é, a sua existência passa necessariamente por nós e não existe em lado nenhum no mundo real e objetivo. Dependem exclusivamente de nós. A ação é assim o resultado da aplicação do princípio geral de ação. A sua aplicabilidade depende, contudo, da interpelação que nos fazem as circunstâncias particulares e concretas em que de cada vez nos encontramos. Mas, embora possa existir um plano geral da ação que possa ser observado e seja regulador da mesma, ele apenas se torna constitutivo e formador do caráter se e somente se for aplicado no momento oportuno da sua intervenção. E é aí que se experimenta uma enorme dificuldade. As situações concretas que nos interpelam estão bem caracterizadas. São situações que dão um medo tremendo, ou causam um prazer intenso. Quando nos encontramos em tais situações, esboçamos movimentos de reação. Tentamos fugir ou escapar ao medo, mas também nos podemos atirar na sua direção ousadamente. Podemos ir em busca de um prazer intenso, mas também podemos abster-nos. Não há aqui dificuldade. As hipóteses esboçam-se espontaneamente. Mas apenas de modo reativo. A dificuldade está, antes, em encontrar o sentido orientador que nos permite criar um horizonte aquém daquelas reações. Como diz Aristóteles, encontrar a disposição do meio.

A disposição do meio está numa tensão para o sentido orientador, que evita o excesso e o defeito patológicos que pervertem a nossa capacidade de ação. Agir é possível, mas sem haver nunca uma alteração das condições inalienáveis do ser humano. O Humano está sempre durante toda a sua vida exposto a casos-limite, a circunstâncias particulares e concretas. Essas situações são definidas pelo impacto afetivo ou emocional que causam. As afecções manifestam-se pela sua intensidade. Por excesso e por defeito e obrigam sempre a reações espontâneas. Mas uma reação espontânea enquanto uma reação natural não define *a priori* um caráter, porque, de fato, pode não ter nenhuma ligação com o princípio de ação e não resultar, assim, de nenhum sentido de orientação.

Em causa está precisamente abrir para o Humano um campo, o único, em que eventualmente lhe é deixado algum espaço de manobra. Apenas aí poderá ter cabimento como Humano, isto é, existir de acordo com a possibilidade que o especifica essencialmente: a possibilidade de agir de modo excelente.[13] Abrir este espaço depende do poder de compreensão do Humano como o princípio da ação que lhe é ínsito.

Assim, o processo de deliberação, a definição do caráter voluntário em contraposição ao caráter involuntário da ação, a possibilidade de domínio de si em contraposição à sua falta ou perda, a capacidade de decisão, de fazer escolhas e preterir opções, definem a autenticidade e o caráter sério da ação humana. O sentido orientador define os meios para se chegar ao cumprimento, *télos*, de uma determinada situação. Só nessa altura se age e constitui uma disposição do caráter, um modo de ser permanente que pode ser ativado de cada vez que estamos expostos a situações de perda de domínio, da vontade, da capacidade de deliberação e de decisão.

São estas as operações definidores do caráter. O termo grego traduzido por caráter, *êthos*, significa um local familiar. Aparece originariamente no plural para designar os abrigos ou moradas dos animais. A análise ética não é, por conseguinte, apenas uma análise do caráter do homem, isto é, das formas de comportamento e das espécies de relacionamento com o mundo, com os outros, consigo, tanto de um modo excelente como de um modo perverso.

A análise ética constitui-se como a abertura do horizonte onde o Humano se pode encontrar verdadeiramente domiciliado. Trata-se, pois, do estudo da condição da possibilidade de o Humano se abrir ao *aí* onde se pode cumprir.

Esse cumprimento de si, operado no domicílio específico do Humano, é, na sua possibilidade extrema, a felicidade. O Humano encontra-se desde sempre na existência com um fim já em mãos por cumprir. Na experiência fática da vida, qualquer que seja o seu grau de consciência, procura-se essa forma plena e completa de ser. É já lançados no encaminhamento disso que desde sempre nos encontramos. Em vista desse limite, sabemo-nos desviados ou perdidos de nós. Em vista desse limite, sabemos também estarmos na sua proximidade e vizinhança, tê-lo atingido. Tem, pois, de se pôr a descoberto as condições de possibilidade para encontrarmos os meios que nos permitam evitar o que nos torna infelizes e miseráveis e ir no encalço do que nos torna verdadeiramente felizes.

## XVI | Ética a Nicômaco · *Aristóteles*

Uma tal abertura é feita pela sensatez.[14] Só a sensatez, enquanto uma consciência[15] aguda de si e das situações em que de cada vez nos encontramos, pode detectar as possibilidades do seu desfecho. Só o esforço constante e alerta de recondução da afecção meramente passiva a um sentido que oriente permite lançar bases para o poder de compreensão das movimentações que nos afastam do que é destruidor e permitem acercar-nos do que verdadeiramente constitui constância e estabilidade. Esse é um trabalho a realizar a partir do interior do próprio homem. Um trabalho que procura encontrar uma morada e o verdadeiro domicílio onde se pode ser.

O Humano está assim lançado para a felicidade. Motivado por ela. Para Aristóteles, estar lançado para a felicidade caracteriza essencialmente a existência humana. É por termos um conhecimento deste projeto que nos está dado em mãos que percebemos também estarmos afastados dele ou termos já desistido de ir no seu encalço. Se «ser feliz» é o projeto fundamental da vida humana, é também uma possibilidade sua. Jamais poderá esquecer-se de que tem essa possibilidade. Nesse sentido, a felicidade é o fim, *télos*. O fim enquanto *télos* não quer dizer a derradeira coisa a acontecer. *Télos* significa o que é perfeito, isto é, aquilo ao qual nada falta para ser. O Humano existe, assim, por se cumprir enquanto não for feliz. Ser no encaminhamento da felicidade é ser na tensão para o preenchimento dessa expectativa.

Logo no princípio da *Ética a Nicômaco*, no livro I, a felicidade é definida como «uma certa atividade da alma humana de acordo com a excelência completa». Apenas o livro X esclarece esta definição aparentemente enigmática. A felicidade é identificada com o prazer que resulta da atividade contemplativa. Se no livro I a felicidade é apresentada como o resultado da constituição de uma disposição completa no domínio do ético, sendo a excelência uma disposição ética, ela há de resultar da formação do caráter. Feliz será o corajoso e o temperado, o generoso e o justo, enfim, o homem de excelência. A felicidade resulta assim do esforço da ação humana, da atuação de acordo com o sentido orientador, oculto na maior parte das situações que se formam concretamente na vida de cada um.

No livro X, contudo, a felicidade é compreendida como o resultado de uma atividade, e na verdade, da atividade por excelência da alma humana, a contemplativa. O olhar puro contemplativo abre para o sublime. E esse olhar constitui a possibilidade radical do Humano. Este encontro, esta dispensação de sentido, de contemplação, dá um prazer puro. É atividade pura. Ser por ser. Neste sentido, a felicidade parece resultar de uma situação aparentemente avessa à situação prática definida ao longo de todo o texto da *Ética a Nicômaco*. Mas só aparentemente. Também a θεωρία, a contemplação, o olhar puro, é uma atividade, ἐνέργεια. O trabalho, e ἔργον, específico do Humano depende de uma invocação do poder de compreensão que há em si, aquele poder de compreensão intuitiva que não apenas lhe permite olhar o que lhe é dado ver, mas que abre para, e constitui, o sublime. Essa possibilidade é na sua forma uma atividade, o produto extremo do Humano enquanto divino.

O projeto fundamental do Humano é, assim, a constituição daquele poder de compreensão que inunda tudo no seu todo com o seu olhar, tudo sublima. Esconjurar o poder de compreensão no Humano é a sua tentativa para se libertar da lei da morte, existir o mais possível na dimensão divina que pode alcançar. Essa possibilidade dificilmente é mantida na vida de modo permanente. Não é possível permanecer na contemplação pura para sempre. Mas o esforço de criar e recriar a situação teórica é simultaneamente o esforço de ida ao encontro com o fundamento disposicional que nos permite estar em casa, a demanda por um sítio onde se possa ser, o projeto da saudade de um lugar para si, naquela atmosfera rarefeita em que o Humano existe pura e simplesmente assim só por existir.

*Monte Estoril, 2004.*

# INTRODUÇÃO À EDIÇÃO BRASILEIRA

Nuno Manuel Morgadinho dos Santos Coelho
Universidade de São Paulo

É primorosa a tradução da *Ética a Nicômaco* que chega agora às mãos do leitor brasileiro. Fruto da combinação de uma rara vocação do tradutor para a filosofia, de sua elegância e sobriedade na escrita, e de anos de dedicação ao estudo de Aristóteles[1] e da língua grega, é trabalho de especialista cuja excelência poderá ser provada – saboreada – já no início da leitura do livro, cujo lugar central na história da filosofia é por demais conhecido para que seja necessário argumentar mais.

## 1
### Recuperação da *phronesis* como guia para o aprofundamento da compreensão do direito como pensamento prático e do seu lugar na constituição do humano

Tem grande relevo teórico e prático a nova apropriação, em curso, da ética de Aristóteles nos diversos horizontes do saber e da experiência. Nesta introdução à edição brasileira da tradução de António de Castro Caeiro, gostaria de ressaltar o quão profícua essa reapropriação pode ser no aprofundamento da investigação sobre o pensamento jurídico. É mais que esclarecedor – é inspirador! –, por exemplo, retomar o Livro VI da *Ética a Nicômaco*, que trata das virtudes dianoéticas, virtudes do pensar, e da sua relação decisiva com as virtudes éticas – virtudes do desejar.

---

[1] Vide, por exemplo, seu *A aretê como possibilidade extrema do humano*: fenomenologia da *praxis* em Platão e Aristóteles.

# 2 | Ética a Nicômaco · *Aristóteles*

Trata-se de um texto chave para a compreensão de toda a ética de Aristóteles e também do direito em sua dimensão de prática realização. Encontra-se ali o conceito fundamental de *phronesis*,[2] excelência ou virtude de uma das partes da alma capaz de razão, e como tal uma possibilidade extrema do humano.

A *phronesis* é excelência do pensar as coisas que encontram no homem a sua causa, inaugurando-se a ética sobre a possibilidade do agir do humano sobre o mundo, perfazendo-o,[3] e sobre si mesmo.

É possível renovar a teoria do direito e o próprio pensamento jurídico, como modo de estar no mundo, a partir da noção fundamental de *phronesis*, a partir de uma leitura contemporânea da *Ética a Nicômaco* que faça justiça tanto a Aristóteles como às exigências de nosso tempo.

A felicidade enquanto tarefa de autorrealização do homem como humano compreende-se no horizonte da *phronesis*, horizonte este partilhado com as virtudes éticas. A *phronesis* preside à conformação das virtudes éticas, e assim à constituição do caráter do homem. A *phronesis* orienta a autoconstituição do homem como homem sério, guiando o seu viver e permitindo-lhe ascender ao bem viver, para além do aprisionamento na paixão e na sensibilidade (mas delas nunca prescindindo, enquanto humano: no seu horizonte e no seu exercício o homem se descobre e se mantém humano – nem deus, nem fera, mas intervalo em que a liberdade e a ética fazem sentido) e em direção ao autodomínio e à felicidade. É pelo exercício da *phronesis* que o humano se levanta por sobre a necessidade simples e imediata para conformar sua própria vida, valorando cada situação em que se encontra e instituindo critérios sobre o agir que podem aquilatar o valor da própria vida. O valor já não reside simplesmente em viver, não vale qualquer vida, mas a vida boa, medida por critérios (fins) em honra dos quais, dependendo das circunstâncias, pode ser preferível morrer exatamente em homenagem a bem viver.

Esta descoberta – este soerguimento do humano para além do simples viver – é momento angular da invenção da filosofia e da autoafirmação da Grécia como inédita civilização fundada na ciência:[4] o tomar a vida nas próprias mãos e a assunção pelo homem da responsabilidade por si mesmo faz dos poemas homéricos a pedra angular da vida grega e a peça inaugural de toda ética.[5]

---

[2] *Phronesis* geralmente traduz-se, por via do latim, como *prudência*. Caeiro, com bom motivo, prefere *sensatez*.

[3] O universo da *phronesis* é o daquilo que pode ser diferente do que é – encontrando no humano o seu princípio – no que se distingue da outra virtude intelectual que também é possibilidade extrema do humano – a *sophia* – que atine ao que é necessário, ao que escapa ao poder performativo do humano e diante do qual há contemplação.

[4] *Vide* PATOČKA, Jan. *Platon et l'Europe* – Séminaire privé du semestre d'été 1973; CHVATIK, Ivan. *The heretical conception of the european legacy in the late essays of Jan Patočka*.

[5] Para uma detalhada reconstrução do itinerário do conceito de *aretê*, essencial para acessar e situar o pensamento ético de Aristóteles, *vide* JAEGER, Werner. *Paideia. A formação do*

Introdução à edição brasileira | 3

A estes textos, e a toda a tradição cultural que eles fundam, a ética aristotélica liga-se evidentemente – não bastasse para tanto o seu habitual recurso metódico às opiniões venerandas como ponto de partida dialético[6] – e procura ser o seu continuador (Aristóteles pensa-se ele mesmo educador e legislador, como Homero e Platão, mas com uma peculiar consciência dos limites de todo legislador e de toda ciência ética) – a ética não é uma peça de interesse principalmente científico, mas é prática: ela pretende tornar os homens bons, e é isso que objetiva quem escreve – e lê – sobre ética.

Falar da *phronesis* requer retomar todo o conjunto da ética de Aristóteles assim como o seu lugar no universo ético grego – e retomar também o pensamento político de Aristóteles. Todo pensamento ético em Aristóteles é ao mesmo tempo político e jurídico. Pode-se aceitar a afirmação de que o pensamento grego moveu-se na unidade sincrética entre moral, política e direito,[7] e acompanhar a tese de que a consciência jurídica apenas se autonomiza na experiência jurídica romana.[8] De fato, a experiência grega não oferece os elementos para a compreensão do direito em sua específica autonomia. Qual será então o interesse, para a compreensão do direito como pensar tal como pressuponho aqui, desta recuperação do pensamento ético grego, e especialmente de Aristóteles?

Embora não se possa falar de autonomia do direito entre os gregos, reconhece-se o mérito excepcional de Aristóteles de ter assinalado, pela primeira vez e em termos absolutamente explícitos, a autonomia do pensamento prático, da razão mobilizada no agir, em contraposição à razão teórica, epistêmica, que está em jogo na ciência. A compreensão desta sua lição pode desfazer muitos dos equívocos da

---

homem grego: "O testemunho mais remoto da antiga cultura aristocrática helênica é Homero, se com este nome designamos as duas epopeias: a Ilíada e a Odisseia. Para nós, ele é ao mesmo tempo a fonte histórica da vida daqueles dias e a expressão poética imutável de seus ideais." Em Homero aparece a palavra *aretê*, "o tema essencial da história da formação grega", para o qual "não temos na língua portuguesa um equivalente"; "mas a palavra 'virtude', na sua acepção não atenuada pelo uso puramente moral, e como expressão do mais alto ideal cavaleiresco unido a uma conduta cortês e distinta e ao heroísmo guerreiro, talvez pudesse exprimir o sentido da palavra grega [...] na sua forma mais pura [...] é no conceito da *aretê* que se concentra o ideal de educação dessa época".

[6] Sobre o método da exposição e da investigação na Ética Nicomaqueia, *vide* BERTI, Enrico. *As razões de Aristóteles*; VAZ, Cláudio Henrique de Lima. *Platão revisitado.* Ética e metafísica nas origens platônicas; FERRAZ JUNIOR, Tercio Sampaio. *Estudos de filosofia do direito.* Reflexões sobre o poder, a liberdade, a justiça e o direito.

[7] "Faltou à cultura ática o perfeito isolamento lógico da norma jurídica", razão pela qual "em que pese a grande elaboração do pensamento ático, sua formulação cuidadosa e acabada, uma doutrina do Direito ático não pode, ainda hoje, apesar da elaboração constante que vem sofrendo sua sistemática, ser mais que um aglomerado de problemas dispersos", que se deve "à ausência, na Grécia antiga, de uma ciência do direito". FERRAZ JUNIOR, Tercio Sampaio. *Estudos de filosofia do direito.* Reflexões sobre o poder, a liberdade, a justiça e o direito, p. 143.

[8] SALGADO, Joaquim Carlos. *A ideia de justiça no mundo contemporâneo.*

filosofia jurídica e moral moderna e contemporânea. Os contornos com que nitidamente descreveu a *phronesis* – como excelência na racional mobilização de meios na turbulência de uma situação concreta sempre única e irrepetível – fazem da teoria aristotélica do pensar prático uma reflexão ainda hoje e cada vez mais poderosa sobre o significado e sobre o que está em jogo em todo agir. Se a *phronesis* não é uma excelência (uma forma de pensar) especificamente jurídica, não deixa de ser central também para o direito na medida em que é mobilizada em todo agir, em toda e qualquer circunstância no horizonte prático.

As relações entre a *phronesis* e o direito tornam-se particularmente importantes em razão da especial posição da justiça no conjunto das virtudes éticas, sempre conformadas mediante orientação da *phronesis*. Todas as virtudes éticas são formas de justiça, e a justiça está em jogo em todo agir. Por consequência (na medida em que a *phronesis* orienta todo agir verdadeiro), o exercício da *phronesis* é sempre uma forma de realização da justiça, especialmente da justiça como equidade que realça o caráter sempre situado, sempre circunstancial, de toda decisão prática, e o desafio de sua adequação e contemporaneidade.

Toda decisão ética – todo exercício da *phronesis* – é nova, empenhando a cada vez o homem sério na desocultação da verdade prática. O exercício da *phronesis* se liga assim ao sentido profundo da equidade, que torna o agir sempre um desafio, mantendo o caráter do homem a cada vez em jogo, assim como a sua própria felicidade. Como a lei tem sempre de ser "adequada" à circunstância atual do agir, ela tem de ser "descoberta" sempre novamente. Isso impõe à razão prática, a cada vez que se exercita na descoberta do justo, sempre um problema novo.

O homem nunca se livra deste desafio e deste risco que o perfazem como humano (ou seria deus): a cada vez tem de descobrir o que é o bem. O melhor a fazer não está predefinido com abstração da situação, mas é descoberto na história e por quem se integra na vida da comunidade – enquanto participa e se doa – autorrecuperando-se na sua própria história pessoal de pertença à comunidade. Tal tarefa ninguém a inaugurou – cada um vai recebê-la pela educação e por todos os modos de socialização – e pela *phronesis* deve reassumi-la, reafirmá-la, sempre, porém, de um modo diferente, conduzindo sua vida em atenção aos cânones comunitários do viver bem, mas ao mesmo tempo transcendendo-os ao participar da determinação do sentido público de vida boa na medida em que decide (como é) (o que é) viver bem, a cada situação em que deve agir.

Reconstruindo a teoria aristotélica da *phronesis*, encontram-se importantes respostas acerca do tipo de pensamento que o direito é, e para a pergunta sobre se este pensar encerra alguma racionalidade, sobre se pode ser descrito como um modo racional de divisar o mundo e o outro.

A recuperação de Aristóteles permite uma nova saída para o falso, mas angustiante, dilema em que se enreda a filosofia moral e jurídica contemporânea, em aporia entre cognitivismo e irracionalismo, sugerindo que estas não são as únicas

Introdução à edição brasileira | **5**

saídas para a filosofia do agir. Antes, desoculta-se a via própria e adequada da racionalidade prática, em cujo horizonte específico redescobre-se o homem como autor do mundo, como criador da ordem e de si mesmo, no exercício da razão prática.

Mas tampouco a ordem figura como fruto da vontade como mero capricho, mas da escolha racionalmente refletida e balizada pelos elementos da situação e condicionada (possibilitada) pela tradição em que o próprio ser do humano se põe também em jogo e se decide.[9]

## 2

## O horizonte específico da ética e o seu compromisso com a felicidade como consumação do humano

A especificidade do humano distingue os horizontes da ética aristotélica. É a sua marca ser híbrido: ele habita o hiato entre o animal e o deus, e por isto faz sentido a ética, que tem por objeto o desejo e o esforço por sua conformação pela razão tendo em vista o viver bem (*eu zen*).

O estudo da alma (*psyqué*)[10] é um dos pontos de partida da reflexão ético-política de Aristóteles.[11]

---

[9]   "Do próprio homem, pois, depende ser bom ou mau: em conclusão, ele é pai e filho ao mesmo tempo de suas ações, as quais, depois de haver chegado a gerar seus hábitos espirituais, se convertem em manifestações ou indícios deles." MONDOLFO, Rodolfo. *O Homem na cultura antiga*. A compreensão do sujeito humano na cultura antiga.

[10]   Anota Caeiro que "o termo *psyquê* é traduzido por alma humana. O que os gregos visavam com o termo era, também, a lucidez, a vida, a existência que acontecem ao Humano". A alma não é um outro ente dentro do corpo, mas é enteléquia do corpo. Diz Aristóteles: "A atualização dos processos ativos parece residir no paciente que se encontra afetado por essa disposição que é produzida; a alma é aquela 'coisa devido à qual vivemos, sentimos e pensamos' segundo o primeiro princípio; assim seria a alma a noção ou forma e nunca, a matéria ou substância. Conforme já afirmamos, a substância pode ser entendida segundo três acepções: forma, matéria ou composto dos dois. Equivale a matéria à potencialidade enquanto a forma, à atualidade, não podendo o corpo ser a atualidade da alma devido à mistura que é algo de inanimado, podendo, todavia, a alma ser a enteléquia de algum corpo. Por esta razão está certa a teoria daqueles que consideram ser impossível a alma existir para além do corpo, não sendo, porém, propriamente um corpo segundo um sentido qualquer. Não é ela um corpo, encontrando-se, por conseguinte, associada a um corpo e, por isso, residindo num corpo que é, por sua vez, um corpo determinado." *De Anima*, II, 414 a 11-20. ARISTÓTELES. *Da alma (De Anima)*.

[11]   "E por isto o político deve conhecer o que se refere à alma, assim como aquele que cura os olhos deve saber também sobre todo o corpo" – *EN*, I, 13, 1102a 17-20. Na tradução de Caeiro: "a felicidade é uma atividade da alma. Assim sendo, é evidente que o perito em política deve saber como é com as coisas respeitantes à alma, do mesmo modo que o terapeuta dos olhos não trata exclusivamente deles, mas trata também de todo o corpo".

# 6 | Ética a Nicômaco · *Aristóteles*

Aristóteles compreende a alma no horizonte da reformulação socrática do problema do homem como o problema da alma: Sócrates, à pergunta "o que é o homem?", pela primeira vez respondeu: "o homem é a sua alma", entendendo a alma como a consciência inteligente e responsável. Fazendo-o, Sócrates promoveu a guinada para o interior do homem no âmbito da reflexão sobre o comportamento e a normatividade, fazendo com que mereça ser reconhecido como o fundador da ética.[12]

Aristóteles reelabora a tripartição acadêmica da alma. Também para Platão, a alma é composta por diferentes partes – concupiscível, irascível e intelectiva.[13] Mas é diferente a tripartição proposta por Aristóteles, que parte "da análise geral dos seres vivos e das suas funções essenciais"[14] para apontar a existência das partes ou funções da alma: a vegetativa, a sensitiva e a intelectiva, cada qual animando um tipo de operação própria do organismo.

As duas primeiras perfazem a parte irracional (*alogon*) da alma, e são partilhadas pelo humano com outros seres vivos: a parte vegetativa, responsável pela nutrição, reprodução e crescimento, é comum a todos os seres vivos, vegetais e animais (e entre estes, os humanos); a parte sensitiva, responsável pelas sensações, apetites e movimento, é comum a humanos e aos demais animais. A intelectiva é a parte racional da alma, e é exclusiva do humano, entre os animais. Mas a posse da faculdade ou parte racional, no humano, depende da posse também das outras dimensões (irracionais),[15] o que o torna não exclusiva ou completamente racional, mas institui um permanente diálogo e tensão que abre espaço para o homem decidir-se.

---

[12] Entre as características da ética socrática, esta, em que "se manifesta propriamente a originalidade do ensinamento socrático, é formada pelos temas específicos que a tradição reconhecerá como aqueles que compõem para a história a figura do Sócrates moralista e de sua doutrina. Esses temas são o tema do *homem interior* (*psyqué*), o tema da *verdadeira sabedoria* (*sophrosyne*) e o tema da virtude (*aretê*). O tema do homem interior ou da alma (*psyché*) no sentido especificamente socrático, e que assinala uma profunda revolução no curso do pensamento antropológico grego, constitui o motivo dominante da interpelação dirigida por Sócrates aos cidadãos de Atenas, tendo em vista mostrar-lhes que o verdadeiro valor do homem reside no único *bem* inatingível pela inconstância da fortuna, a incerteza do futuro, a precariedade do sucesso, as vicissitudes da vida: o bem da alma". VAZ, Henrique Cláudio de Lima. *Escritos de filosofia IV*. Introdução à filosofia 1, (grifos no original).

[13] *A República*, IV, 436 a-b.

[14] REALE, Giovanni. *História da filosofia antiga*. Platão e Aristóteles.

[15] *Vide* REALE, Giovanni. *História da filosofia antiga*. Platão e Aristóteles. ARISTÓTELES. *A Política*. Tradução de Nestor Siqueira Chaves: "sendo o homem formado de duas partes – a alma e o corpo, sabemos que a alma compreende igualmente duas partes: aquela que possui a razão e a que dela é privada, e que cada uma dessas duas partes tem as suas disposições ou maneiras de ser, das quais uma é o desejo, e outra a inteligência. Mas como, na ordem da procriação, o corpo está antes da alma, assim a parte irracional está antes da parte racional.

Introdução à edição brasileira | **7**

O agir do humano determina-se pela relação entre a parte irracional-sensitiva da alma e a parte da alma que tem a razão. A parte sensitiva da alma abriga os desejos, os sentimentos, as paixões, as sensações e o princípio de todo movimento do ser vivo. A mais importante e mais característica das funções da alma sensitiva é a sensação (*aisthêsis*), capacidade de receber as formas sensíveis sem a matéria, possibilitadora da fantasia, da memória e da experiência como acúmulo de fatos mnemônicos. O desejo ou apetite (*orexis*) nasce em consequência à sensação: a faculdade apetitiva (desejante) acompanha necessariamente a sensitiva: o apetite é o desejo, ardor e vontade. Quem tem sensação (e todos os animais têm pelo menos um: o tato) sente prazer e dor – e o desejo é o apetite do agradável.[16]

Todo movimento do ser vivo deriva do desejo, da faculdade apetitiva. Assim se relacionam o movimento, o desejo e a sensação: a sensação (percepção do objeto desejado) provoca o desejo, que move o ser vivo. A sensação é condição de possibilidade de todo desejo e de todo movimento. O ponto fulcral da vida ética é o agir, e agir, como movimento, não existe senão por força desta parte da alma.

Mas a capacidade nutritiva e a sensitiva não bastam para explicar a vida do homem, que requer ainda a introdução de um princípio que ele não comparte com os restantes seres vivos e cuja presença torna-o especificamente humano: a parte da alma que tem a razão, responsável pelo pensamento (sua função própria é o pensar: *dianoia*) e todas as operações a ele ligadas.

A parte racional da alma é o que há de divino no humano, é o que o homem tem em comum com deus. G. Reale realça a passagem em que Aristóteles afirma que "o intelecto vem de fora e só ele é divino":[17] o *nous* não é transmitido pelo pai ao filho (como as demais faculdades da alma, inferiores), mas "vem de fora".[18] O significado

---

Aliás isto é evidente; porque a cólera, a vontade e mesmo os desejos se manifestam nas crianças desde os primeiros dias da existência, ao passo que o raciocínio e a inteligência só se mostram naturalmente após um certo desenvolvimento. Eis por que é preciso prestar os primeiros cuidados ao corpo, antes da alma; em seguida ao instinto. No entanto, só se deve formar o instinto pela inteligência, e o corpo pela alma".

16  *De Anima*, II, 414 a-b.

17  ARISTÓTELES. *A geração dos animais*, B 3, 736 b27-28 – *Apud* REALE, Giovanni. *História da filosofia antiga*. Platão e Aristóteles, p. 397.

18  Isso de vir o *nous* "de fora" tem a ver com a expressão com que Aristóteles refere a parte superior da alma, racional: ele não diz "alma racional" mas alma "que tem a razão" (*lógon échon*). Ainda sobre a divindade no homem, é preciso anotar que toda a sua alma participa do divino: assim, a parte vegetativa, sendo responsável pela reprodução aproxima o homem da eternidade de deus. Em alguma medida, todo animal participa de deus, o que está de acordo com a concepção grega de uma ordem do ser absolutamente integrada. Mas a parte racional é a que faz com que o homem mais se aproxime de deus, sendo esta a sua possibilidade extrema, fazendo com a felicidade seja afirmada como contemplação, na *sophia*...

# 8 | Ética a Nicômaco • *Aristóteles*

desta passagem permanece enigmático,[19] mas ela é esclarecedora da diferença de natureza das partes da alma do humano, que resta assim um ser composto, cuja parte divina consiste decerto em sua parte superior, devendo, portanto, governar o todo no homem excelente e na realização da possibilidade mais própria do humano (e por isso a sua felicidade estará na atividade em conformidade com essa possibilidade). Mas o agir do humano nunca prescindirá do movimento que lhe imprime sua capacidade sensitivo-apetitiva: nunca prescindirá, no agir, da parte animal de sua alma. Como quero sublinhar enfaticamente, o agir empenha a totalidade do homem, toda a sua alma e o seu corpo.

No Capítulo 7 do Livro I da *Ética a Nicômaco*, nas indicações introdutórias do problema da felicidade (que é no final das contas o problema de toda a ética e da política), Aristóteles pergunta pelo especificamente humano, já que definir a essência da felicidade depende da descoberta da função específica do humano. Há alguma função própria para o humano como humano? Ele raciocina que o que distingue o humano não pode ser simplesmente o viver, pois a vida o humano compartilha com as plantas – deverá, então, tratar-se de uma vida peculiar, mas tampouco será esta a vida perceptiva, comum a todo animal. Aristóteles conclui que o específico do humano é uma certa vida ativa na dimensão da alma capacitante de razão. O específico do humano é a vida própria do ente que tem razão. A realização do humano será o progredir na direção da sua melhor possibilidade, na realização em si da sua melhor parte, sua alma divina. É caminhar na direção da divindade; nesse caminhar consiste a felicidade. A ética tem por objeto exatamente a realização da excelência como cumprimento do fim do homem, que é a afirmação do que há de divino nele.

Há uma importante distinção a apartar as duas diferentes partes da alma irracional, possível de vislumbrar na sua relação com a parte da alma que tem a razão. A parte irracional é dupla: ao lado da vegetativa está a apetitiva/desejante, mas esta última participa da razão na medida em que é capaz de obedecer-lhe, se o homem é moderado. Aqui reside a possibilidade de toda exortação e repreensão (cuja existência comprova a diferença entre essas partes da alma e a possibilidade da submissão de uma à outra; abre-se o campo da persuasão, como fruto de uma

---

[19] "Mas é igualmente verdade que, mesmo vindo 'de fora', ele permanece na alma (*ev te psiche*) por toda a vida do homem. A afirmação de que o intelecto vem de fora significa que ele é irredutível ao corpo por sua intrínseca natureza, e é transcendente ao sensível. Significa que em nós há uma dimensão metaempírica, suprasenssível e espiritual. E isso é o divino em nós". REALE, Giovanni. *História da filosofia antiga*. Platão e Aristóteles, p. 397. Esta referência ao fato de a alma possuir o *logos* pode ser lida também como a afirmação de que o *logos* possui a alma; eu leio isto como a participação do humano no divino que está presente em todo *cosmos* e o sustém. Este "possuir o *logos*" é um participar, é um integrar-se e portanto é um entregar-se... Eu não envereda agora por este caminho, pois evito problematizar as relações entre ética e metafísica em Aristóteles neste trabalho, a que não refiro para além das estritas necessidades da argumentação.

interação entre as dimensões da alma, que assume a forma de um diálogo). É argumentativa a relação entre a razão ativa e a faculdade de desejar (dimensão apetitiva da alma irracional), que por esta perspectiva pode ser apresentada também como uma parte racional da alma, na medida em que, como desejo, é capaz de se deixar orientar pela parte superior da alma, que tem a razão.[20] Neste último sentido (em que se entende que a faculdade de desejar, a parte apetitiva da alma, integra a alma que tem a razão), também a parte racional da alma mostra-se dupla, compondo--se pela parte capacitante da razão, que é a parte que tem a razão e que a exercita (sentido estrito e forma absoluta com que Aristóteles fala da razão do homem), e a parte capaz de obedecer-lhe (tal como descreve o desejo em sua possibilidade de obedecer à razão, em comparação a um filho, capaz de "ouvir" seu pai). Esta última pertence a um tempo à parte irracional da alma e à parte racional. No homem que tem autodomínio, esta parte (o desejo) obedece ao comando da razão e toda a alma ressoa em uníssono.

Mas a relação entre a razão e o desejo é sempre problemática. A faculdade de desejar – a vontade – é capaz de razão em sentido passivo (em que pode deixar-se convencer pela razão), mas ao mesmo tempo é capaz também de incapacitá-la, na medida em que pode "não dar ouvidos" ao que lhe dita a parte superior da alma. Nesta hipótese, a parte inferior da alma porta-se frente à parte racional como o membro paralisado do corpo, que se move para a esquerda quando se quer movê-lo para a direita, e pode mesmo incapacitar a própria razão, tornando o homem não apenas incapaz de desejar o bem, mas mesmo de o discernir.[21]

Na investigação sobre a natureza da virtude, Aristóteles apresenta os três tipos de fenômenos que ocorrem com a alma: afecções (*pathê*), capacidades (*dinamis*) e disposições (*hexis*). São afecções da alma o desejo, a ira, o medo, a audácia, a inveja, a alegria, a amizade, o ódio, a saudade, o ciúme, a compaixão e tudo o que se acompanha do prazer ou sofrimento, as paixões que nos movem e que encontram na parte sensitiva da alma a sua sede.[22] Tais afecções são o "material" da ética e tudo aquilo com que o homem deve haver-se a cada vez em que age, desafiando-o a conduzir-se bem. É apenas por a alma do humano contar constitutivamente com a parte sensitivo-apetitiva (que ele comparte com o animal e que faz dele parcialmente animal) em que têm lugar as afecções, é que se coloca para ele a possibilidade e o desafio ético. Evidentemente, encontrando-se as afecções na parte sensitiva da alma, também os animais as experimentam, e é aí, precisamente, que se desenha com nitidez o caráter especificamente humano da ética, que apenas tem lugar a partir da tensão que o seu caráter compósito (deus-animal) estabelece no homem.

---

[20] "A alma se compõe de duas partes: uma traz em si mesma a razão; a outra não a traz em si, mas pode obedecer à razão. É nessas duas partes que residem, na nossa opinião, as virtudes que caracterizam o homem de bem." ARISTÓTELES. *A Política*.

[21] *EN*, I, 12, 1102 b15-35.

[22] *EN*, II, 5, 1105 b19-24.

# 10 | Ética a Nicômaco • *Aristóteles*

Se o homem fosse apenas sensação e apetite, sem contar também com a parte da sua alma que tem a razão, sua relação com suas afecções (com seus medos, seus desejos, seu apetite) seria de simples sujeição, assim como é a relação de qualquer animal irracional com seus impulsos. Apenas na medida em que o homem é também racional surge para ele o desafio de controlar e dominar e por fim educar e conformar o seu desejo, isto é, a parte irracional-apetitiva de sua alma, impondo- -lhe a direção e a medida tal que lhe indica a sua razão, como sentido orientador (*orthos logos*). Isto abre para que, ao lado das capacidades (que são condições de possibilidade de o homem ser afetado por afecções, como capacidade de ter afec- ções, de se emocionar), surjam as disposições ou hábitos, conceito capital da ética aristotélica, que são aquilo de acordo com que o homem se comporta bem ou mal relativamente às afecções.[23]

Se o homem fosse apenas animal, seria levado cegamente por suas afecções e jamais se colocaria para ele o problema do agir e do viver bem, e assim não teria sentido qualquer ética. Mas se ele fosse apenas deus, determinando-se automatica- mente pelo que dispõe a razão, não surgiria o bem como um problema, como um desafio. Seu simples viver seria já bom.[24]

A ética surge nessa tensão constitutiva do humano, e todo o seu programa consiste em elevar o homem da brutalidade em direção à divindade, o que se confunde com a realização de si mesmo (ou com a realização de si como o melhor de si mesmo), na sua dimensão mais própria, como ser racional. Trata-se portan- to de um esforço de autoconformação em que o homem se autoconquista e se transforma, através da habituação como um processo de submissão da parte infe- rior da alma à superior, da conquista cotidiana de bons hábitos tais que resultem na conformação do modo de desejar. É importante não perder de vista que este processo de submissão do apetite-vontade-desejo em favor da razão não pode implicar a subtração daquela parte irracional da alma, mas a sua elevação, tanto quanto possível. O desejo deve acostumar-se a obedecer aos ditames (conselhos) da razão, até mesmo ao ponto de poder considerar-se uma parte passiva da alma racional, mas não ocorrerá nunca de ser substituída pela razão: o humano já não se moveria se isto acontecesse (é o desejo que move o animal); ao mesmo tempo, as afecções devem ser reconduzidas ao seu devido lugar e podem mesmo ser re- educadas ao ponto de o homem conformar o seu próprio sentir – mas não pode- rão nunca deixar de marcar o homem. Ser insensível, para Aristóteles, não é uma virtude, mas uma forma de monstruosidade.

---

[23]  *EN*, II, 5, 1105b 25-26.

[24]  Mas não seria bom para o humano. Nussbaum insiste muito no valor dessa diferença do especificamente humano face ao deus. Vide seu *La fragilidad del bien*. Fortuna y ética en la tragedia y la filosofía griega.

Introdução à edição brasileira | 11

A definição do humano exposta a partir de considerações psicológicas mostra o humano como em parte racional e em parte irracional, e denota como o *agir* é próprio (exclusivo) do humano, por ter a alma assim dividida. Um deus não age, assim como não age um animal. O agir possibilita-se nessa tensão entre o desejar e o pensar. Como para o deus essa tensão não existe (ele quiçá vive a identidade entre o que deseja e o que sabe ser o melhor – ou ele nem sequer deseja, e por isso não se move...),[25] assim como tampouco existe para a besta (o animal move-se por seu simples desejo), apenas o homem é um ser ético.

## 3
## Os horizontes da ética: a incompletude e a fragilidade do humano

Marca o humano a sua incompletude, que deve ser entendida em diversos sentidos: (a) incompletude como o não bastar-se a si mesmo do humano isolado, sendo levado, por esta sua natureza, a associar-se; (b) incompletude do humano como ser inacabado: a tensão entre o desejo e a razão institui nele a possibilidade-necessidade de concluir-se, de finalizar-se como caráter e como inteligência; (c) incompletude do universo no horizonte prático. Todas estas acepções encontram-se ligadas, esclarecendo-se e requisitando-se mutuamente.

A autarquia (*autarkeia*) é uma noção fundamental da ética grega. Em muitas passagens da *Ética a Nicômaco*, ela é afirmada como o fim do humano, confundindo-se com a felicidade (*eudaimonia*).[26] No início da *Política*, Aristóteles esclarece que o fim para o qual todo ser foi criado é bastar-se a si mesmo.[27] A afirmação de que "o homem é naturalmente um animal político, destinado a viver em sociedade" vincula-se à sua natureza especificamente humana, entre o animal e o deus.[28]

---

[25] O deus não deseja. Ele é pura contemplação. Por isso é imóvel. A razão humana também se marca por esta singularidade: uma razão meramente contemplativa não é própria do humano. A razão do homem dirige-se para o agir, conforma o agir – esse tipo de razão (prática) não faz sentido para o deus.

[26] "Existe, pois, uma correlação necessária entre *eudaimonia* e liberdade, e é como consequência dessa correlação que se deve atribuir ao exercício da 'vida no bem' (*eu zen*) a autonomia ou a autocausalidade no domínio de si mesmo (*autarkeia*) que define o ser livre." VAZ, Henrique Cláudio de Lima. *Escritos de filosofia IV*. Introdução à filosofia 1.

[27] ARISTÓTELES. *A Política*. Tradução de Nestor Siqueira Chaves: "a condição de bastar-se a si próprio é o ideal de todo indivíduo, e o que de melhor pode existir para ele".

[28] "Aquele que, por instinto, e não porque qualquer circunstância o inibe, deixa de fazer parte de uma cidade, é um ser vil ou superior ao homem". E ainda: "aquele que não pode viver em sociedade, ou que de nada precisa por bastar-se a si próprio, não faz parte do Estado; é um bruto ou um deus". ARISTÓTELES. *A Política*.

# 12 | Ética a Nicômaco · *Aristóteles*

Este específico do homem é que o torna capaz e carente da política e da lei, pois é a vida na cidade a condição de sua elevação em direção que há de divino nele.[29]

O homem encontra condições de tornar-se homem na medida em que se integra na cidade. A cidade é uma associação[30] que apenas se institui pelo fato de que o humano, isolado, é carente do outro, com quem estabelece troca. A necessidade é o fundamento da *polis*, lugar do encontro e da permuta em que o homem pode encontrar aquilo que sozinho não é capaz de obter na realização de seus desejos. O homem é um animal político porque apenas na *polis* ele dá conta de alcançar a autarquia: a cidade é a "multidão de cidadãos capaz de bastar a si mesma, e de obter, em geral, tudo que é necessário à sua existência".[31] A cidade como multidão marca-se pela diversidade: os homens não são todos iguais, e a função própria assumida por cada um, no amplo panorama das trocas entres os indivíduos, permite a realização de todos e a autossuficiência e a permanência da cidade.[32]

Há uma ligação interna entre a natureza carente/necessitada/incompleta do humano (que o faz social – só na cidade é que se pode tornar autárquico) e a ética. Sua carência é que lhe impõe o encontro com o outro, encontro este que é o ensejo de toda ação e assim de todo processo de construção do caráter.

A natureza social do humano não se esgota, no entanto, na busca da realização de suas necessidades: embora haja um valor atribuível ao simples viver, cuja preservação também se viabiliza pela integração na *polis*, a vida em comunidade não se resume ao simples viver, mas se dirige ao viver bem (atine à realização de si mesmo na sua melhor possibilidade). Apenas isso justifica a afirmação de que mesmo na hipótese de não precisar do auxílio dos seus semelhantes, o homem deseja

---

[29] "Porque se o homem, tendo atingido a sua perfeição, é o mais excelente de todos os animais, também é o pior quando vive isolado, sem leis e sem preconceitos". "Sem virtude, ele é o mais ímpio e o mais feroz de todos os seres vivos; mais não sabe, por sua vergonha, que amar e comer. A justiça é a base da sociedade. Chama-se julgamento e aplicação do que é justo." ARISTÓTELES. *A Política*.

[30] A apresentação da *polis* como "uma espécie de associação" inaugura a *Política*. ARISTÓTELES. *A Política*.

[31] ARISTÓTELES. *Idem*, p. 96. Mais adiante: "a cidade se forma logo que se compõe de uma multidão suficiente para ter todas as comodidades da vida, segundo as regras da associação política". ARISTÓTELES. *A Política*. E ainda: "porque a cidade não é uma multidão de homens tomada ao acaso, mas bastando-se a si mesma, como dissemos, para as necessidades da vida".

[32] "Pode-se dizer do cidadão o que se diz de qualquer um dos indivíduos que viajam a bordo de um navio: que ele é membro de uma sociedade. Mas, entre todos esses homens que navegam juntos, e que têm um valor diferente, visto que um é remador, outro piloto, este encarregado da proa, aquele exercendo, sob outra denominação, um cargo semelhante – é evidente que se poderá designar, por uma definição rigorosa, a função própria de cada um; e no entanto, haverá também alguma definição geral aplicável a todos, porque a salvação da equipagem é a ocupação de todos, e o que todos desejam igualmente." ARISTÓTELES. *Idem*, p. 99.

Introdução à edição brasileira | 13

viver em sociedade.[33] Afinal, "não é somente para viver, mas para viver felizes, que os homens estabelecem entre si a sociedade civil".[34]

O viver bem, que coincide com a felicidade,[35] integra decisivamente a definição da cidade.[36]

Mas a dependência do homem permanece sempre. Mesmo a mais perfeita virtude, cultivada pelo homem ao longo de toda a vida, não garantirá a sua felicidade, que no humano não prescinde de bens externos como amigos, honra, poder e riqueza.[37]

Tais bens externos apenas são acessíveis ao homem integrado na *polis*. Mas eles apenas possuem uma relação externa com a vida boa (poder-se-ia dizer que são condição *sine qua non* da felicidade): são, de todo modo, imprescindíveis. A posse dos bens éticos – a posse das virtudes do caráter – que têm uma relação interna com a felicidade (são causa *per quam* da felicidade) também depende essencialmente da vida em sociedade. Apenas em sociedade surge o desafio e a possibilidade da virtude, pondo a felicidade desde sempre numa dependência inevitável da relação com o outro.[38]

---

[33]   ARISTÓTELES. *Idem*, p. 106.

[34]   ARISTÓTELES. *Idem*, p. 111: "por outra, poder-se-ia dar o nome de cidade a uma associação de escravos e mesmo de outros seres animados".

[35]   A felicidade é definida como fim do humano assim como a autarquia: são conquistas que se implicam.

[36]   Pois "a única associação que forma uma cidade é a que faz participarem as famílias e os seus descendentes da felicidade de uma vida independente, perfeitamente ao abrigo da miséria […] a cidade é uma reunião de famílias e pequenos burgos associados para gozarem em conjunto uma vida perfeitamente feliz e independente. Mas viver bem, segundo o nosso modo de pensar, é o viver feliz e virtuoso. É preciso, pois, admitir em princípio que as ações honestas e virtuosas, e não só a vida comum, são o escopo da sociedade política". ARISTÓTELES. *Idem*, p. 113.

[37]   É um dos traços distintivos da ética aristotélica a afirmação de que os bens exteriores são necessários – embora não sejam suficientes – à felicidade: "ninguém contestaria que os bens que se podem fruir, dividindo-se de fato de uma só maneira – bens exteriores, bens do corpo e bens da alma – o homem verdadeiramente feliz deve reuni-los todos. Não, ninguém consideraria felizes aqueles que não possuíssem coragem, nem sabedoria, nem sentimentos da justiça, nem inteligência, aqueles que o voo de uma mosca fizesse tremer, que não evitassem os excessos quando desejassem comer ou beber, ou, por um quarto de óbolo entregassem os seus melhores amigos, e que quanto à inteligência fossem tão estúpidos e falhos como uma criança ou como um homem louco […] Concluamos somente que a vida perfeita, para o cidadão em particular e para o Estado em geral, é aquela que acrescenta à virtude muitos bens exteriores para poder fazer o que a virtude ordena". ARISTÓTELES. *Idem*, p. 145. Neste sentido remarca-se a importância da virtude especial da justiça, que tem por objeto exatamente a repartição destes bens exteriores (bens e riquezas, e cargos públicos) sem os quais a felicidade não se mantém.

[38]   *EN*, I, 7, 1097 b 9-11. *Vide infra* o parágrafo 30 ("O outro na ética aristotélica").

# 14 | Ética a Nicômaco • *Aristóteles*

Apenas no horizonte da *polis* o homem pode transcender sua incompletude em direção à realização de si mesmo, pois apenas a vida em sociedade oferece o ensejo e a oportunidade para a construção de seu caráter, para a conquista da virtude. O modo como o humano é não está inteiramente determinado pelo nascimento. Na conquista de si mesmo como virtuoso, o homem conta ao mesmo tempo com uma certa disposição natural favorável (ou não), pela qual não é responsável, mas da qual parte ao ingressar no processo de conformação do desejo. Já a virtude autêntica constrói-se pela autoconstituição resultante do agir, por força assim do esforço próprio.[39]

O homem não nasce pronto, mas deverá concluir-se pelo viver. Essa autoconstrução do homem (que o leva a ser virtuoso ou pervertido, a ter virtudes ou vícios) apenas é possível na interação e no encontro com os outros homens, junto ou em face de quem sempre age, assim como pressupõe o horizonte da lei (em que o justo a princípio se define) e os processos de educação ético-política (*paideia*) pelos quais se forma. No horizonte da *polis*, e enquanto tem, como cidadão, a oportunidade de obedecer (submetendo-se à lei e à autoridade do outro, que exerce a magistratura) e especialmente de mandar (de exercer a magistratura) é que o homem encontra a oportunidade de pôr-se a descoberto, pondo à prova a sua excelência e assim tornando-se – ou não – excelente. "O fim da arte e da educação em geral é substituir a natureza e completar aquilo que ela apenas começou."[40]

---

[39] *EN*, VI, 13,1144 b5-6; *EN*, II, 1, 1103 b10-13.

[40] ARISTÓTELES. *A Política*. Tradução de Nestor Siqueira Chaves, p. 187.

# ESTRUTURA DA *ÉTICA A NICÔMACO*

## (a partir das indicações do texto)

### Livro I

A felicidade como o bem supremo que pode ser obtido através da ação humana (1095a18). A felicidade é uma certa atividade da alma de acordo com uma excelência completa (1102a5). Estudo das excelências (1102a6). Formas de excelência: do caráter do Homem (éticas); do pensamento teórico (dianoéticas) (1103a5).

### Livros II-V

As formas da excelência ética.

### Livro VI

As formas da excelência do pensamento teórico.

### Livro VII, I-XI

O domínio de si e a falta ou perda de domínio de si: a falta de domínio de si faz parte das qualidades do caráter que têm de ser evitadas (1145a16).

### Livro VII

Análise do sentido do prazer e do sofrimento em vista da possibilidade de constituição e poder de compreensão das disposições do caráter (1152a34ab4).

## Livros VIII-IX

Análise da essência e das formas da amizade (1155a4).

## Livro X, I-V

Análise do prazer (1172a15).

## Livro X, VI-X

Análise da essência da felicidade (1176a30).

**NOTA** O texto utilizado para esta tradução é o de Bywater, o qual utiliza a paginação da edição da academia de Berlim de 1831 de Immanuel Bekker.[16] A tradução procura restituir o mais possível o texto grego de Aristóteles. Para que o texto vertido para português não pareça tão sincopado, o tradutor viu-se obrigado não raras vezes a perífrases. O que é seu acrescento surge, então, entre parêntesis reto. As anotações não substituem nenhum comentário, porque apenas dão um breve esclarecimento logo que se verifica uma primeira ocorrência de um termo técnico.

# Livro I

## I

Toda a perícia[17] e todo o processo de investigação,[18] do mesmo modo todo o procedimento prático[19] e toda a decisão,[20] parecem lançar-se para um certo bem. É por isso que tem sido dito acertadamente que o bem[21] é aquilo por que tudo anseia. Parece, contudo, haver uma diferença entre os fins:[22] uns são, por um lado, as atividades[23] puras; outros, por outro lado, certos produtos[24] que delas resultam para além delas: o produto do seu trabalho. Há, pois, fins que existem para além das suas produções.[25] Neste caso, os produtos do trabalho são naturalmente melhores do que as meras atividades que os originam. Sendo diversos os procedimentos práticos, as perícias e as ciências, assim também são diversos os respectivos fins. Assim é, por exemplo, o caso da saúde relativamente à medicina, da embarcação relativamente à construção naval, da vitória relativamente à estratégia militar, da riqueza relativamente à economia. Nos casos em que as perícias estão subordinadas a uma única capacidade[26] – tal como, por exemplo, a fabricação de rédeas e todas as outras perícias que produzem instrumentos hípicos estão subordinadas à arte de montar a cavalo; enquanto esta, por sua vez, bem como toda a perícia da guerra estão subordinadas à estratégia militar (o mesmo se passa a respeito de outras perícias a respeito de outros fins) –, os fins das perícias superiores são preferíveis aos fins das perícias que lhes estão subordinadas, porque os fins destas são perseguidos em vista dos fins das primeiras. Por outro lado, não faz diferença nenhuma se os fins das ações são as atividades puras ou qualquer outra coisa para além delas, tal como acontece a respeito das ciências mencionadas.

1094a1

5

10

15

## II

Se, por conseguinte, entre os fins das ações a serem levadas a cabo há um pelo qual ansiamos por causa de si próprio, e os outros fins são fins, mas apenas em vista desse; se, por outro lado, nem tudo é escolhido em vista de qualquer outra coisa (porque, desse modo, prosseguir-se-ia até ao

1094a18

20

# 18 | Ética a Nicômaco · *Aristóteles*

infinito, de tal sorte que tal intenção[27] seria vazia e vã), é evidente, então, que esse fim será o bem e, na verdade, o bem supremo. Não será, pois, verdade que a procura pelo saber do supremo bem tem uma importância decisiva para a nossa vida? Não alcançaremos mais facilmente o que é
25 devido se, tal como os arqueiros, tivermos um alvo a apontar? Se assim é, temos de tentar delimitar através de uma caracterização nos seus traços essenciais o que é que poderá ser o supremo bem e de qual das ciências ou poderes é objeto de estudo. Parece, contudo, haver uma opinião formada de que terá que dizer respeito à mais autêntica de todas as ciências e àquela que melhor é capaz de projetar a partir de princípios fundamentais.[28] Tal parece ser a perícia política,[29] porquanto é ela mesma que de-
1094b1 termina quais são as ciências necessárias aos Estados e quais são aquelas que cada classe de cidadãos deve aprender, e até que ponto. Vemos até que aquelas atividades que alcançam um maior prestígio, como a estratégia, a economia e a retórica, estão sob a sua alçada. Mas a perícia política não
5 faz apenas uso das restantes outras perícias que dizem respeito à ação, ela ainda legisla a respeito do que se deve fazer e de que coisas se têm de evitar. O fim que ela persegue envolve de tal modo os fins das restantes, ao ponto de tratar-se do bem humano. Porque, mesmo que haja um único bem para cada indivíduo em particular e para todos em geral num Estado, parece que obter e conservar o bem pertencente a um Estado é obter e conservar um bem maior e mais completo. O bem que cada um obtém
10 e conserva para si é suficiente para se dar a si próprio por satisfeito; mas o bem que um povo e os Estados obtêm e conservam é mais belo e mais próximo do que é divino.

A nossa investigação tem, então, isto em vista, sendo, portanto, em certo sentido, de um âmbito político.

## III

1094b11     Um tal saber poderá ser compreendido suficientemente, se se ganhar toda a transparência que a matéria em análise permitir. É que, de fato, não tem de se procurar um mesmo grau de rigor para todas as áreas científicas, tão pouco para todas as perícias. As manifestações de nobreza[30] e
15 o sentido de justiça nas ações humanas, sentidos visados pela perícia política, envolvem uma grande diferença de opinião e muita margem para erro, tanto que parecem existir apenas por convenção e não por natureza. Uma mesma margem de erro parece envolver o que se possa entender por «coisas boas», por delas poderem resultar perdas e danos para muitos. É que muitos houve já que se perderam por causa da riqueza, outros ainda por causa da coragem que quiseram exibir. Damo-nos, portanto, por sa-
20 tisfeitos se, ao tratarmos destes assuntos, a partir de pressupostos que ad-

mitem margem de erro, indicarmos a verdade *grosso modo*, segundo uma sua caracterização apenas nos traços essenciais. Pois, para o que acontece apenas o mais das vezes,[31] com pressupostos compreendidos apenas *grosso modo* e segundo uma sua caracterização nos seus traços essenciais, basta que as conclusões a que chegarmos tenham o mesmo grau de rigor. Do 25 mesmo modo, é preciso pedir que cada uma das coisas tratadas seja aceite a partir dessa mesma base de entendimento. É que é próprio daquele que passou por um processo de educação requerer para cada passo particular de investigação apenas tanto rigor quanto a natureza do tema em tratamento admitir. Na verdade, parece um erro equivalente aceitar conclusões aproximadas a um matemático e exigir demonstrações a um orador.

Cada um discerne corretamente apenas em matérias que conhece, e é também a respeito delas que é um bom juiz. Discerne corretamente em cada matéria particular aquele que passou por um processo de educação; 1095a1 simplesmente, bom juiz é quem passou por um processo de educação acerca de tudo. É por isso que o jovem não será especialmente entendedor da perícia política, porque é inexperiente nas situações[32] que se constituem ao longo da vida. Ora, as áreas de saber em causa dependem dos sentidos fixados a partir da experiência das situações da vida e são estas mesmas situações da vida que, em última análise, constituem o seu próprio tema. Para mais, indo sempre atrás das suas paixões, ouvirá falar destas maté- 5 rias em vão e sem proveito, porquanto o objetivo final desta investigação não é constituir um saber teórico, mas agir. E aqui não há nenhuma diferença se a juventude diz respeito à idade ou à natureza imatura do caráter. A deficiência não se constitui pelo tempo, mas por se viver exposto às paixões e se deixar ir atrás de cada uma delas, porque para pessoas desta natureza este saber não tem qualquer proveito, tal como não o terá para os que não têm domínio de si. Mas saber destas coisas trará uma grande vantagem para aqueles que fazem os seus desejos orientarem-se num de- 10 terminado sentido e agem nessa conformidade.

O que foi dito sobre quem poderá entender estas matérias e como deverá apropriar-se delas, bem como sobre o que nos propomos apresentar, basta, a título introdutório.

## IV

Retomando, procuremos compreender, agora – uma vez que todo o 1095a14 saber e toda a intenção têm um bem por que anseiam –, o que dissemos sobre a perícia política e o que ela visa atingir bem como sobre qual será o mais extremo dos bens susceptível de ser obtido pela ação humana. Quan- 15 to ao nome desse bem, parece haver acordo entre a maioria dos homens.

# 20 | Ética a Nicômaco · *Aristóteles*

Tanto a maioria como os mais sofisticados dizem ser a felicidade,[33] porque supõem que ser feliz é o mesmo que viver bem e passar bem. Contudo, acerca do que possa ser a felicidade estão em desacordo e a maioria não compreende o seu sentido do mesmo modo que o compreendem os sábios. Para uns é alguma daquelas coisas óbvias e manifestamente boas, como o prazer, a riqueza ou a honra; para uns é uma coisa, para outros, outra – muitas vezes até para o mesmo podem ser coisas diferentes. Para quem está doente é a saúde, para quem é pobre, a riqueza. Tendo consciência da sua própria ignorância, muitos dizem ser qualquer coisa de monta, muito acima das suas capacidades, e que eles admiram. Alguns pensam ainda ser algo de bom em si próprio que vai para além das muitas coisas boas, mas que é o fundamento responsável pela presença da bondade em todas elas.

Talvez seja pouco mais do que vão examinar todas as opiniões formadas acerca deste assunto; é suficiente examinar as opiniões mais correntes ou as que parecem ter algum sentido.

Não pode passar-nos despercebido que as fixações de sentido resultantes de princípios fundamentais são diferentes das que conduzem até eles. Platão levantou muito bem esta dificuldade e procurou saber se o caminho que vem dos princípios fundamentais é o mesmo que vai na sua direção, tal como num estádio se pode procurar saber se o caminho a partir do ponto em que os árbitros se encontram até à meta é o mesmo que o caminho inverso. Temos, pois, que começar a partir de coisas familiares, classificando-as de duas maneiras: aquelas que nos são relativamente mais familiares e aquelas que o são absolutamente. Talvez tenha de se começar pelas coisas que nos são mais familiares. É por esse motivo que quem ouvir falar justamente sobre as manifestações de nobreza e o sentido da justiça nas ações humanas e, em geral, sobre o que diz respeito de modo essencial à perícia política terá de ser conduzido por processos corretos de habituação. É que o *que* é já um princípio fundamental, e se for suficiente, não é necessário acrescentar o *porquê*?[34] Aquele que tiver sido conduzido por processos de habituação corretos tem ou poderá facilmente vir a obter os princípios fundamentais. A respeito daquele que não tem nem poderá obter os princípios, escutemos Hesíodo: *O mais excelente de todos é aquele que tudo entende; nobre, por sua vez, é aquele que obedece ao que fala corretamente. Aquele, contudo, que nem entende nem derrama sobre o seu coração o sentido do que escuta de outrem, não tem* préstimo.[35]

## V

Mas prossigamos a partir de onde começamos o excurso. Porque não é completamente destituído de fundamento determinar o que se supõe ser o bem e a felicidade a partir das formas de viver a vida; a maioria dos homens e os mais vulgares de todos supõem que o bem e a felicidade são o prazer; é por esse motivo que acolhem de bom grado uma vida dedicada à sua fruição. Há, então, três formas principais de viver a vida: aquela que foi agora mencionada; em segundo lugar, a que é dedicada à ação política e, em terceiro lugar, a que é dedicada à atividade contemplativa. A maioria dos homens parece estar completamente escravizada e preferir uma vida de animais de pasto. Encontram um sentido aparente para as suas formas de vida, porque muitos dos que detêm o poder têm paixões idênticas àquelas por que passou Sardanapalo.[36]

Os que são sofisticados, contudo, e se dedicam à ação prática supõem, antes, ser a honra. Na verdade, a honra quase que é o fim último da vida dedicada à ação política. Este bem que perseguem não deixa, contudo, de ser um bem mais superficial do que aquele de que estamos à procura. Parece ainda que a honra pertence mais aos que a concedem do que àquele que a recebe; ora, nós pressentimos, por outro lado, que o bem terá que ser algo de próprio, e que, uma vez obtido, dificilmente será retirado. Por fim, parece que os homens perseguem a honra para se convencerem de que são bons. Pelo menos, procuram ser honrados pelos sensatos e por aqueles que os conhecem, e, de fato, honrados em vista da excelência. É evidente que, pelo menos para estes, a excelência é mais poderosa do que a honra. Talvez, pois, se possa supor que a excelência seja mais propriamente o objetivo final da vida política. Ainda assim, ela própria parece ser incompleta. De fato, parece ser possível, mesmo a dormir, deter a excelência, ou detê-la sem a pôr em prática ao longo da vida; acresce a isto que pode ser-se excelente e sofrer-se tremendamente ou ser-se extremamente infeliz. Ninguém pensará que quem assim viver será feliz, a não ser para defender uma qualquer posição teórica a qualquer preço. Mas ficamos por aqui, porque isto já foi suficientemente discutido nos escritos para os círculos mais alargados.

O terceiro tipo de vida é o da atividade da contemplação pura, é sobre ela que mais tarde faremos uma investigação.

A vida dedicada à obtenção de riqueza é de certa forma uma violência e a riqueza não será manifestamente o bem de que estamos à procura, porque é meramente útil, portanto, enquanto útil, existe apenas em vista de outra coisa diferente de si. Por isso que os fins mencionados primeiramente se suponham ser mais propriamente fins, porque são queridos por si próprios. Mas nem esses parecem ser o bem de que se está à procura, ainda que já se tivessem produzido muitos argumentos em seu favor. Deixemo-nos, por ora, ficar por aqui.

# VI

1096a11 Talvez fosse melhor examinar o sentido do bem universal e passar em revista as dificuldades levantadas acerca do modo como ele é enunciado, ainda que uma tal tarefa nos seja penosa, porque aqueles que introduziram as «ideias» são nossos amigos. E, contudo, parece ser melhor, até talvez um
15 dever, que pela salvação da verdade se destruam os laços que temos com os que nos estão próximos, sobretudo se formos filósofos. Sendo ambos queridos para nós, é mais de acordo com a lei divina preferir a verdade.

Os que introduziram esta perspectiva não constituíram ideias gerais de coisas a partir das quais se enunciasse «o antes» e «o depois», razão pela
20 qual nem sequer construíram uma ideia geral de números. O «bem» diz-se na categoria da substância [no que é que é], da qualidade [no como é que é] e da relação [relativamente a que é que é]: o bem em si, contudo, e a substância são «anteriores», pela sua própria natureza intrínseca, ao bem relativo (este assemelha-se, na verdade, a um rebento ou a um acidente do ente). Deste modo, por conseguinte, não parece haver uma ideia comum a todas estas formas de manifestação de bem.

Além do mais, uma vez que «bem» se diz de tantos modos quantos se diz «ser» – porque ele é dito na categoria[37] da substância, como, por exem-
25 plo, Deus e o poder de compreensão;[38] também, na categoria da qualidade, como, por exemplo, as excelências; na categoria da quantidade, como, por exemplo, a moderação; na categoria da relação, como, por exemplo, o útil; na categoria do tempo, como, por exemplo, o momento oportuno, e ainda na categoria do espaço, como, por exemplo, as estadias saudáveis etc. –, é evidente que não há nenhum bem comum, universal e uno, porque, se assim fosse, não poderia ser predicado de todas aquelas diferentes categorias, mas teria que existir apenas de acordo com uma única. Demais,
30 se para os objetos que são compreendidos a partir de uma determinada ideia há uma única perspectiva científica, assim também haveria uma única ciência para todas as formas de manifestação de bem.

Ora, há até muitas ciências a respeito de bens que se inserem numa única categoria, como, por exemplo, a respeito do momento oportuno[39] – na guerra, é a estratégia militar, mas no tratamento da doença, já será a medicina – ou a respeito da moderação – na alimentação, a medicina, mas nos esforços físicos, a ginástica.

35 Pode ainda levantar-se também a dificuldade acerca do que poderão querer dizer com a expressão «cada coisa em si própria», uma vez que na
1096b1 expressão «o Humano em si próprio» e na expressão «o Humano» há um único sentido definidor: o do Humano. Ora enquanto ambos os enunciados visam ao mesmo sentido, o de Humano, em nada diferem entre si.[40] Se assim é, o mesmo se passa com «o bem em si» e «o bem», porque am-

bos são bons enquanto tais. Mas certamente não é porque o bem em si próprio é eterno que é mais propriamente bem, se também não acontece que aquilo que é branco durante mais tempo seja mais branco do que o que é branco durante um só dia.

Os pitagóricos parecem falar acerca do bem de um modo mais convincente, pondo o uno na coluna dos bens. Também Espeusipo parece tê-los seguido. Mas acerca disto seria necessária uma outra discussão. Uma certa objeção pode agora ser levantada contra os nossos argumentos.

Pode dizer-se que os enunciados proferidos não eram para toda a espécie de bem, mas só para aquelas coisas que são perseguidas e de que gostamos por si próprias, segundo uma única forma de bem. As coisas que são meramente produtoras destas ou as salvaguardam de algum modo, – ou são impeditivas dos seus males contrários –, são chamadas boas como meios para as primeiras (as que são boas em si próprias), só que de outro modo. É evidente que as coisas boas se poderão enunciar de duas maneiras: as que são boas segundo si próprias e as que são boas como meios para aquelas. Na medida em que separamos as coisas que são boas em si próprias das que são úteis como meios para aquelas, examinemos se são chamadas boas segundo uma única ideia. Mas quais se suporá serem boas em si próprias? Ou, então, quais são as que se perseguem unicamente por elas mesmas, como «saber», «ver» e «certos prazeres» e «honras»? É que mesmo se perseguirmos estes objetivos por causa de outra coisa, poder-se-á sempre supor que são objetivos bons em si próprios. Ou poderá supor-se que nenhuma destas coisas serão boas em si próprias exceto a própria ideia de «bem»? Nessa altura «o bem em si» seria uma forma vazia de conteúdo. Se, contudo, estas coisas fazem parte das coisas boas em si próprias, será requerido que o sentido definidor do bem apareça como sendo o mesmo em todas elas, tal como será requerido que o sentido definidor da brancura faça determinar branco na neve e no alvaiade.[41] Contudo, os sentidos definitórios da honra, da sensatez e do prazer, enquanto são coisas boas, são diferentes e distintos. O bem, por conseguinte, como um sentido comum por referência a uma única ideia, não existe.

Mas, então, em que sentido é que se diz que as diversas coisas boas são boas? É que não parece tratar-se de homônimos formados ao acaso. Será, então, que são assim chamadas boas, pelo menos, por provirem de um único bem ou por todas contribuírem para um único bem, ou antes são chamadas boas segundo uma analogia? Por exemplo, tal como a visão está para o corpo, assim está o poder de compreensão para a alma humana, e assim também noutros casos análogos.

Talvez tenhamos de deixar isto por agora. Obter precisão nestes assuntos é mais próprio de uma investigação filosófica de outro tipo. O mes-

# 24 | Ética a Nicômaco • *Aristóteles*

mo acontece também com o sentido das «ideias». Na verdade, se o bem predicado em comum é algo de uno ou separado em si segundo si próprio, é evidente que não pode ser realizável pela ação humana nem pode vir a
35  ser por ela alcançado. Ora é precisamente um bem deste gênero o que é procurado.

1097a1    Talvez se possa pensar que seria melhor reconhecer esse próprio bem em vista daquelas coisas boas que podem ser realizadas pela ação humana e que são susceptíveis de virem a ser alcançadas, pois, nessa altura, teríamos como que um modelo e saberíamos reconhecer melhor as coisas boas relativamente a nós e se o tivéssemos sabido reconhecer, alcançá-las-íamos mais facilmente. Mas se este argumento tem uma certa plausibilidade, parece, por outro lado, estar em desacordo com as perícias
5  aplicáveis ao horizonte prático. Todas elas se esforçam por alcançar o seu bem específico e procuram reparar as deficiências na sua produção, mas deixam completamente de lado o conhecimento do bem em si. O que já não faz sentido é que todos os peritos das diversas perícias ignorem um tamanho auxílio e não procurem encontrar ajuda nele. Por outro lado, é difícil dizer em que é que o tecelão ou o carpinteiro serão beneficiados nas
10  suas perícias por saberem qual é este bem em si próprio, ou de que modo aquele que tiver olhado de uma forma pura para a própria manifestação da ideia do bem em si poderá tornar-se um perito mais competente em medicina ou na estratégia militar. É que na verdade não parece que o médico sequer examine a saúde em geral, mas antes a saúde do Humano, e mais até talvez a saúde deste homem aqui em particular. O médico cura segundo as circunstâncias particulares. Mas deixemo-nos ficar por aqui acerca destas coisas.

## *VII*

1097a15    Regressemos, então, de novo, ao bem procurado e à pergunta acerca do que poderá ser. Parece variar de atividade prática para atividade prática e de perícia para perícia. É diferente, por exemplo, na medicina e na estratégia militar, passando-se o mesmo com as restantes perícias. Qual é, então, o bem de cada uma delas? Não será aquilo graças ao qual se põe em prática todo o restante como meio para esse fim? Tal é, na medicina,
20  a saúde, na estratégia militar, a vitória, na construção civil, a casa, e para cada perícia diferente, haverá um bem distinto; em toda a atividade prática e em toda a escolha de preferências há um fim. Em vista deste todos põem em prática o restante como meio para o alcançar. De tal forma é assim que, se houver um único fim para todas as ações realizáveis pelo Humano, esse será o bem susceptível de ser alcançado pela ação humana. Mas se houver uma multiplicidade de fins, serão esses os bens susceptíveis de vir a ser alcançados pelas ações humanas. Alterando o argumento,

chegamos à mesma conclusão. Contudo, temos de tentar esclarecer isto 25 ainda melhor.

Uma vez que parece haver uma multiplicidade de fins, escolhemos alguns deles em vista de um outro fim, tal como a riqueza, a flauta e, em geral, os instrumentos. É evidente, então, que nem todos os fins atingem uma completude absoluta. Mas o fim supremo parece ter evidentemente que ser absolutamente completo. Assim, se houver apenas um único fim completo, será este o bem que é procurado; contudo, se houver uma multiplicidade 30 de fins, será o que, de todos eles, for o mais completo. Nós entendemos que aquele fim que é perseguido por si próprio é mais completo do que o que é perseguido como meio em vista de um outro. Demais, entendemos ser mais completo aquele fim que nunca é escolhido por causa de outro por comparação com aqueles fins que são escolhidos simultaneamente em vista de si próprios e em vista de outros fins. Na verdade, simplesmente completo é aquele fim que é sempre escolhido segundo si próprio e nunca como meio em vista de qualquer outro. Um fim deste gênero parece ser, em absoluto, a felicidade. De fato, nós escolhemos sempre a felicidade por cau- 1097b1 sa dela mesma, e nunca em vista de outro fim para além dela. Escolhemos também a honra e o prazer, o poder da compreensão e toda a excelência. Em primeiro lugar, em vista de si próprios (isto é, não escolhemos cada um desses fins por causa de nada que daí possa resultar); em segundo lugar, em vista da própria felicidade, porque supomos que, uma vez obtida, 5 seremos felizes. Mas ninguém escolhe a felicidade em vista daqueles fins, nem, em geral, em vista de qualquer outro fim, seja ele qual for.

O mesmo parece também resultar evidente a partir do conceito de autossuficiência.[42] O bem completo, parece bastar-se a si próprio. Nós entendemos por «autossuficiente» não aquela existência vivida num isolamento de si, nem uma vida de solidão, mas a vida vivida conjuntamente com os 10 pais, filhos e mulher e, em geral, amigos e concidadãos, uma vez que o Humano está destinado, pela sua natureza, a existir em comunhão com outros. Mas tem de se traçar um certo limite neste complexo de relações. É que ao estender a noção de autossuficiência aos progenitores, aos descendentes e até aos amigos dos amigos, prossegue-se até ao infinito. Mas isso terá de ser examinado numa outra vez. Nós entendemos por «autossuficiente» aquilo que, existindo num isolamento de si, torna a vida numa 15 escolha possível, não precisando de mais nenhum acrescento. Cuidamos que uma coisa deste gênero é a felicidade; demais, cuidamos que a felicidade é, de entre todas as coisas boas, a favorita, mesmo sem ser levada em consideração com as outras. Se fosse levada em consideração com todas as coisas boas, ela seria preferível quando acrescentada de um bem – porque, por mais ínfimo que fosse, constituirá sempre um acréscimo de bem, 20 e um bem maior é sempre a melhor possibilidade de escolha.

# 26 | Ética a Nicômaco · *Aristóteles*

A felicidade parece, por conseguinte, ser de uma completude plena e autossuficiente, sendo o fim último de todas as ações possíveis.

Mas talvez pareça ser já algo de assente o dar-se à felicidade o sentido de «o melhor de tudo»; é, por isso, desejável que seja dito de um modo mais claro qual é a sua essência. Tal pode suceder eventualmente se se 25 captar qual é a função específica do Humano. Pois, tal como para o tocador de flauta e para o escultor de imagens, para todo o perito e, em geral, para tudo o que tem uma certa função e um procedimento prático, o bem e o que foi obtido de uma forma correta parecem existir justamente no exercício da função própria que têm, assim também poderá parecer que acontece o mesmo com o Humano, caso haja uma função específica que lhe seja própria.

Ou será que haverá certas funções e procedimentos práticos específicos 30 para o carpinteiro e para o sapateiro e nenhuma função para o Humano enquanto Humano, dando-se antes o caso de existir naturalmente inoperante? Ou não será que, tal como parece haver uma certa função própria dos olhos, das mãos e dos pés e, em geral, de cada uma das partes do corpo humano, terá também de se supor que há uma certa função do Humano para além de todas elas? Qual poderá ser ela então? É que o viver parece ser comum também aos vegetais e o que é procurado é o viver peculiar do 1098a1 Humano. Tem, pois, de se fazer abstração da função vital de nutrição e de capacidade de crescimento. Segue-se uma certa função vital perceptiva, a qual parece ser comum ao cavalo, ao boi e a todo o ente vivo. Resta, então, uma certa forma de vida ativa inerente na dimensão da alma que no Humano é capacitante de razão.[43] A possibilidade capacitante de razão do Humano manifesta-se de duas maneiras. Uma, através da obediência 5 ao sentido orientador, a outra, quando já o possui, através da ativação do seu poder de compreensão. Ora, sendo, assim, de dois modos a dimensão da alma capacitante de razão, ela terá de ser entendida através da ativação e do exercício da sua função específica. Porque deste modo parece ser entendida mais autenticamente. Se, então, a função do Humano é uma atividade da alma de acordo com o sentido ou, pelo menos, não totalmente discordante dele; se, demais, a função que um determinado indivíduo particular exerce é genericamente a mesma que exerce o virtuoso nessa 10 atividade (como acontece com a diferença verificada entre um simples tocador de cítara e o executante virtuoso desse instrumento, o mesmo se passando a respeito de outras atividades), apenas acrescentando à função em causa a superioridade conformada pela excelência (isto é, a função do tocador de cítara é apenas a de tocar cítara, mas a do virtuoso é de a tocar virtuosamente), se assim é, isto é, se admitimos que a função do Humano é uma certa forma de vida, se, por sua vez, essa forma de vida é uma atividade da alma e uma realização de ações conformadas pelo sentido; se, ainda, a função do homem sério[44] é a de cumprir estas funções bem e nobremente, e se, finalmente, admitirmos que uma ação é bem realizada se for cumprida de acordo com a sua excelência específica – nessa altura, então, o bem humano é uma atividade da alma conformada por uma excelência, e se houver muitas excelências, será conformada pela melhor e mais completa. Tem ainda de ser acrescentado: «durante todo o tempo da vida», porque uma andorinha não faz a Primavera, nem um só dia bonito.[45] Assim também o homem bem-aventurado e feliz não o será apenas durante um só dia tal como não o será apenas por pouco tempo. Tomemos isto como uma circunscrição esquemática do sentido do bem supremo, porque primeiro é preciso fazer um esboço dos traços gerais para depois o preenchermos. Pois, parece que cada um tem a capacidade de levar por diante e articular com rigor tudo aquilo que foi esquematicamente bem circunscrito. O tempo é nestas coisas descobridor e um bom colaborador. É daí que surgem também os progressos nas perícias, porque assim cada um pode acrescentar ao todo aquilo que está em falta. Ora temos de nos lembrar do que foi dito primeiramente, que não se pode procurar o rigor de modo semelhante em todas as coisas, mas em cada uma delas individualmente, segundo a matéria específica que está sujeita a tratamento e na medida em que o processo de investigação que lhe é pertinente o admitir. Por exemplo, o carpinteiro e o geômetra investigam de modo distinto o ângulo reto. Um valoriza o aspecto útil para o seu trabalho, o outro, porém, a essência e a qualidade específica [do ângulo reto]; porque está tomado pelo olhar teórico. Ter-se-á, portanto, de proceder do mesmo modo em todas as outras investigações, para que aquilo que é um mero acessório não seja mais importante do que o essencial do trabalho a realizar.

De resto, também não se pergunta, do mesmo modo, pelo fundamento em todas as áreas de investigação, porque em algumas basta até mostrar apenas de modo conveniente *o [fato de] que [é assim]*, tal como acontece a respeito dos princípios fundamentais.[46] O [fato de] *que* é [assim] é um princípio fundamental dado de modo originário. De entre os princípios fundamentais, uns são descobertos por indução, outros, pela intuição, outros, por uma certa habituação, outros, ainda, de modos diferentes. Temos de acercar-nos dos princípios fundamentais de acordo com o modo como naturalmente se constituem e temos de nos esforçar por determiná-los de modo correto na sua especificidade. O modo como se têm em vista os princípios fundamentais tem uma grande importância para os apuramentos seguintes. E o princípio parece ser mais do que metade do todo, e muitas coisas das que estão a ser investigadas tornam-se claras pela luz que emana do princípio fundamental.

# VIII

1098b9 Tem de se considerar o princípio fundamental – em causa na nossa
10 investigação – não apenas a partir da conclusão nem das premissas que
levam à fixação do seu sentido, mas também a partir do que é dito acerca dele. Todas as coisas que existem na realidade estão de acordo com o
que é fixado de modo verdadeiro, mas entram logo em desacordo com o
que é fixado de modo falso. Os bens têm sido distribuídos por três classes,
por um lado, os chamados bens exteriores, por outro, os que concernem
à alma[47] humana e, por último, os do corpo próprio. Nós dizemos que os
15 bens que respeitam a alma humana são bens de um modo mais autêntico e
de uma forma mais extrema. Mas são as ações e o exercício das atividades
que dizem respeito à alma humana que dizemos ser a felicidade. Assim,
de acordo com esta opinião – sendo antiga e homologada pelos que têm
estudado filosofia –, a nossa definição da felicidade parece correta.

E parece estar correta, também, pelo fato de declararem que o fim extremo são certas ações ou determinadas atividades, porque, deste modo,
20 o fim diz respeito aos bens da alma humana e não aos que lhe são extrínsecos. De resto, concorda com o sentido segundo o qual quem é feliz vive
bem e age bem, porque se pode dizer que a felicidade é quase um viver
bem e um agir bem.

Parece ainda que todas as características procuradas na felicidade
existem de acordo com o sentido estabelecido. Para uns é a excelência,
para outros, a sensatez,[48] para outros ainda parece ser uma certa sabedo-
25 ria, para outros, finalmente, todas estas atividades ou alguma delas em
conexão com o prazer ou então, pelos menos, não sem o prazer. Outros,
por sua vez, acrescentam à sua noção da felicidade a prosperidade nos
bens externos. Alguns destes sentidos foram determinados por muitos e
de tempos antigos, outros, apurados por poucos, mas ilustres. Provavelmente, nenhum deles falha completamente o sentido; acerta, pelo menos,
30 numa parte daquilo que dizem ou até na maior parte.

O sentido fixado por nós concorda com aqueles que dizem que a felicidade é a excelência ou uma certa excelência. O sentido da felicidade é
uma certa atividade em exercício de acordo com a excelência. Isto é, não
é pequena a diferença entre um bem supremo que existe como mera possibilidade e um bem supremo que está efetivamente em uso. Tal como
não se trata de uma diferença sem importância aquela que há entre o que
existe como mera disposição e o que está em atividade. Na verdade, é pos-
1099a1 sível que uma condição subsista sem que daí resulte qualquer bem, como
acontece com quem está a dormir ou com alguém que está, de algum outro modo, inativo; assim não é capaz de entrar em atividade, coisa necessária à ação e a fortiori à boa ação.[49] O mesmo acontece nas Olimpíadas. Não

são coroados os mais admiráveis nem os mais fortes, mas os que disputam 5
a vitória (é entre estes que se contam os que obtêm a vitória). Do mesmo
modo são também os que agem corretamente durante toda a existência
quem alcança coisas belas e boas.

A vida deles é doce por ela mesma. Deliciar-se é um dos fenômenos
da alma humana. Cada um tem gosto no conteúdo específico da sua predileção. Por exemplo, os cavalos para quem gosta de cavalos, as paisagens 10
para quem gosta de as ver. E, assim também, as ações justas para quem
tem uma obsessão pela justiça e, em geral, as ações realizadas de acordo
com a excelência para quem está tomado pela sua possibilidade. Para a
maioria, as coisas que dão gosto estão em conflito, por não serem pela
sua própria natureza agradáveis em si; contudo, quem faz gosto nas coisas
belas, encontra-se com a própria natureza bela que é a delas. São deste
gênero as ações realizadas de acordo com a excelência, de tal sorte que 15
estas ações são em si próprias um gosto para quem assim as leva a cabo.
A sua existência não precisa de mais nenhuma forma de prazer como or-
namento, pois tem o prazer em si própria. Acresce ao que foi dito que não
há nenhum homem de bem que não se regozije com ações nobres; nem
nenhum homem justo poderá dizer que não se regozija com o modo justo
de agir, nem ninguém livre que não se regozije com as ações realizadas 20
livremente, e do mesmo modo para outras ações realizadas conformes às
suas excelências específicas.

Ora se isto é assim, as ações executadas de acordo com a excelência
são por si próprias um gosto: e elas serão certamente também ações boas
e nobres, e em ambos os casos num grau extremo, caso o sério as avalie
de modo correto, isto é, as avalie tal como dissemos. A felicidade é então 25
o bem supremo, o que há de mais esplendoroso e o que dá um prazer
extremo; estas qualidades não podem ser dissociadas, tal como as encontramos no epigrama de Delos: *O mais nobre é a justiça e o mais desejável a*
*saúde;/ mas o que de mais doce há/ é encontrar o que se ama.*

De fato, tudo isto está presente nas melhores atividades que há, e nós
dizemos que a felicidade é uma atividade deste gênero ou a mais exce- 30
lente delas.

Mesmo assim parece, tal como dissemos, que ela ainda precisa de bens
exteriores. É que é impossível, ou muito difícil, executar ações nobres sem
estar preparado. Muitas coisas são levadas à prática como que através de 1099b1
instrumentos, por meio de amigos, da riqueza, do poder político. Ora, os
que estão privados de alguns dos bens externos ficam com a marca da
felicidade manchada, como é o caso daqueles que estão privados de um
nascimento nobre, bons filhos ou beleza. Quem é absolutamente feio, mal
nascido, solitário e sem filhos não pode ser completamente feliz e menos 5
ainda talvez se os seus filhos e amigos não prestam de todo para nada

**30** | Ética a Nicômaco · *Aristóteles*

ou, sendo bons, tenham morrido. Tal como dissemos, então, parece que a felicidade necessita ainda em acréscimo de uma prosperidade desta natureza. Daí que alguns ponham a boa sorte no mesmo lugar que a felicidade, enquanto outros põem a excelência.

## IX

1099b9     Daqui levanta-se também a dificuldade de saber se a felicidade é
10  objeto de aprendizagem ou habituação ou se pode ser, de algum modo, obtida por disciplina, ou, finalmente, se chega até nós por um destino divino ou por acaso. Se o que quer que seja posse dos homens é uma dádiva dos deuses, então é plausível que também a felicidade seja uma dádiva divina. De fato, de todas as coisas humanas é a que mais plausivelmente nos é doada pelos deuses, porquanto é a melhor de todas. Mas esta dificuldade talvez seja mais própria de um outro tipo de investiga-
15  ção. Contudo, parece evidente que, mesmo que não seja enviada por um deus, mas surja através da excelência e de uma certa aprendizagem ou disciplina, é das posses humanas mais divinas que há. De fato, o prêmio e o fim da excelência parecem ser o supremo bem – ser qualquer coisa de divino e de bem-aventurado. Por outro lado, estaria ao alcance de todos, porque seria possível estar presente em todos os que não estivessem
20  incapacitados para a excelência através de uma certa aprendizagem e preocupação. Se é melhor obter assim a felicidade através de uma certa aprendizagem e preocupação do que ser feliz por sorte, é mais razoável obtê-la desse modo. Se os entes que existem de acordo com a natureza são de tal modo constituídos que existem da melhor maneira possível, e se assim também é com os produtos resultantes de uma qualquer perícia humana ou de uma qualquer outra proveniência, assim será, por maioria de razão, com o que é oriundo do fundamento supremo. Confiar o subli-
25  me e o mais excelente ao acaso seria completamente absurdo.

    O que é procurado é manifesto a partir da sua própria definição. Foi dito que a felicidade seria uma certa espécie de atividade da alma humana de acordo com a excelência. Dos restantes bens, uns são por necessidade, outros existem naturalmente como auxiliares ou como instrumentalmente úteis. Isto concorda com o que apuramos no início do nosso inquérito.
30  Estabelecemos que o fim da perícia política era o fim supremo e que ela, por sua vez, tinha a maior das preocupações, a saber, fazer os cidadãos tais que se tornem excelentes e capazes de ações admiráveis.

    É, por isso, que dizemos acertadamente que nem o boi nem o cavalo
1100a1  nem nenhum dos animais é feliz; na realidade, nenhum deles é capaz de tomar parte numa atividade daquele gênero. Por essa mesma razão não

se pode dizer que uma criança é feliz, porque uma criança não tem ainda idade para ser capaz de agir, em situações daquela natureza. Quando se diz que as crianças são bem-aventuradas é apenas graças à esperança de que venham a sê-lo. Para se ser feliz, é, então, necessário, tal como dissemos, tanto uma excelência completa como uma existência completa. É que há muitas transformações e acasos de diversas proveniências ao longo da vida, e é possível a quem prosperou cair, já na velhice, em situações de grande adversidade, tal como se conta acerca de Príamo na épica sobre Troia. Ninguém é feliz quando experimenta tais reveses e acaba por morrer miseravelmente. 5

10

Será, então, que nenhum Humano se poderá declarar feliz enquanto estiver vivo? Será que é necessário, de acordo com o que diz Sólon,[50] olhar, primeiro, para o fim? E, se se tiver que admitir que assim é, será que alguém é feliz depois que tiver morrido? Ou isso é completamente absurdo, sobretudo depois de termos dito que a felicidade é uma certa atividade? Se, por um lado, não podemos dizer que um morto é feliz – nem Sólon o pretenderá –, mas que apenas poderá ser considerado bem-aventurado, alguém que se encontre já fora do alcance de males e desventuras, por outro, isto parece envolver um certo grau de controvérsia. É que parece haver em certo sentido, para um morto, males e bens, da mesma forma que os há para um vivo, mesmo quando aquele não tenha consciência disso. É, por exemplo, o caso das honras e desonras, das ações bem praticadas e das desventuras que acontecem aos seus filhos e em geral aos seus descendentes. Isto levanta uma dificuldade. Para o que teve uma vida feliz até à sua velhice e chegou ao seu fim em conformidade com essa disposição, será possível ainda acontecer-lhe ser afetado pelas vicissitudes sucedidas aos seus descendentes, sejam eles bons e tenham uma existência condigna, sejam eles maus e tenham uma existência miserável? É evidente que com o distanciamento relativamente aos progenitores se pode admitir toda a espécie de destinos nos descendentes. Mas seria absurdo se também um morto fosse afetado pelas vicissitudes dos seus descendentes e ficasse de quando em vez feliz e de quando em vez infeliz. Por outro lado, não era menos absurdo se as situações em que os seus descendentes se vierem a encontrar não atingissem os seus progenitores, pelo menos durante um certo tempo. 15

20

25

30

Mas temos de regressar de novo à dificuldade que foi primeiramente levantada, porque talvez que o que agora é procurado possa ser visto a partir dela. Se se deve olhar para o fim porque só nessa altura se pode declarar alguém bem-aventurado, não por estar assim disposto nesse preciso momento, mas porque anteriormente o esteve, como é que não será absurdo se, no tempo em que alguém está feliz, esse estado não lhe possa ser verdadeiramente imputado? É que, por um lado, não se pode preten- 35

# 32 | Ética a Nicômaco · *Aristóteles*

1100b1 der que os vivos são felizes porquanto estão expostos às vicissitudes da vida e, por outro, já se tinha compreendido que a felicidade era algo de constante e de modo nenhum facilmente alterável, enquanto, por outro lado, os reveses da fortuna dão voltas completas à vida de uma pessoa. É

5 evidente que se se for sempre atrás da sorte, diremos que a mesma pessoa é feliz e miserável muitas vezes, como se fosse uma espécie de camaleão assente sobre alicerces podres.

Ou será que ir atrás das sortes não está certo de maneira nenhuma? Na verdade, nelas não existe o bom ou o mal, mas, como dissemos, a

10 existência humana precisa delas. Contudo, decisivo para a felicidade são as atividades autênticas realizadas de acordo com a excelência ética, enquanto as atividades opostas levam à infelicidade.

A dificuldade por ora levantada testemunha a favor da nossa definição. Em nenhuma das realizações humanas existe tanta estabilidade quanta a que é produzida por aquelas atividades conformes à excelência. Parecem

15 ser ainda mais constantes do que os conhecimentos científicos. De entre as atividades conformes à excelência, as mais estimadas são as mais estáveis, porque os bem-aventurados vivem com elas de modo supremo e contínuo. Tal parece ser o fundamento para que elas não passem despercebidas.

O feliz possuirá a estabilidade procurada na felicidade e permanecerá assim ao longo da sua vida. Levará à prática e terá na pura contemplação sempre, ou durante mais tempo do que todos os outros, aquelas coisas

20 respeitantes à excelência e suportará o mais nobremente possível tudo o que aconteça a respeito do que quer que seja. Um homem verdadeiramente bom é «reto» como um quadrado. Irrepreensível. Mas há muitas circunstâncias constituídas por acaso, umas de grande importância, outras de pouca importância.

É evidente que os acasos mesmo bons e as pequenas infelicidades

25 não têm peso na vida. Mas acontecimentos bons, importantes e frequentes, fazem-nos bem, tornando a vida mais feliz (pois também isto não colora apenas a vida, mas pode servir para a transformarmos de modo magnífico e autêntico). Por outro lado, inversamente, o que acontece de mal oprime e desgraça a nossa disposição, traz sofrimentos e impede o

30 deflagrar de muitas atividades. E, todavia, até nessas circunstâncias reluz o esplendor, caso sejamos capazes de suportar com facilidade muitas e frequentes desventuras, não porque não se sofra, mas por generosidade e magnanimidade. Se estas são as autênticas atividades da vida, tal como

35 dizemos, nenhum dos que são bem-aventurados se tornará miserável. Ja-

1101a1 mais praticará ações odiosas ou mesquinhas. Pensamos, pois, que quem é verdadeiramente bom e sensato suporta toda a espécie de sorte nobremente e a partir das condições disponíveis agirá sempre da melhor forma possível, tal como o estratego militar competente transforma o exército de circunstância no mais combativo que é possível e o sapateiro competente faz o melhor calçado possível a partir do couro de que dispõe, e de modo semelhante a respeito de todos os outros peritos competentes. Se deste modo o feliz jamais será desgraçado, também não é verdade, por outro lado, que será um bem-aventurado, sobretudo se lhe sobrevierem as desventuras do rei Príamo. O feliz não é instável[51] nem facilmente transformável. Quer dizer, não será facilmente demovido da sua felicidade por más sortes ocasionais; apenas por aquelas de monta e que acontecem com frequência. Com efeito, depois de estas lhe terem sucedido, sobretudo se tiver alcançado até então grandes sucessos e feito coisas magníficas, não poderá de novo ficar feliz num curto espaço de tempo, mas apenas (se, de todo), após um longo período de tempo ou até depois de decorrido todo o tempo da vida.

    Que é que impedirá, pois, de dizer que feliz é aquele que acciona uma atividade de acordo com a excelência completa e está suficientemente equipado com bens exteriores não só durante um tempo ocasional mas durante todo o tempo da vida? Ou será que é necessário acrescentar ainda: assim terá vivido e chegado ao fim? É que, para nós, homens, o futuro está encoberto. Nós fazemos da felicidade o fim, e na verdade o fim completo em qualquer circunstância e de um modo total. Assim sendo, diremos que são bem-aventurados os vivos aos quais pertença e tiver pertencido intrinsecamente o que acabou de ser enunciado – ainda que tais sejam bem-aventurados, eles são, contudo, apenas *humanamente* bem-aventurados. Baste isto que foi agora determinado acerca destas coisas.

    Não ser afetado em nada a respeito do que quer que seja pelas vicissitudes acontecidas aos descendentes de alguém e aos seus amigos parece ser próprio de alguém desprovido de sensibilidade e contrário às ideias que se têm acerca do assunto. Ora são inúmeras as coisas que nos acontecem, admitindo toda a espécie de diferenças. As que nos atingem de perto afetam-nos mais do que as que nos passam ao lado, as quais nos afetam menos. Analisar cada uma delas singularmente na sua particularidade seria fastidioso e interminável. Basta talvez analisá-las nos seus traços gerais. Se as desgraças que nos acontecem admitem diferenciações, porquanto umas têm um peso tal que constituem um fardo para a existência, enquanto outras parecem ser suportáveis, o mesmo parece suceder com as desgraças sucedidas aos amigos. Na verdade, há uma grande diferença a respeito de cada uma das afecções quando acontecem aos vivos e quando acontecem aos mortos. Esta diferença é de fato maior do que a existente entre supor a respeito das transgressões à lei e das situações tremendas

# 34 | Ética a Nicômaco · *Aristóteles*

levadas à cena nas tragédias que são a realidade ou que são apenas ficção. Tem de se considerar, pois, desta diferença; ou, talvez mais, da dificuldade levantada se os que já faleceram tomam ainda parte em algum bem ou em algum mal. Parece resultar destas diferenciações que se alguma coisa afeta os que já faleceram, seja algo de bom ou de mau, seja absoluta ou relativamente, será insignificante e sem importância. Se é de outro modo, terá de ser numa quantidade e numa qualidade tal que não consegue tornar felizes os infelizes nem desgraçados os bem-aventurados. As ações praticadas pelos amigos, as boas como as más, parecem ter ainda alguma repercussão sobre os que já faleceram, mas apenas de tal modo e na medida em que não os fará felizes se o não forem nem alterará em nada nenhuma das disposições deste gênero.

## *XI*

Tendo estabelecido estas distinções, examinemos acerca da felicidade se ela se encontra entre as coisas louváveis ou mais entre as coisas de valor inestimável.

É evidente que não pode ser encontrada entre nenhuma das capacidades. Tudo o que é louvável parece sê-lo por ser de uma certa qualidade e comportar-se de algum modo relativamente a algo. Louvamos o justo e o corajoso e, em geral, o bom e a excelência por causa das ações praticadas e dos seus efeitos. Mas louvamos também o que é fisicamente vigoroso e é veloz, e cada uma destas características por constituírem naturalmente uma certa qualidade e comportarem-se por relação a algo de uma boa maneira e seriamente. Isto resulta evidente também a partir dos louvores feitos aos deuses. Contudo, parece ridículo que se ponham os deuses numa mesma relação conosco. Isto resulta do fato de os louvores serem feitos pelo estabelecimento de uma relação entre uma coisa e um modelo. Se o louvor é uma coisa deste gênero, é manifesto que não há louvor das coisas supremas, mas apenas do que é maior e melhor por referência a uma outra coisa qualquer, como parece ser o caso. São os deuses que nós achamos bem-aventurados e felizes e são os homens mais bem-aventurados quem achamos, de entre todos, os mais divinos. O mesmo a respeito das coisas boas. Ninguém louva a felicidade como louva o justo; achamos, contudo, que é uma bem-aventurança porque ser justo é algo mais próximo dos deuses e melhor.

Eudoxo parece também defender para o prazer um lugar entre os primeiros premiados, porquanto ele pensava que, pelo fato de o prazer não ser louvado, era já uma indicação de que era mais poderoso do que as coisas que louvamos, como é com Deus e com o Bem, porque, na verdade, é relativo a elas que tudo o resto é referido.

O louvor é, pois, próprio da excelência. É a partir dela que são louvados os que realizam feitos nobres. Os elogios dos feitos realizados através dos corpos ou através do poder da compreensão também são compostos a partir da excelência. Mas falar com rigor acerca dos elogios é uma tarefa mais apropriada para aqueles que os compõem. Para nós resulta, então, evidente do que foi dito que a felicidade se encontra entre as coisas de valor inestimável e completas. Parece ser assim pelo fato de se tratar de um princípio. É, de fato, graças a ela que fazemos todas as demais coisas. E nós supomos, por outro lado, que o princípio e o fundamento são algo de precioso e divino.

# *XII*

Uma vez que a felicidade é uma certa atividade da alma de acordo com uma excelência completa, ter-se-á de examinar a excelência, porque talvez, desse modo, possamos compreender melhor o que lhe diz respeito. Parece, por outro lado, também que o verdadeiro homem de ação política se esforça por trabalhá-la e, na verdade, para a levar aos seus extremos. Pois, na verdade, deseja fazer dos cidadãos bons cidadãos e obedientes à lei. Tomamos como paradigma destes os legisladores de Creta e de Esparta, e outros que se tiverem tornado tão bons como aqueles. Se esta consideração da excelência pertence ao saber que concerne à perícia política, é claro que a investigação passará a ser conforme ao projeto esboçado desde o princípio. É, pois, evidente que tem de se examinar a excelência, e, efetivamente, a excelência humana; nós também investigamos o sentido do bem humano e da felicidade humana. Visamos, portanto, a excelência da alma humana e não a do corpo.

De resto, dizemos até que a felicidade é uma atividade da alma. Assim sendo, é evidente que o perito em política deve saber como é com as coisas respeitantes à alma, do mesmo modo que o terapeuta dos olhos não trata exclusivamente deles, mas trata também de todo o corpo. *A fortiori*, o perito na criação de uma melhor cidadania, por ser perito num saber mais precioso e melhor do que a medicina, terá também de cuidar não apenas de um aspecto doente da alma, mas de tudo o que lhe disser respeito. Os médicos mais sofisticados lidam muito cuidadosamente com o conhecimento do corpo no seu todo, tal como o perito na produção da boa cidadania terá de ter em vista a alma humana no seu todo, por causa das situações políticas e na medida em que dizem respeito aos seus objetos de investigação. Um maior rigor a respeito dos problemas da alma humana

# 36 | Ética a Nicômaco · *Aristóteles*

implica um trabalho maior do que o necessário para tratarmos dos assuntos que nos propusemos.

Foram já enunciados de modo suficiente alguns aspectos respeitantes à alma em escritos vindos a público que podem agora ser aplicados nesta investigação. Uma das dimensões da alma humana é incapacitante de razão, enquanto a outra é capacitante de razão.[52] Se estas dimensões são
30 diferenciáveis, tal como as partes do corpo e tudo o que é divisível em partes, ou se estas dimensões existem indissociáveis por natureza, tal como num arco o convexo e o côncavo, não tem qualquer importância para o presente inquérito. Mas há uma dimensão da alma que é simplesmente incapaz de uma relação com a razão e é comum ao ser vegetal, isto é, trata-se do fundamento responsável pela função vital nutritiva e pelo crescimento. Pode verificar-se, assim, uma função deste gênero em tudo o que pode nutrir-se, tanto em embriões como em organismos já completamente
1102b1 desenvolvidos. Esta função vital da vida humana é responsável, por conseguinte, pela capacidade de assimilação de alimentos e assim também pelo crescimento, mais do que qualquer função. Porém, uma tal capacidade não existe exclusivamente no Humano, mas é comum a todos os seres vivos e é responsável neles pela maximização do seu desenvolvimento. Tam-
5 bém parece que esta dimensão da vida consegue manter-se em atividade, mesmo durante o sonho. Contudo, é completamente impossível, quando alguém está a dormir, saber se é boa ou má pessoa (de onde se diz não haver diferença entre os felizes e os miseráveis durante metade do tempo de vida, o que é plausível, porquanto o sono é uma desativação da alma, seja ela séria ou negligente). Só algumas emoções chegam a penetrar o
10 horizonte de alma, e ainda assim com pouca eficácia, pelo que também as fantasias aparecidas aos melhores serão melhores do que as aparecidas aos que vivem ao deus-dará. Mas fiquemo-nos por aqui a respeito disto. De fato, tem de se despedir a função vital de nutrição e responsável pelo crescimento, porquanto existe naturalmente sem tomar parte na excelência autenticamente humana. Parece, por outro lado, haver uma certa outra natureza da alma que é [ativamente] incapacitante de razão, mas
15 que, ainda assim, tem uma relação com ela. Esta possibilidade existe tanto no que tem autodomínio como no que o não tem. Em geral, elogiamos o que é racional tal como o que em nós é capacitante de razão. Pois, é por sermos capazes de razão que podemos ser chamados corretamente para as melhores possibilidades de todas.

Parece, não obstante, haver nestas dimensões da alma uma outra que se constitui naturalmente contra a capacidade de razão, isto é, que a combate e lhe oferece resistência. Acontece a respeito da alma com a incapacitação de razão um fenômeno semelhante a respeito do corpo, como quando, por exemplo, alguém se decide a deslocar os membros que tem paralisados

para a direita e eles se deslocam, de um modo despropositado, na direção 20
contrária, para a esquerda. A coação obriga quem não tem domínio de si
a ir por direções que contrariam a decisão tomada pelo sentido racional.
Mas, se nos corpos é possível detectar as deslocações a contrariarem as
decisões da vontade, o mesmo já não é possível a respeito da alma. Não
obstante, temos de verificar a existência na alma humana de um factor
incapacitante de razão, que a contraria e lhe resiste. Não importa, porém, 25
para já aferir da diferença entre estes dois planos. Dissemos, então, que
há uma dimensão da alma que é, de algum modo, capaz de tomar parte
na razão. A possibilidade de autodomínio resulta, efetivamente, da obediência ao comando da razão, mas são as disposições fundamentais do
sensato e do corajoso que melhor permitem escutá-la e obedecer-lhe.
Tudo neles ressoa em uníssono com a razão.

Por outro lado, a dimensão incapaz de razão é também dupla. Em primeiro lugar, incapaz de razão é a função vital meramente vegetativa, que
existe sem qualquer capacidade de relação com o elemento racional. Em
segundo lugar, a faculdade de desejar e em geral o elemento intencional 30
que são, de algum modo, capazes de razão, mas também podem incapacitá-la. Isto é, têm o poder de a escutar e de obedecer ao seu comando.
Também é assim que dizemos que um pai e os amigos têm razão, mas não
a têm do mesmo modo que os enunciados matemáticos. A *advertência*,
toda a espécie de *censura*, e a *exortação* indicam que a possibilidade inca- 1103a1
pacitante de razão pode no Humano transformar-se, de algum modo, por
persuasão, numa possibilidade capaz dela.

Se, por conseguinte, é necessário dizer que também a faculdade de
desejar e o elemento intencional são capazes de razão, nessa altura, então a capacidade de razão diz-se de duas maneiras, em primeiro lugar, em
sentido estrito e de forma absoluta; em segundo lugar, no sentido em que
temos a possibilidade de escutar um pai. A possibilidade de excelência será
também dividida em conformidade com esta diferença. Dizemos que umas
excelências são teóricas e outras éticas.[53] A sabedoria, o entendimento e 5
a sensatez são disposições teóricas; a generosidade e a temperança são
disposições éticas. Falando do caráter, não dizemos que alguém é sábio ou
entendido em determinadas matérias, mas que é gentil ou é temperado.
Louvamos, por outro lado, o sábio de acordo com a disposição contemplativa; e em geral chamamos excelências às disposições que são louváveis. 10

# Livro II

## I

Sendo a excelência dupla, como disposição teórica [do pensamento compreensivo] e como disposição ética, a primeira encontra no ensino a maior parte da sua formação e desenvolvimento, por isso que requer experiência e tempo; a disposição permanente do caráter resulta, antes, de um processo de habituação, de onde até terá recebido o seu nome, «hábito», embora se tenha desviado um pouco da sua forma original.[54] Daqui resulta evidente que nenhuma das excelências éticas nasce conosco por natureza. Nenhum dos entes que existem a partir da natureza pode ser habituado a existir de outra maneira. Como por exemplo uma pedra. Ela desloca-se naturalmente para baixo e ninguém poderá habituá-la a deslocar-se naturalmente para cima; ninguém a habituaria a isso nem que a arremessasse mil vezes para o alto. E o mesmo a respeito do fogo. Ninguém poderá habituá-lo a tender naturalmente para baixo. Nada do que é constituído naturalmente de uma determinada maneira poderá ser habituado a ser de outra maneira. As excelências, então, não se geram em nós nem por natureza, nem contra a natureza, mas por sermos constituídos de tal modo que podemos, através de um processo de habituação, acolhê-las e aperfeiçoá-las.

Além disso, tudo o que se constitui em nós depende em primeiro lugar de havermos recebido a sua condição de possibilidade e depois de termos procedido ao seu acionamento. (O mesmo é manifesto no que respeita às percepções. Nós não constituímos a percepção visual ou a acústica apenas por vermos ou ouvirmos muitas vezes, mas, ao invés, é dispondo já das suas condições de possibilidade que as ativamos. Quer dizer, mesmo que não as tivéssemos ativado, tê-las-íamos desde sempre já à nossa disposição.) É da mesma maneira, então, que adquirimos as excelências. Isto é, primeiramente pomo-las em prática. É assim também que fazemos com as restantes perícias, porque, ao praticar, adquirimos o que procuramos aprender. Na verdade, fazer é aprender. Por exemplo, os construtores de casas fazem-se construtores de casa construindo-as e os tocadores de cítara

1103a14
15

20

25

30

# 40 | Ética a Nicômaco · *Aristóteles*

1103b tornam-se tocadores de cítara, tocando-a. Do mesmo modo também nos tornamos justos praticando ações justas, temperados, agindo com temperança, e, finalmente, tornamo-nos corajosos realizando atos de coragem. O que acontece com as constituições políticas comprova-o também. Ou seja, os legisladores tornam os cidadãos bons cidadãos habituando-os a agir bem
5 – é este de resto o seu propósito. E todos os legisladores que não tiverem em mente esse propósito erram. É nisto, precisamente, que se distingue uma boa constituição política de uma má. Demais, é a partir do exercício das mesmas atividades e em vista das mesmas qualidades limite que toda a excelência tanto é gerada quanto é destruída. O mesmo se passa com toda a perícia. Assim, é ao tocar cítara que executantes desse instrumento se
10 tornam virtuosos ou maus. De modo análogo se passa com os construtores de casas e com todos os restantes peritos numa determinada perícia. É ao construir *bem* uma casa que os construtores se tornam *bons* construtores, tal como é ao construir *mal* uma casa que se tornam *maus* construtores. Se assim não fosse, não precisávamos para nada de um instrutor e todos se tornavam a partir de si próprios bons ou maus a respeito de qualquer
15 atividade. O mesmo acontece com as excelências. Ao agir-se em transação com outrem, tornamo-nos justos ou injustos. É também ao agir em face de situações terríveis, que sentimos sempre medo ou conseguimos ganhar confiança, isto é, que podemos ficar cobardes ou tornamo-nos corajosos. De modo idêntico a respeito das coisas que fazem nascer em nós desejo
20 e ira. Uns conseguem tornar-se temperados e ser gentis, outros, porém, tornam-se devassos e são irascíveis. Resulta, então, destas considerações que é a respeito das mesmas situações, que se definem comportamentos contrários, ou seja, que é possível portarmo-nos de modos diferentes. Assim, numa palavra, as disposições permanentes do caráter constituem-se através de ações levadas à prática em situações que podem ter resultados opostos. Por isso que as ações praticadas têm de restituir disposições constitutivas de uma mesma qualidade, quer dizer, as disposições do caráter fazem depender de si as diferenças existentes nas ações levadas à prática. Com efeito, não é uma diferença de somenos o habituarmo-nos logo desde novos a praticar ações deste ou daquele modo. Isso faz uma grande diferença. Melhor, faz toda a diferença.

## *II*

1103b26 Uma vez que o tratamento do assunto em causa não é motivado por nenhuma especulação teórica, como o será, eventualmente, o tratamento de outros assuntos (de fato, não examinamos a excelência para sabermos o que ela é – o que não teria nenhuma utilidade –, mas para nos tornarmos excelentes), é necessário examinar o que diz respeito às ações. Isto é,
30 como têm de ser levadas à prática. É que as ações são, tal como dissemos,

decisivas para a produção das qualidades das disposições permanentes do caráter.

O agir tem de ser, tal como é comumente aceite, estabelecido de acordo com um sentido orientador [prático].[55] Mais tarde falar-se-á acerca do que é o sentido orientador, bem como do modo e da maneira como se comporta relativamente às outras excelências.

Seja para já concedido de antemão que todo o princípio vigente nas situações[56] concretas de ação não pode ser esclarecido senão a partir de uma sua caracterização apenas nos seus traços essenciais, e não, portanto, de um modo rigoroso, tal como dissemos no início das nossas análises. Como temos dito repetidas vezes, as formas de tratamento de um assunto são tantas quanto a matéria a que se aplicam o admitir. Nada do que diz respeito à prática de ações ou à obtenção do que é vantajoso tem algo de estável, tal como o não tem o que concerne o estado de saúde. Se é já isto que acontece com a fixação de um princípio geral, por maioria de razão não se pode exigir rigor ao princípio de cada uma das situações concretas que de cada vez se constituem. Elas não caem sob a competência de nenhuma perícia nem estão expostas a nenhuma ordem ou comando. Os que estão na situação de agir têm de olhar para as circunstâncias em vista da ocasião e da oportunidade do momento, tal como acontece com a medicina e a arte de navegar. Mas mesmo sendo deste gênero o presente princípio, temos que tentar ir em seu auxílio.

Primeiro tem de se considerar que as disposições do caráter são de uma natureza tal que podem ser destruídas por defeito e por excesso tal como vemos acontecer com o vigor físico e com a saúde (é que temos que fazer uso primeiro do testemunho de coisas visíveis antes de chegar às invisíveis). O excesso de exercícios físicos, por exemplo, e a falta deles destroem o vigor físico. De modo idêntico a ingestão em demasia ou insuficiente de líquidos e de alimentos sólidos destrói a saúde. Contudo, a medida proporcional produ-la, aumenta-a e conserva-a. Assim, com efeito, também acontece com a temperança e a coragem, bem como com as restantes excelências. Aquele que foge a (e tem medo de) tudo e não persevera em nada torna-se medroso, e o que, em geral, não tem medo de nada precipita-se sempre em todas as direções. De modo idêntico, o que frui de todo o prazer e não se abstém de nenhum é devasso; por sua vez, o que foge de todo o prazer, como os que são rudes, é insensível. Ou seja, a temperança e a coragem são destruídas pelo excesso e pelo defeito.

Mas são conservadas pelo meio entre esses dois extremos.[57] Mas não são apenas excelências que se constituem e são fomentadas, por um lado, ou, por outro, são destruídas a partir de situações e de ações a respeito de um mesmo horizonte de sentido, é também desse modo que serão acionadas as atividades em geral. É isto mesmo que se passa a respeito de outras

# 42 | Ética a Nicômaco · *Aristóteles*

ações mais evidentes, como a produção de vigor físico. O vigor físico nasce de uma boa alimentação (mais do que da quantidade da alimentação) e pela capacidade de se suportarem muitos esforços físicos. É quem tem maior vigor físico que será capaz de os suportar de um modo extremo. Assim é com as excelências. Tornamo-nos temperados a partir do exercício ativo da prática de abstinência de prazer e tornamo-nos temperados de

1104b1  modo extremo quanto melhor pudermos abster-nos dele. De modo idêntico se passa relativamente à coragem. Ou seja, tornamo-nos corajosos habituando-nos a menosprezar situações terríveis e ao resistir-lhes.

## *III*

1104b3  Uma indiciação[58] das disposições éticas é dada pelo prazer e pelo so-
5  frimento que acompanham as nossas ações. Por um lado, o que se abstém dos prazeres do corpo e nisso encontra motivo de regozijo é temperado; mas já o que se entedia com essa prática é devasso. Do mesmo modo, é corajoso quem resiste em situações terríveis e nisso encontra motivo de regozijo ou, pelo menos, não sente medo. Por outro lado, já é cobarde o que nas mesmas situações sente medo. A excelência ética constitui-se, portanto, em vista de fenômenos de prazer e de sofrimento.

É, assim, por causa do prazer que incorremos, por um lado, em ações vergonhosas. É, do mesmo modo, também que por causa da ansiedade
10  causada pelo medo nos podemos afastar de feitos gloriosos. Por isso devemos ser levados logo desde novos, como diz Platão, a fazer gosto no que deve ser e a sentir desgosto pelo que não deve ser. É essa a educação correta. Além do mais, se as excelências se constituem a partir de ações
15  e afecções[59] – o prazer e o sofrimento acompanham toda a afecção e toda a ação –, também sob esse fundamento a excelência se constitui sobre os prazeres e os sofrimentos.

Também isto atestam os castigos que infligem sofrimento. Isto é, alguns castigos são uma espécie de curativos. Atuam naturalmente ao transformarem o sentido das disposições dos que são castigados. Além do mais, tal como dissemos primeiramente, toda a disposição da alma constitui-se naturalmente ao relacionar-se, e ao lidar, com aquele tipo de situações
20  que a tornam melhor ou pior. Ou seja, é por causa dos prazeres e dos sofrimentos que os homens se tornam perversos, perseguindo e fugindo de prazeres e de sofrimentos: 1) que não devem; 2) ou quando não devem; 3) ou como não devem; 4) ou a respeito de todos os outros modos que o sentido determina o «dever ser». Por esta razão alguns definem as exce-
25  lências como sendo uma certa desafetação ou tranquilidade. Mas não o fazem bem porque falam em abstrato, sem acrescentarem, concretamente, seja o modo como se deve agir e sentir, seja o modo como não se deve agir e não se deve sentir, seja o momento em que se deve agir e sentir, isto

é, falam em abstrato sem ter em consideração nenhuma destas ou ainda outras determinações concretas da ação. Fique, então, assim estabelecido que a excelência prática é tal que se constitui através da melhor relação possível que se pode ter com prazeres e sofrimentos. A perversão[60] prática constitui-se, por outro lado, contrariamente. Das considerações que se seguem obter-se-á uma maior clareza acerca do prazer e do sofrimento. 30

Há três possibilidades relativamente às quais se definem as escolhas do que devemos perseguir e do que devemos preterir e evitar. Devemos escolher o belo, o vantajoso e o agradável; devemos, por outro lado, evitar os seus contrários, isto é, o feio, o nocivo, o desagradável. Relativamente a todas essas possibilidades, o homem de bem é capaz de as escolher corretamente e o perverso erradamente, sobretudo a respeito do prazer: na verdade, o prazer é também comum aos animais e acompanha todas 35 as possibilidades de escolha; tanto o belo como o vantajoso parecem ser agradáveis. De resto o prazer cresceu conosco desde a infância. Por isso 1105a1 que é difícil vermo-nos livres dessa afecção encrostada como uma cor na pele da nossa vida. Nós pautamos, uns mais do que os outros, as nossas ações sempre pelos prazeres e pelos sofrimentos. É por tudo isto que é necessário um tratamento completo do sentido do prazer e do sofrimento. Não é de pouca importância o efeito que o prazer e o sofrimento sentidos surte sobre as nossas ações, sejam elas realizadas bem ou perversamente. De resto, é ainda mais difícil combater o prazer do que a ira, como diz Heraclito,[61] mas a perícia e a excelência formaram-se sempre por relação com o que há de mais difícil. O êxito nessas atividades tem mais valor, de tal sorte que toda a análise deste tema, quer para a excelência, quer para a perícia política, implica uma análise dos prazeres e dos sofrimentos. Será um homem de bem quem fizer um bom uso deles; mas já quem fizer um mau uso deles será perverso. Seja, então, dito: 1º que a excelência ética se constitui relativamente aos sofrimentos e aos prazeres; 2º que a excelência ética é incrementada e destruída pelas mesmas ações que a originaram, caso sejam levadas a cabo de um modo contrário ao excelente; 3º 15 que o horizonte em que a excelência ética atua é o mesmo sobre o qual atuam as afecções.

## *IV*

Poder-se-á levantar a dificuldade acerca do modo como dizemos que 1105a15 aqueles que praticam ações justas se tornam justos e os que praticam ações temperadas se tornam, por sua vez, temperados, isto é, se serão já, de algum modo, justos e temperados, por praticarem ações justas e temperadas 20 do mesmo modo que dizemos dos que aplicam a gramática e executam música que são peritos em gramática e executantes de peças musicais? Ou será que não é assim com as perícias? É que é possível redigir um trabalho

empregando, efetivamente, a gramática, mas apenas por acaso ou com a ajuda de outrem. Quer dizer, só é entendido em gramática quem a aplicar
25 segundo o modo como detém essa perícia, isto é, de acordo com a perícia gramatical adquirida e aplicada por si. Além disso, excelências e perícias são de gêneros diferentes. Os trabalhos feitos pelas perícias têm o seu valor em si mesmos. Para serem produzidos basta que, de algum modo, tenham uma certa qualidade. Mas já os trabalhos realizados de acordo com as excelências não adquirirem sem mais essa qualidade, nem mesmo se
30 forem praticados de modo justo e temperado. Essa qualidade de excelência apenas é adquirida se quem agir nessa conformidade existir de acordo com essa disposição do caráter constituída em si permanentemente. E isso é assim se: 1º souber agir; 2º tiver decidido de antemão agir, e na verdade decidido agir tendo as excelências como fundamento. Isto é, ao atuar deste
1105b1 modo, age de acordo com uma disposição do caráter estável e inamovível. Para dispor das restantes perícias não é necessário que sejam preenchidas todas estas condições, a não ser o saber. Mas relativamente às excelências, o saber tem pouco peso ou mesmo nenhum, enquanto as restantes condições de possibilidade não têm pouca mas toda a importância, porquanto as
5 ações justas e temperadas nascem, precisamente, do agir repetido em conformidade com as respectivas excelências. Diz-se que determinadas ações são justas ou temperadas quando forem tais como o justo e o temperado as realizam. Mas justo e temperado não são os que realizam ações justas e temperadas, mas, antes, os que agem como os justos e os temperados. É por isso correto dizer-se que o justo se torna justo por realizar ações justas
10 e o temperado se torna temperado por realizar ações temperadas. Assim, ninguém se tornará sério, se não realizar nenhuma destas ações. Mas a maioria não pratica nenhuma destas ações. Refugia-se na mera discussão teórica, pensando que perseguir abstratamente um saber filosófico é suficiente para ser sério. A maioria age, assim, de modo semelhante àqueles doentes que ouvem com muita atenção o que os médicos lhes dizem mas não fazem nada do que lhes foi prescrito. Por conseguinte, tal como nem
15 estes cuidam, desta forma, bem do corpo, também aqueles não compreendem filosoficamente o ser da alma de modo conveniente.

1105b19    Posto isto, temos, então, de examinar o que é a excelência. Uma vez que há três gêneros de fenômenos que surgem na alma – as afecções, as
20 capacidades e as disposições –, qual será destes gêneros de fenômenos aquele a que a excelência pertence? Quando digo afecções, falo do desejo, da ira, do medo, da audácia, da inveja, da alegria, da amizade, do ódio, da saudade, do ciúme, da compaixão e, em geral, de tudo aquilo que é acompanhado por prazer e ou sofrimento. Dizemos que as capacidades são condições de possibilidade para sermos afetáveis por afecções. De

Livro II | 45

acordo com elas, somos capazes de ficar irados, ou passar por sofrimentos ou sentirmos compaixão. Disposições, por fim, são os gêneros de fenôme- 25 nos de acordo com os quais nos comportamos bem ou mal relativamente às afecções. Por exemplo, relativamente ao estado em que se fica irado, comportamo-nos mal se ficarmos nesse estado veementemente ou frou- xamente, e comportamo-nos bem se o estado em que ficarmos for apenas moderado; e assim se passa a respeito de todas as afecções.

Nem as excelências nem as perversões são, portanto, afecções, porque nós não dizemos que somos sérios ou desavergonhados de acordo com as afecções, nem é segundo as afecções que somos louvados nem repreendi- dos (ninguém é louvado por estar com medo ou zangado, nem quem está zangado é simplesmente censurado, mas o é relativamente ao modo como 1106a1 está zangado). Ou seja, louvamos ou censuramos alguém de acordo com as excelências e as perversões. Além do mais, zangamo-nos ou sentimos medo sem qualquer decisão prévia, enquanto as excelências resultam de certas decisões que tomamos de antemão, ou, pelo menos, não existem sem uma tomada de decisão. Acresce ainda a isto que dizemos que segundo as afecções se fica comovido, mas segundo as excelências e as perversões 5 não se fica apenas comovido; *é-se* disposto de algum modo.

Por este motivo, então, também não se trata de capacidades. Não di- zemos que somos autênticos ou perversos, simplesmente por sermos ou não sermos capazes de sofrer, nem somos louvados nem repreendidos por isso. De resto, o sermos capazes acontece por natureza. Contudo, tornar- 10 mo-nos bons ou maus não acontece por natureza. Já falamos acerca disto anteriormente.

Se, então, as excelências não são nem afecções nem capacidades, só resta que sejam disposições do caráter. Fique assim dito o que é a exce- lência quanto ao seu gênero.

## *VI*

Mas não deve apenas dizer-se que é uma disposição, deve também 1106a acrescentar-se que se trata de uma certa qualidade. Enquanto qualidade tem, pois, de se dizer o seguinte: – toda a excelência é capaz de desenvol- ver plenamente o potencial do ente que a detém, ao restituir-lhe assim a sua função específica de um modo correto. Deste modo, por exemplo, é a excelência dos olhos que é capaz de fazer deles olhos excelentes. Ou seja, é capaz de lhes restituir a sua função específica de modo correto. Pela pre- sença da excelência nos olhos vemos excelentemente. De modo semelhan- te, acontece com a excelência de um cavalo. É ela que faz do cavalo um 20 cavalo excelente: ao galopar na pradaria e ao levar o cavaleiro até junto dos inimigos. Se assim se passa com todos os entes, haverá, então, tam- bém uma excelência do Humano. Tal será a disposição do caráter a partir

**46** | Ética a Nicômaco · *Aristóteles*

da qual o Humano se tornará excelente. Isto é, a presença da excelência no Humano permitirá restituir-lhe a sua função específica, a de se tornar em
25 si próprio excelente. De que modo isso poderá acontecer já o temos dito, mas ficará ainda mais claro se considerarmos a natureza das coisas.

Em todo o contínuo e divisível pode tomar-se uma parte maior, uma parte menor e uma parte igual, e tal segundo a própria coisa considerada de forma absoluta em si mesma ou relativamente a nós. A parte igual é
30 qualquer coisa como o meio entre o excesso e o defeito. Eu entendo pelo meio de uma coisa o ponto que se mantém a uma distância igual de cada um dos extremos, o qual é um e o mesmo para todas as coisas. O meio relativamente a nós, contudo, é a medida que não tem a mais nem tem a menos. Uma tal medida não é uma nem a mesma para todos. Por exemplo, se 10 for muito e 2 pouco, 6 supõem-se ser o meio de acordo com a coisa.
35 Em igual medida o 6 ultrapassa o 2 e é ultrapassado pelo 10. Este meio é determinado de acordo com a proporção produzida aritmeticamente. Porém, o meio considerado relativamente a nós não pode ser tomado desta
1106b1 maneira. Porque se para alguém comer 10 kg de comida é muito e 2 kg pouco, o treinador não vai prescrever 6 kg de comida só por ser o meio, porque uma tal quantidade de comida tanto poderia ser muita como pouca para quem a come. Para Milão,[62] por exemplo, seria pouco, mas para quem está a começar a treinar seria demasiado. O mesmo a respeito da
5 intensidade de treinos para a corrida e para a luta. Assim, todo aquele que percebe de alguma coisa evita tanto o excesso como o defeito, mas procura saber onde está o meio para o poder escolher. O meio procurado não é o meio absoluto da coisa em si, mas o meio da coisa relativamente a cada um. Então todo o saber numa determinada área opera corretamente, se tiver em vista o meio e conduzir até aí todos os seus resultados
10 (donde se costuma dizer dos trabalhos bem acabados que não se podia tirar nem acrescentar nada, uma vez que o excesso e o defeito destroem o bem, mas o meio conserva-o; os peritos, então, como dissemos, exercem as suas atividades tendo isto em vista). A excelência, tal como a natureza, é mais rigorosa e melhor do que toda a perícia, porque é sempre hábil a atingir o meio. Passamos agora a considerar a excelência a respeito da disposição do caráter, excelência que se constitui a respeito das afecções e das ações, pois também nestes horizontes há excesso, defeito e meio. Por exemplo, sentir medo, ser audaz, estar de desejos, ficar irritado, ter
20 compaixão e, em geral, ter prazer ou sentir sofrimento, admitem um mais e um menos. Quer dizer, admitem modos errados [de nos relacionarmos com eles]. Mas o sentir isto no tempo em que se deve, nas ocasiões em que se deve, relativamente às pessoas que se deve, e em vista do que se deve e do modo como se deve, isso é o meio e o melhor de tudo, ou seja, o meio e o melhor de tudo é a medida da excelência. Do mesmo modo, então, também acerca das ações há excesso, defeito e meio. A excelência
25 é acerca das afecções e das ações, e nestes fenômenos o excesso erra e o

defeito é censurado, o meio, contudo, é louvado e acerta. O que é louvável e o que acerta integram a excelência. A excelência é uma certa qualidade do que é do meio, uma vez que tem a aptidão de o atingir. Demais, o errar é de muitos modos (o mal faz parte do que é ilimitável, tal como o imaginam os pitagóricos, e o bem do que é limitado); acertar é de uma única maneira (por isso uma possibilidade é fácil e a outra, difícil: é fácil não atingir o alvo, difícil é atingi-lo). É por esta razão que o excesso e o defeito são elementos da perversão e a qualidade do meio é o elemento integrante da excelência: *A nobreza é de uma única maneira; a perversão de toda / a maneira e* feitio.[63]

A excelência é, portanto, uma disposição do caráter escolhida antecipadamente. Ela está situada no meio e é definida relativamente a nós pelo sentido orientador, princípio segundo o qual também o sensato a definirá para si próprio. A situação do meio existe entre duas perversões: a do excesso e a do defeito.

Demais, é relativamente ao meio que as perversões ficam aquém ou vão além do que é devido tanto nas afecções como nas ações; e a excelência encontra e colhe o meio. É por isso que a excelência é a posição intermédia, mas de acordo com o bem supremo e a extremidade do que é bom. O bem é uma posição extrema, de acordo com a sua própria essência e de acordo com o princípio que compreende o que desde sempre era já o seu ser.

Contudo, nem toda a ação, nem toda a afecção, admitem uma posição intermédia. Podem ser nomeadas algumas afecções que estão logo implicadas na perversidade, como a maldade, a falta de vergonha, a inveja, e o mesmo se passa com alguns nomes de ações como o adultério, o roubo, o homicídio. Todas estas ações e afecções, e outras deste gênero, são compreendidas como sendo perversas de forma absoluta e não por constituírem excessos ou defeitos. Quer dizer, não há nunca a respeito delas uma maneira de acertar, pois são sempre erradas. Isto é, não há nenhuma maneira, certa ou incorreta, de praticar ações deste gênero. Ou seja, não há uma maneira certa de cometer adultério, como se houvesse a mulher certa com quem se pudesse praticá-lo, como se houvesse a altura certa, ou a maneira certa de o fazer, porque praticar adultério está sempre absolutamente errado. Semelhante é pensar-se haver uma posição intermédia, um excesso e um defeito a respeito da injustiça, por exemplo, pensar-se que há um excesso e um defeito para a ação cobarde ou para a devassidão. Caso tal acontecesse, seria como se houvesse uma posição intermédia no excesso e no defeito, bem como um excesso no excesso e um defeito no defeito. Portanto, tal como não há excesso nem defeito na temperança nem na coragem porque o meio é de algum modo um extremo [e a temperança e a coragem são posições extremas], assim também se passa a respeito daquelas ações perversas, porque não admitem posição intermédia entre

# 48 | Ética a Nicômaco · *Aristóteles*

o excesso e o defeito. Isto é, simplesmente praticá-las é já errar absolu-
25 tamente. Não há, portanto, em geral posição intermédia nem no excesso
nem no defeito, quando considerados absolutamente, nem em geral há
excesso ou defeito na posição absolutamente intermédia.

## VII

1107a28    Não se deve enunciar isto apenas na sua generalidade, é necessário
também procurar adequar os enunciados às circunstâncias particulares.
30 Isto é, de fato, os enunciados proferidos universalmente acerca das ações
são mais abrangentes, mas os que são proferidos acerca das situações
concretas que de cada vez se constituem particularmente são mais revela-
dores da verdade. Porque, se, de uma parte, as ações respeitam as circunstâncias particulares, de outra, os enunciados universais devem concordar
com elas na conformidade da sua circunstância. Devem ser consideradas
a partir do esquema no quadro. Acerca do medo e da audácia, a posição
1107b1 intermédia é a coragem. Para os que têm uma excessiva falta de medo
não há nome (muitos dos excessos são anônimos), o que tem excesso de
confiança é audaz.

O que tem demasiadamente medo e tem falta de confiança é cobarde. A posição intermédia a respeito dos prazeres e dos sofrimentos – não
5 de todos, e menos acerca dos sofrimentos – é a temperança, mas o excesso é a devassidão. Não há muitos que tenham uma deficiência na relação
com o prazer, por isso que também não se encontra um nome para os
que são assim. Chamemo-lhes, no entanto, insensíveis. Acerca do dar e
receber dinheiro a posição intermédia é a generosidade, o excesso e o
10 defeito, respectivamente esbanjamento e avareza. De modo contrário se
passa com os respectivos excessos e defeitos. O esbanjador é excessivo
a deitar fora e deficiente no poupar. O avaro, por sua vez, é excessivo no
15 receber e deficiente no dar. Damo-nos por satisfeitos agora com o que
dissemos resumidamente; mais tarde far-se-ão distinções mais rigorosas
acerca deste assunto.

Há outros modos de dispor do dinheiro, relativamente aos quais a posição intermédia é a magnificência (o magnificente distingue-se, de fato,
20 do generoso: porque se o primeiro o é a respeito de grandes somas de dinheiro, o outro é-o a respeito de pequenas), o excesso é o mau gosto[64] e o
defeito é pouca generosidade. Todas estas disposições em face do dinheiro
são diferentes da generosidade; em que medida o são, será dito mais tarde.

Acerca da honra e da desonra, a posição intermédia é a magnanimidade, o excesso diz-se que é uma forma vã de orgulho e o defeito, mesqui-
25 nhez. Tal como dissemos haver uma relação entre magnificência e generosidade, definida em razão das somas de dinheiro envolvidas, há também
uma relação entre uma determinada qualidade e a magnanimidade. Esta

é determinada relativamente a honras de monta, a outra é relativa a pequenas honras. Quer dizer, há uma atitude como se deve ansiar por honra e como se anseia mais do que se deve ou menos do que se deve. Diz-se, assim, do que tem anseios em excesso que é ganancioso e do que os tem a menos que tem falta de ambição. Para o que está no meio, contudo, não 30 há nome. Estas disposições são anônimas, exceto a do ambicioso – a ambição. Por isso que os dois extremos reclamam o direito sobre a região do meio; de fato, é possível chamarmos ao que está na posição do meio umas vezes ambicioso e outras vezes dizermos que não se trata de ambição; e é assim que umas vezes louvamos o ambicioso, outras vezes o que tem falta 1108a1 de ambição. A razão pela qual o fazemos será dita no que se seguirá. Por ora falemos acerca das restantes excelências segundo o modo indicado.

Também há a respeito da ira um excesso e um defeito e uma posição intermédia, não havendo quase nomes para nenhuma destas atitudes. Mas tendo sido dito que a disposição do meio é a do gentil, chamemos à posi- 5 ção intermédia gentileza. Dos extremos, o excessivo é chamado irascível, e disposição perversa é a irascibilidade; o extremo por defeito é a ausência de manifestação de ira e a sua falta, incapacidade de se irar.

Há ainda mais três posições intermédias que embora tenham uma certa semelhança entre si, são distintas. Todas dizem respeito à nossa par- 10 ticipação em conversas com outrem e à realização de ações comuns com outros. Contudo, distinguem-se pelo fato de que uma posição intermédia tem em vista a sinceridade, as outras duas apenas têm como objetivo o prazer. Um prazer deste gênero é obtido ocasionalmente nos momentos de diversão ou, em geral, em as todas as situações ocorridas na vida. Tem, com efeito, de se falar acerca destas disposições do caráter para melhor 15 percebermos que em todas elas a posição intermédia deve ser louvada e as posições extremas não são louváveis. Se o são, não é de modo correto, porque elas devem antes ser repreendidas. A maior parte destas disposições não tem nome. Todavia, temos de tentar, tal como a respeito de tudo o que é anônimo, fabricar-lhes nomes em vista da clareza e da possibilidade de um melhor acompanhamento delas. Em vista da sinceridade, quem existe segundo a disposição do meio é sincero. A posição intermédia é, portan- 20 to, a sinceridade. Pretensão a mais é fanfarronice, e o demasiadamente pretensioso é um fanfarrão; por defeito, trata-se de uma falsa modéstia. Falso modesto é, portanto, o que é dessa maneira.

Mas em relação ao que é agradável no divertimento, a maneira de ser de acordo com a disposição do meio é a do espirituoso, sendo este alguém que se sabe divertir bem. A posição do meio é assim uma disposição divertida. O excesso, contudo, é uma palhaçada e o que é dessa maneira 25 um palhaço.[65] O que, por sua vez, é por defeito é rude e a disposição é a rudeza. Acerca da restante forma de prazer que pode dar-se na vida, quem

# 50 | Ética a Nicômaco · *Aristóteles*

é uma pessoa agradável, é amável e a posição intermédia é a amabilidade; o excessivo, sem motivo, é obsequioso, se o for por alguma vantagem,
30 é um adulador; o que é por defeito é em todas as situações da vida desagradável, rabugento e difícil de contentar. Há também modos de ser intermédios nas afecções. O pudor não é nenhuma excelência, contudo, o que sente pudor é louvado. Também a respeito das atitudes relativamente ao pudor, uma é a do meio, que é a de quem sente pudor, outra a do excesso, como o pudico que sente pudor relativamente a tudo, e outra ainda a por
1108b1 defeito, a do que não tem pudor de nada em geral.

O sentimento de indignação está entre a inveja e a malícia.[66] Ambos estes sentimentos constituem-se relativamente ao prazer e ao sofrimento que temos a respeito do que acontece ao próximo. Assim, o que se indigna de forma correta sofre com os que passam bem mas sem o merecerem. Já
5 o invejoso excede-se, ao sofrer excessivamente com o que de bom possa acontecer a todos os outros. Mas o malicioso tem uma tal maneira de ser por defeito que não sente apenas sofrimento, mas prazer com o mal que possa acontecer a outrem. Mas haverá outra ocasião noutro lugar para discutir isto. Posto isto, temos de estabelecer as distinções a respeito das duas disposições do meio acerca da justiça, porquanto ela não é dita de
10 modo simples; o mesmo também acerca das excelências lógicas.

## *VIII*

1108b11 Havendo três disposições de caráter, duas são perversas, a que é por excesso e a que é por defeito, e uma é a da excelência, a qual corresponde à posição intermédia. Todas elas se opõem, de algum modo, umas às outras. As das posições extremas são, por um lado, contrárias à da posição intermédia e, por outro, contrárias uma da outra. Por sua vez, a disposi-
15 ção intermédia opõe-se às posições extremas. Do mesmo modo que o igual é simultaneamente maior e menor, maior por relação ao menor e menor por relação ao maior, assim também as disposições medianas estão em excesso relativamente às posições em defeito e estão em defeito relativamente às posições em excesso, tanto nas afecções como nas ações. O co-
20 rajoso parece ser audaz relativamente ao cobarde, mas parece ser cobarde relativamente ao audaz; de modo semelhante, também o temperado parece ser devasso relativamente ao insensível, mas insensível relativamente ao devasso; o generoso parece ser esbanjador relativamente ao avaro, e avaro relativamente ao esbanjador. Por isso que ambos os extremos não apenas se repelem um ao outro, mas ambos repelem também o meio. O
25 cobarde chama ao corajoso audaz e o audaz chama-lhe cobarde. A analogia mantém-se nas outras disposições.

Sendo assim o modo como as disposições se opõem umas às outras, o maior grau de oposição é o que existe relativamente aos extremos entre si, um grau maior ainda do que o que existe por relação com o meio. Isto é, estes estão mais afastados entre si do que estão afastados do meio. Do mesmo modo, é maior a distância entre o grande e o pequeno do que entre ambos e o médio. Além do mais parece haver uma certa semelhança entre o meio e alguns extremos, como entre a audácia e a coragem, bem como entre o esbanjamento e a generosidade; a maior dissemelhança encontra--se naturalmente entre extremos. Assim, as posições que se encontram o mais afastadas entre si são definidas como posições contrárias, sendo tanto mais contrárias quanto mais for o seu afastamento.

Mas em alguns casos, o defeito e o excesso opõem-se mais ao meio do que se opõem um ao outro. A audácia, por exemplo, que é um excesso, não se opõe à coragem, mas antes à cobardia, que é um defeito. À temperança não se opõe a insensibilidade, que é uma falta, mas à devassidão, que é um excesso. Isto acontece por duas razões fundamentais. Uma resulta da própria coisa em si: é porque um dos extremos está mais próximo do meio e mais se lhe assemelha que não o opomos ao meio, mas ao outro extremo (mais afastado e mais dissemelhante) – por exemplo, é porque a audácia parece ser mais semelhante à coragem e estar também mais próxima dela, e porque a cobardia lhe é mais dissemelhante, que fazemos opor a coragem mais à cobardia (do que à audácia); as posições que estão mais afastadas do meio parece que lhe são mais contrárias. Esta é pois a razão que resulta da própria coisa em si. A outra resulta da que nós próprios constituímos pelo nosso comportamento com estas disposições. Aquelas coisas para as quais tendemos naturalmente parecem ser mais contrárias à disposição do meio – por exemplo, tendemos naturalmente mais para as coisas que nos dão prazer, e é por isso que somos mais facilmente levados para a devassidão do que para o regramento.[67] Entendemos, pois, como mais contrárias ao meio aquelas coisas para as quais tendemos mais a ser levados. Por isso a devassidão, sendo um excesso, é mais contrária à temperança.

## IX

Foi então dito de modo suficiente que 1) a excelência ética é uma disposição intermédia e de que modo assim é; 2) depois, também, que a disposição intermédia está entre duas disposições perversas, uma segundo o excesso, outra segundo o defeito; 3) finalmente, que a disposição intermédia é assim por visar alcançar o meio tanto nas afecções como nas ações. É por isso que tentar encontrar o meio é uma tarefa séria. É trabalhoso encontrar o meio em qualquer coisa, tal como encontrar o meio do círculo não é para todos, mas só para quem sabe. Assim, irritar-se acontece com facilidade a quem quer que seja, tal como é com facilidade que se dá e gasta dinheiro. Contudo, saber com quem e em que quantidade, quando, em vista do quê e o modo como, já não é fácil para todos. É por

# 52 | Ética a Nicômaco • Aristóteles

30 isso que o bem é raro, louvável, belo. Por isso, quem visa atingir o meio deve primeiro afastar-se mais do contrário, como Calipso recomenda:

1109a33 *conduz o navio para fora da bruma e da* espuma.[68] Dos extremos, um é mais errado do que o outro. Uma vez, então, que é tão difícil encontrar o meio, diz-se que se deve escolher o menor dos males, de acordo com a segunda

1109b1 melhor maneira de navegar;[69] e isto será conseguido da melhor maneira se procedermos do modo que dissemos.

Deve-se, por outro lado, examinar relativamente a que erros é que tendemos mais facilmente a ser levados. Todos tendemos naturalmente para coisas diferentes. Isto será melhor reconhecido a partir do prazer e do

5 sofrimento que se formam em nós. Temos de nos arrastar para a direção contrária; e temos de nos afastar amiúde para fora do erro para podermos chegar ao meio e fazer exatamente o mesmo que fazem os que aplainam as partes rugosas das madeiras. Em tudo temos de evitar sobretudo o que é agradável e o prazer. Porque, quando o prazer está em julgamento, não conseguimos ser juízes imparciais. Deveríamos comportar-nos relativa

10 mente ao prazer exatamente do mesmo modo que os chefes mais velhos se portaram relativamente a Helena,[70] e em todas as circunstâncias em que surja a possibilidade do prazer devemos escutar[71] a voz dos anciães. Despedindo o prazer deste modo falharemos menos.

Resumindo, podemos, então, dizer que, ao agirmos deste modo, teremos mais hipóteses para atingir o meio. Mas isto é muito difícil, sobretudo nas situações concretas e particulares que de cada vez se constituem.

15 Na verdade, não é fácil definir, por exemplo, o modo como nos podemos irritar convenientemente, ou relativamente a quê, ou em que qualidades circunstanciais, ou durante quanto tempo, se deverá estar irritado. Até porque nós umas vezes louvamos aqueles que por defeito [não se irritam] e dizemos que são serenos, outras vezes chamamos viris aos que se agravam. Mas nós não censuramos quem se afasta apenas um pouco do ca

20 minho correto, tanto para o lado do que é de mais quanto para o lado do que é de menos. Quem nós censuramos é quem se afasta muito; porque este não consegue passar despercebido. Não é fácil determinar o limite a partir do qual alguém começa a ser censurável nem a extensão tolerável do desvio, porque nenhum dos objetos percepcionáveis é facilmente determinado. Isto é, os objetos percepcionáveis dependem das circunstâncias particulares, e a decisão reside na percepção. Isto é suficiente para poder mostrar que a disposição do meio é louvável em todas as situações que

25 se podem constituir e que umas vezes se deve declinar o excesso, outras vezes, o defeito: assim é a maneira mais fácil de conseguirmos atingir o meio e o modo correto de agir.

# Livro III

## I

Sendo a excelência constituída a respeito das afecções e das ações, havendo louvores e repreensões apenas relativamente a ações voluntárias – porque relativamente a ações involuntárias, às vezes há perdão, outras vezes compaixão –, é necessário, talvez, para quem pretende examinar os fenômenos que concernem a excelência, definir-se a ação voluntária e a ação involuntária, definição de resto também útil aos legisladores não só para a atribuição de honras como também para a aplicação de castigos.[72]

Involuntárias são, assim, aquelas ações que se geram sob coação[73] ou por ignorância.[74] Um ato perpetrado sob coação é aquele cujo princípio (motivador) lhe é extrínseco. Um princípio desta natureza é tal que o agente, na verdade, passivo, não contribui em nada para ele. Como se ventos ou homens poderosos o levassem para qualquer sítio. Mas determinar se as ações praticadas por medo de males maiores ou em vista de algo glorioso – por exemplo, se alguém se vê obrigado a praticar um ato vergonhoso por um tirano que ameaça de morte os seus pais e filhos, mantidos reféns, e ao mesmo tempo promete salvá-los, se a ordem for executada – são ações involuntárias ou voluntárias envolve controvérsia. Uma situação deste gênero acontece, por exemplo, quando no meio de tempestades se tem de deitar a carga borda fora. Porque ninguém a deitaria ao mar assim sem mais, voluntariamente, mas apenas com o objetivo de se salvar a si e aos restantes. Ações deste gênero são mistas, embora, de fato, pareçam mais ser voluntárias. Na verdade, são escolhidas no momento em que são praticadas e o fim da ação é determinado de acordo com a ocasião e a oportunidade do momento. As características do ser «voluntário» e «involuntário» só podem ser determinadas em função do tempo em que a ação é executada. Ora só quem se encontra em determinadas circunstâncias é que age, de fato, voluntariamente. Isto é, quando tem em si próprio o princípio (motivador) da ação, acionando assim os elementos instrumentais da ação. Quando o princípio motivador se encontra no próprio agente, é dele que depende o serem levadas à prática ou não. Ações deste gênero são, pois, voluntárias,

**54** | Ética a Nicômaco · *Aristóteles*

mesmo que resultem da força das circunstâncias. Ainda assim, podem, por outro lado, ser consideradas involuntárias, porque, noutras circunstâncias, ninguém teria decidido levá-las à prática.

20     Algumas ações deste gênero são louvadas, quando, por exemplo, através delas se consegue evitar males maiores, embora envolvendo vergonha e dor. Outras, porém, são repreendidas, quando se dá o caso inverso, isto é, quando pela sua ação se obtêm males maiores. Esta última possibilidade é perversa, porque é próprio do perverso passar por vergonhas sem ter nenhum bem em vista, ou, quando tem algum em vista, trata-se de um bem pusilânime. Há, por outro lado, ações que não levam nenhum louvor mas
25   recebem antes perdão. É o que acontece, quando alguém, pela força das circunstâncias, faz o que não poderia fazer, ultrapassando, assim, todas as marcas de humanidade, sem ser capaz de suportar as suas consequências. Mas há quem não seja nunca coagido – preferindo a morte, mesmo tendo de sofrer horrivelmente. Por exemplo, parecem ridículos os motivos que obrigam Alcméon, na peça de Eurípides[75] a assassinar a sua mãe. Em todo
30   o caso, é difícil em algumas circunstâncias decidir que opção se deve tomar e qual a que se deve preterir, tal como difícil é decidir o que tem de se suportar e em vista do quê. Mas mais difícil ainda é mantermo-nos fiéis às decisões tomadas. Pois, na verdade, acontece o mais das vezes que o que se pode esperar é doloroso e o que se é obrigado a fazer é vergonhoso. É
1110b1 por isso que há repreensões e louvores para quem age, esteja esse alguém sob coação ou não.

Quais são, então, os tipos de ações que dizemos ser realizadas sob coação? São absolutamente por coação todas aquelas ações que têm o seu princípio em circunstâncias extrínsecas ao agente, sem que este contribua em nada no que quer que seja para as levar à prática. Por outro lado, há ações que são em si mesmas involuntárias, mas que numa dada circuns-
5     tância são preferidas em detrimento de outras, isto é, o princípio da sua ação encontra-se no agente. Tais ações são em si mesmas absolutamente involuntárias. Contudo, como, naquelas circunstâncias particulares são preferidas em detrimento de outras, são portanto levadas à prática voluntariamente.

Deste modo, este gênero de ações assemelha-se mais a ações voluntárias. Isto acontece, porque as ações dizem respeito às circunstâncias particulares em que são realizadas, e aquelas ações são realizadas naquelas dadas circunstâncias de modo voluntário. Não é, assim, fácil justificar qual a opção que deve ser tomada em detrimento de outras, porque há muitas diferenças a envolver as circunstâncias particulares. Se alguém dissesse
10   que as ações realizadas em vista do que é agradável ou do que é nobre[76] eram feitas sob coação (porque se trata de objetivos que nos são impostos de fora), todas as ações seriam consideradas ações praticadas sob coação.

Na verdade, é graças àqueles objetivos (prazer e nobreza) que levamos a cabo todas as ações. Agir sob coação e involuntariamente é penoso, mas agir com gosto e por nobreza é agir com prazer.

Por outro lado, é ridículo invocar causas exteriores como princípios das *nossas* ações involuntárias, realizadas sob coação, e não nos responsabilizarmos a nós por elas, como se fôssemos meramente vítimas das circunstâncias.[77] Do mesmo modo, é ridículo reivindicarmos para nós responsabilidade apenas pelas ações nobres e desculparmo-nos com a tentação dos prazeres, tomando-a como a causa de todas as nossas ações vergonhosas. Parece, portanto, que um ato é realizado sob coação quando o seu princípio é exterior, sem que quem estiver a ser coagido faça o que quer que seja em vista da sua realização. A ação feita por ignorância é toda ela não voluntária, apenas é involuntária quando provoca sofrimento e arrependimento[78] a quem a praticou.

Na verdade, quem age na ignorância e nem sequer fica vexado com o que fez, não poderá ter agido voluntariamente, uma vez que ficou sem saber o que fez. Mas também não pode dizer-se que terá agido involuntariamente, porquanto nem sequer se entristeceu. As ações feitas por ignorância são assim de dois modos. Por um lado, a ação é involuntária quando o agente se arrepende do que fez. Por outro lado, caso não se arrependa, a sua ação será designada não voluntária. É melhor, pois, haver designações diferentes por parecer tratar-se de modos diferentes de agir.[79] Por outro lado, também parece que o agir por ignorância é diferente do agir *na* ignorância. O bêbedo e o irado não parecem agir por ignorância. Quer dizer, agem sem saber e na ignorância de fato, mas por estarem bêbedos e irados. Ora acontece também com todos os adúlteros ignorarem o que devem fazer e aquilo de que devem abster-se, e é por causa deste erro que se tornam injustos e, em geral, perversos. «Involuntário» não se diz, então, de um agente que ignora as suas verdadeiras conveniências, porque a ignorância a respeito da decisão não é o princípio da qualidade involuntária, mas antes o princípio da maldade; também não o é a ignorância em geral (por causa dela somos repreendidos), mas apenas a ignorância do particular e do concreto, isto é, das circunstâncias concretas e particulares decisivas para a ação. Nestes casos, há compaixão e perdão, porque quem age ignorando alguma das circunstâncias particulares e concretas da ação fá-lo involuntariamente.

Talvez não seja mau definir, então, quais são as circunstâncias que têm de ocorrer para a realização de uma ação e que não podem ser ignoradas. Defina-se, então, qual a sua forma e o seu número. [Não pode assim ignorar-se:] 1) quem age, e 2) o que faz, 3) a respeito do quê ou de quem é a ação e qual a situação peculiar em que se encontra o agente; por vezes também 4) aquilo com o qual se age, por exemplo, o instrumento com

# 56 | Ética a Nicômaco • *Aristóteles*

que se executa a ação, e o 5) fim em vista do qual se age, por exemplo, em vista da salvação, e 6) de que maneira se age, por exemplo, calma ou veementemente.

Ora que ninguém poderá ignorar todos estes requisitos ao mesmo tempo, a não ser que esteja demente, parece evidente. Pelo menos, é evidente que não pode ignorar quem é o agente. Na verdade, como é que alguém se pode ignorar a si próprio? De fato, alguém pode agir sem saber o que faz,[80] como os que dizem, «deixar escapar [algo] enquanto conversavam»,
10  ou como quando dizem «que não sabiam que eram segredos», como refere Ésquilo[81] a respeito dos mistérios, ou, como quando querem mostrar como algo funciona e acionam, sem querer, o seu mecanismo, como no caso da catapulta. Alguém pode confundir o seu próprio filho com um inimigo, como Mérope;[82] ou confundir uma lança pontiaguda com uma romba, ou uma pedra com uma pedra-pomes; ou ainda quando, fazendo alguém beber um fármaco para o salvar, o mata; ou querendo agarrar as
15  mãos a alguém (como os lutadores de luta livre), e desferem um golpe.[83] Ora pode haver desconhecimento de todas estas circunstâncias da ação, e quem ignora alguma delas parece agir involuntariamente, e por maioria de razão, age involuntariamente, quando ignora as circunstâncias mais decisivas. O que parece ser mais importante nas circunstâncias da ação é
20  o fim em vista do qual ela é levada a cabo. Dizendo-se, então, que uma ação praticada nestas circunstâncias é involuntária e depende de uma ignorância deste gênero, deve acrescentar-se ainda que essa ação é dolorosa e provoca arrependimento.

Sendo a ação involuntária feita sob coação e por ignorância, a ação voluntária parece ser aquela cujo princípio reside no agente que sabe das circunstâncias concretas e particulares nas quais se processa a ação. Talvez, de fato, não se diga de modo correto que as ações involuntárias se-
25  jam provocadas pela ira[84] ou pelo desejo, porque nenhum dos outros seres vivos que não os Humanos age voluntariamente, nem sequer as crianças. Posto isto, poder-se-á perguntar se não haverá ações voluntárias entre as que são motivadas pelo desejo e pela ira, ou será que voluntárias serão apenas as boas ações, e involuntárias as más? Não será esta distinção ridícula, havendo um único agente responsável por elas? Além do mais é
30  absurdo dizer-se que são ações involuntárias as ações intencionais em direção àqueles objetivos que se pretendem atingir. Devemos irritar-nos em determinadas situações e desejar algumas coisas, como a saúde e a aprendizagem. Também parece que as ações involuntárias são dolorosas, mas as que são feitas por desejo dão gosto. Além do mais, em que é que diferem as ações involuntárias resultantes de erro de cálculo das que são provocadas pela ira? Ambas devem ser evitadas; e, contudo, as afecções
111b1  irracionais não parecem ser menos pertencentes à natureza humana. As-

sim, fazem, também, parte do Humano as ações provocadas pela ira e pelo desejo.[85] É absurdo, portanto, supor que são involuntárias.

## II

Definidas que estão as ações voluntárias e involuntárias, segue-se agora a discussão acerca da decisão. A decisão é, na verdade, o que de mais próprio concerne a excelência e é melhor do que as próprias ações no que respeita à avaliação dos caracteres Humanos.

A decisão parece, pois, ser voluntária. Decidir e agir voluntariamente não é, contudo, a mesma coisa, pois, a ação voluntária é um fenômeno mais abrangente. É por essa razão que ainda que tanto as crianças como os outros seres vivos possam participar na ação voluntária, não podem, contudo, participar na decisão. Também dizemos que as ações voluntárias dão-se subitamente, mas não assim de acordo com uma decisão.

Os que dizem que a decisão é um desejo, ou uma afecção, ou um anseio, ou uma certa opinião, não parecem dizê-lo corretamente, porque os animais irracionais não tomam parte nela. Por outro lado, quem não tem autodomínio age cedendo ao desejo, e, desse modo, não age de acordo com uma decisão. Finalmente, quem tem autodomínio age, ao tomar uma decisão, mas não age, ao sentir um desejo. Um desejo pode opor-se a uma decisão, mas já não poderá opor-se a um outro desejo.[86] O desejo tem em vista o que é agradável e o que é desagradável. A decisão, contudo, não é feita em vista do desagradável nem do agradável. A ira menos ainda. O que resulta da ira parece ser ainda menos feito por uma decisão. Mas certamente nem o anseio, ainda que lhe seja um fenômeno afim. De fato, não há decisão que se possa tomar acerca de coisas impossíveis. E caso alguém diga que coisas impossíveis podem ser decididas, é parvo. Anseia-se sempre pelo impossível, por exemplo, pela imortalidade. Um anseio[87] é, então, acerca daquilo que nunca poderá ser obtido pelo próprio, por exemplo, que um ator ou um atleta vença. Ora nada disso acontece por decisão de ninguém. Apenas se pode decidir daquilo que se julga poder vir a acontecer através de si próprio. Além do mais, anseia-se pelos fins, e decidem-se dos meios,[88] por exemplo, nós ansiamos por restabelecer a saúde, mas apenas decidimos aquilo através do qual viremos a obter saúde; também dizemos que ansiamos por ser felizes, contudo, dizer que decidimos ser felizes não é adequado. Em geral, parece que a decisão é acerca daquelas coisas que nos dizem respeito e dependem de nós.[89] Mas uma decisão também não será nenhuma opinião.[90] Primeiro, porque parece que uma opinião se forma acerca de tudo, e não menos acerca das coisas eternas e impossíveis do que acerca das coisas que nos dizem respeito e que dependem de nós. Mas a opinião é diferenciada por ser falsa ou ver-

**58** | Ética a Nicômaco · *Aristóteles*

dadeira, não por ser má ou boa; é mais a decisão que é diferenciada por estas qualidades [boa e má].

1112a1 Em geral, na verdade, ninguém diz, eventualmente, a respeito de nada que uma decisão é o mesmo que uma opinião. Mas uma decisão não é também sequer o mesmo que uma opinião determinada. É porque nos decidimos bem ou mal que somos deste ou daquele modo [bons ou maus], mas não por formarmos uma opinião. Decidimos agarrar qualquer coisa boa ou deixar escapar qualquer coisa má ou coisas deste gênero. Por outro lado, é do domínio da opinião o formarmos parecer de que qualquer coisa existe, do que convém a alguém ou do modo como lhe convém. Quer

5 dizer, não formamos propriamente a opinião de agarrar qualquer coisa ou deixá-la escapar. Assim, a decisão é louvada por escolher o que deve, mais do que por ser feita corretamente; a opinião, por sua vez, é louvada por ser formada verdadeiramente. Decidimo-nos, então, sobretudo pelo que sabemos que é bom; formamos, por outro lado, opinião acerca do que não conhecemos perfeitamente. Demais, não parece que os mesmos se

10 decidam pelo que opinam ser o melhor de tudo. Alguns há, de fato, que formam uma opinião acerca do que é melhor, mas por serem perversos não se decidem pelo que devem.

Mas não faz diferença nenhuma se a opinião se faz antes da decisão estar tomada ou se lhe é simultânea; não é isto que estamos a examinar, mas antes se a decisão é o mesmo que alguma opinião determinada.

Que poderá ser, então, uma decisão? Qual será a sua essência, uma vez que, como vimos, não se trata de nenhuma das operações menciona

15 das? Uma decisão parece tratar-se de um ato voluntário, mas nem todo o ato voluntário parece ter de resultar de uma decisão. Implicará, então, uma decisão sempre uma deliberação[91] prévia? Na verdade, uma decisão implica um sentido orientador e um processo de pensamento. É o que parece também deixar entender o nome, como sendo uma escolha preferida em detrimento de outras preteridas.

## *III*

1112a18 Será que se delibera acerca de todas as coisas e que tudo é objeto de deliberação ou há objetos acerca dos quais não há deliberação? Talvez deva

20 ser dito que não é passível de deliberação aquilo sobre o qual um tolo ou um louco poderá deliberar. Passível de deliberação é, antes, aquilo sobre o qual delibera alguém razoável.[92]

Ninguém delibera sobre o que é eterno, como, por exemplo, sobre a ordenação do universo ou sobre o fato de a diagonal e o lado do quadrado serem incomensuráveis. Mas também não se delibera sobre as coisas que estão sempre num movimento regular, seja por necessidade, seja por

25 natureza ou como quer que seja, como é o caso, por exemplo, dos solstí-

cios e do nascer do Sol. Nem sobre aquelas coisas que são de modo diferente em ocasiões diferentes, como as secas e as chuvadas. Nem sobre as coisas que acontecem por acaso, como a descoberta de um tesouro. Nem sobre tudo o que pode sobrevir ao Humano. Ninguém da Lacedemônia deliberará sobre como poderá governar do melhor modo possível a Cítia. Nenhuma destas coisas poderá ser objeto de deliberação porque jamais poderá acontecer através da nossa intervenção. Nós deliberamos sobre aquelas coisas que nos dizem respeito e que dependem de nós, a saber sobre as ações que podem ser praticadas por nós. São estas as que restam para podermos deliberar. As causas [responsáveis pelos acontecimentos] parecem ser a natureza, a necessidade, o acaso, bem como o poder de compreensão e tudo o que acontece através do Humano. Cada um de nós delibera sobre as ações que podem ser praticadas por si. Também não há deliberação sobre as ciências rigorosas e autônomas, como sobre a ortografia (pois não entramos em desacordo sobre como se deve escrever corretamente). Contudo, deliberamos sobre todas aquelas matérias que acontecem através de nós e que não acontecem sempre do mesmo modo, como acerca das matérias concernentes à perícia da medicina e à perícia na obtenção de riqueza, e do mesmo modo deliberamos sobre a perícia de pilotar navios,[93] mais até do que a respeito da ginástica, porque esta tem um menor grau de rigor. E assim de modo semelhante ainda sobre outras perícias, e mais acerca das perícias do que acerca das ciências, uma vez que as primeiras nos suscitam mais dúvidas. O deliberar é a respeito das situações que ocorrem o mais das vezes, mas relativamente às quais é incerto qual será o seu resultado. Isto é, a respeito das situações em que há indeterminação. Acolhemos, por isso, junto de nós conselheiros para as matérias de grande importância, desconfiando não nos bastarmos a nós próprios e sermos até incapazes de sequer as diagnosticarmos.

Deliberamos, assim, não sobre os fins, mas sobre os meios de os atingirmos. Ou seja, nem o médico delibera sobre se quer curar, nem o orador sobre se quer persuadir, nem o político sobre se quer fazer uma boa legislação, nem nenhum dos outros peritos deliberará sobre quais são os fins. Antes, propondo-se um fim, examinam o modo como e através de que meios será possível atingi-lo. E, se houver opinião formada sobre muitos meios para se atingir o fim, procuram ver aquele através do qual lá se chega mais facilmente e da melhor maneira possível; se, contudo, o fim for realizado através de um só meio, examinam como poderá ser atingido através desse único meio. Procuram ver, portanto, em ambos os casos, de que modo chegam até ao princípio, o qual, na ordem da descoberta, é o último a ser atingido. O que está na situação de deliberar parece investigar e analisar do modo referido como se estivesse a investigar e a analisar um diagrama (parece que nem toda a investigação é uma deliberação, como no caso das matemáticas, mas toda a deliberação é uma investigação), e o passo final na ordem da análise é o primeiro na ordem da execução.[94]

## 60 | Ética a Nicômaco · *Aristóteles*

E, se encontrarem uma dificuldade impossibilitadora, abandonam esse fim que tinham em vista, por exemplo, se precisarem de dinheiro para o realizar e não o conseguirem obter. Mas se, por outro lado, lhes parecer que é possível, empreendem a ação e começam logo a agir. Possíveis são aquelas coisas que podem ser feitas por nós e através de nós; as coisas que são feitas pelos nossos amigos são de algum modo feitas por nós, porque o princípio da ação está em nós.

30 Em certas ocasiões é preciso procurar os instrumentos para uma determinada ação, noutras, qual é a sua utilidade, como acontece e de modo similar noutros domínios. Ou seja, em certas ocasiões é preciso procurar pelo fim, noutras, pelo meio de se chegar lá. Parece, por conseguinte, tal como foi dito, ser o Humano o princípio das ações e que a deliberação tem como objeto as ações susceptíveis de serem praticadas pelo próprio. As ações têm em vista outros fins para lá de si próprias. Assim, o fim não poderá nunca ser objeto de deliberação, apenas o são os meios em vista da sua obtenção. Também as circunstâncias que se formam de modo particular não são objeto de deliberação, como, por exemplo, se isto é um pedaço de pão ou se está cozido como deve ser, porque isso é da ordem da percepção. Por outro lado, caso se esteja sempre a deliberar, progredir-se-á indeterminadamente.

1113a1 O objeto passível de deliberação e o objeto passível de decisão são o mesmo, com a diferença de que o objeto de decisão está já delimitado de antemão. O que é discernido a partir da deliberação é o que é decidido de antemão. Cada um de nós cessa de procurar o modo como agirá quando reconduz o princípio e origem da ação até si próprio, e por sua vez faz-se reconduzir a si próprio ao princípio condutor: é isto portanto o que é decidido. Isto mesmo é evidente a partir da consideração das formas de constituição antigas que Homero retratou. Os reis só comunicavam ao povo aquelas coisas que previamente já tinham decidido. Sendo o que é decidido antecipadamente deliberado de forma intencional em vista daquilo que nos diz respeito e que depende de nós, a decisão será uma intenção deliberante das coisas que nos dizem respeito e que dependem de nós. Discernindo a partir do deliberar, fazemos tenção de acordo com a deliberação.

5 

10 

A decisão foi caracterizada nos seus traços essenciais; assim também a qualidade dos objetos sobre que se decide. Ela trata, por conseguinte, dos meios em direção aos fins.

## *IV*

1113a15 Foi já dito que um anseio se dirige para os fins. Mas enquanto para alguns aquilo por que se anseia é o bem em si, para outros é apenas o bem aparente. Resulta, pois, para os que dizem que o bem em si é aquilo por que verdadeiramente se anseia, a seguinte conclusão: que não se pode ansiar por aquilo que é escolhido de uma forma incorreta (porque se fosse passível de anseio, então seria bom; e se acontecesse como se disse [isto é, se fosse escolhido de modo incorreto aquilo por que se anseia], poderia ser mau). Resulta, por outro lado, para os que dizem que o bem 20 aparente é objeto de anseio, que não há, por natureza, objeto de anseio, mas apenas o que parece bom para cada um em particular. E parece que o que é bom para alguém é diferente para outrem. Se assim for, até podem ser coisas contrárias.

Se isto não bastar, ter-se-á de dizer isto: que simplesmente objeto de anseio e de acordo com a verdade é o bem. Por sua vez, o que é objeto de anseio para cada um em particular é apenas um bem aparente. Para o sério o objeto de anseio é conforme com a verdade. Para o negligente, 25 é o que calha. Tal como a respeito dos corpos, para os que estão numa boa condição, o que é saudável é conforme a verdade; mas para os que estão doentes, o que é saudável terá outro sentido. De modo semelhante a respeito do amargo e do doce, do quente e do pesado, e de cada uma das outras coisas. O sério, na verdade, discerne cada coisa corretamente. A si aparece-lhe o que há de verdadeiro em cada uma. Há coisas boas e 30 agradáveis de acordo com cada disposição peculiarmente constituída, e o sério é diferente por conseguir ver o verdadeiro em cada uma das coisas que se constituem particularmente, como que se detivesse um cânone. Ora, para a maioria o erro parece ter a sua origem no prazer; porque, embora o prazer não seja o bem, aparenta sê-lo. A maior parte escolhe o gozo como 1113b1 sendo o bom, e rejeita o sofrimento como sendo o mau.

## V

Sendo, então, que o anseio concerne o fim, sendo, por outro lado, os 1113b3 meios para o fim objetos de deliberação e de decisão, então, se as ações concernentes aos meios forem realizadas de acordo com a decisão, nessa 5 altura serão, então, ações voluntárias. Por outro lado, as atividades das excelências concernem os meios. Na verdade, a excelência diz-nos respeito e encontra-se sob o nosso poder não menos do que a perversão. Isto é, as situações nas quais está no nosso poder agir são as mesmas em que podemos não agir. Porque, quando está no nosso poder dizer não também está no nosso poder dizer sim. De tal sorte assim é que se estiver no nosso poder o agir bem também estará o não agir vergonhosamente. Inversamente, se 10 estiver no nosso poder não agir bem, também aí estará o agir vergonhosamente. Se está no nosso poder fazer coisas boas e vergonhosas, também está no nosso poder não as fazer. É nisto que consiste o poder ser bom ou mau. Por isso está no nosso poder prestarmos ou não prestarmos. Assim, dizer-se que ninguém é mau voluntariamente e que ninguém é bem-aven- 15 turado involuntariamente parece ser falso e verdadeiro ao mesmo tempo.

**62** | Ética a Nicômaco • *Aristóteles*

É que se ninguém é bem-aventurado involuntariamente, a maldade, por outro lado, é um ato voluntário. Ou então deveríamos pôr em causa o que foi dito, não podendo dizer que o Humano é o criador das suas ações, tal como é o progenitor dos seus filhos. Mas se isto parece ser assim e não
20 somos capazes de reconduzir as ações até outros princípios a não ser aos que existem em nós, então aquelas ações cujos princípios estão em nós estarão sob o nosso poder e serão ações voluntárias.

Isto parece ser atestado quer pelas ações realizadas por cada um de nós em privado quer pelos próprios procedimentos dos legisladores. De fato, estes castigam e retaliam os que agiram mal de acordo com a justa medida, mas não assim os que agiram por coação ou por ignorância, ações
25 pelas quais poderão não ser responsáveis. Por outro lado, honram os que realizaram feitos nobres. Assim, exortam o nobre de caráter e inibem o vergonhoso. Contudo, ninguém poderá exortar a levar à prática ações que estão fora da nossa alçada e sem poderem ser realizadas voluntaria- mente. De fato, de nada vale sermos persuadidos a não sentir calor, ou a não sofrer uma dor física ou a não ter fome ou a não estar em qualquer si-
30 tuação deste gênero, porque nada poderá evitar termos de sofrer ao pas- sar por essas situações.

Mas os legisladores castigam também todo aquele de quem depende uma ação realizada na ignorância, se lhes parecerem ter sido responsável por ela. Por exemplo, para bêbedos as multas são a dobrar. Na verdade, é neles que está o princípio da ação. Pelo menos à partida, estava no seu poder não se embebedarem, e foi essa a causa da sua ignorância. Castigam também os que desconhecem toda aquela disposição da constituição que
1114a1 deve ser conhecida e não é difícil de ser aprendida. Do mesmo modo, em determinadas circunstâncias, castigam os que parecem agir por ignorân- cia, quando esta é provocada por negligência, quer dizer, quando podiam não ignorar o que faziam e podiam ter-se preocupado.

Talvez aqui se pudesse objetar que alguém assim é do gênero que não
5 se preocupa com nada. Pois bem, mas aqueles que vivem desleixadamente são responsáveis por se terem tornado negligentes, tal como são respon- sáveis por se terem tornado injustos e devassos. Uns são malfeitores, ou- tros passam a vida entregues à bebida ou a coisas deste gênero. Na ver- dade, as atividades a que nos dedicamos fazem de nós o que somos. Isto é evidente a partir dos que se treinam para uma qualquer competição ou
10 se dedicam à prática de uma atividade. O ignorar que as disposições do caráter nascem do exercício de uma atividade é próprio de alguém com- pletamente estúpido.

Não tem, por isso, sentido dizer-se que quem praticar a injustiça não quer, verdadeiramente, ser injusto, nem que o que é dado à devassidão não queira ser devasso. Contudo, no caso de alguém não ignorar o que faz e fará dele injusto, nessa altura não será apenas injusto mas será *voluntariamente* injusto. Daqui não se segue que basta não querer ser injusto para alguém deixar de o ser e passar logo a ser justo. Pois não é também assim que o doente ficará saudável [só por querê-lo]. De fato, até pode acontecer que esteja doente voluntariamente, se viver sem autodomínio e desobedecer aos médicos. Isto é, ao princípio ainda é possível evitar a doença, mas quando o desleixo já é total, já não é. Tal como não é possível ao que atira uma pedra ser capaz ainda de a ir buscar nesse mesmo momento. Ainda assim, esteve no seu poder apanhá-la e arremessá-la. O princípio do movimento estava no seu poder. Do mesmo modo, então, acontece com o injusto e com o devasso que tiveram no seu poder não se terem tornado no que se tornaram. Por isso são o que são voluntariamente. Na verdade, já não lhes é possível deixarem de ser o que são.

Mas não são apenas as perversões da alma que se constituem voluntariamente, em alguns casos também assim são formados os defeitos do corpo. E também isso é objeto de repreensão. Porém, ninguém repreende os que são defeituosos de nascença, mas apenas os que o são por falta de exercício físico e desleixo. De modo semelhante acontece com enfermidades ou defeitos físicos. Ninguém pode injuriar o cego de nascença ou por doença ou devido a um golpe, mas apenas ter pena dele. Mas todo aquele que ficou cego por causa de uma bebedeira ou de uma outra qualquer devassidão deve ser repreendido. Os defeitos do corpo que dependem de nós são repreensíveis; não o são os que não dependem de nós. E se assim é, segue-se que são repreensíveis as perversões do caráter cuja formação dependeu de nós.

Se se disser que todos se lançam para um bem aparente, mas sobre cuja aparência não têm domínio, o fim aparente surge tal como cada um é. Se cada um é de algum modo responsável pela disposição de caráter que adquiriu através de si próprio, também ele próprio será, de algum modo, responsável pela aparência do fim; se não for desse modo, ninguém poderá ser responsável por agir mal. Porque nessa altura agiria por ignorância do fim, isto é, por pensar que, através das suas ações viria a obter o que há de melhor para si. Mas o lance em direção ao fim não é uma decisão. É preciso nascer com uma visão capaz de ajuizar corretamente e escolher um bem, conforme à verdade. É bem formado aquele em quem isto existe corretamente de nascença. A maior e a mais nobre de todas as possibilidades, que não se pode receber de ninguém nem aprender com ninguém, mas que está constituída desde a nascença e permanece junto de alguém enquanto viver, uma tal possibilidade, quando é correta e nobre, constituirá a boa formação, verdadeira e completa.

Se isto é verdadeiro, porque é que a excelência existirá mais por uma ação voluntária do que a perversão? O fim aparece de igual modo ao bom

**64** | Ética a Nicômaco • *Aristóteles*

e ao mau, seja por natureza seja como for. Ambos [*sc.* o bom e o mau] reconduzem para aí a toda espécie de ações que realizam como quer que seja. Se não acontecer, então, que o fim aparece a alguém por natureza, mas for em parte ocasionado pelo próprio, ou se acontecer que o fim surge a alguém por natureza, o sério praticará sempre de modo voluntário as ações com vista a esse fim. É por esta razão que a excelência é uma ação
20  voluntária. Mas assim também a perversão não será menos uma ação voluntária: porque não faz menos parte do perverso poder levar a cabo as suas ações, embora já não lhe pertença, por outro lado, a escolha do fim. Se, por conseguinte, como se disse, as excelências são ações voluntárias (pois na verdade nós somos de algum modo corresponsáveis pelas disposições adquiridas, e por isso supomos que o fim é tal que corresponde à
25  nossa maneira de ser), também as perversões serão, de modo semelhante, ações voluntárias.

Foi apresentada por nós uma caracterização nos seus traços essenciais do gênero comum das excelências. Primeiro, trata-se de posições intermédias (entre duas extremidades). Segundo, são disposições do caráter. Terceiro, realizam a partir de si ações do mesmo gênero daquelas a partir das quais foram constituídas. Quarto, está no nosso poder realizá-las. Quinto,
30  são ações voluntárias e tais como o sentido orientador as prescreve.

De resto, as ações e disposições do caráter não são ações voluntárias ao mesmo modo. A respeito das ações, embora as possamos dominar do princípio até ao fim, conhecendo particularmente as circunstâncias concretas; das disposições do caráter, somos senhores apenas do princípio, sem
1115a1  nos conseguirmos aperceber da sua progressão em cada fase particular [do seu enraizamento], tal como acontece com os que adoecem. É porque está no nosso poder fazer uso do princípio da ação de acordo com estes diferentes modos que as disposições do caráter são voluntárias.

## *VI*

1115a4  Voltando a retomar o assunto, digamos acerca de cada uma das disposições do caráter quais são, a respeito de que é que se constituem e de que modo se formam. Ao proceder assim será também evidente quantas são em número.

Primeiro, então, acerca da coragem.[95] Que se trata da posição intermédia entre o medo e a audácia, já foi tornado manifesto. É evidente que temos medo das coisas terríveis,[96] e tais são, para o dizer simplesmente,
10  as coisas más. É por isso que o medo é definido por alguns como sendo a expectativa de um mal. Temos medo, portanto, de todas as coisas más, como a infâmia, a fome, a doença, a inimizade, a morte, mas não é a respeito de todas que o corajoso parece ser corajoso, porque algumas há que

devem ser temidas. De fato, até é bom temê-las. Por exemplo, temer a infâmia não é vergonha nenhuma. E quem tem medo pode ser alguém bom e com pudor. Mas pode ser também alguém desavergonhado. Este é chamado por alguns de corajoso, mas apenas por analogia, porque tem algo de semelhante ao corajoso. De fato, o corajoso é alguém sem medo.

Mas talvez não se deva ter medo da fome nem da doença, nem, em geral, de tudo aquilo que não nasce de nenhuma perversão nem é causado pelo próprio. Mas quem não tem medo e é corajoso não é desse modo a respeito daquelas situações. Também falamos aqui segundo uma semelhança. Assim, por exemplo, alguns são cobardes[97] em face dos perigos de guerra mas são generosos e comportam-se com compostura a respeito da perda de riquezas.

Mas ninguém é cobarde se temer que filhos e mulher sofram com algum ato insolente, ou com a inveja ou com alguma destas coisas. Por outro lado, não é corajoso o que mostra audácia ao estar prestes a ser chicoteado.

Quais são, então, as coisas terríveis a respeito das quais o corajoso atua? Não será a respeito das coisas mais temíveis que existem?

É que ninguém como o corajoso resiste de modo mais persistente ao que é tremendo. A morte é a mais temível das coisas. É um limite e não parece haver nada de bom nem mau que possa ainda acontecer a quem está morto.

Mas não parece, no entanto, que o corajoso possa revelar o seu caráter em todas as circunstâncias que envolvem perigos de morte, como, por exemplo, nos perigos no mar ou na doença. Em que perigos, então? Não serão aqueles perigos mais nobres de suportar? Tais são os perigos de guerra. São esses os perigos mais extremos e gloriosos. As honras que lhes são feitas nas cidades e que lhes são conferidas pelos monarcas são proporcionais à exposição ao perigo. De modo genuíno poder-se-á dizer que o corajoso é sem medo a respeito de uma morte gloriosa, bem como a respeito de tudo quanto subitamente o ameaça de morte. E tais são sobretudo as situações de guerra. É certo, também, que o corajoso não é menos sem medo a respeito dos perigos do mar e das situações de doença. Mas não o é do mesmo modo que os navegadores. Porque enquanto os primeiros já deixaram de acreditar na possibilidade da salvação e acham a morte por afogamento a mais terrível que há de suportar; os outros, enquanto peritos, têm ainda uma esperança fundada na experiência. A coragem manifesta-se assim tanto naquelas situações em que se tem força para afastar o perigo quanto naquelas em que morrer é nobre. Ora nenhuma destas condições se verifica nas situações de possibilidade de perecimento que foram invocadas.

# 66 | Ética a Nicômaco · *Aristóteles*

## VII

1115b10     O que é terrível não é o mesmo para todos; mas pode ir além do limite do que é suportável pelo Humano. O que vai para além do limite suportável pelo Humano é medonho para todos. Pelo menos para quem tem o poder de compreensão. As situações que acontecem ao Humano

10 distinguem-se em dimensão, portanto, pelo mais e pelo menos; de modo semelhante também a respeito das situações que inspiram excesso de confiança. O corajoso é imperturbável enquanto Humano. Terá medo também das situações terríveis, mas terá medo como se deve ter medo e oferecerá resistência de acordo com o sentido orientador em vista do que é nobre, porque é este o fim da excelência. Podemos ter medo de mais e de menos.

15 E podemos ainda ter medo de situações que não são terríveis. Há modos errados de comportamento em face de situações que inspiram medo: isto é, em situações nas quais não se deve ter medo, ou de tal modo como não se deve ter, ou ainda nos momentos em que não se deve, ou algo deste gênero. De modo semelhante acontece com as situações que inspiram excesso de confiança.

    É o corajoso quem suporta o medo, sentindo-o nas situações em que o deve sentir, em vista do fim correto – ao modo como deve e quando deve.

20 Apenas o corajoso, portanto, pode sentir-se confiante. Portanto, o corajoso sofre e age, de modo valoroso, conforme ao sentido orientador. O fim de toda a atividade é o que se constitui de acordo com a disposição do caráter. Demais, para o corajoso a coragem é nobre. O seu fim é, então, a nobreza, porquanto cada coisa é definida pelo seu fim. O corajoso resiste e realiza ações de acordo com a coragem em vista da nobreza.

    Dos comportamentos por excesso, um é o que resulta da excessiva falta de medo (foi dito por nós nas primeiras análises, que muitos comporta-

25 mentos não tinham designação). Poder-se-á dizer que, caso alguém nada tema, nem um tremor de terra, nem as cheias, como se diz dos Celtas, comporta-se como um louco ou é incapaz de sentir dor. Quem tem excesso

30 de confiança, é audaz em situações terríveis. O audaz pode, no entanto, ser também um impostor e fazer alarde da coragem [que não tem]. Este finge comportar-se em face de situações terríveis tal como o corajoso de fato se comporta. Só que aquele faz teatro nas situações em que não é capaz de se comportar corajosamente.[98] Por isto que a maior parte destes tipos são cobardes disfarçados de audazes. Nestes casos, os audazes não conseguem suportar as coisas terríveis.

    Quem tem medo em excesso é, assim, cobarde. De fato, tem medo a

35 respeito do que não se deve ter medo, ao modo como não deve ter medo, e o mesmo a respeito das restantes determinações da sequência [categorial].

1116a1 Quem é deste gênero tem também falta de confiança, mas isso torna-se mais evidente quando se encontra em situações de dor e sofre excessivamente. O cobarde está, com efeito, desesperado[99] com medo de tudo.

O corajoso comporta-se, por outro lado, de modo contrário. É que confiar é ter uma boa esperança.

O cobarde, o audaz, como o corajoso, definem os seus comportamentos face a situações do mesmo gênero, embora relativamente a elas constituam disposições diferentes. Uns, por excesso, outros, por defeito, outros, contudo, constituem a disposição do caráter e comportam-se como deve ser. Finalmente, os audazes são precipitados. Pois, quando estão em situações de perigo querem afastar-se delas; os corajosos, contudo, são rápidos e eficazes na ação, mas primeiro aguardam o decorrer dos acontecimentos serenamente.

A coragem é uma disposição intermédia a respeito das situações que convidam ao excesso de confiança e as que levam a sentir um medo tremendo, tal como vimos. Ou seja, a coragem permite decidir e resistir em vista da nobreza da ação ou, pelo menos, afastar-nos do que é vergonhoso. Procurar a morte para fugir à miséria, ou ao mal de amor, ou a uma qualquer tristeza, não é próprio do corajoso, mas antes do cobarde. Fugir das dificuldades é fraqueza e ninguém se suicida por nobreza, mas para fugir a um mal.[100]

# VIII

A coragem é assim, tal como foi referida. Mas fala-se ainda de outras formas de coragem, de acordo com cinco modos diferentes.

A primeira é a coragem civil. Esta é a que mais se parece com a que definimos. Os cidadãos que suportam os perigos de guerra parecem fazê-lo primeiro para fugir às multas legais e aos insultos a que podem estar sujeitos, depois por causa das honras que podem receber. É por isto que parecem ser os mais corajosos, situando-se entre os cobardes desonrados e os corajosos a quem se conferem honras. Homero retrata cidadãos deste gênero como Diomedes e Heitor Polidamas será o primeiro a atirar-me *com um ultraje à cara*[101] e Diomedes diz *Heitor dirá um dia, juntando-se os troianos: o filho de Tideu foi por mim (posto em fuga…)*.[102] Este tipo de coragem assemelha-se o mais possível àquela que primeiramente foi descrita, porque nasce de uma excelência, a saber, do sentimento de pudor e da ambição de glória (designadamente, de honra) e da intenção de escapar ao insulto, de fugir, portanto, ao que é vergonhoso. Talvez se possa, assim, incluir numa mesma classe os que estão obrigados ao comando dos chefes. Porque estes são inferiores, não tanto pelo sentimento de vergonha, mas pelo medo, e procuram, assim, escapar não ao que é vergonhoso, mas ao que é doloroso.

Os senhores exercem coação, tal como Heitor (ao dizer) *Aquele que eu vir a tremer afastado do combate, não escapará aos* cães.[103] Também fa-

# 68 | Ética a Nicômaco · *Aristóteles*

zem o mesmo os que ordenam que as tropas se ponham em linha. Pois, se
1116b1 cederem terreno, batem-lhes. O mesmo se passa com os que formam uma
linha de costas para as trincheiras ou para um qualquer outro obstáculo.
Todos estes estão sob coação. Mas não é sob coação que se deve ser corajoso, mas porque é glorioso.

Parece, por outro lado, também que a experiência de situações particulares de perigo é coragem. De onde também Sócrates pensava que a
5 coragem era um saber. Aqueles que têm este tipo de coragem são corajosos
em diversas circunstâncias e situações, em especial, os mercenários experimentados em batalhas e noutras situações de guerra. É que parece haver
em combate muitos falsos alarmes e estes tiveram já oportunidade de os
observar muitas vezes. Por isso, parecem corajosos, porque os outros não
sabem em que circunstâncias se encontram. São, portanto, capazes de fa-
10 zer ataques e de não sofrê-los, da melhor forma possível, mas apenas pela
experiência que têm. Estes são capazes de tirar o melhor partido possível
das armas de que dispõem, tanto para atacar como para defender. Na verdade, são como homens armados a combater contra homens desarmados
ou como atletas profissionais a competir contra amadores. Porque também neste tipo de competições não são os mais corajosos que são os mais
competitivos, mas os mais fortes de todos e os que se mantêm na melhor
15 forma possível. Mas os mercenários tornam-se cobardes, quando a tensão
do perigo é extrema e estão em menor número e menos bem equipados.
São os primeiros a fugir, enquanto as tropas civis, por outro lado, resistem
e morrem em combate, tal como aconteceu na batalha junto ao templo
20 de Hermes.[104] Para estes, fugir era vergonhoso, e a morte preferível à salvação pela fuga. Mas os mercenários que ao princípio não se apercebiam
do perigo que corriam – por se terem achado mais poderosos –, ao reco-
nhecerem agora a verdadeira realidade da situação, põem-se em fuga, e
temem, pois, mais a morte do que a vergonha. O corajoso, porém, não se
comporta deste modo.

Também se costuma estabelecer uma relação entre a coragem e a ira.
É que também os corajosos, na verdade, parecem agir por ira, tais como os
25 animais selvagens se atiram contra quem os feriu, também os corajosos
são irascíveis. A ira é o que há de mais arrojado para fazer alguém atirar-se
para a frente do perigo, de onde também Homero[105] diz: «Ele deu força à
sua ira» e «excitou o ânimo e a ira» e «a mostarda subiu-lhe ao nariz» e «o
sangue ferveu-lhe». Todas estas expressões parecem significar uma excita-
30 ção da ira e da coação. Os corajosos agem por causa da glória, a ira apenas
colabora com eles. Os animais selvagens, por sua vez, agem sob efeito do
sofrimento. É por terem sido feridos ou por terem medo, porque se esti-
verem na floresta [ou no pântano], não se aproximam para atacar. Não é,
pois, um ato corajoso o atirar-se para o perigo quando se é espicaçado pela
35 dor e pela ira, sem conseguir ver-se previamente o que de tremendo está

à espreita. Desse modo também os burros poderiam ser corajosos quando estão com fome, porque mesmo quando se lhes bate, não se afastam do pasto. Também os adúlteros ousam fazer muitas coisas arrojadas levados pela luxúria.[106] [Não é, portanto, nenhum ato corajoso, sendo espicaçado pela dor ou pela ira, o precipitar-se em direção ao perigo.] $1117a1$

Este tipo de coragem nascida da ira parece basear-se inteiramente numa natureza instintiva. Quando se lhe acrescenta a decisão e o fim em vista, então, pode valer como verdadeira coragem. Quando os Humanos estão expostos à ira, sofrem; e quando têm oportunidade de se vingar, sentem, nessa altura, prazer. Mas há os que são combativos quando estão em combate, e não são corajosos, porque não agem pela glória nem como o sentido orientador indica. Quer dizer, embora se comportem de modo muito idêntico ao do corajoso, apenas agem por paixão. 5

Os que por esse motivo apenas têm um temperamento sanguíneo[107] não são sempre mais corajosos. É, antes, por terem vencido frequentemente muitos inimigos que têm confiança face aos perigos. Assemelham-se aos corajosos porque ambos são confiantes; mas os corajosos são confiantes por causa do que foi primeiramente dito. Os outros são confiantes porque pensam que são os mais poderosos e que não podem sofrer nenhum ataque. O mesmo fazem os que estão embriagados, porque nessa altura ficam com uma disposição de temperamento sanguíneo. Mas quando as coisas não lhes correm como esperavam, fogem. Ora, o que é próprio do corajoso é suportar as coisas temidas pelo Humano – tanto as que de fato o são como as que parecem sê-lo –, porque é nobre proceder desse modo. Por outro lado, não suportá-las é vergonhoso. É por isso que permanecer sem medo e imperturbável em face de medos imprevistos é um ato mais corajoso do que ficar sem medo em face de perigos previsíveis. Pois, neste caso, ficar sem medo resulta mais de uma disposição de caráter já constituída e menos de uma boa preparação. Porque a respeito dos perigos declarados de antemão pode produzir-se uma decisão por cálculo e de acordo com o sentido orientador. Mas a respeito dos perigos que se declaram subitamente, só a disposição já constituída pode fazer-lhes face. 10 15 20

Por isso, também os ignorantes podem parecer corajosos. Também eles não estão longe dos que têm um temperamento sanguíneo, mas são piores na medida em que não têm nada de valoroso, enquanto aqueles o têm. É por isso que, em face do perigo, aguentam ainda algum tempo. Mas os que foram enganados, se reconhecem que a situação é diferente daquela que primeiramente suspeitavam que era, batem em retirada. Passam pelo mesmo que os Argivos quando se precipitaram sobre os Lacedemônios e os tomaram por Siciônios.[108] 25

Acabamos de referir agora as qualidades dos corajosos e dos que aparentam sê-lo.

## IX

1117a29 Sendo a coragem tanto acerca das situações que inspiram confiança como quanto acerca das situações que metem medo, não é da mesma ma-
30 neira que ela se relaciona com ambas; mas a coragem é mais um modo de comportamento relativamente a situações que metem medo. O corajoso é mais aquele que, nas situações que inspiram medo, se mantém imperturbável e se comporta como deve ser, do que aquele que se encontra em situações que inspiram confiança. É pelo suportar as situações penosas, por assim dizer, que os corajosos são chamados como tais. É por isso que a coragem custa muito sofrimento, e é justamente louvada. É mais difícil
1117b1 suportar as coisas que são dolorosas do que abster-se das coisas que dão prazer. Não que o objetivo final da coragem não possa ser doce, só que é esbatido pelas circunstâncias que o envolvem, tal como acontece com os treinos para as competições: para os *boxeurs* pode ser doce o fim em vista do qual treinam: a coroa e as honras. Mas ser golpeado dói, caso sejam
5 de carne e osso. Na verdade, todo o esforço é penoso. Quer dizer, uma vez que aquilo por que têm de passar custa tanto, o fim em vista, sendo de pouca monta, pode parecer, por comparação, que não tem nada de agradável. Se assim também acontece com a coragem, o corajoso não sofrerá voluntariamente a morte nem feridas dolorosas. Suporta-as, porque é
10 glorioso ou, então, porque é vergonhoso não o fazer. E quanto maior for a sua coragem e quanto mais for feliz, tanto mais sofrerá com a possibilidade de morrer. Porquanto, a vida será para este o que tem mais valor, é doloroso saber que se vai ficar privado de bens supremos. Mas este não
15 deixa de ser corajoso, talvez até mais ainda, porque escolhe a glória em combate mais do que qualquer outro bem.

Não é, pois, possível a todas as excelências poderem produzir prazer com a sua atividade, apenas àquelas que com o seu simples exercício tocam no fim.

Nada impede, pois, que homens deste gênero não sejam os melhores num exército de mercenários, mas antes os menos corajosos, porque não possuem nenhum outro bem [para além da própria vida]. Estão, assim, preparados para se precipitarem na direção de qualquer perigo e para dar
20 a vida por uma pechincha.

Seja isto o bastante para ser dito acerca da coragem. A partir do que foi enunciado não é difícil circunscrevê-la pelo menos nos seus traços essenciais.

## X

1117b23 Depois da coragem falemos acerca da temperança.[109] Estas excelências parecem fazer parte da dimensão da alma capaz de razão.

Foi já dito por nós que a temperança é, portanto, a posição intermédia 25
com relação ao prazer. Ela diz menos respeito aos sofrimentos e reporta-se
a eles de um modo diferente da coragem. A devassidão também surge no
mesmo horizonte da temperança. Temos, então, agora que delimitar os
tipos de prazer com os quais estas qualidades se relacionam.

Sejam, então, distinguidas duas formas de prazer. A dos prazeres da
alma humana e a dos prazeres do corpo, de que são exemplo a ambição
de honra e o gosto de aprender.[110] Quer o que ambiciona a honra quer o
que gosta de aprender sentem regozijo com objeto da sua predileção sem 30
que o corpo seja afetado a respeito do que quer que seja. O prazer é de
natureza espiritual. Assim, os que estão virados para estes tipos de prazer
não são chamados temperados nem devassos. Nem assim são chamados os
que não estão virados para prazeres que não digam respeito ao corpo. Aos
que gostam de ouvir contos e de contar histórias acerca do que acontece, 35
aos que passam assim os dias, não chamamos devassos, mas tagarelas, 1118a1
nem aos que sofrem com a perda de fortunas ou de amigos.

A temperança diz respeito aos prazeres do corpo, mas não a todos
eles, pois os que fruem dos objetos da percepção visual, como as cores, as
formas e a pintura, não são chamados temperados nem devassos. Contu- 5
do, parece haver um modo como se frui corretamente destes objetos, bem
como uma medida por excesso e outra por defeito. De modo semelhante
acontece com os prazeres a respeito da percepção acústica. Ninguém chama aos que fruem sobremaneira da música ou do teatro devassos, nem
temperados aos que fruem disso como deve ser. Nem a respeito dos objetos 10
do olfato, exceto acidentalmente. Não chamamos devassos aos que sentem
prazer nas fragrâncias da fruta, das rosas ou do incenso, mas mais aos que
têm prazer com os cheiros dos perfumes e dos cozinhados. Os devassos
regozijam-se com os cheiros porque através deles têm uma evocação dos
objetos da sua luxúria. Podemos ver certo outro tipo de pessoas a deliciar-
-se com os cheiros dos alimentos, quando sentem fome. Mas fruir destes 15
objetos é próprio do devasso, porque lhes provocam o desejo.

Também não há prazer nos restantes animais de acordo com estas
sensações a não ser por acidente. Os cães não se regozijam com os cheiros
das lebres em si mesmos, mas com o comê-las, quer dizer, o cheiro faz o
cão aperceber-se da sua presença. Nem o leão se regozija com o som do 20
mugido do boi, mas com o poder devorá-lo. Isto é, apercebe-se, através
do mugido, de que o boi está próximo e parece regozijar-se com isso. De
modo semelhante não é por ver «ou descobrir um veado ou uma cabra
montanhesa», mas porque lhe faz lembrar uma refeição.

Mas a temperança e a devassidão relacionam-se, de fato, com aqueles
tipos de prazer dos quais também os restantes animais tomam parte, de 25
onde resulta que os Humanos que lhes sucumbem pareçam escravos ou

# 72 | Ética a Nicômaco · *Aristóteles*

bestiais. Tais são o tato e o paladar. Contudo, parecem fazer pouco uso do paladar ou então quase nenhum. Ao paladar cabe a discriminação dos sabores. É isso mesmo que fazem os provadores de vinho e os cozinheiros, quando provam as refeições que preparam. Estes não se regozijam de todo
30  com isso, ou então não enquanto devassos. Os devassos definem-se apenas pelo gozo sentido com o tato, tanto nos alimentos como nas bebidas bem como nos chamados prazeres do sexo. Por isso que um certo apreciador de comida desejava ter uma garganta maior do que a de um grou, para
1118b1  que pudesse gozar do contato.[111]

A devassidão diz assim respeito à mais comum das sensações. É por isso que parece justamente ser a mais reprovável das perversões. A devassidão existe em nós, não *enquanto* somos Humanos, mas *enquanto* somos animais. O gozo tido nestas coisas e a absoluta obsessão por elas é bes-
5  tial. Faça-se, contudo, abstração dos prazeres mais finos que podem ser obtidos através da sensação do tato, como é o caso dos que têm lugar nos ginásios através da massagem e do aquecimento. A sensação do tato não está no devasso espalhada pelo corpo todo, mas antes bem localizada em algumas das suas partes.

## *XI*

1118b8  Dos desejos, uns parecem ser comuns a todos, outros peculiares a de-
10  terminados homens e vindos por acréscimo. Por exemplo, o desejo de comer é natural. Todo aquele que sente falta de alimento, sólido ou líquido ou de ambos, tal como sente desejo quem tem carência de prazer sexual, como diz Homero,[112] se for jovem e tiver vigor. Uns desejam este ou aquele alimento, outros desejam este ou aquele prazer sensual, mas nem todos têm o mesmo tipo de desejo, nem todos têm os mesmos gostos. É por isso que o desejo parece ser algo de peculiarmente nosso. Não obstante, há aqui um qualquer elemento natural, porque certamente umas coisas agradam a uns e outras a outros, mas há certas coisas que são, para todos sem exceção, mais agradáveis do que aquele tipo de prazeres que se vão
15  tendo por mero acaso.

No caso dos desejos naturais, poucos erram, e quando erram é só a respeito de um único aspeto – o da quantidade. Por exemplo: comer o que apetece, beber até fartar, é exceder o que é de acordo com a natureza da medida da quantidade. Pois, o desejo natural visa apenas uma repleção da falta. Por isso é que a estes se chamam comilões, porque se enchem mais
20  que a conta. São pessoas com uma forte tendência para a escravidão os que se tornam excessivos.

Acerca dos prazeres peculiares, são muitos os que erram, e de muitas maneiras. Dizemos que alguns têm uma predileção obsessiva[113] por algo ou porque se regozijam com o que não se deve, ou porque se regozijam mais do que a maioria, ou então de uma maneira diferente de como deve ser. Os devassos cometem excessos, segundo todas estas categorias. E alguns, na verdade, regozijam-se com algumas coisas com as quais, por serem abomináveis, é completamente errado regozijar-se. E se é lícito tirar prazer de algumas delas, eles gozam mais do que é devido ou, então, mais do que a maioria. 25

Que o excesso com relação aos prazeres é devassidão e repreensível é evidente. Não se chama temperado ao que é capaz de suportar os sofrimentos tal como acontece no caso da coragem, nem se chama devasso ao que não é capaz de os suportar. É devasso quem se deprimir mais do que é devido com o fato de não satisfazer os seus prazeres (e é o próprio prazer que lhe causa o sofrimento). Por outro lado, é temperado quem não se deprimir com a ausência ou abstinência de prazer. 30 1119a1

O devasso sente desejos de todos os prazeres ou dos mais poderosos que houver. É levado pelo desejo ao ponto de os preferir em detrimento de tudo o resto. É por essa razão que se deprime, quando falham os seus intentos, ou quando está tomado de desejos. Na verdade, o desejo está ligado ao sofrimento, embora pareça absurdo sofrer por prazer. 5

Por outro lado, não se encontram com muita facilidade os que sentem pouca necessidade de prazeres ou que se regozijam menos do que é devido. É que uma tal insensibilidade não é humana. Até os animais estabelecem distinções entre os alimentos. Isto é, a uns agradam umas coisas, a outros agradam outras. De resto, se existir alguém para quem nada é agradável, ou que não estabeleça diferenças entre prazeres, esse alguém estará muito longe do Humano. Uma vez que um tipo deste gênero não aparece facilmente, não lhe foi forjado nenhum nome. 10

O temperado mantém-se a respeito destas coisas numa posição intermédia: não sente prazer naquilo em que o devasso sente um gozo extremo, e tolera, antes, com dificuldade esse tipo de gozo. Por outro lado, não deriva, em geral, prazer daquelas coisas de que não se deve derivar prazer, nem sente de uma forma veemente prazer em nada deste gênero; não sofre com a inexistência destes prazeres, nem os deseja, ou, então, deseja-os mas moderadamente, isto é, nem mais do que deve, nem quando não deve etc. O temperado faz assim tenção de obter moderadamente e como deve ser tudo aquilo que é agradável a respeito da saúde e da boa forma física, bem como procura obter todas as outras restantes coisas agradáveis que não se constituam em impedimento, excedam as suas possibilidades, ou destruam os limites da decência. O que se comporta deste modo atribui ao prazer uma importância maior do que tem. O temperado não é deste gênero, mas existe de tal modo como o sentido orientador o exorta a ser. A devassidão[114] parece ter, mais do que a cobardia, uma característica voluntária. Ou seja, enquanto a devassidão se constitui com base no prazer, a 15 20 1119a21

# 74 | Ética a Nicômaco · Aristóteles

cobardia gera-se por causa do sofrimento. Assim, dos dois, a primeira perversão resulta de uma escolha; a outra, porém, de uma rejeição. Também o sofrimento nos põe fora de nós e destrói a natureza de quem passa por
25 ele. O prazer, contudo, não faz nada disto. A devassidão resulta, portanto, de ações voluntárias. É por isso que é mais reprovável. De resto, é até muito fácil habituarmo-nos ao prazer. Nesta vida, os prazeres deste gênero são numerosos e podemos habituar-nos facilmente a gozá-los sem correr perigo. Já é o inverso que se passa com as situações em que a coragem se constitui, porquanto metem medo por serem perigosas.

Não parece, de resto, que a cobardia enquanto disposição seja um ato voluntário, do mesmo modo que o são as diversas ações particulares praticadas covardemente. Ela própria em si [enquanto disposição do caráter] parece não envolver sofrimento. São as situações particulares em que ela
30 ocorre que nos põem fora de nós por causa do sofrimento que causam. E tal, ao ponto de deitarmos até fora as armas e em tudo o mais perdermos a postura. Parecem-se por isso com situações criadas por coação. Para o devasso, inversamente, as situações particulares em que atua são criadas livremente (pois está de desejos e sente apetites). A devassidão, enquanto disposição do caráter, parece, em geral, ser menos resultante de uma ação voluntária. Ninguém deseja ser devasso.

Também empregamos a expressão «perda de domínio» ou «devassidão» a respeito dos maus comportamentos das crianças; ambas as formas têm
1119b1 uma certa semelhança. Saber de que situações concretas deriva a expressão não faz nenhuma diferença para aquilo de que aqui se trata. É, contudo, evidente que a situação ulterior deriva da que primeiramente se constituiu no tempo. A metáfora não parece ter sido mal aplicada, porque ter vontade de fazer coisas vergonhosas, e a tendência crescente para elas, tem de ser castigada. O desejo e a criança são completamente assim. Também as crianças vivem de acordo com o desejo, e a tendência para o prazer é nelas extrema. Se, portanto, não for facilmente tornada obediente pela força dominadora, vai para onde lhe apetecer. Na verdade, o apetite de prazer é insaciável e cresce no insensato de todos os lados. Além do mais,
10 a ativação do desejo aumenta o seu poder inato, e, quando os desejos são enormes e veementes, fazem perder o poder de compreensão. É por isso que os desejos têm de ser moderados e pequenos e nada pode contrariar o sentido orientador. Um tal estado é obediente e está dominado – tal como a criança deve viver sob o comando do educador, assim também deve ser
15 a dimensão do desejo de acordo com o sentido orientador. Por isso, a dimensão do desejo do temperado deve soar em uníssono com o sentido orientador. O alvo de ambos é a beleza. E o temperado deseja o que deve e como deve e quando deve: assim comanda o sentido orientador. Seja isto o que foi dito por nós acerca da temperança.

# Livro IV

## I

Falemos a seguir da generosidade.[115] Esta parece ser a disposição do meio relativamente à riqueza. O generoso não é louvado nas situações de guerra, nem naquelas em que é lou vado o temperado, nem sequer nas decisões judiciais, mas a respeito do dar e receber riquezas, mais ainda a respeito do dar. Nós entendemos por riqueza todas aquelas coisas cujo valor pode ser avaliado em dinheiro. 1119b21

O esbanjamento[116] e a avareza[117] a respeito da riqueza são respectivamente as disposições do excesso e do defeito. Atribuímos a disposição da avareza àqueles que zelam sempre pela riqueza mais do que devem; empregamos o termo «esbanjamento» por vezes numa rede de acepções mais complexa. Dizemos que os que não têm autodomínio e se consomem na devassidão são esbanjadores. É por isso que parecem ser do tipo mais ordinário que há. São portadores de muitas perversões em simultâneo. Não são, portanto, assim chamados de acordo com uma disposição peculiar para o mal. Esbanjador quer dizer aquele que tem uma perversão específica, o destruir as suas posses. O que se destrói pelos seus próprios meios é esbanjador, e parece ser a sua própria ruína, isto é, a destruição das suas posses e meios, na medida em que estes são meios de assegurar a subsistência. É neste sentido que entendemos o termo «esbanjamento». 30 1120a1

Ora, tudo aquilo que pode ser utilizado, pode ser bem ou mal utilizado. Se, por outro lado, a riqueza é das coisas que podem ser utilizadas, e, se quem utiliza do melhor modo possível cada coisa, atinge a sua excelência; desse modo fará o melhor uso possível da riqueza aquele que tem a excelência a seu respeito. Esse é o generoso. O uso parece ser a despesa e o gasto. Receber e poupar parece ser mais uma aquisição. É por isso que é mais próprio do generoso pagar a quem deve do que receber de quem lhe deve e até do que não receber de quem não lhe deve. É mais próprio da excelência o beneficiar alguém do que ser beneficiado por alguém, isto é, é mais próprio da excelência realizar ações nobres do que evitar realizar ações vergonhosas. Não deixa de ser claro que o beneficiar alguém e 5 10

o realizar ações nobres vai a par com o dar. Ser beneficiado ou evitar agir
15 vergonhosamente vai a par com o receber. Tem prazer quem dá. Não quem
não recebe. É mais para quem dá que vai o louvor. É mais fácil não receber do que dar. Porque são menos os que se desfazem dos bens que lhes
pertencem do que os que deixam de receber os bens alheios. Os dadores
são chamados generosos. Os que não recebem, por outro lado, não são
20 louvados em vista da generosidade, não obstante são-no em vista da justiça. Os que recebem não são de todo elogiados. De todos os que existem
de acordo com a excelência os generosos são os mais queridos de todos,
porque são úteis e a sua utilidade consiste no dar.

As ações realizadas de acordo com a excelência são nobres e em vista
da sua nobreza. Também o generoso, portanto, fará a sua doação em vista
25 da nobreza, e de modo correto, a saber, aos que deve, quanto e quando, e
tudo o resto que constitui uma doação correta. Também isto acontece com
gosto ou então sem custo. O ato de acordo com a excelência dá gosto ou
pelo menos é feito sem custo. Pelo menos, não causará sofrimento algum.
Quem dá a quem não deve sem ser em vista da nobreza do ato, mas por
uma qualquer outra causa, não é generoso, mas será chamado com outro
30 nome. Não será também generoso o que dá sem gosto nenhum. É que não
é próprio do generoso preferir as riquezas à ação nobre. Assim o generoso
nem receberá nada de quem não deve. Uma tal aceitação não é própria
de quem não dá valor às riquezas, isto é, não é próprio do generoso pedir
favores. Na verdade, não faz parte do benfeitor deixar-se beneficiar assim
facilmente. Mas receberá de onde deve, por exemplo, das suas próprias
1120b1 posses, não porque é nobre, mas porque é necessário para que tenha que
dar. Nem será pouco cuidadoso a respeito das suas próprias posses, caso
queira através delas ajudar algumas pessoas. Mas também não deve dar
a torto e a direito, para que tenha o que dar aos que deve e quando deve
5 e em vista da nobreza da ação. Faz também parte do generoso o modo
extremo como se excede no dar, a ponto de deixar ficar para si próprio
muito pouco. O não se respeitar a si próprio é uma marca distintiva do
generoso.

A generosidade é entendida de acordo com a posse de cada um. O ato
generoso não consiste no montante ou na quantidade das doações, mas na
disposição que constitui o caráter do doador. Ora a disposição constitutiva
10 da generosidade faz dar de acordo com a posse. Nada impede, portanto,
que quem dá pouco seja mais generoso, caso dê do pouco que tem para
dar. Porém, parecem ser mais generosos não os que adquiriram as suas
posses, mas os que as herdaram, porque estes não sabem o que é ter falta de alguma coisa, e todos têm uma grande afeição pelas suas criações,
como é o caso dos pais pelos filhos e dos poetas pelos seus poemas. Por
15 outro lado, não é fácil para o generoso enriquecer, uma vez que não é dos

que gostam muito de aceitar ou dos que são capazes de poupar. É antes dos que estão prontos a gastar e não dão valor às riquezas só por si, mas em vista do dar como tal. Por isso também se diz mal da sorte, porque os mais valorosos são os menos ricos de todos. Mas isto não acontece sem algum sentido. Não é possível obter-se riquezas se não se cuidar do modo de as obter, do mesmo modo que sem cuidados nada se obtém. 20

O generoso não dará a quem não deve nem quando não deve, nem fará nenhuma das coisas que não deve. Deste modo não agiria de acordo com a generosidade, porque, gastando assim, não teria depois para gastar naquelas coisas em que deve. Como foi dito, o generoso é aquele que gasta de acordo com a sua própria posse e naquilo que deve. O que excede os gastos é um esbanjador. É por isso que não dizemos que os tiranos 25 são esbanjadores, porque dificilmente parecem conseguir esgotar os seus recursos das posses, por mais doações e gastos que façam.

Uma vez que a generosidade é a disposição intermédia no dar e receber de riquezas, o generoso é quem dará e gastará em vista do que deve, e quanto deve, de modo semelhante nas pequenas e nas grandes coisas, 30 e assim voluntariamente. Também receberá, contudo, do sítio certo e na quantidade devida. Sendo a excelência acerca de ambos os extremos a posição intermédia, o generoso agirá como deve ser a respeito do dar e do receber. O modo de dar correto acompanha um receber do mesmo gênero, enquanto o modo de receber incorreto opõe-se ao modo correto de dar. As duas disposições vão assim de mão dadas, podendo ser encontradas simultaneamente na mesma pessoa. Mas é evidente que não se encontram simultaneamente na mesma pessoa enquanto opostas. 1121a1

Se acontecer ao generoso gastar de algum modo para lá do limite devido e do comedimento, sofre, mas sofre moderadamente e como deve ser. Porque é próprio da excelência sentir prazer e sofrimento quando deve ser e como deve ser. Ora o generoso é do trato mais fácil que existe no que respeita a dinheiros. Na verdade, é capaz de se deixar enganar, porque 5 não dá qualquer valor à riqueza, e o grau de aflição em que fica por não pagar o que deve é maior do que o aborrecimento que sente por ter pago a mais. Não concordará, assim, com o dito de Simônides.

O esbanjador também falha a respeito destas situações. Porque não tem prazer nem sente sofrimento a respeito das coisas que deve nem da maneira como deve. Isso ficará mais claro, ao avançarmos na discussão. 10

Foi, então, dito por nós que o esbanjamento e a avareza eram excessos e defeitos, e de duas maneiras, no dar e no receber. Entendemos que gastar é um modo de dar. Por um lado, o esbanjamento é um excesso tanto no dar como no não receber e, por outro lado, é uma deficiência no receber. A avareza, por sua vez, é insuficiente no dar e excessiva no 15

# 78 | Ética a Nicômaco · *Aristóteles*

receber, exceto em pequenas quantidades de dinheiro. Os dois aspectos do esbanjamento são irreconciliáveis. Isto é, não é nada fácil não receber de ninguém e dar, ao mesmo tempo, a toda gente, porque, assim, depressa se esgotava o recurso dos cidadãos particulares, isto é, dos que temos
20 por esbanjadores. Aquele que reconcilia os dois lados do esbanjamento parece ser melhor do que o avaro, quer dizer, não é difícil de curar, seja pela idade, seja pelas dificuldades que lhe sobrevenham, e assim é bem capaz de chegar ao meio. Na verdade, este terá todas as condições para ser generoso, quer porque recebe, quer porque não recebe. Contudo, não faz nenhuma dessas ações como deve ser nem o faz corretamente. Se, no entanto, pudesse ser habituado a isso ou pudesse transformar-se de algum
25 outro modo, tornar-se-ia generoso. Isto é, daria àqueles que deve dar e não receberia de quem não deve. Por isso é que não parece ser ignóbil. Na verdade, quem se excede a dar e dificilmente recebe não é perverso ou ignóbil. É simplesmente parvo. Quem esbanja deste modo parece ser um tipo muito melhor do que o avaro tanto pelo que já enunciamos, quanto
30 pelo fato de beneficiar muitos. O outro tipo de esbanjamento considerado não beneficia ninguém, nem sequer o próprio.

Contudo, a maioria dos esbanjadores, como já foi dito, recebe tanto de quem não deve que acaba por se tornar avara. Isto é, são dados a receber porque querem gastar, mas não o podem fazer à vontade, porque desse modo depressa se lhes acabavam os recursos. São, por esse moti-
1121b1 vo, obrigados a obter recursos de onde quer que eles venham. Mas como não se preocupam nada se o dinheiro é limpo, fazem pouco caso da sua origem. Recebem, pois, assim de onde calhar. Com efeito, o que desejam é dar, por isso nem o modo nem a proveniência lhes importa nada. Mas por estas razões, as suas doações acabam por não ser generosas, porque não são limpas, nem são praticadas com nobreza, nem como devem ser.
5 Assim, acontece algumas vezes enriquecerem quem devia ser pobre, chegando até a não dar nada a quem merecia, pelo caráter que revelam ter. Outras vezes, dão de mais a quem os bajula ou a quem lhes faz um qualquer favor. Por esta razão a maior parte deles são devassos. Pois gastam dinheiro com muita facilidade e são dissipadores na devassidão. Ora, por
10 não viverem em vista da nobreza, tendem a desviar-se para uma vida dedicada aos prazeres.

É, portanto, nisto que se transforma o esbanjador, quando não foi devidamente orientado. Mas uma vez encontrado alguém que o faça ter cuidado, poderá tanto chegar ao meio quanto ao que é devido. A avareza, por outro lado, é uma disposição incurável (parece também que a velhice e toda a fraqueza tornam as pessoas avaras), e a tendência para o esban-
15 jamento é mais própria do Humano. A maioria tem uma propensão maior

para gostar de dinheiro do que para o gastar. Mas esta perversão estende-se a muitos domínios e é multiforme. Isto é, a avareza manifesta-se de muitos modos. Na verdade, ela consiste em duas formas particulares, por um lado, por defeito, no dar; por outro, por excesso, no receber. Contudo, ela não se manifesta sempre na sua forma integral. Algumas vezes uma forma surge separada da outra. Quer dizer, uns recebem em demasia, enquanto outros dão de menos. Todos são visados por expressões como: os «poupados», os «agarrados»,[118] os «forretas» dão de menos, mas não é por isso que invejam o dinheiro de outrem ou querem recebê-lo. Alguns são assim por causa de uma certa nobreza do caráter e por precaução contra atos vergonhosos (algumas pessoas aparentam ser de fato assim ou pelo menos dizem que têm cuidado com o dinheiro talvez para que não sejam obrigadas a realizar nenhuma ação vergonhosa). Deste gênero é também aquele que tem o dinheiro contado até ao tostão[119] ou que procede deste modo. Estas pessoas são referidas deste modo pela forma excessiva como nunca dão nada. Já quem se abstém de receber age assim por medo e por que quase nunca se recebe de graça, isto é, sem que quem dá não queira alguma coisa em troca. Gostam, mais, de dizer que não recebem para não ter de dar nada em troca. Quem, por outro lado, gosta de receber em demasia, procura fazê-lo em toda a parte e a respeito de qualquer atividade humana. É por isso que têm uma natureza avara os donos de bordéis bem como os usurários que emprestam pequenas quantidades de dinheiro em troca de juros altíssimos. Todos os que são deste gênero recebem de todo o lado de onde não devem, e na quantidade que não devem. A característica comum do lucro que todos estes obtêm é ser vergonhoso.[120] Todos eles suportam bem uma repreensão, por causa de um ganho, mesmo até de um ganho insignificante. Mas também há os que aceitam grandes importâncias de dinheiro de proveniência duvidosa e através de atividades ilícitas. Por exemplo, tiranos que pilham cidades e roubam templos. Estes não são chamados avaros por nós, mas perversos, impiedosos e injustos. Já chamamos, por outro lado, ao jogador, ao gatuno, e ao pirata avaros, ainda que sejam vergonhosamente gananciosos. Ambos estes tipos praticam as suas atividades por causa do ganho e suportam qualquer repreensão. Uns correm riscos extremos por causa de um ganho; outros obtêm ganhos com amigos. O que está errado, porque os amigos devem antes ser favorecidos. Ambos estes tipos tentam, por conseguinte, obter ganhos a partir de atividades ilícitas; são gananciosos de modo vergonhoso. Assim, todas as formas de receber deste gênero são avaras. A avareza é assim contrária à generosidade. É um mal maior do que o esbanjamento, e todos falham a respeito dela mais do que a respeito do chamado esbanjamento.

Acerca da generosidade e das formas de perversão que lhe são opostas, é o bastante o que foi dito.

# 80 | Ética a Nicômaco · *Aristóteles*

## II

1122a18     Parece ser, então, adequado discorrer a seguir acerca da magnificência,[121] porque também ela parece ser uma certa excelência a respeito da
20  riqueza. Não é como a generosidade, que se estende a todas as atividades
relativas à riqueza, mas apenas diz respeito às despesas gastas. A respeito destas, excede a generosidade quanto à grandeza da dimensão. Pois,
tal como o nome deixa subentender, é um gasto apropriado à grandeza.

    Mas a grandeza é algo de relativo. Não é a mesma a despesa gasta com
25  o equipamento de um navio e com a preparação de uma peregrinação. O
que é apropriado é relativo a quem gasta, à circunstância particular de
quando gasta e a respeito do que gasta. Aquele que gasta o dinheiro apropriado com coisas de pouco valor ou de valor moderado não é chamado
magnificente, tal como não é aquele a quem se adequa o dito «tenho dado
muitas vezes esmola ao vagabundo»,[122] mas é assim com aquele que gasta à grande com coisas de preço exorbitante. Embora o magnificente seja
generoso, o generoso não é necessariamente magnificente.

30     O defeito relativo a esta disposição de caráter chama-se mesquinhez. O
excesso, por outro lado, é uma espécie de vulgaridade e mau gosto. Estas
maneiras de ser são excessivas, só que não gastam à grande com o que se
deve. Os que são deste gênero fazem espalhafato quando não devem e de
um modo incorreto. Falaremos mais tarde a seu respeito. O magnificente
35  assemelha-se a alguém que é entendido, pois sabe reconhecer o que é bom
1122b1  e é capaz de gastar grandes somas de dinheiro com muito bom gosto. Tal
como dissemos no princípio, a disposição é definida pelas atividades particulares que se praticam e pelos objetos a respeito dos quais se atua. As
despesas dos magnificentes envolvem grandes importâncias de dinheiro
e são apropriadas ao seu caráter. Do mesmo modo são também as suas
5  obras. Grande é a despesa do magnificente e adequada à sua obra. Assim,
se a obra[123] tem o valor da despesa também a despesa tem de cobrir o
valor da obra, ou até excedê-la.

    O magnificente gastará com coisas deste gênero com nobreza de
caráter. Com efeito, a magnificência é um traço comum a todas as excelências. Além do mais, fá-lo-á com prazer e profusamente, pois o contar
tostão por tostão é mesquinhez. Na verdade, o magnificente procurará
mais saber como pode agir do modo nobre e apropriado que há e não
10  quanto custa qualquer coisa ou como pode ser comprada da forma mais
barata que é possível. É necessário, portanto, que também o magnificente
seja generoso. Pois, também o generoso gasta com coisas que deve e da
maneira como deve. Mas é precisamente nestas ocasiões que o caráter
magnífico da magnificência se revela, tal como a sua grandeza. Porque,
embora se reconheça a generosidade a respeito das mesmas categorias,
15  o magnificente realizará uma obra mais magnífica e nobre, mesmo tendo

Livro IV | 81

uma despesa igual. Não é a mesma coisa a excelência de uma aquisição e a excelência de uma obra realizada. A respeito da aquisição terá maior valor a que é mais estimada, por exemplo, o ouro; a respeito da obra realizada, contudo, é mais estimada aquela que tiver um valor magnífico e nobre (a contemplação de uma tal obra realizada deixa-nos admirados; nobre, contudo, é o caráter magnífico que possui). A excelência de uma obra, isto é, a sua magnificência, reside no momento da grandiosidade. Entre as despesas feitas, há as que nós chamamos honrosas, como as que 20 são gastas em geral a respeito de toda a divindade, como sejam oferendas, construções de templos, sacrifícios; e, por outro lado, tudo o que diga respeito a bens comuns, como quando, por exemplo, se pensa ser preciso equipar um coro de um modo esplendoroso ou armar um navio de guerra, ou oferecer um banquete à cidade. Em todas estas obras, como foi dito, tem-se como referência quem é o obreiro de tais feitos e quais são os seus recursos. As suas obras têm de ser dignas dos seus recursos, e não 25 serem apenas apropriadas à obra particular que é feita, mas também ao seu feitor. É por isso que um pobre nunca poderá ser magnificente. Não tem como gastar muito de uma forma apropriada. Quem tenta fazê-lo é parvo. Na verdade, um tal gasto vai para além das suas posses e é contra o que é devido. Correto é gastar de acordo com a excelência. Gastar 30 apropriadamente é próprio, pois, daqueles que dispõem de antemão dos recursos para isso, tenham sido eles obtidos pelos próprios, por herança, ou através das suas boas relações. Estas características são próprias dos que se distinguem pelo berço ou pela fama. Pois tudo isto tem grandeza e valor. O magnificente é, então, de todo assim; e a magnificência dá-se, tal 35 como foi dito, com despesas deste gênero, num grau máximo de grandeza e de honra. Dos gastos privados, contam-se os que se fazem uma só vez, 1123a1 como com um casamento, e coisas do gênero, ou com qualquer coisa a que a cidade toda dá importância ou pelo menos lhe dão os que nela têm posição. Tal é o caso das despesas com as festas de recepção e despedida de estrangeiros, ou das ofertas para troca de presentes. O magnificente não faz gastos consigo próprio mas com a comunidade, porque dar presentes tem qualquer coisa de semelhante a fazer uma oferenda aos deuses. 5 A casa do magnificente terá de estar decorada de forma apropriada à sua riqueza (também isso é algo de suntuoso), e a esse propósito é apropriado gastar-se com obras que são mais duradouras (são as mais belas que existem). O que é apropriado é gastar deste modo em toda e qualquer circunstância particular. Quando se trata de fazer despesas para um recinto sagrado ou para uma sepultura, o que é adequado não é o mesmo para os deuses e para os Humanos. Ora, porque todas as despesas são magníficas 10 no seu gênero, e a mais magnificente de todas é uma despesa gasta com algo de grandioso, o magnífico em cada caso diz-se da despesa magnífica feita nesse caso; e porque, na verdade, há uma diferença entre a grandeza

de uma obra feita e a grandeza da despesa gasta (por exemplo, uma bola
15 da melhor qualidade ou um frasco de óleo são presentes magníficos na
qualidade de presentes para uma criança, mas de pouco valor, e, por isso,
não são caros), – por causa destes motivos – é característica essencial do
magnificente agir de modo magnífico em todo o gênero de despesa que
tiver (pois o que é deste gênero dificilmente pode ser superado) e estabelecer uma relação apropriada com o valor da despesa feita.

Assim é o magnífico. O que se excede nos gastos com mau gosto ul-
20 trapassa todas as medidas do conveniente. Tem muitas despesas com
coisas sem importância e faz alarde disso de modo absurdo. Tal é o caso
dos que fazem de um simples jantar para os membros de um clube uma
ocasião festiva idêntica a um casamento, ou como quando alguém equipa
um coro cômico e traz para a entrada principal um tapete de cor púrpura,
25 como os megáricos.[124] Ao agirem desta maneira não o fazem com gosto,
mas apenas para exibirem a sua riqueza. Agem também deste modo por
pensarem que assim virão a ser admirados. Só que, quando devem gastar muito, gastam pouco, e quando devem gastar pouco, gastam muito.
O mesquinho, por outro lado, está em défice relativamente a tudo o que
tem estado a ser considerado. Isto é, mesmo se gastar uma grande soma
de dinheiro acabará por retirar todo o brilho à ação, por qualquer coisa
30 sem importância. Com efeito, há de sempre procurar a maneira de gastar
o menos possível com o que quer que seja que estiver para comprar, e,
caso compre, acabará sempre por se arrepender, porque pensa que gasta
mais do que deve. Estas disposições de caráter estão erradas mas não são
nenhuma vergonha porque não são nocivas para o próximo nem desgra-
çam completamente o caráter.

# *III*

A magnanimidade[125] é acerca de grandes coisas, tal como parece ser
35 indicado pelo nome. Em primeiro lugar, há, então, que compreender quais
1123b1 são os seus objetos. De resto, não há diferença nenhuma entre examinar
a disposição do caráter em si e examinar quem existe segundo essa disposição. Magnânimo é quem se julga ter um grande valor e tem-no de
fato. Quem se julga, por outro lado, valer muito, mas nada vale, é parvo, e
não há nenhum parvo ou insensato entre os que existem de acordo com a
excelência. Magnânimo é, pois, conforme ao que foi dito mais acima. Mas
quem tem pouco valor e se julga ser alguém com pouco valor terá um
caráter temperado. O magnânimo, contudo, não é assim. A magnanimidade está na grandeza, tal como a beleza existe numa pessoa grande (as
pessoas pequenas podem até ser formosas, mas não são belas). Por outro
lado, há ainda quem se julgue com muito valor sem o ter. Esse é vaidoso,
embora nem todo aquele que se julga ter um valor maior do que de fato

tem seja sempre vaidoso. Há também quem se julgue com menos valor do que tem. Esse é pusilânime, tenha ele muito valor, valor na justa medida, ou pouco valor. Este julgar-se-á sempre a si próprio como tendo um valor menor do que de fato tem.

De fato, parecerá ser extremamente pusilânime[126] quem vale muito e se acha com pouco valor. Pois, que teria feito se não tivesse tanto valor? O magnânimo é, pois, o extremo por razão da grandeza e por manter o meio como deve ser. Ele julga-se a si próprio com o valor que de fato tem. Os outros julgam que têm tanto um valor maior quanto um valor menor do que de fato têm. Se o magnânimo se julga de um grande valor, e na verdade de um valor supremo, há de julgar-se digno de receber uma única coisa, a honra. Pois, «julgar-se digno de…» diz-se por relação com os bens exteriores.[127] Ora nós supomos que o supremo bem exterior que restituímos aos deuses, isto é, aquilo que ambicionam de um modo extremo os homens de posição, na verdade, o prêmio para os feitos mais nobres é a honra. A honra é o maior dos bens exteriores. O magnânimo é como deve ser em vista da honra e da desgraça. É também de um modo espontâneo que os magnânimos se comportam com a honra. Na verdade, os grandes homens julgam-se a si próprios extremamente merecedores de honra em vista do valor que julgam ter.

O pusilânime está em defeito tanto quanto ao valor que julga ter, quanto ainda ao valor do magnânimo. O vaidoso, por outro lado, ultrapassa a medida ao julgar-se com mais valor do que tem, mas não ultrapassa, certamente, o magnânimo nesse julgamento.

Se é verdade que o magnânimo é digno do bem supremo, então ele é o mais excelente de todos. Se o melhor é digno do que é maior, então o mais excelente terá de ser digno do supremo bem. O magnânimo deve ser verdadeiramente bom. E a grandeza em cada excelência aparecerá sempre como característica distintiva do magnânimo. Não será de modo algum apropriado ao magnânimo bater em retirada todo a tremer de medo como não é próprio dele praticar uma injustiça. Ou seja, por que motivo agirá vergonhosamente quando nada há de grandioso nesse tipo de comportamento? Ao ter em vista cada excelência em particular, seria completamente ridículo se o magnânimo não fosse excelente. Isto é, fosse de tal forma que não prestasse para nada nem merecesse nenhuma honra, pois a honra é o prêmio da excelência, e ela é atribuída apenas aos homens excelentes. A magnanimidade parece ser assim uma espécie de coroa das excelências. Faz que elas sejam ampliadas e nunca se constitui sem aquelas. Por isso é, na verdade, difícil ser-se magnânimo, porque não é possível ao magnânimo existir sem nobreza.

É, portanto, a respeito da honra e da desgraça que o magnânimo aciona a sua disposição de caráter. O magnânimo faz gosto em ser conve-

**84** | Ética a Nicômaco · *Aristóteles*

nientemente honrado por causa de grandes feitos e junto de homens de reputação séria, como se lhe tivesse cabido o que lhe pertencia, ou talvez até possa receber pouco menos do que merece. Porque não há nunca uma honra equivalente ao valor da excelência completa. Não obstante, aceitará a honra que lhe fazem por não haver nada com maior valor que lhe possa

10 ser atribuído. Contudo, os magnânimos farão pouco caso das honras que toda a gente lhes puder fazer, sobretudo por motivos insignificantes, porque não é isso que eles merecem. De modo semelhante fará pouco caso da desonra, porque, justamente, não merece nenhuma desonra. O magnânimo, tal como tem sido dito, comporta-se da melhor maneira possível a respeito da honra, mas não apenas a respeito dela, ele comporta-se tam-

15 bém moderadamente a respeito da riqueza, do poder e de toda a felicidade e infelicidade, como a respeito do que quer que lhe aconteça. Assim nem exultará excessivamente se tiver sucesso nem ficará demasiadamente deprimido em face da adversidade. Nem, por outro lado, se comportará relativamente à honra como se fosse o bem supremo. O poder e a riqueza são ambicionados por causa da honra que conferem; pelo menos os que estão na posse de tais coisas querem ser honrados por causa delas; para aquele, contudo, para quem a honra é uma coisa com pouca importância,

20 tudo o resto terá *a fortiori* pouca importância. Por esse motivo têm reputação de ser despeitosos.

Parece, então, também que as boas venturas contribuem para a magnanimidade. Os que são bem nascidos são tidos por merecedores de honra tal como os ricos e os poderosos. Porque são tidos por superioridade, e, de fato, é na superioridade em algo de bom que reside todo o valor e toda a honra. Por este motivo os bens referidos podem intensificar os magnânimos, porque na verdade são honrados por muitos motivos. Mas apenas quem é

25 excelente pode ser honrado de acordo com a verdade, porque, pensa-se, possuindo ambas (a excelência e a boa sorte) merecerá uma honra maior. Os que têm tais bens mas sem a excelência não se podem justificadamente julgar a si próprios merecedores de grandes coisas nem podem corretamente ser chamados magnânimos; sem a excelência completa, nada disto

30 existe. De fato, é também possível a quem possui apenas bens externos tornar-se despeitoso e insolente, porquanto sem excelência não se lida bem

1124b1 com a boa sorte. Ora não sendo capazes de lidar bem com a boa sorte e julgando-se superiores aos outros homens, desprezam-nos, quando eles próprios fazem o que lhes dá na real gana. Quer dizer, armam-se em magnânimos. Pois, sem terem nada de semelhante ao magnânimo, apenas os imitam no que são capazes. Assim, não realizam ações de acordo com a

5 excelência, porque na verdade desprezam todos os outros. Ora só o magnânimo despreza justificadamente (porque a sua avaliação é conforme à verdade), quando a maioria despreza sem ter noção do valor de outrem.

O magnânimo não se expõe ao perigo por razões de pouca importância nem pode ter gosto pelo risco, porque pouca coisa há que estima. Mas está pronto a enfrentar grandes perigos, quando tiver que correr o risco e nem sequer poupará a sua vida se julgar que não vale a pena viver a todo o custo. O magnânimo é capaz de fazer o bem a outrem, mas já lhe é difícil ser beneficiado por outrem. Porquanto, a primeira possibilidade é marca 10 de superioridade, mas a segunda de inferioridade. Na verdade, retribui os serviços que lhe tiverem sido prestados com benefícios ainda maiores, porque assim quem primeiramente lhe concedeu o benefício é quem passa a ficar seu devedor, isto é, passa a ser o beneficiado. Parecem também ter uma boa memória para benefícios dados mas não para benefícios recebidos (ser beneficiado é inferior a beneficiar, e o magnânimo quer ser superior), e é capaz de ouvir falar dos primeiros de bom grado, mas com desagrado 15 dos segundos. Por esse motivo Tétis não fala dos benefícios que recebeu de Zeus, nem os espartanos dos benefícios que receberam dos atenienses, mas antes dos serviços prestados.

É próprio do magnânimo não pedir ajuda a ninguém ou então só a custo, mas estar sempre pronto para ajudar; ser grandioso junto dos que têm uma posição de poder e daqueles que têm sucesso, mas ser mode- 20 rado junto dos que estão numa posição média, porque é difícil, mas dá uma grande satisfação ser superior aos primeiros, mas não dá uma grande satisfação ser-se superior aos segundos, porque é fácil. Exaltar-se junto 25 dos que nos são superiores não é ignóbil, mas fazê-lo junto dos humildes é mesquinho, tal como se os fortes quisessem medir forças com os que são muito fracos. O magnânimo não procura ocupar os lugares de honra habitualmente cobiçados. Não é muito ativo, é até lento a agir, a não ser quando se trata de uma grande honra ou de um grande feito. E entra 30 em ação em poucas situações, e só quando se trata de grandes obras e de nomeada. É necessário também que o magnânimo seja transparente tanto em questões de ódio como em questões de amor (porque procurar esconder-se revela medo e uma despreocupação com a verdade maior do que com a fama); que fale e aja abertamente (é franco, fala sinceramente porque despreza as consequências da sua franqueza, e é sincero exceto 35 quando usa ironia relativamente aos outros). Ele é incapaz de viver a sua vida seguindo um outro qualquer, a não ser orientado por um amigo. Uma 1125a1 tal conduta seria subserviente e assim todos os bajuladores são servis e todos os inferiores são bajuladores. Não se deixa arrebatar facilmente porque nada tem facilmente uma grande importância para ele. Demais, não guarda ressentimento. Pois, não é próprio do magnânimo recordar-se das coisas, sobretudo se são especialmente más, mas antes ultrapassá-las. Por 5 outro lado, não entra em coscuvilhices acerca de terceiros. Porque não falará de outrem como não fala de si. Nem sequer lhe interessa ser elogiado ou que os outros sejam criticados. Não elogia facilmente, mas também não diz dos outros, nem sequer dos seus inimigos, a não ser que tenham cometido alguma insolência. Queixa-se o menos possível e não pede que se interceda em seu favor tanto em situações de pouca monta quanto em situações de grande aflição. Comportar-se desse modo era levar as coisas demasiadamente a sério. É mais capaz de possuir coisas belas e inúteis do que úteis e vantajosas. Aquelas revelam uma disposição de caráter mais independente. Distinguem ainda o magnânimo o modo de andar lento, a voz grave, a dicção estável. Quem se preocupa apenas com poucas coisas não ficará facilmente sob pressão, e quem não faz grande caso de coisa nenhuma não terá nenhuma tensão. Tal é o magnânimo, porque uma voz aguda e os movimentos apressados resultam de uma grande pressão que se faz sentir.

Quem está aquém das marcas distintivas do magnânimo é pusilânime, quem as ultrapassa é um vaidoso. Também estes dois não parecem ser maus (não são malfeitores), mas agem erradamente. O pusilânime, tendo algum mérito, priva-se a si próprio de bens de que ele próprio é digno e parece que é, de algum modo, mau para si próprio, por não se julgar digno de certos bens; mas, sobretudo, parece ignorar-se a si próprio. Porque de outro modo almejava alcançar aquelas coisas de que se julga digno, pelo menos caso se tratasse de coisas boas. Não que estes pareçam ser parvos, mas mais tímidos. Esta opinião acerca de si próprios ainda os torna piores, porque cada um visa atingir aquilo de que se acha digno, mas estes mantêm-se afastados de ações e de empreendimentos nobres, porque se acham sem valor para as realizar; de modo semelhante têm a mesma atitude perante os bens exteriores.

Os vaidosos, pelo contrário, são parvos e ignoram-se a si próprios, e tal, manifestamente, porque se dedicam a coisas tidas por honrosas, mas que não são para eles e depois ficam expostos na sua maneira de ser. Reveste-se de ares, pavoneiam-se com roupa, maneiras e coisas desse gênero e querem mostrar como vão bem na vida, e falam disso, como se desse modo pudessem vir a ser estimados. A pusilanimidade opõe-se à magnanimidade mais do que à vaidade. Porque é mais frequente e pior.

Por outro lado, a magnanimidade diz mais respeito à preocupação com a grandeza da honra, tal como foi dito.

## IV

Parece também a respeito da honra haver uma certa excelência, tal como já foi dito primeiramente. Uma tal excelência parece estar para a magnanimidade como a generosidade está para a magnificência, porque uma tal disposição, tal como a generosidade, mantêm-nos afastados da grandeza, mas provoca em nós a disposição correta relativamente a honras moderadas e de pequena monta. Assim como a respeito do dinheiro há um meio, um excesso e um defeito no dar e receber, assim também a respeito da honra há um modo devido de termos anseios por ela e de a recebermos de onde deve provir, bem como um excesso e um defeito. Ou seja, nós repreendemos, por um lado, o ambicioso,[128] porque se precipita para a honra como não deve, mais do que deve, e para aquela que provém do local errado. Mas também repreendemos quem não tem ambições nenhuma de honra, porque se decidiu por não vir a ser honrado nem sequer por ações nobres. Umas vezes, louvamos o que ambiciona honra por ser viril e por ter uma obsessão pela glória; outras, o que tem falta de ambição de honra por ser moderado e temperado, tal como também dissemos primeiramente. É evidente que, tendo a expressão «ter um amor especial por isto e por aquilo» muitos significados, não aplicamos sempre o termo «ambicioso» em vista do mesmo, mas umas vezes honramo-lo por um amor maior pela honra do que a maioria, outras vezes, repreendemo-lo porque é excessivamente ambicioso. Sendo anônima esta posição intermédia, os extremos disputam-na como se se tratasse de uma herança não reclamada. Há também nestes domínios um excesso, um defeito e um meio. Os primeiros têm aspirações à honra, respectivamente, mais e menos do que devem. O outro, então, como é devido. O meio aqui em causa e que é louvado pela sua disposição relativamente à honra é anônimo. Uma tal disposição parece, quando comparada com a ambição, ser falta de ambição; mas, quando comparada com a falta de ambição, parece ser uma ambição excessiva. Isto é, parece ter um comportamento duplo. Mas o mesmo parece também passar-se com as restantes excelências. Neste caso, contudo, as disposições opostas parecem contrapor-se uma à outra, por não se conseguir dar um nome à disposição do meio.

A gentileza[129] é a posição do meio relativamente ao acesso de ira. Sendo a disposição do meio anônima – tal como também são anônimas as disposições extremas –, empregamos a denominação «gentileza» à posição intermédia, embora tenda mais a ser uma disposição de defeito. A posição de excesso poderá referir-se aqui como uma certa irascibilidade. Porque a afecção a que diz respeito é a ira, embora as suas causas produtoras sejam numerosas e de diversas proveniências.

O que se irrita justificadamente nas situações em que se deve irritar ou com as pessoas com as quais se deve irritar, e ainda da maneira como deve ser, quando deve ser e durante o tempo em que deve ser, é geralmente louvado. Quem assim for é gentil, se é que a gentileza é uma disposição louvada. Porque o gentil quer permanecer imperturbável e não quer ser

**88** | Ética a Nicômaco • *Aristóteles*

levado pela emoção, e apenas o sentido orientador lhe poderá prescrever
1126a1 as situações em que deve irritar-se e durante quanto tempo. Ou seja, o
gentil parece pecar mais por defeito, porque não é do tipo vingativo mas
mais do gênero que perdoa.

O defeito, seja uma certa fleuma,[130] seja o que for, é repreendido. Os
5 que não se irritam quando têm motivo parecem parvos, o mesmo quando
não se irritam do modo correto, nem quando devem, nem com aqueles que
devem. Parece até que não sentem a injúria ou não sofrem com ela. Mas
se não se irritarem não conseguem defender-se, e aguentar um insulto ou
tolerar os insultos feitos a terceiros é uma característica de subserviência.

Há excessos a respeito de todos os elementos circunstanciais envol-
10 vidos num acesso de ira (seja por se dirigir contra as pessoas indevidas,
seja por motivos falsos, seja por ser de mais, ou por surgir rapidamente ou
por durar tempo de mais), mas certamente que nem todos os elementos
circunstanciais estão feridos de um caráter indevido ao mesmo tempo e
na mesma pessoa. Não parece que tal possa acontecer. Na verdade, o mal
destrói-se a si próprio, e se for integral, torna-se insuportável. Os irascíveis
15 depressa se irritam com aqueles que não devem e pelos motivos indevidos, ou então mais do que devem, mas, por outro lado, também, depressa
deixam de se comportar assim. E é o melhor que têm na sua disposição
de caráter. Quer dizer, ficam neste estado porque não conseguem conter
a fúria e por precipitação dão logo, às claras, uma resposta de retaliação.
Mas depois sossegam. Os que são extremamente susceptíveis depressa
afinam. Irritam-se por tudo e por nada. É daí também que vem o seu nome.
20 Os que são amargos por natureza dificilmente chegam a reconciliações,
ficam zangados durante muito tempo e guardam ressentimento. Só ficam
descansados quando tiverem retaliado. A vingança faz cessar a ira, pois
faz nascer dentro deles um doce prazer, ao expulsar a amargura do sofrimento. Pois, se não conseguirem vingar-se, vivem como que a carregar
um fardo pesado. Na verdade, é porque esta maneira de ser não se manifesta facilmente que ninguém consegue demovê-los dos seus intentos
25 vingativos, e é preciso muito tempo para se conseguir digerir a ira dentro
de si. É assim pois que pessoas deste gênero são as mais inoportunas que
há tanto para os seus melhores amigos quanto para os próprios. Dizemos,
então, que têm um feitio difícil aqueles que se zangam com as coisas que
não devem, ou mais do que devem ou ainda durante mais tempo do que
devem; estes não chegam a nenhuma reconciliação, sem terem tido primeiro uma oportunidade de se vingarem ou aplicado um castigo.

30 Contrapomos, assim, mais o excesso do que o defeito à gentileza, porque se dá mais frequentemente, e porque, na verdade a vingança é mais
própria do Humano e porque vivemos mais dificilmente com quem tem
um mau feitio.

Isso foi já dito primeiramente e é também evidente a partir do que agora foi apurado. Não é fácil distinguir, a respeito do modo como nos devemos irritar, o seguinte: o modo como [nos devemos irritar], as pessoas com as quais [nos irritamos], os tipos de circunstância [em que nos irritamos], o tempo durante o qual [nos irritamos]. Difícil de distinguir é também até que ponto alguém se irrita corretamente e para lá do qual está a errar. O que se desvia um pouco do comportamento correto, quer 35 por excesso, quer por defeito, não é repreendido. Por vezes até elogiamos os que se irritam pouco, dizendo que são gentis; outras vezes, porém, lou- 1126b1 vamos os que têm mau feitio porque são viris e capazes de comandar. Não é, contudo, fácil aferir a partir de que quantidade e de que modo se torna repreensível quem se desvia do comportamento correto. Uma tal avaliação só pode ser feita pela percepção que se tem das circunstâncias particulares que de cada vez se constituem. Mas, pelo menos, isto é evidente, que 5 a disposição de caráter do meio é louvável. De acordo com ela irritamo-nos com as pessoas com quem nos devemos irritar e nas circunstâncias em que nos devemos irritar, no modo como devemos, e assim a respeito das restantes categorias; as disposições por excesso e por defeito, por sua vez, são repreensíveis. Se o desvio for pequeno, a repreensão deve ser leve, se for maior, deve ser mais forte, se for grande, deve, então, ser veemente.

Evidente também é que temos de nos manter numa disposição inter- 10 média. Foram, então, ditas quais eram as disposições relativas à ira.

## VI

Nas formas de relacionamento social, no convívio, nas conversas, nas 1126b11 empresas conjuntas, há os que parecem ser obsequiosos. Estes são aqueles que tudo elogiam em vista do prazer e em nada contrariam os outros, por pensar que devem ser de modo a não causar sofrimento àqueles que encontram no seu caminho. Os outros, pela maneira de ser oposta, contrariam quem quer que encontrem no caminho e não se preocupam com 15 qualquer sofrimento que causem a quem quer que seja. Estes são difíceis no trato e quezilentos. Não deixa de ser evidente que as disposições mencionadas sejam repreensíveis nem que a disposição intermédia seja louvável. É de acordo com esta que se aceita dos outros o que está certo e o que fazem corretamente e que, de modo semelhante, rejeitamos neles o que não está certo e o que nos fazem indevidamente. Não há nenhum nome 20 especial que se possa dar a esta disposição de caráter, mas parece-se em tudo com a amabilidade.[131] Aquele que é de acordo com esta disposição do meio é tal como quando queremos dizer que alguém é um excelente amigo, mas acrescentamos ainda que sentimos por ele uma afeição sentida. Difere, pois, da amizade nisto que a amabilidade é sem comoção e sem afeição sentida em relação àqueles com os quais entra em comunhão.

# 90 | Ética a Nicômaco · *Aristóteles*

Quem é deste modo aceita cada coisa que venha dos outros como deve ser,
25 não por amor ou ódio, mas por ser naturalmente amável. Fará o mesmo
de modo semelhante em relação a desconhecidos e conhecidos, próximos
ou afastados, exceto que agirá *com* cada um deles de modo adequado. O
preocupar-se, ou sequer o sofrer, não convém do mesmo modo a respeito
de íntimos e de estranhos.

Foi dito como é que, em geral, alguém se deve comportar na sua relação com outrem. Uma vez tendo como referência para toda e qualquer
30 situação particular o sentido da nobreza e da conveniência, procurar-se-á
ter como objetivo não fazer sofrer outrem ou então o de ajudar a animar.
O âmbito de ação da amabilidade parece, então, ser os prazeres e os sofrimentos que se geram nas relações pessoais. Mas dificilmente manterá com
prazer aquelas relações pessoais que não forem nobres e forem nocivas;
preferirá, nessa altura fazer sofrer. E não só não aceitará o comportamento
de quem, ao agir, trouxer vergonha – e esta não for pouca – ou dano, como
35 também se invectivará contra ele, caso a sua reação provoque apenas um
pequeno sofrimento. O seu relacionamento com os outros será também
diferente, ao lidar com pessoas de posição ou com pessoas que normal-
1127a1 mente se encontra, será também diferente, conforme se trate de pessoas
mais ou menos conhecidas. De modo semelhante, consoante sejam aquelas diferenças, assim também repartirá o tributo devido. E ainda que prefira, por si, ajudar a criar uma disposição agradável e tome precauções para
não fazer sofrer, terá sempre de acompanhar os resultados particulares de
cada ação, caso sejam importantes, quero dizer, acompanhar a nobreza
5 e a conveniência das ações. E em vista de um grande prazer futuro, fará
sofrer um pouco no presente.

Tal é a disposição de caráter do meio, embora não tenha recebido qualquer designação. Aquele que visa sempre obter prazer e ajudar a criar uma
boa disposição sem mais nenhum outro motivo é obsequioso; aquele, porém, que age em prol de vantagem, em dinheiro ou naquilo que o dinheiro
10 puder comprar é um bajulador. Aqueloutro, por sua vez, que se aborrece
com tudo é, tal como foi dito, de trato difícil e quezilento. Por causa de
a disposição do meio não ter nome parece que os extremos se opõem.

## *VII*

1127a12 A disposição do meio a respeito da fanfarronice é constituída quase
nas mesmas situações. Também esta não tem nome. Não será mau, então,
analisar cada uma destas disposições de caráter em particular, porque talvez possamos, desse modo, perceber um pouco melhor o que concerne ao
15 caráter intrínseco do Humano. Isto é, se tomarmos consciência de que é
assim que se passa com todas elas, talvez possamos acreditar mais facil-

mente que as excelências são disposições intermédias. Ora nós já dissemos, a respeito da nossa existência em conjunto, que as relações humanas têm em vista o prazer e o sofrimento. Falemos agora das disposições do caráter a respeito da sinceridade e da falta dela, tanto nas nossas palavras como nas nossas ações, bem como nas nossas intenções. 20

Parece, então, que o fanfarrão é pretensioso relativamente a qualidades tidas em alta estima, mas que não possui, ou então relativamente a qualidades que pretende ter em maior grau do que de fato tem; o falso modesto,[132] inversamente, renega possuir as qualidades que tem ou faz crer que as possui em menor grau. Aquele, porém, que tem a disposição do meio é de algum modo ele próprio, ou seja, a sua vida é autêntica e a sua palavra verdadeira, confirmando, assim, a respeito de si próprio as qualidades que tem, não pretendendo tê-las de mais nem de menos. É possível ser de cada uma destas maneiras em vista de qualquer coisa ou em vista de nada. Mas quando cada um individualmente é como é, diz as coisas que diz, pratica as ações que pratica e desse modo vive como vive, mesmo se realizar todas essas ações sem ser em vista de qualquer coisa, terá um caráter autêntico. A falta de sinceridade é em si própria lamentável e repreensível; a sinceridade, porém, é bela e louvável. Deste modo, então, 30 o sincero, que está no meio dos dois extremos, é digno de louvor; os dois outros, sendo falsos, são repreensíveis, mas mais ainda o fanfarrão. 25

Falemos, então, acerca de cada um deles. Comecemos primeiramente pelo caráter sincero.[133] Quando falamos do caráter sincero não temos em vista as transações comerciais, nem nada daquilo que concerne à justiça ou 1127b1 à injustiça (nesse caso, tratar-se-ia de uma outra excelência), mas apenas aquelas situações em que alguém atesta a sua sinceridade através da sua palavra ou da própria vida, pelo simples fato de existir de acordo com uma disposição deste gênero, sem que entrem em consideração matérias de justiça ou injustiça. Quem é deste modo parece ser excelente. Porque quem tiver uma obsessão pela verdade, e for sincero até em questões insignificantes, sê-lo-á por maioria de razão também nas que são importantes. Ou 5 seja, se já se resguarda do ignóbil em si, também se resguardará da falta de sinceridade como uma instância do ignóbil. Quem assim é, é louvável. Desviar-se-á da verdade, mais por lhe faltar do que por exagerá-la, porque, de fato, parece ser de melhor tom, e todo o exagero é aborrecido.

Aquele que pretende ter mais qualidades do que as que possui – sem 10 um fim determinado – parece ser pouco sério (de outro modo não se alegraria com a falsidade), mas parece, contudo, ser mais vaidoso do que propriamente mau. Se o fizer com um determinado fim em vista, como a fama ou a honra, não é totalmente repreensível, mas se agir assim por dinheiro, ou por tudo o que o dinheiro compra, é desavergonhado (ninguém é fanfarrão por acaso, mas por uma decisão, porque o fanfarrão 15

existe segundo uma disposição). Do mesmo modo o mentiroso é aquele que sente gozo com a própria mentira, e fá-lo ambicionando a fama ou o ganho. Os que são fanfarrões por causa da fama fingem possuir aquelas qualidades que suscitam louvor e dão felicidade a quem as tem. Os que são fanfarrões por causa de um ganho fingem possuir aquelas qualidades
20 que dão prazer ao próximo e é difícil detectar se as têm ou não, como é o caso da competência do adivinho, do sábio, do médico. Por causa disto a maioria pretende e faz alarde de possuir estas qualidades, porque nelas existem os dois motivos mencionados.

Os falsos modestos falam de menos das qualidades que têm e parecem ser mais sofisticados a respeito dos seus caracteres. Não parecem falar de si em vista de um ganho, mas para evitarem encher-se de si. Estes negam
25 maximamente as qualidades tidas em grande estima, tal como fez Sócrates. Mas os que fingem não ter aquelas qualidades que não são importantes e que manifestamente possuem são impostores e facilmente votados ao desprezo. Algumas vezes parece até tratar-se de fanfarronice, como vestir-se à maneira espartana. É próprio do fanfarrão exagerar ou humilhar-se
30 excessivamente. Mas os que recorrem à modéstia de forma moderada, a respeito de qualidades que não são totalmente óbvias e manifestas, parecem ter um toque de sofisticação.

O fanfarrão parece ser o oposto do sincero. Porque é pior do que o falso modesto.

## *VIII*

1127b33 Havendo formas de diversão[134] na existência, uma delas é o tempo passado à conversa. Ora também nisto parece haver uma maneira de nos
1128a1 relacionarmos e comportarmos com os outros que tem um certo bom tom, quer para falar o que se deve e acerca do que se deve, quer para ouvir o que se deve e acerca do que se deve. Faz também diferença quem são os outros com quem falamos, o que há para dizer e de quem ouvimos o que têm para dizer. É claro que também a respeito disto existem disposições excessivas, outras defeituosas e, bem assim, outras conformes à disposição
5 intermédia. Os comediantes que fazem palhaçadas ultrapassando o limite do ridículo parecem ser ordinários, esforçando-se a todo o custo por fazer soltar uma gargalhada, tendo mais em vista o fazer rir do que o falar com decoro ou evitar fazer sofrer quem é objeto do seu escárnio.

Aqueles, por outro lado, que não dizem nada de engraçado e não suportam que outros o digam parecem ser rudes. Aqueloutros que se di-
10 vertem ou brincam com bom tom chamam-se espirituosos ou divertidos porque são versáteis. Tais versatilidades parecem indicar a mobilidade do caráter: tal como se avaliam as possibilidades do corpo a partir dos seus

movimentos, assim também se avaliam os caracteres a partir da sua versatilidade. Como o que é ridículo se encontra por todo o lado, e a maior parte das pessoas tende a achar graça à paródia e ao gozo mais do que se deve, os que fazem as palhaçadas mais divertidas são tidos por sofisticados. Mas há uma diferença entre eles, e não é pequena, que resulta evidente do que dissemos acerca dos que dissimulam a modéstia. A destreza é um elemento próprio da disposição intermédia entre os extremos. É próprio do que tem destreza nestas matérias falar e escutar aquelas coisas que se adequam ao que é distinto e fino. Este guarda uma certa correção quanto ao que deve dizer e ao que deve escutar numa paródia. O modo de parodiar de quem é fino difere da do subserviente, tal como a forma de brincar do que tem educação difere da do que a não tem. Poderá ver-se isto na diferença que existe entre as comédias antigas e as modernas. O que era motivo de riso para os primeiros era a obscenidade, para os segundos é mais a insinuação. Esta diferença não é pequena por relação com a decência. Será que quem conta uma boa piada pode ser definido por não dizer o que é inconveniente para uma pessoa de bom gosto ou, antes, por não vexar o que as escuta, ou por conseguir fazer rir? Ou será que isto não pode ser definido, porque o odioso e o engraçado são diferentes de pessoa para pessoa? O mesmo se passa a respeito das piadas que alguém está preparado para ouvir de si próprio. As piadas que alguém consegue ouvir de si são as mesmas que consegue contar a seu respeito. Mas não se pode brincar com tudo. É que uma piada é num certo sentido um insulto, e há até algumas legislações que proíbem insultarem-se certas e determinadas coisas. Talvez fosse, por isso, também necessário proibir contar piadas a respeito de algumas coisas.

Quem é sofisticado e fino comportar-se-á, então, desse modo, como se o próprio fosse a lei. É, pois, deste modo que quem se encontra no meio daqueles extremos, possa ser chamado versátil ou sociável nestas matérias. O comediante é dominado pela dimensão cômica da existência e não se poupa a si nem aos outros, quando se trata de fazer rir. Este é assim capaz de contar coisas que o sofisticado jamais contaria e algumas que nem sequer quererá ouvir em nenhuma circunstância. O rude é inútil para intervir neste tipo de conversas. Em nada consegue contribuir para elas e em tudo acha motivo de enfado. Parece, então, que a diversão e a brincadeira são necessárias na vida.

São três as disposições intermédias que foram mencionadas, e todas elas dizem respeito a participação em determinados tipos de conversa e ações. Distinguem-se nisto que uma diz respeito à sinceridade e as outras dizem respeito ao prazer. Das disposições que dizem respeito ao prazer, uma verifica-se nos nossos tipos de diversão, a outra nos modos de relacionamento com os outros.

# 94 | Ética a Nicômaco · Aristóteles

## IX

1128b10     Acerca do pudor não pode dizer-se[135] que se trata de um certa excelência. Na verdade, parece-se mais com um sentimento do que com uma disposição de caráter. Ela é definida, pelo menos, como um certo medo da má reputação e produz um efeito próximo do medo em face do perigo. Só que enquanto os que se envergonham coram, os que se angustiam em
15  face da morte empalidecem. Em ambos os casos parece tratar-se de um certo fenômeno somático, por isso mesmo parece mais uma afetação do que uma disposição de caráter.

    Este sentimento não se adequa a todas a idades, mas apenas à juventude. Pensamos, pois, que os que estão naquela idade devem sentir pudor, porque ao viver segundo a paixão, fazem muitas coisas erradas. Pelo pudor, contudo, seriam impedidos de as fazer. Demais, nós louvamos os jovens
20  que têm o sentimento de pudor, mas ninguém louvará alguém mais velho por ser pudico. Pensamos que já não fará nenhuma daquelas coisas que fazem sentir pudor. O homem de excelência não pode sentir vergonha, e, caso sinta, seja então apenas quando incorre em ações vis (mas não deve, contudo, fazer nada de vergonhoso. E aqui não importa se as ações vergonhosas o são na verdade ou por parecer assim à opinião vigente, porque
25  não devem ser praticadas em nenhum dos casos, para não termos de nos envergonhar do que fizemos). Faz, contudo, parte do caráter ordinário poder incorrer em ações que atentam contra o pudor. Mas é um absurdo pensar-se que se é excelente por se estar naturalmente disposto a sentir pudor, quando se incorre numa ação vil. O pudor nasce de ações voluntárias, mas o excelente jamais incorrerá voluntariamente em ações vis. Pa-
30  rece haver a suposição de que o pudor é qualquer coisa de bom, porque ao agir mal, alguém sentir-se-ia envergonhado. Mas tal não é o caso com as excelências. Se a falta de pudor dos que praticam ações que atentam contra o pudor e o fato de não se envergonharem é vil, não é por isso que aquele que pratica tais ações mas delas se envergonha é excelente. Tal como ter domínio sobre si próprio não é bem uma excelência, mas algo
35  de misto. Far-se-á uma demonstração disto nas análises seguintes. Por ora, falemos acerca da justiça.

# Livro

## V

### I

Acerca da justiça[136] e da injustiça temos de apurar primeiramente qual é o seu âmbito de ação, de que espécie de disposição intermédia é a justiça e de que extremos é o justo meio termo. O nosso exame tem de ser levado a cabo de acordo com o mesmo método aplicado nas análises precedentes.

Vejamos, então, que o que todos visam com «justiça» é aquela disposição do caráter a partir da qual os homens agem justamente, ou seja, é o fundamento das ações justas e o que os faz ansiar pelo que é justo. De modo oposto, a injustiça é a disposição do caráter a partir da qual os homens agem injustamente, ou seja, é o fundamento das ações injustas e o que os faz ansiar pelo injusto. Admitamos, pois, estas primeiras indicações como caracterizações dos traços essenciais da justiça e da injustiça.

Vimos já que as ciências, as capacidades e as disposições não se manifestam do mesmo modo.

Ou seja, se, por um lado, parece haver um único poder e uma única ciência a respeito de opostos, por outro lado uma [dada] disposição não pode produzir resultados que lhe sejam opostos. Assim, por exemplo, o estado saudável não produz por si estados que lhe são opostos, mas apenas estados saudáveis. Nós dizemos, por exemplo, que alguém caminha de um modo saudável quando caminha do mesmo modo que caminha quem está de boa saúde.

Contudo, muitas vezes reconhece-se uma disposição a partir da que lhe é oposta. Muitas outras vezes, reconhecem-se disposições a partir dos substratos que operam. Se a boa forma do corpo se manifestar, também se manifesta a sua má forma. Quer dizer, é em vista do sentido «boa condição ou forma física» que podemos verificar se os corpos estão em boa condição ou em forma, tal como é, por outro lado, à vista de corpos em bom estado ou com boa forma física que reconhecemos o sentido «boa condição ou forma física».[137] Assim, se a boa condição da carne é a firmeza, é necessá-

1129a3

5

10

15

20

rio que a sua má condição seja a flacidez. Isto é, o que dá uma boa forma é o que produz a condição de firmeza na carne.[138]

Segue-se assim o mais das vezes que, se um dos extremos opostos for entendido em várias acepções, também o outro extremo será entendido segundo essa mesma diversidade de acepções. Assim, o sentido do termo «justo» tem tantas acepções quantas tiver o sentido do termo «injusto». O termo «justiça» é, assim, entendido de acordo com tantos sentidos quantos os que o tiver o termo «injustiça», quer dizer ambos admitem uma enorme equivocidade. Uma tal equivocidade passa-nos despercebida, porquanto todas as suas acepções estão estreitamente ligadas. Ou seja, uma tal equivocidade não se manifesta tão facilmente como no caso de termos acepções de sentido muito diferentes (uma diferença que está já manifesta no aspeto exterior das coisas visadas). É, por exemplo, o que acontece com o termo «chave» que significa de modo equívoco tanto o osso que está debaixo do pescoço nos animais (clavícula) como o objeto com o qual se abrem as portas.[139] Vejamos, então, em quantas acepções se compreende o termo «injusto». Assim parece ser injusto quem transgride a lei, quem quer ter mais do que é devido[140] e quem é iníquo. Parece também evidente, por outro lado, que justo será quem observa a lei e respeita a igualdade. Disposição justa é, então, por um lado, a observância da lei e o respeito pela igualdade; disposição injusta, por outro, é a transgressão da lei e o desrespeito pela igualdade.

Uma vez que o injusto é o que quer ter mais do que é devido, ele é assim definido a respeito dos bens. E, na verdade, não a respeito de todos os bens, mas apenas a respeito daqueles que dependem da boa e da má sorte. Estes são sempre bens em sentido absoluto, mas nem sempre são bens por relação com cada um individualmente. Os Humanos pedem-nos em preces e perseguem-nos. Mas não deviam. Deviam era antes pedir que os bens em sentido absoluto fossem também bens relativos aos próprios, e assim escolher o bem *absoluto em* si como um bem *relativo para* si.

O injusto nem sempre escolhe ter a maior parte do que é devido. Por vezes escolhe até a parte mais pequena, só que a respeito do que é absolutamente mau. Mas, uma vez que o menor de dois males é de algum modo um bem, e a avidez é querer ter mais do que é bom, o injusto parece ser ganancioso de mais. É iníquo porque [o sentido iníquo] envolve as duas acepções e é comum a ambas [querer ter mais bens de mais é também querer males de menos].

Uma vez que o injusto é um transgressor da lei, e o justo se mantém dentro dos seus limites, é evidente que toda a legalidade é de algum modo justa. Na verdade, tudo o que é definido por um ato legislador é conforme à lei, por isso afirmamos que cada uma das disposições legais é justa.

As leis pretendem estender-se a todas as coisas e visam, assim, ora o inte- 15
resse comum a todos ora o interesse dos melhores de todos, ou ainda dos
que obtiveram uma posição de domínio, que está baseada na excelência ou numa qualquer outra forma de distinção. Assim entendemos por
justo num certo sentido o que produz e salvaguarda a felicidade bem
como as suas partes componentes para si e para toda a comunidade. A 20
lei prescreve, pois, ações a realizar: ao corajoso, como, por exemplo, não
abandonar o seu posto, nem fugir ou deitar as armas fora; ao temperado,
como, por exemplo, não cometer adultério nem ser insolente; ao gentil,
como, por exemplo, não bater, nem falar mal de alguém, e o mesmo a
respeito das outras excelências e perversões, na medida em que exorta
a umas e proíbe outras.

Assim, se o que estiver disposto na lei tiver sido corretamente dis- 25
posto pelo legislador, a lei é justa, caso seja extemporânea poderá não
ser tão justa. A própria justiça é, então, uma excelência completa, não de
uma forma absoluta, mas na relação com outrem. É por esse motivo que
frequentemente a justiça aparece como a mais poderosa das excelências,
e nem a estrela da tarde nem a estrela da manhã[141] são tão maravilhosas.
Nós dizemos até no provérbio: 30

«A justiça concentra em si toda a excelência».[142] É, assim, de modo supremo a mais completa das excelências. É, na verdade, o uso da excelência
completa. É completa, porque quem a possuir tem o poder de a usar não
apenas só *para* si, mas também *com* outrem. Pois, de fato, há muitos que
têm o poder de fazer uso da excelência em assuntos que lhes pertencem e 1130a1
dizem respeito, mas são impotentes para o fazer na sua relação com outrem. E é por esse motivo que parece estar correto o dito de Bias, segundo o qual «o cargo público revela aquilo de que um homem é capaz»,[143]
porque no desempenho da sua função já se está em relação com outrem
e em comunidade.

É por esta razão, então, que a justiça é a única das excelências que
parece também ser um bem que pertence a outrem, porque, efetivamente,
envolve uma relação com outrem, isto é, produz pela sua ação o que é de 5
interesse para outrem, seja esse alguém um superior ou um igual. O pior
de todos é, então, o que é mau para si próprio, e também para outrem. O
melhor de todos, por outro lado, é o que aciona a excelência tanto para
si próprio como para outrem. Mas esta tarefa é difícil. Assim, tal como a
justiça não é uma parte da excelência, mas a excelência total, também a
injustiça não é uma parte da perversão, mas antes a mais completa per- 10
versão. Em vista do quê se distinguem, então, a excelência e a própria
justiça? É evidente a partir do que foi agora dito: que elas são, enquanto
disposições de um mesmo gênero, idênticas, mas diferentes no modo de
se manifestarem. A justiça manifesta-se como disposição relativamente

# 98 | Ética a Nicômaco · Aristóteles

a outrem; a excelência, manifesta-se, como uma certa disposição, de forma absoluta.[144]

## II

1130a14  Temos estado a investigar a justiça, enquanto parte integrante da ex-
15  celência, porque dizemos que existe uma certa forma de justiça desta espécie tal como existe uma forma de injustiça que é uma [da perversão]. Uma indiciação disto reside no fato de quem atuar de acordo com as outras perversões praticar injustiças, mas querer ter mais do que é devido – é o caso do que deita fora o escudo por cobardia, ou de quem diz palavrões, devido ao seu mau feitio, ou de quem não ajuda alguém com dinheiro por causa da avareza. Ora quando alguém quer ter mais do que é devido,
20  não é, frequentemente, por causa daquelas perversões – ou, certamente, não será por causa de todas elas –, mas por causa de uma certa forma de maldade (a qual, de fato, repreendemos), isto é, por causa da injustiça. Há, então, pois, uma certa outra forma de injustiça que é um modo particular da injustiça em geral, assim como há um sentido de ser «injusto» em particular e outro em geral, isto é, do «injusto» enquanto transgressão à lei. Assim, uma coisa é cometer adultério em vista do lucro e receber
25  dinheiro com isso, outra é cometer adultério por luxúria, tendo gasto dinheiro para o efeito e ainda por cima sendo castigado. Quem age desta maneira parece ser mais um devasso do que propriamente ganancioso; no primeiro caso quem age é injusto, mas não é devasso, pois é evidente que o motivo fundamental do seu ato é o lucro. Demais, todo e qualquer ato injusto pode sempre ser reconduzido a uma forma peculiar de perversão que o provocou, como, por exemplo, se alguém comete adultério, esse ato
30  pode ser reconduzido à devassidão, [como o princípio dessa ação perversa particular], mas, se alguém abandona o seu companheiro de armas, é cobardia, e, se alguém começa a bater noutra pessoa, é ira. Contudo, se alguém fizer algo com vista ao lucro, o seu ato não é reconduzido até nenhuma outra forma de perversão a não ser à injustiça.

É, assim, evidente que há uma certa forma de injustiça que é parti-
1130b1  cular, diferente daquela forma de injustiça em geral. O termo é equívoco, uma vez que a definição enraíza num mesmo gênero. Ambas têm nisto o seu poder, que são disposições do comportamento relativamente a outrem. Porém, enquanto a injustiça particular – que diz respeito à honra, à riqueza ou à salvação, ou ao que quer que seja (assim conseguíssemos circunscrever tudo isto numa única designação) –, tem a sua origem no gozo obtido
5  com o lucro, a outra é acerca de tudo aquilo que diz respeito ao modo de ser do sério. É, pois, evidente que existe mais do que uma forma de injustiça e que a sua essência vai para além da excelência em geral. O que ela

é e qual é a sua qualidade específica é o que está ainda por determinar. Foram, então, já estabelecidas as diferenças entre, por um lado, disposição injusta, o transgressor da lei e o iníquo, e, por outro, disposição justa, observante da lei e respeitador da igualdade.

A primeira forma de injustiça mencionada é determinada de acordo com a transgressão à lei. Mas, uma vez que a iniquidade não é a mesma coisa que a transgressão, mas algo de diferente, (como se fossem partes relativas a um todo, pois, se todo o iníquo transgride a lei, nem toda a transgressão é iníqua), assim também praticar a injustiça não tem o mesmo sentido, consoante for tomada na sua acepção particular ou na geral. Na primeira acepção, é como uma parte de um todo. Na segunda, é o próprio todo. A própria injustiça particular é parte da injustiça universal, tal como a justiça particular é parte da justiça universal. Temos ainda de discutir o que diz respeito à justiça e à injustiça no sentido particular; bem como o que diz respeito à disposição justa e injusta em sentido particular. Sejam assim deixadas fora de consideração a justiça prescrita segundo a excelência universal, enquanto uso da excelência universal na relação com outrem, bem como a injustiça total, enquanto uso da perversão total na relação com outrem. É assim evidente como se devem distinguir, respectivamente, as disposições justa e injusta, porque quase todas as ações conformes à lei são na sua maioria ações comandadas pela excelência universal.

A lei obriga, portanto, a viver de acordo com cada excelência em particular e proíbe agir segundo cada forma particular de perversão. Quer dizer, os dispositivos legais produtores da excelência universal foram legislados com vista a uma educação que possibilite a vida em sociedade. Saber se a educação que torna cada indivíduo bom em sentido absoluto, resulta da perícia política ou de alguma outra ciência, ter-se-á de determinar depois. É que talvez não seja a mesma coisa ser um bom indivíduo e ser um bom cidadão, isto é, membro da sociedade. A justiça particular e o sentido do justo que lhe é conforme têm duas formas fundamentais.[145] Uma tem o seu campo de aplicação nas distribuições da honra ou riqueza bem como de tudo quanto pode ser distribuído em partes pelos membros de uma comunidade (na verdade, é possível distribuir tudo isto em partes iguais ou desiguais por uns e por outros). [Esta justiça é distributiva]. A outra forma fundamental é a corretiva e aplica-se nas transações entre os indivíduos. Esta é, por sua vez, bipartida, conforme diga respeito a transações voluntárias ou involuntárias. Assim, voluntárias são transações como a venda, a compra, empréstimo a juro, a penhora, o aluguer, o depósito, a renda (chamam-se voluntárias porque o princípio que preside a tais transações é livre). De entre as transações involuntárias, umas são praticadas às escondidas, como o roubo, o adultério, o envenenamento, proxenetismo, a sedução de escravos, o assassínio, e o falso testemunho;

# 100 | Ética a Nicômaco • *Aristóteles*

outras são também violentas, como assalto, aprisionamento, assassinato, rapto, mutilação, linguagem abusiva, insulto.

## *III*

1131a10 Uma vez que o injusto é iníquo e a injustiça iniquidade, é evidente que há um meio termo entre [os extremos da] iniquidade, a saber a igualdade. Em toda e qualquer espécie de ação há um mais e um menos; há também
15 um igual. Ora se a injustiça é iniquidade, então a justiça é igualdade, coisa que é aceite por todos sem ser necessária demonstração. Ora, se a igualdade é um meio, a justiça será também um meio. Por outro lado, a igualdade implica pelo menos dois termos. É necessário, por conseguinte, que a justiça seja um meio e uma igualdade por relação com qualquer coisa, bem como relativamente a algumas pessoas. Em primeiro lugar, enquanto meio, encontra-se entre dois extremos (a saber, entre o mais e o menos);
20 segundo, enquanto igual, é igual entre duas partes; por fim, enquanto justo, é justo para certas pessoas. É necessário, pois, que a justiça implique pelo menos quatro termos, a saber, duas pessoas, no mínimo, para quem é justo que algo aconteça e duas coisas enquanto partes partilhadas. E haverá uma e a mesma igualdade entre as pessoas e as partes nela implicadas, pois a relação que se estabelece entre as pessoas é proporcional à relação que se estabelece entre as duas coisas partilhadas. Porque se as pessoas não forem iguais não terão partes iguais, e é daqui que resultam muitos conflitos e queixas, como quando pessoas iguais têm e partilham partes desiguais ou pessoas desiguais têm e partilham partes iguais.

25 Isto é ainda evidente segundo o princípio da distribuição de acordo com o mérito, porque todos concordam que a justiça nas partilhas deve basear-se num certo princípio de distribuição de acordo com o mérito. Mas o sentido do princípio de distribuição por mérito envolve controvérsia e não é o mesmo para todos. Para os democratas é a liberdade, mas para os oligarcas, é a riqueza, ou ainda o berço. Contudo, para os aristocratas é a
30 excelência. A justiça é, portanto, uma espécie de proporção. A proporção não existe apenas como relação peculiar entre a unidade numérica [formal], mas é própria da quantidade numérica em geral. Isto é, a proporção é uma equação entre relações e implica pelo menos quatro termos.

Que a proporção descontínua implica quatro termos é evidente, mas assim também acontece com a proporção contínua. Neste caso utiliza-se um
1131b1 termo como se fossem dois repetidos, como quando a linha A se relaciona com a linha B e a linha B se relaciona com a linha C. A linha B é, assim, nomeada duas vezes, de tal sorte que é contada duas vezes. A proporção
5 terá, portanto, quatro termos. A justiça implica, também, no mínimo quatro termos, e a razão que existe entre cada par de termos é a mesma. Ela

é repartida de modo semelhante por pessoas e coisas. Assim tal como no primeiro par de termos, A se comporta com B, desse modo também, no segundo par de termos, C comporta-se com D, e, por alternância, tal como A se relaciona com C, do mesmo modo, então, B relaciona-se com D.

Assim, um todo está em relação com o outro todo na mesma proporção. É isto precisamente o que a distribuição das partes faz combinar e quando elas são compostas deste modo, a combinação daí resultante é justa. O que forma o princípio de justiça na distribuição é, então, a conjugação do primeiro termo A de uma proporção com o terceiro C e do segundo termo B com o último D. Isto é, «justo» neste sentido, será, então, o meio entre os extremos [desproporcionais], tal como o «injusto» neste sentido é o desproporcional. Assim, tal como a proporção é o meio; também o justo é o proporcional. Os matemáticos chamam a esta proporção geométrica. Sucede na proporção geométrica que um todo está na mesma relação com o outro todo como cada um dos termos entre si. Esta proporção não é contínua, porque não sucede que cada termo seja um único número correspondente a uma única pessoa, pela qual se distribui a coisa única para ser distribuída.

«Justo» neste sentido é então a proporção. «Injusto», enquanto a acepção oposta, é o que viola o princípio da proporção. Acontece, pois, por violação do princípio de proporção que um tem de mais ou outro de menos, tal como se passa com os fatos da vida, porque quem praticar a injustiça tem de mais e quem sofrer a injustiça tem de menos relativamente ao bem que de cada vez estiver em causa. Inversamente, por outro lado, se passa com o mal, porque o mal menor em comparação com o mal maior está na vez do bem; e o mal menor é preferível ao mal maior. Mas preferível por si mesmo é o bem e tanto mais preferível quanto melhor for. Esta é, então, uma das formas fundamentais da justiça.

## *IV*

A outra forma fundamental de sentido da justiça é a corretiva e tem lugar nas transações particulares, sejam elas voluntárias ou involuntárias. Este sentido de justiça tem uma forma diferente da primeira. A justiça que distribui os bens procede sempre segundo a proporção mencionada, e mesmo que a distribuição seja de bens comuns, será sempre proporcional aos contributos individuais de cada um. A injustiça é o contrário desta forma de justiça e viola o princípio da proporção. A justiça, contudo, que se aplica às transações particulares observa o princípio da igualdade. Do modo inverso, a injustiça é iníqua, mas o princípio de proporção que viola não é geométrico, mas aritmético. Aqui é irrelevante se é uma boa pessoa que defrauda uma má ou se é uma má pessoa que defrauda a boa,

# 102 | Ética a Nicômaco · *Aristóteles*

5 tal como é irrelevante se quem comete adultério é boa ou má pessoa. A lei olha apenas para a especificidade do dano, e trata toda a gente por igual, o seu intuito é o de ver quem comete injustiça e quem a sofre, quem lesa e quem é lesado. A injustiça é de tal sorte iniquidade que o juiz tenta repará-la. Tal como quando alguém desfere um golpe e outrem o recebe ou como quando alguém mata e outrem morre. O sofrimento sentido e 10 o que é infligido pelo ato estão divididos em partes desiguais. Mas o juiz tentará equilibrá-los ao fazer pagar a multa ou retirar o ganho para ressarcir a perda. Ao aplicar-se o termo «ganho» a estas situações, está-se a falar em geral, mesmo se a designação não é em sentido próprio aplicável a algumas delas, por exemplo, para alguém que bate a outra pessoa, nem o termo «perda» é aplicável à vítima de forma adequada. Mas quando se avalia o ato enquanto sofrido e enquanto praticado, aplicam-se os termos 15 «perda» e «ganho» respectivamente. Assim como o igual é o meio termo entre o mais e o menos, o ganho e a perda são o mais e o menos, mas de modo oposto. Enquanto mais de bem e menos de mal é um ganho; o contrário [menos de bem e mais de mal] é perda. O igual, que nós dizíamos ser a justiça, é o meio entre aqueles extremos, de tal sorte que a justiça corretiva é o meio termo entre os extremos perda e ganho. Por esta razão é 20 que quando duas partes entram em conflito recorrem ao juiz, porque ir até junto do juiz é em certo sentido ir até junto da justiça. O juiz quer ser como que a justiça encarnada. De fato, as pessoas procuram os juízes enquanto o meio, e alguns até lhes chamam mediadores, como se, alcançando o meio, obtivessem justiça. O justo é pois qualquer coisa como o meio, caso o juiz 25 também o seja. O juiz é capaz de restabelecer a igualdade. Tudo se passa como se o diferendo fosse uma linha que foi dividida em dois segmentos desiguais, dos quais o segmento maior ultrapassa a metade.

O juiz subtrairá este excesso, acrescentando-o ao segmento menor. E quando o todo é dividido em duas partes iguais, as partes em conflito dizem ter o que é seu, quando obtêm uma parte igual. A igualdade é o meio 30 entre a parte maior e a parte menor de acordo com a proporção aritmética. É por esta razão que também se chama justiça, porque se trata de uma divisão em dois, como se alguém dissesse o que é dividido em duas partes, e o juiz é o divisor em duas partes. Porque quando de duas grandezas iguais a uma é retirada uma parte para ser acrescentada a outra, esta última excede a primeira em duas partes. Contudo, se tivesse sido retirada uma parte à primeira, mas não tivesse sido acrescentada à 1132b1 segunda, esta última, então, excederia a primeira apenas nessa única parte. Esta é, portanto, maior do que o meio pela quantidade acrescentada e o meio será maior do que a parte reduzida, precisamente nessa quantidade. Deste modo, por conseguinte, saberemos o que é que se deve retirar à grandeza que tem a mais e o que é que se deve acrescentar à que tem a menos. Àquela grandeza que o meio ultrapassa, tendo-se tornado menor, deve ser acrescentado o que falta; à grandeza, porém, pela qual o meio é ultrapassado, tendo-se tornado maior, deve ser retirado o excesso. Sejam AA, BB e CC linhas iguais umas às outras; seja retirado o segmento AE à linha AA e seja acrescentado à linha CC o segmento CD, de tal sorte que toda a linha DC excede EA pelo segmento CD e CF. Ela tornou-se maior do que BB por CD. O mesmo se passa com as restantes perícias produtoras. Na verdade, deixariam de existir se o que o elemento produtor realiza na quantidade necessária e com boa qualidade não fosse recebido pelo elemento receptivo nas mesmas quantidade e qualidade.

Estas designações que foram introduzidas, «perda» e «ganho», têm a sua origem na troca de bens feita de livre vontade. Chama-se lucrar ao ter mais do que é a sua parte devida e ter prejuízo é ficar com menos do que se tinha ao princípio, como acontece na compra e venda e em todas as transações que a lei não condena. Mas quando através dessas transações não se fica com mais nem com menos do que se tinha, diz-se que cada um fica com o seu e assim não teve prejuízo nem obteve lucro. De tal sorte que o justo nas transações involuntárias é o que está no meio termo entre um certo lucro e um certo prejuízo: é ter antes e depois uma parte igual.

## V

Parece para alguns que a justiça é simplesmente retaliação,[146] tal como disseram os pitagóricos. Eles definiram o sentido de justiça como sendo simplesmente fazer alguém passar pelo sofrimento que infligiu a outrem.

Mas a simples retaliação não coincide com a justiça distributiva nem com a justiça corretiva – ainda que se pretenda ser este o sentido de justiça atribuído a Radamanto: *se alguém sofrer aquilo que por sua ação obrigou a sofrer, terá acontecido justiça de modo correto* porque a retribuição como retaliação está em desacordo com a justiça a respeito de muitas coisas. Por exemplo, se quem desempenha um cargo público bater em alguém, não deve levar castigos corporais como meio de retribuição; mas se alguém bater em quem desempenha essas funções, não apenas deve receber castigos corporais como meio de retribuição, e deve ainda ser multado. Demais, há uma grande diferença caso se trate de uma ação voluntária ou involuntária. Mas é uma forma de justiça deste gênero a que mantém em conjunto as associações em vista da troca de serviços, a saber uma retribuição segundo a proporção, mas não segundo a igualdade. É também devido a esta retribuição proporcional que o Estado mantém a sua existência conjunta. Na verdade, aqueles que sofreram com o que lhes fizeram de mal procuram retaliar; se não o fizerem, pensam estar sob uma certa escravidão; mas procuram também pagar o bem que receberam; se não, não há retribuição. Ora é precisamente a retribuição que mantém a existência em conjunto

com outrem. Por esse motivo os cidadãos fizeram erigir o Santuário das Graças, para que haja retribuição pelos favores recebidos. É isto mesmo que é peculiar e próprio do dar Graças:[147] que se deve retribuir com um
5 serviço em troca do favor que alguém nos prestou, e até numa outra ocasião tomar a iniciativa de fazer um favor a alguém.

A retribuição proporcional atua por conjugação diagonal. Por exemplo, seja A um construtor, seja B um sapateiro, seja C uma casa e D um sapato. O construtor deve, portanto, poder receber junto do sapateiro o trabalho que realiza, bem como ao primeiro é devida a retribuição pela
10 parte do seu trabalho. Se, portanto, em primeiro lugar, for estabelecida a igualdade proporcional, assim também haverá uma retribuição recíproca, e o resultado será o mencionado. Se não for o caso, então, nem a igualdade é proporcional, nem a troca se mantém. Ora nada impede que o trabalho de um seja mais valioso do que o trabalho de outro. Nessa altura, o
15 equilíbrio tem de ser procurado. O mesmo se passa com as restantes perícias, porque, na verdade, deixariam de existir se aquilo que o elemento produtor realiza na quantidade necessária e com boa qualidade não fosse recebido pelo elemento receptivo na mesma quantidade e com a mesma qualidade. Não há uma associação de troca de serviços entre dois médicos, mas entre um médico e um agricultor, isto é, em geral entre associados que têm atividades diferentes, porque apesar da diferença o equilíbrio pode ser restabelecido. É por isso que tudo o que pode ser trocado tem
20 de ser de algum modo comparável. E foi em vista disso que o dinheiro foi inventado. O dinheiro surge pois de algum modo como mediador porque é medida para todas as coisas, tanto para o que é demasiadamente caro quanto para o que é barato de mais. Por exemplo, pode medir-se quantos sapatos são iguais ao valor de uma casa ou ao valor de uma determinada quantidade de alimento. Assim, tal como o construtor está para o sapateiro, assim também uma dada quantidade de sapatos está para uma casa, ou para uma certa outra quantidade de alimentos. Se não houvesse dinheiro,
25 não poderia haver troca nem comunidade. E esta proporção (recíproca) não aconteceria se, de algum modo, as coisas não pudessem ser comparadas numa mesma base de igualdade. Tudo tem, portanto, de ser avaliado segundo um determinado padrão, tal como fora dito primeiramente.

Tal padrão é a necessidade, porque é ela que mantém tudo em conjugação. Se as pessoas não tivessem nenhuma necessidade, ou, então, não a tivessem de modo semelhante, das duas uma: ou não haveria troca de serviços ou seria uma troca com um sentido diferente. O dinheiro tornou-se como que o representante da necessidade, susceptível de ser trocado de
30 acordo com a convenção. É por isso que tem o nome que tem,[148] porque não existe por natureza, mas por convenção. É por isso também que o seu valor pode ser alterado e uma moeda pode ser posta fora de circulação.

Quando se estabelece a igualdade, há uma justa retribuição proporcional de ação recíproca, de tal sorte que, assim como o agricultor está para o sapateiro, também parte do trabalho do sapateiro está para parte do trabalho do agricultor. Não é quando estão a fazer as trocas de produtos que 1133b1 devem vir com o esquema da proporção (de outro modo, um dos extremos terá ambos os excessos), mas quando ambos estão ainda de posse dos seus produtos. Assim são iguais e estão numa comunidade, porque a própria igualdade pode estabelecer-se nos seus casos. Seja A um agricultor, C um 5 produto alimentício, B um sapateiro, o seu trabalho D: é isto que permite estabelecer a igualdade. Se não puder haver uma retribuição proporcional de ação recíproca, não poderá haver comunidade.

Que a necessidade é como que a única referência que mantém de pé a comunidade é evidente, porque quando as partes envolvidas numa troca não têm ambas uma necessidade recíproca, ou, pelo menos, uma não tem necessidade da outra, a troca não tem lugar (tal é o que acontece quando alguém necessita de uma coisa de outrem, e para a obter lhe concede um privilégio. Por exemplo, pode fazer-se concessão da exportação de cereal 10 para se obter em troca o vinho de que se precisa). Deve ser aqui possível, então, que uma igualdade venha a ser estabelecida.

O dinheiro servirá também como garantia para uma eventual troca futura para o que vier a ser preciso, quando num dado momento, não se tem necessidade de nada. Na verdade, deve ser possível receber alguma coisa, quando se tem dinheiro para dar em troca. De resto, mesmo o dinheiro está sujeito a flutuações, quer dizer, não é possível que se mantenha sempre com igual valor, ainda que haja uma maior tendência para mantê-lo. É por isso necessário que haja para todas as coisas um preço estabelecido. 15 Deste modo haverá sempre troca, e se houver troca, há comunidade. O dinheiro é como que a medida que torna todas as coisas comensuráveis, e assim estabelece a igualdade. É que se não houvesse troca, não haveria comunidade, e se não houvesse igualdade, não haveria troca, tal como se não houvesse comensurabilidade não haveria igualdade. É impossível, na verdade, que coisas tão diferentes possam tornar-se comensuráveis; mas em vista da necessidade, é possível que tal venha a acontecer de modo sa- 20 tisfatório. É preciso que seja a necessidade aquela referência única em vista da qual as coisas podem ser comensuráveis, e isso segundo um princípio aceite universalmente. É, então, por isso, que se chama dinheiro. Pois, o dinheiro torna tudo comensurável. Quer dizer, tudo é medido através do dinheiro. Seja A uma casa, B dez minas e C uma cama. Seja A metade de B, se a casa tem o valor de cinco minas, isto é, é igual a cinco minas. A cama C, por sua vez, é a décima parte de B. É, então, claro quantas camas 25 são iguais a uma casa: cinco. É também evidente que era assim que a troca se processava, antes de haver dinheiro, porque não há diferença nenhu-

# 106 | Ética a Nicômaco · *Aristóteles*

ma entre trocar uma casa por cinco camas ou pelo seu valor em dinheiro.
30 Dissemos, então, o que era a injustiça e o que é a justiça. É evidente que, uma vez diferenciadas, a efetivação da justiça é o meio termo entre praticar e sofrer a injustiça, porque o primeiro é ter mais do que é devido, o segundo, porém, é ter menos do que é devido. A justiça é, então, uma certa posição intermédia mas não do mesmo modo que o são as outras excelências. Isto é, a justiça é uma posição intermédia, porque é a maneira de ser
1134a1 constitutiva do meio. A injustiça, por outro lado, corresponde aos dois limites extremos. A justiça é, assim, também aquilo em vista do qual o justo pratica as suas ações, por decisão própria, isto é, de acordo com o que é justo. Ora ao distribuírem-se bens por si, por segundos e por terceiros, terá
5 de proceder-se de tal sorte que não se fique com a parte maior das vantagens, nem com a parte menor das desvantagens. Será também isto que se terá em vista, quando a distribuição se faz por segundos e por terceiros. A distribuição terá em vista o igual de acordo com a justiça, tal como ela é determinada pelo princípio da proporção. A injustiça, inversamente, é determinada de acordo com o próprio sentido do injusto, ou seja, pelo que viola o princípio de proporção e é ao mesmo tempo querer ter vantagens a mais e danos a menos. Por esse motivo, a injustiça é simultaneamente
10 excesso e defeito, porque é definida através de ambos, ou seja, é excessiva em vista do que é absolutamente vantajoso e defeituosa a respeito do que é absolutamente nocivo. Embora o resultado pareça no seu todo ser idêntico, o modo de se violar o princípio da proporção é diferente. A respeito da injustiça praticada,[149] sofrê-la é o menor dos males; mas praticá-la é o maior. Ficaram assim determinadas as diferentes acepções de sentido dos
15 termos «justo» e «injusto» bem como as respectivas naturezas.

## VI

1134a17 É possível que alguém pratique uma injustiça sem que por isso tenha de ser considerado injusto. Desse modo quais serão os atos que uma vez praticados fazem de quem os praticou injusto, segundo uma forma específica de injustiça, por exemplo, como ladrões, adúlteros ou assaltantes? Ou será que não há diferenças entre formas particulares de injustiça? Porque,
20 por exemplo, alguém pode ir para a cama com uma mulher, sabendo quem ela é. Contudo, o motivo não é uma decisão premeditada, mas paixão. Essa pessoa, pratica, de fato, uma injustiça, mas não se pode dizer que seja injusto. Do mesmo modo, não pode dizer-se que é ladrão quem tiver roubado só uma vez, e assim acontece com o adultério. Ou seja, embora tenha praticado adultério uma vez, não pode por isso ser chamado adúltero. O mesmo passa-se a respeito das outras manifestações de injustiça.

Analisamos já previamente o envolvimento da retribuição proporcio-
25 nal com a justiça. Não devemos, contudo, esquecer que o propósito da

nossa investigação é o de determinar o sentido do justo de forma absoluta bem como determinar a justiça política. A justiça política tem em vista a autossuficiência das comunidades entre homens livres e iguais que se associaram numa existência comum, sendo uma tal igualdade por analogia ou aritmética. Assim, enquanto não for criada uma tal igualdade, não haverá estado a regular as relações entre as pessoas, mas apenas uma justiça aparente. E apenas há justiça política quando as relações de Humano para Humano forem reguladas pela lei e a lei existe aí onde pode haver injustiça. Pois a justiça dos tribunais é o discernimento do que é justo e do que é injusto. Aí onde pode haver injustiça, também se podem praticar atos injustos (embora nem sempre que se pratiquem atos injustos haja injustiça). Praticar injustiça é ficar com uma parte demasiadamente grande do que é considerado absolutamente bom e não ficar com quase nada do que é considerado absolutamente mau. É por esta razão que não pode ser um Humano a governar, mas antes o princípio geral da lei escrita. Porque, de outro modo, ele faria por si o que dissemos, tornando-se, assim, num tirano. Ora o governante é apenas o guardião da justiça, e, se é guardião do direito, também é da igualdade. Se o governante for justo, não quererá para si mais do que é devido (*sc.* não ficará com uma parte excessiva do que é considerado bom, a não ser de modo proporcional aos serviços que presta. Ou seja, o governante trabalha em prol dos outros. Por este motivo, diz-se, a justiça é o bem dos outros, tal como foi dito mais acima). Contudo, tem de ser recompensado, em honra ou privilégio. Pois quem não se acha suficientemente recompensado torna-se um tirano. [30] [35] [1134b1] [5]

A justiça entre senhor e escravo ou entre pai e filho não é a mesma coisa que o direito e a justiça de Estado, mas algo de semelhante. Pois, na verdade, não pode haver injustiça contra si [próprio]. Ora uma parte da propriedade (escravo) e um filho, pelo menos enquanto tiverem uma certa idade e não forem ainda independentes, são como que partes de si. Mas ninguém quer prejudicar-se a si próprio. Por isso, a injustiça não pode ser praticada contra o [si] próprio, quer dizer, não há na relação com o próprio, injustiça nem justiça, no sentido político do termo. Ou seja, a justiça política baseia-se na lei e existe para aqueles que naturalmente se regulam por ela, isto é, para os que têm igual possibilidade de governar e serem governados. Por essa razão, há mais justiça no sentido próprio do termo na relação entre um homem e uma mulher do que entre um pai e um filho ou um senhor e os seus escravos. A esta justiça chamamos doméstica e é de um tipo diferente da justiça política. [10] [15]

## VII

A justiça política é de duas maneiras. Uma é natural; a outra convencional. A justiça natural tem a mesma validade em toda a parte e ninguém [1134b18]

**108** | Ética a Nicômaco · *Aristóteles*

20 está em condições de a aceitar ou rejeitar. A respeito da justiça convencional é indiferente se no princípio admite diversos modos de formulação, mas uma vez estabelecida o seu conteúdo não é indiferente, é o que acontece com o fato de o resgate de um prisioneiro custar uma mina, ou de se ter de sacrificar uma cabra e não duas ovelhas; e, em geral, com tudo quanto respeita a legislação de casos particulares, – como o sacrifício para Brásidas –, e finalmente com tudo que tem a natureza de um decreto. Al-
25 guns pensam que a justiça é por convenção, porque o que é por natureza é imutável e tem o mesmo poder em toda a parte – por exemplo, o fogo arde aqui e na Pérsia –, por outro lado, veem a justiça sempre a alterar-se. Isto não se passa absolutamente assim; mas admite determinações. Ou seja, ainda que junto dos deuses a alteração esteja completamente excluída, junto de nós existe algo que, embora seja por natureza, é totalmente
30 alterável. Porém, há ainda sentido para estabelecer a diferença entre ser por natureza e não ser por natureza. E é fácil de ver no horizonte do que admite alteração qual é a forma da justiça natural bem como a forma da justiça que, embora não se constitua naturalmente, é legal e existe por convenção, ainda que ambas as formas estejam expostas à alteração. De resto a mesma definição adapta-se a todos os outros domínios da natureza. A mão direita, por exemplo, é naturalmente a mais forte, ainda que todos
35 nos possamos tornar ambidestros. É assim por outro lado que também as
1135a1 disposições da justiça, quando decretadas por convenção e conveniência, são semelhantes às medidas-padrão.

De fato, as medidas para o vinho e para os cereais não são as mesmas em toda a parte, são maiores, por exemplo, no comércio por atacado e menores na venda a retalho. E o mesmo se passa com as determinações de justiça que não existem por natureza mas por decreto humano – pois não são as mesmas em toda a parte, tal como nem as constituições dos Estados são para todos as mesmas. Contudo, há apenas uma única em todo
5 o lado, de fato a melhor de todas, tal é a constituição fundada na justiça por natureza.

Ora cada uma das determinações de justiça e dos decretos de lei relaciona-se com os casos particulares do mesmo modo que o universal se relaciona com o particular. Porque, se, por um lado, são múltiplas as ações praticadas, por outro, o sentido de justiça é único e universal.

Mas tem de se distinguir um ato injusto [efetivamente levado à prática] do sentido geral de injustiça em geral, tal como um ato justo [efeti-
10 vamente praticado] do sentido geral de justiça. Isto é, o sentido geral de injustiça pode ser determinado por natureza ou por decreto. Deste modo, apenas quando é praticada a injustiça, é efetivamente convertida num ato injusto; mas enquanto não tiver sido convertida em ato, não se pode falar de ato injusto, mas apenas de injustiça no sentido geral do termo. O

mesmo se passa com a designação «ato de justiça». Pois a expressão geral devia ser «conduta justa».[150] Ou seja, «ato justo» em sentido estrito consiste na correção de um determinado ato injusto praticado. Teremos, pois, de examinar mais tarde cada um destes sentidos em particular, quais são os seus aspectos fundamentais, em que quantidade e a respeito de que situações têm lugar.

## *VIII*

Os sentidos de justiça e de injustiça são tal como enunciamos, contudo, 1135a15 só pratica a injustiça ou a justiça quem age assim voluntariamente; quando, porém, alguém age involuntariamente, não pratica a injustiça nem pratica a justiça a não ser acidentalmente. Isto é, as ações assim praticadas são justas ou injustas, mas acidentalmente. É assim, pois, que um ato injusto 20 e um ato justo, são determinados pelo modo voluntário ou involuntário como são praticados. Porque só quando um ato injusto é praticado voluntariamente pode ser repreendido e simultaneamente determinado como um ato injusto. Portanto, algo pode ser considerado em si uma injustiça e não ter sido ainda convertido num ato injusto, isto é, caso não tenha presente consigo o caráter «voluntário». Viso com o termo «voluntário» o mesmo sentido que foi primeiramente apurado, ou seja, aquele ato que depende de nós e que é praticado em plena consciência, não ignorando, portanto, 25 nem sobre quem é praticado, nem com que instrumento é executado, nem o motivo pelo qual é feito, isto é, por exemplo, saber a quem se bate, com que arma e por que motivo. Nenhum desses elementos estruturais pode ser constituído por acidente ou por coação (como se alguém pegasse na mão de alguém e batesse com ela num terceiro; este bateria, mas não por querer, porque não estava no seu poder deixar de fazê-lo). Ou seja, é possível, por exemplo, bater no nosso pai. Quer dizer, quem bate em alguém pode reconhecer que bate num homem, pode também reconhecer que se trata 30 de algum dos presentes numa dada circunstância, e por outro lado ignorar completamente que se trata do seu pai. Do mesmo modo, então, pode até desconhecer-se o fim em vista do qual a ação é praticada, tal como, em geral, pode haver ignorância a respeito da totalidade dos momentos constitutivos da ação. Assim, consideramos involuntário todo aquele ato que for praticado na mais completa ignorância ou, caso não seja praticado por ignorância, não esteja no poder de quem o pratica não o praticar, ou, então, seja até obrigado a praticá-lo sob coação. Mas também sabemos haver muitos processos que estão a decorrer naturalmente – nos quais 1135b1 somos parte interveniente ou pelos quais passamos passivamente – e que não admitem como suas características o voluntário nem o involuntário. Tais são, por exemplo, o envelhecimento e o ser para a morte. De modo

# 110 | Ética a Nicômaco · *Aristóteles*

semelhante, há também entre as injustiças e as justiças ações praticadas
5  acidentalmente. De fato, alguém pode restituir um depósito, mas apenas
involuntariamente e por medo.

Nessa altura não podemos dizer que agiu justamente ou que praticou um ato justo, a não ser por acidente. De modo semelhante, quando
alguém involuntariamente não restitui um depósito, por se encontrar sob
coação, pratica, de fato, uma injustiça ou age injustamente, mas apenas
10  por acidente. Os atos voluntários são também de dois gêneros, conforme
os praticarmos por decisão ou sem prévia decisão.

Por sua vez, os atos decididos de antemão admitem uma deliberação
prévia, enquanto o que não for matéria de deliberação não admite decisão. Há, então, três tipos de dano nas diversas relações entre Humanos. Os
danos causados por ignorância são mais propriamente chamados erros. É
o que acontece, por exemplo, quando alguém supõe agir relativamente a
uma determinada pessoa, a respeito de alguma coisa, com um determinado instrumento ou em vista de um certo fim, mas aquilo que supõe ser
não se passa na realidade. Porque poderia ter pensado não atingir alguém,
ou então não com aquela arma, ou então não esta pessoa, ou ainda não
15  em vista deste fim, mas o que resultou da sua ação foi diferente do que
pensara. Tal é o caso quando, por exemplo, alguém perfura quando apenas tinha a intenção de atingir, ou então alguém quer espetar um objeto
perfurante em alguém mas não naquela pessoa, ou, então, não com aquela
arma específica. Quando um dano é provocado por um ato com um resultado contrário ao que se esperava, trata-se de um acaso infeliz; mas se
for provocado por um ato que não tem um resultado contrário às nossas
expectativas, e for provocado sem maldade, já se trata de um erro culposo
(porque se o erro resulta de um motivo de ignorância ínsito no agente é
culposo, mas, se esse motivo lhe for extrínseco, pode apenas dizer-se que
foi um caso infeliz); quando, por fim, um dano é causado conscientemente
20  mas sem resultar de deliberação prévia, trata-se de um ato de injusto. Tal
é o caso de todas as ações que são causadas pela ira ou por qualquer outra afecção, bem como todas as situações em que o Humano se encontra
vinculado pela necessidade ou pela sua própria natureza.

Portanto, ao praticarem-se ações danosas e ao errar-se culposamente,
pratica-se a injustiça e os atos assim praticados são injustos. Todavia, quem
os pratica não pode ainda ser considerado injusto nem perverso, porque
25  aqui o dano não tem como motivo a maldade. Ora só quando o dano resultar de uma decisão é que o seu agente pode ser chamado de injusto e
perverso. É por isso que se avaliam corretamente as ações que resultam de
um ímpeto de ira como ações que não são praticadas com premeditação.
Porque, no fundo, quem começou tudo não foi quem agiu por causa de
um acesso de ira, mas, antes, quem primeiramente o irritou. De resto, não

Livro V | 111

está aqui em discussão se um ato, de fato, acontece ou não acontece, mas, apenas, se é justificável. Porque toda a ira pode ser provocada por uma injustiça, ou pelo menos por uma injustiça aparentemente sentida. Não é, portanto, matéria de discussão se uma situação de fato provocou dano ou não – a não ser que queiram discutir o que resulta do esquecimento, 30 como acontece em contratos em que uma das partes é necessariamente danosa. Ambas as partes reconhecem que houve dano, contudo, discutem de que lado pode estar a justiça (ora quem planeou tudo não pode estar esquecido do fato), de tal sorte que uma parte pensa ter sofrido uma in- 1136a1 justiça, enquanto a outra não. Se, contudo, o dano é causado por uma de- cisão prévia, então pratica-se uma injustiça. É precisamente nesta situação que quem pratica atos injustos é injusto, pois, quando assim age, viola o princípio da proporção ou o princípio da equidade. De modo semelhante também alguém é justo quando, tendo decidido previa-mente agir, pratica efetivamente um ato justo. Pratica um ato justo apenas quem agir volun- tariamente. Alguns atos involuntários podem ser perdoados, mas outros são imperdoáveis. São perdoáveis todos aqueles erros culposos praticados 5 *na* ignorância ou que forem provocados *por* ignorância. Contudo, aqueles erros que não forem praticados *por* ignorância, mas num estado de igno- rância provocado por uma afecção que não é nem natural nem humana, são imperdoáveis.

## IX

Pode levantar-se a dificuldade a respeito de saber se determinamos su- 1136a10 ficientemente o que é, por um lado, sofrer a injustiça e, por outro, praticar a injustiça, e, em primeiro lugar, se é como diz Eurípides, quando escreve de um modo estranho – *matei a minha mãe, para falar curto. – quiseste-o tu; qui-lo ela? Ou não o quiseste tu, nem ela?*[151] Será então verdadeiramen- 15 te possível sofrer voluntariamente a justiça, ou tal acontece sempre invo- luntariamente, tal como praticar a injustiça é sempre um ato voluntário? E sofrer a injustiça é sempre de um modo ou de outro [isto é, voluntaria- mente ou involuntariamente], ou umas vezes sofre-se voluntariamente a injustiça e outras involuntariamente (sendo que, por outro lado, praticar a injustiça é sempre um ato voluntário)? De modo semelhante acontece quando se é tratado com justiça (porque, na verdade, agir justamente é sempre voluntário). Assim, é compreensível também aqui fazer opor, de 20 modo semelhante, em ambos os casos particulares o sofrer injustiça ao ser tratado com justiça, tanto voluntária e como involuntariamente. Mas pare- ce também absurdo que ser tratado com justiça seja um ato voluntário, por- que alguns há que não querem voluntariamente que lhes seja feita justiça. A seguir, poder-se-á também levantar a dificuldade de saber se todo o que é tratado uma vez injustamente ficará para sempre a sofrer de injustiça, 25

# 112 | Ética a Nicômaco • *Aristóteles*

ou se tal como se distingue entre praticar um ato justo e ser justo também se distingue entre ser tratado uma vez injustamente e sofrer sempre de injustiça. Na verdade, podem acontecer-nos ambas as possibilidades, e é evidente que acontece com a injustiça sofrida o mesmo que acontece com a injustiça praticada, porque não é o mesmo praticar atos injustos e ser injusto, tal como não é o mesmo sofrer um ato de injustiça e ser sempre tratado injustamente; e o mesmo acontece com o agir justamente e com o
30 ser tratado com justiça. É impossível sofrer injustiça se não houver alguém que a pratique ou tal como não é possível ser tratado com justiça se não houver alguém que a faça. Se praticar injustiça é simplesmente prejudicar alguém voluntariamente, quem o faz sabe quem prejudica, com que meio ou instrumento e de que maneira.

Assim quem não tem domínio de si age voluntariamente contra si, de tal sorte que, se é possível sofrer voluntariamente injustiça, também é
1136b1 possível ser-se injusto consigo. Esta é na verdade uma das dificuldades, saber se é possível a alguém agir injustamente contra o próprio. Demais, se alguém por falta de autodomínio é prejudicado voluntariamente por alguém que age também voluntariamente, então é possível sofrer injustiça voluntariamente. Ou será que esta definição não está correta e tem ainda de se acrescentar ao «prejudicar, sabendo bem quem se prejudica, com que
5 meio e de que maneira» o «ser contra a vontade daquele»? Assim, embora alguém possa ser prejudicado voluntariamente ou ser tratado justamente, ninguém há-de querer sofrer voluntariamente a injustiça, porque ninguém o deseja, nem sequer quem não tem domínio de si, porque, na verdade, este age contra a sua vontade. Não acontece, de fato, que alguém quer o que pensa que não é bom. Por isso, o que não tem domínio de si não faz o que pensa que não devia fazer. Aquele que dá o que é seu, como diz Homero
10 que Glauco deu a Diomedes *ouro por bronze, o valor de cem bois pelo valor de nove*[152] não sofre injustiça; é que o dar é uma possibilidade que está no poder de quem dá. Contudo, quem sofre uma injustiça não tem no seu poder o sofrê-la ou não, isto é, tem de haver outrem que a pratique.

15 É, então, evidente que sofrer a injustiça não é um ato voluntário.

Estão ainda em aberto duas questões das que nos propusemos discutir. A primeira é a de saber se pratica injustiça quem dá uma parte maior do que a devida ou quem recebe mais do que é devido. A segunda, se é possível a alguém praticar injustiça contra si próprio.

Ora se acontece, como foi dito, a respeito da primeira alternativa que pratica injustiça quem dá mais do que é devido e não quem recebe a maior parte; nessa altura, então, se alguém dá a outrem uma parte maior do que a parte que se dá a si próprio, e o faz consciente e voluntariamente, este
20 pratica uma injustiça contra si. É isto mesmo que parecem fazer os que têm uma natureza moderada; pois, na verdade, quem é excelente tende a

ficar com uma parte menor que a que lhe é devida. Mas talvez que um tal comportamento não possa ser considerado de uma forma absoluta. Porque, na verdade, podia acontecer que o excelente tivesse ambições, mas de um outro tipo de bem, como de glória ou do que é absolutamente bom em si mesmo. Ainda assim a dificuldade pode ser resolvida de acordo com a nossa definição do que é praticar injustiça. Ou seja, aquele que dá uma parte maior do que é devida não sofre nada contra a sua própria vontade, isto é, não sofre nenhuma injustiça, quando muito, pode ficar prejudicado. 25 Mas por outro lado, é evidente que quem reparte por si uma parte maior do que é devido pratica uma injustiça, contudo, nem sempre quem recebe a maior parte pratica uma injustiça. Porque quem pratica um ato injusto não é necessariamente injusto, a não ser se agir voluntariamente. E é precisamente nisto que consiste o motivo da ação, o qual se encontra presente em quem dá e não em quem recebe. Demais, «fazer qualquer coisa» diz-se 30 de muitas maneiras, e é possível dizer-se que foi algo de inanimado que cometeu um assassínio, uma mão ou um escravo, a mando de um senhor, mas não se pode dizer em rigor que foram propriamente essas coisas que perpetraram a injustiça, mas antes que intervêm nas ações injustas. Depois, se um juiz tiver decidido, em ignorância, não pratica apenas por isso uma injustiça contra o dispositivo legal, nem se pode dizer que a sentença seja injusta em absoluto, embora em certo sentido se trate de uma sentença in- 1137a1 justa, porquanto a justiça do ponto de vista legal é diferente da justiça em si. Se, contudo, reconhecer que está a dar uma sentença injusta, também ele terá agido por ganância, por exemplo, de favores de uma parte e de vingança da outra. É como se tomasse parte no ato de injustiça. Portanto, o juiz que por esse motivo dá uma sentença injustamente, fica com mais do que é devido. E quando sentencia, por exemplo, que um terreno vai para uma determinada parte, mesmo que não fique com parte do terreno, há de ganhar dinheiro com a sua decisão.

Os homens podem pensar que está no seu poder praticar ou não a in- 5 justiça e que por esse motivo também será fácil ser justo. Mas não é assim. É fácil, por exemplo, ir para a cama com a mulher do vizinho, desferir um golpe a quem está próximo, deitar a mão ao dinheiro. Ou seja, está no nosso poder praticar tais ações ou não. Porém, praticá-las de acordo com uma disposição de caráter não é fácil nem está no nosso poder. De modo semelhante há quem pense que saber reconhecer ações justas e ações in- 10 justas não é nenhum verdadeiro saber, porque dizem que não é difícil compreender as disposições legais nem as suas matérias (mas as disposições legais não são a justiça, a não ser acidentalmente). Mas saber do modo como atos justos devem ser praticados e como se podem distribuir os bens corretamente é, na verdade, um trabalho mais difícil do que perceber como se pode restabelecer a saúde. Mas também a respeito desta perícia é fácil saber o *que* é o mel, o vinho, o heléboro, e tal como é fácil saber o *que* é 15

# 114 | Ética a Nicômaco · *Aristóteles*

causticar e fazer um corte. Mas o modo de aplicar essas técnicas, isto é, *como*, a *quem* e *quando*, em vista da obtenção de saúde, é uma tarefa para a qual apenas o médico está à altura. Por esta mesma razão pensa-se que não é menos possível ao justo praticar injustiça, porque o justo não será menos capaz (ou talvez até seja mais capaz ainda) do que qualquer outro
20  de praticar cada uma destas ações, como ir para a cama com uma mulher ou desferir um golpe em quem passa; tal como é possível ao corajoso deitar o escudo para o chão e fugir. Agir deste modo não é cometer um ato de cobardia nem cometer um ato de injustiça, a não ser acidentalmente. Só é um ato de cobardia se resultar de uma disposição do caráter já constituída.
25  Assim também curar e restabelecer saúde não dependem simplesmente de fazer-se um corte, ou prescreverem-se os medicamentos certos. Essas técnicas dependem do modo específico *como* são aplicadas.

Situações de justiça existem entre pessoas que tomam parte naquelas coisas que são boas em absoluto, relativamente às quais, portanto, é possível haver excesso e defeito. Para alguns, contudo, não há nunca um limite para os bens que se podem obter, como eventualmente será o caso dos deuses; para outros, nenhuma porção obtida destes bens será vantajosa,
30  como acontece com os que são irremediavelmente perversos, porque para estes tudo é prejudicial; para outros, finalmente, há limite para a obtenção destes bens, e, por isso, obtêm-nos ao jeito Humano.

## X

Vamos discutir já a seguir a respeito da equidade[153] e do equitativo, de que modo, por um lado, a equidade se relaciona com a justiça e como, por outro, o equitativo se relaciona com o justo. Quando examinamos os sentidos destas determinações percebemos não serem absolutamente iguais mas também não serem genericamente diferentes. Por vezes, louvamos a qualidade da equidade e do equitativo de tal sorte que empre-
1137b1  gamos o termo «equitativo» em vez do termo «bom», a respeito de outras situações que louvamos, para fazer ver que o que é mais equitativo é melhor. Outras vezes, contudo, quando acompanhamos o sentido do termo, parece absurdo que a equidade seja louvável se é outra coisa que não a justiça. Porque se forem diferentes, ou a justiça não é uma coisa séria ou
5  a equidade não é justa; se, por outro lado, ambas as qualidades são sérias, serão, então, o mesmo.

Quase toda a dificuldade acerca da equidade resulta destas considerações. Em todas elas há qualquer coisa de correto e nenhuma das opiniões que estão formadas acerca destas determinações se opõem completamente umas às outras. Isto é, a equidade, embora sendo superior a um certa

Livro V | 115

forma de justiça, é, ainda assim, justa; não é, portanto, melhor do que a justiça, como que pertencendo a um outro gênero de fenômenos. A justiça e a equidade são, pois, o mesmo. E, embora ambas sejam qualidades sérias, a equidade é a mais poderosa. O que põe aqui problemas é o fato de a equidade ser justa, não de acordo com a lei, mas na medida em que tem uma função retificadora da justiça legal. 10

O fundamento para tal função retificadora resulta de, embora toda a lei seja universal, haver, contudo, casos a respeito dos quais não é possível enunciar de modo correto um princípio universal. Ora nos casos em que é necessário enunciar um princípio universal, mas aos quais não é possível aplicá-lo na sua totalidade de modo correto, a lei tem em consideração apenas o que se passa o mais das vezes, não ignorando, por isso, a margem para o erro mas não deixando, contudo, por outro lado, de atuar menos corretamente. O erro não reside na lei nem no legislador, mas na natureza da coisa: isso é simplesmente a matéria do que está exposto às ações humanas. Quando a lei enuncia um princípio universal, e se verifica resultarem casos que vão contra essa universalidade, nessa altura está certo que se retifique o defeito, isto é, que se retifique o que o legislador deixou escapar e a respeito do que, por se pronunciar de um modo absoluto, terá errado. É isso o que o próprio legislador determinaria, se presenciasse o caso ou viesse a tomar conhecimento da situação, retificando, assim, a lei, a partir das situações concretas que de cada vez se constituem. Daqui resulta que a equidade é justa, e até, em certo sentido, trata-se de uma qualidade melhor do que aquele tipo de justiça que está completamente sujeita ao erro. A equidade não será, contudo, uma qualidade melhor do que aquela forma de justiça que é absoluta. A natureza da equidade é, então, ser retificadora do defeito da lei, defeito que resulta da sua característica universal. Por este motivo, nem tudo está submetido a legislação, porque é impossível legislar em algumas situações, a ponto de ser necessário recorrer a decretos. A regra do que é indefinido é também ela própria indefinida, tal como acontece com a régua[154] de chumbo utilizada pelos construtores de Lesbos. Do mesmo modo que esta régua se altera consoante a forma da pedra e não permanece sempre a mesma, assim também o decreto terá de se adequar às mais diversas circunstâncias. Assim, é, pois, evidente que a equidade é justa e, de fato, até é superior a uma certa forma de justiça. Mais evidente ainda é, a partir daqui, quem é equitativo. 35

O que é deste gênero está decidido e atua, de acordo com um princípio equitativo que aplica nas mais variadas circunstâncias. Contudo, não será tão rigoroso na aplicação intransigente da lei que se torne obsessivo, mas, embora a tenha do seu lado, será suficientemente modesto ao ponto de ficar com uma parte menor do que lhe seria devido. Isto é, 1138a1

# 116 | Ética a Nicômaco • *Aristóteles*

mantém-se equitativo. Esta disposição do caráter é, então, a equidade. Trata-se, pois, de uma certa forma de justiça e não constitui uma disposição diferente daquela.

## XI

1138a4     Se é possível cometer-se injustiça contra si próprio ou não, resulta claro a partir dos apuramentos precedentes. Uma parte das ações justas consiste nas que são realizadas de acordo com toda a espécie de excelência que é prescrita pela lei. Por exemplo, a lei não ordena uma pessoa a matar-se a si própria; e aquilo que a lei não ordena, proíbe-o. Demais, quando alguém, contra a lei, prejudica outrem voluntariamente (voluntariamente quer dizer sabendo quem prejudica e com que instrumento), pratica uma
10  injustiça, acaso não se trate de retaliação por dano sofrido. Assim, quem num acesso de paixão se mata voluntariamente, age desse modo contra o sentido orientador. Contudo, a lei não o permite. Ele comete, então, uma injustiça. Mas contra quem? Contra o Estado ou contra si? Porque, na verdade, ele sofre de livre vontade.

    Ora ninguém sofre uma injustiça voluntariamente. Assim, o próprio Estado pode sancionar o ato com o pagamento de uma multa. Na verdade, quem se suicida atenta de algum modo contra a própria honra, porque comete uma injustiça contra o Estado. Além do mais, quem pratica
15  uma injustiça será injusto, mas apenas conforme ao sentido específico da injustiça particular que pratica, ou seja, não será perverso em geral [nem segundo todas as formas possíveis de atos injustos]. É, por isso, impossível perpetrar-se injustiça contra si próprio (este caso é diferente do primeiro, porque o injusto é de algum modo, tal como o cobarde, perverso, mas não se pode dizer que seja perverso de acordo com todas as formas de perversão. Assim, também não é de acordo com este sentido absoluto que quem se suicida comete uma injustiça contra si próprio). Porque deste modo seria possível ao mesmo tempo retirar e acrescentar algo a uma e a
20  mesma coisa. E isto é impossível. É necessário, pois, que a justiça e a injustiça impliquem mais do que uma pessoa. Mais: cometer injustiça é um ato voluntário. Pois, não apenas implica uma decisão como também que se tome a iniciativa. Porque quem, por ter sofrido uma injustiça, retalia com uma ação do mesmo calibre, não parece cometer um ato de injustiça. Mas quando o próprio comete injustiça sobre si próprio, sofre e pratica simultaneamente a mesma ação, isto é, o próprio, enquanto agente, age sobre si próprio, enquanto passivo. Além do mais [se se autoinfligisse injustiça], sofrê-la-ia voluntariamente. Demais, ninguém age injustamente
25  em geral, mas apenas por praticar uma das formas possíveis de injustiça em particular. Por exemplo, ninguém comete adultério com a sua própria mulher nem assalta a sua própria casa ou rouba os seus próprios haveres.

Mas a questão de saber se alguém comete injustiça contra si próprio em geral é resolvida com a nossa definição do que significa sofrer injustiça voluntariamente. É evidente que sofrer e praticar injustiça são ambas ações más (uma significa obter uma parte menor que a do meio; outra obter uma parte maior. O meio é qualquer coisa como o estado saudável para a medicina ou como a boa condição física para a ginástica); ainda assim, cometer injustiça é pior, porque cometer injustiça é uma ação repreensível que toma parte no sentido geral da perversão, e na verdade, da perversão total e absoluta ou muito próxima desta.

Ora nem todo o ato injusto e voluntário toma parte na perversão. Isto é, sofrer injustiça pode acontecer sem perversão ou sem injustiça [pelo menos, da parte de quem a sofre]. Sofrer absolutamente injustiça é menos mau, embora nada impeça que não seja um mal maior, o que a acontecer, dá-se apenas acidentalmente. Nada disto, contudo, pode preocupar uma perícia. Uma perícia pode, por exemplo, determinar uma pleurisia como uma doença mais grave do que uma ruptura dos ligamentos; contudo, uma ruptura dos ligamentos pode ter consequências mais graves do que uma pleurisia, conforme as circunstâncias acidentais. É o que acontece, por exemplo, quando alguém, por causa de uma ruptura dos ligamentos, cai e é apanhado pelos inimigos e até morto por eles.

Num sentido metafórico e por semelhança, há, de fato, as relações determinadas pela justiça; não se verificam entre cada indivíduo relativamente a si próprio, mas, antes, entre algumas partes da natureza de cada indivíduo. Não se trata aqui por isso de justiça no sentido forte do termo mas da que existe entre senhor e escravo, a que podemos designar por despótica ou entre marido e mulher, a que chamamos doméstica. Nestas discussões verifica-se, de novo, a diferença entre a dimensão da alma humana que é capaz de razão e dimensão que dessa possibilidade é incapaz. É nisto que põem os olhos os que têm a opinião de que, de fato, é possível praticar-se uma injustiça contra o próprio. Ou seja, a nossa alma pode sofrer na vida impactos que contrariam em absoluto a orientação geral das suas intenções. Há por isso uma certa forma de justiça entre estas dimensões tal como a que existe entre o dominador e dominado. Foram assim distinguidas a justiça e as restantes excelências do caráter humano.

# Livro VI

## I

Depois de termos já dito, primeiramente, que se deve escolher o meio, e não o excesso nem o defeito, e que o meio, por sua vez, é tal como indica o sentido orientador, chegou agora a altura de o analisarmos.

Há para todas as disposições do caráter referidas, tal como para todas as excelências, um determinado objetivo em vista do qual quem dispõe de um sentido orientador aumenta ou diminui a tensão nessa direção. Há também um certo horizonte que delimita as posições intermédias, as quais, dissemos, residem no espaço intermédio entre o excesso e o defeito, uma vez que elas existem conformadas pelo sentido orientador. Mas se falar assim é verdade, por outro lado, não é nada claro. Pois, não menos falamos verdade, quando dizemos, a respeito das restantes preocupações humanas, que podem ser tratadas cientificamente, que não devemos aumentar a tensão ou relaxá-la, nem mais nem menos do que é devido, mas que devemos proceder em conformidade às disposições do meio e tal como as prescreve o sentido orientador. Contudo, quem souber disto, não está na posse de um saber por aí além, acerca do que quer que seja, pois não saberia, por exemplo, aplicar nenhuma espécie de tratamento ao corpo humano, só pelo fato de alguém dizer que se deve aplicar toda a espécie de tratamentos de acordo com o que prescreve a medicina e o que nela é perito. É por este motivo que também a respeito das disposições da alma humana não devemos contentar-nos apenas com o fato de este enunciado ser verdadeiro, mas temos também de obter uma definição do que é ou do que pode ser o sentido orientador e qual é o horizonte a que ele se aplica.

Distinguimos já as excelências da alma humana e dissemos que umas eram disposições éticas[155] e outras disposições teóricas.[156] Ora nós já discutimos as excelências do caráter. Passaremos agora então a discutir as teóricas, mas não sem antes tecermos algumas considerações acerca da alma humana.

Foi, pois, dito primeiramente que há duas dimensões na alma humana: uma é capaz de razão, a outra é incapacitante[157] de razão. Por sua vez, a di-

**120** | Ética a Nicômaco · *Aristóteles*

mensão capaz de razão tem de ser também distinguida, do mesmo modo, em duas partes. Admitamos, por isso, que a alma enquanto capaz de razão é dupla. Uma é aquela com a qual consideramos teoricamente todos aqueles entes com princípios que não podem ser de outra maneira. A outra é aquela com a qual consideramos aqueles entes com princípios que podem ser de outra maneira.[158] Se o modo específico do acesso dessas dimensões da alma tem uma certa semelhança e uma determinada afinidade com os entes com os quais se relacionam, então as formas de acesso de cada uma destas partes serão diferentes, porquanto a formas diferentes de acesso

10 correspondem diferentes gêneros de ser.

Enunciemos cada um destes gêneros: um corresponde à possibilidade de formação de ponto de vista científico;[159] outro, à possibilidade de cálculo, ou seja, mais propriamente à possibilidade de deliberar e de calcular.[160] Na verdade, ninguém delibera acerca daquilo que não pode ser

15 de outra maneira. Assim, a possibilidade de cálculo inere numa parte da dimensão da alma que é capaz de razão.

Temos, portanto, de determinar qual é a melhor disposição destas duas partes da dimensão da alma que é capaz de razão, porque será essa disposição que poderá chegar à excelência em cada uma delas. Ora a excelência de cada ente é definida em vista da sua função específica.

## *II*

Há três operações na alma que determinam de modo predominante a ação e o descobrimento da verdade,[161] *sc.* a percepção, o poder de compreensão e a intenção. Destas três, a percepção nunca é origem de nenhuma

20 ação, o que é evidente pelo fato de os animais, embora tenham percepção, não tomarem parte na ação.

O que, por um lado, no pensamento puro é afirmação e negação, é, por outro, no horizonte da intenção, perseguição e fuga. Assim, uma vez que a excelência do caráter é uma disposição que decide e a decisão é uma

25 intenção deliberada, segue-se que, no caso de se tratar de uma decisão séria, o princípio de decisão terá de ser verdadeiro e a intenção correta. O que o princípio afirma terá, portanto, de ser o mesmo que é perseguido pela intenção. A forma do pensamento aqui em causa é, assim, prática e esta verdade diz respeito à ação. O pensamento teórico, que não visa a ação nem a produção, é executado de uma forma correta ou de uma forma incorreta, respectivamente, conforme detecta a verdade ou se envolve em falsidade. Porque esta é, em geral, a função de todo o pensamento. Contudo a função do pensamento prático é mais propriamente a de obter

30 a verdade que corresponde à intenção correta.

Livro VI | 121

O princípio da ação é a decisão (isto é, enquanto origem da motivação, não enquanto fim em vista);[162] por outro lado, o princípio da decisão é a intenção e um cálculo dirigido para um objetivo final. Por esta razão, não há decisão sem o poder de compreensão, nem sem processo compreensivo, nem, finalmente, sem a disposição do caráter. Na verdade, agir bem e o seu contrário não existem na ação sem o pensamento teórico nem sem 35 a disposição ética.

O próprio pensamento só por si não põe nada em movimento: apenas quando se dirige para um determinado fim numa determinada ação. É assim também que atua o pensamento produtor, porquanto o produtor de 1139b1 algo tem um determinado fim em vista. É que o produzir como tal não é nenhum fim em si mesmo (mas algo relativo a algo e formador de algo). Por outro lado, já o agir, e, na verdade, o agir bem, é um fim em si mesmo, e a intenção é o princípio da mudança específica que vai na sua direção. Por isso, a decisão é uma compreensão intencional ou uma intenção com- 5 preensiva. Neste sentido, o princípio (da ação) é o Humano.

Nada do que já aconteceu poderá, contudo, ser ainda objeto de decisão. Ninguém pode ainda decidir se Tróia terá sido destruída. Assim, ninguém delibera acerca do que já aconteceu mas sobre o futuro e o que é possível. Ora já não é possível que o que sucedeu não tenha sucedido. Por esse motivo, diz Agatão[163] corretamente: *Apenas disto está até um Deus* 10 *privado, desfazer o que tiver sido feito.*

A desocultação da verdade é, pois, a função de ambas as partes da dimensão da alma humana capaz de razão. As suas respectivas excelências são aquelas disposições de acordo com as quais se põe, em cada caso, a verdade a descoberto da melhor maneira possível.

## *III*

Comecemos, então, pelo princípio e analisemos as operações da alma 1139b14 envolvidas na descoberta da verdade, afirmando ou negando. São cinco 15 em número: a perícia, o conhecimento científico, a sensatez, a sabedoria,[164] e o poder da compreensão [intuitiva]. De outra parte, tanto a mera suposição quanto a opinião podem envolver-nos em falsidade. Ora, aquilo que é o conhecimento científico torna-se claro quando é necessária uma expressão rigorosa dos fenômenos e não basta um mero acompanhamento 20 das semelhanças. Na verdade, todos nós supomos que o que conhecemos cientificamente não pode ser de outra maneira. O que pode ser de outra maneira, caso esteja fora do horizonte de consideração, passa-nos despercebido, e nós nem sequer sabemos se existe ou não.

Aquilo que é objeto de conhecimento científico tem, por isso, uma constituição intrinsecamente necessária. De fato, é eterno. Isto é, os entes

# 122 | Ética a Nicômaco · *Aristóteles*

que têm uma constituição absolutamente necessária são eternos, quer dizer,
25 não são gerados e nem são destrutíveis. Além do mais, assim como todo
conhecimento científico parece ser susceptível de ser ensinado, também
o que é objeto de conhecimento científico é susceptível de ser aprendido.
Todo o ensino se faz a partir daqueles conhecimentos que se adquiriram
previamente, tal como dissemos também nos *Analíticos*.[165] Uma das formas de ensino de que se dispõe constitui-se por indução, a outra, por raciocínio silogístico. Enquanto a indução é o primeiro princípio do conhecimento, inclusivamente do conhecimento universal, o raciocínio silogístico
procede, por sua vez, a partir de conhecimentos universais já adquiridos.
30 Há, de resto, também princípios a partir dos quais se procede através de
raciocínio silogístico, sem que, contudo, eles próprios se tenham formado
por silogismo. Tal é o caso, por exemplo, do que é adquirido por indução.
O conhecimento científico é uma disposição com capacidade demonstra-
tiva – à qual acresce como definição tudo aquilo que dissemos nos *Analíticos*.[166] Quando alguém adquire de algum modo uma determinada convicção e os princípios se lhe tornaram conhecidos, esse alguém adquiriu
um conhecimento científico. Se, porém, não tiver os princípios tão bem
conhecidos quanto a conclusão, poderá ter um conhecimento científico,
35 mas apenas acidentalmente. Foi deste modo definido o que é o conhecimento científico.

## *IV*

1140a1     Daquilo que pode ser de outra maneira distingue-se o que é produtível
e o que é realizável pela ação. A produção[167] é diferente da ação (damos
aqui crédito ao que se disse acerca destas disposições nos escritos que já
vieram a lume). Assim, a disposição prática conformada por um princípio
racional é diferente da disposição produtora conformada por um princípio
5 racional. Assim, nenhuma das duas é envolvida pela outra, porque nem a
ação é produção nem a produção é ação. Uma vez que a construção civil
é uma certa perícia, pode dizer-se que é uma certa disposição produtora
conformada por um princípio racional. Como não há nenhuma perícia
que não seja também ela uma disposição produtora conformada por um
princípio racional, nem há sequer nenhuma disposição deste gênero que
10 não seja ela própria uma perícia, segue-se que uma perícia é o mesmo que
uma disposição produtora segundo um princípio verdadeiro. Por outro
lado, toda a perícia tem em vista trazer algo à existência.[168] Produzir com
perícia significa ver como se pode produzir alguma das coisas que podem
ser ou não ser. O seu princípio originador radica no elemento produtor e
15 não na coisa que é produzida. Pois, na verdade, não há nenhuma perícia
que se aplique aos entes que são ou vêm a ser por uma necessidade intrínseca nem aos entes que existem por natureza. De fato, estes últimos têm

o princípio da sua origem em si próprios. Ora, uma vez que a produção é diferente da ação, é necessário que haja uma perícia da produção, mas não da ação. De algum modo também o acaso e a perícia dizem respeito às mesmas regiões do ser, tal como até Agatão diz: «A perícia gosta do acaso e o acaso da perícia.»[169] 20

A perícia é, então, tal como foi dito, uma certa disposição produtora conformada por um princípio verdadeiro. Mas a falta de perícia, por outro lado, não deixa também de ser uma disposição produtora, embora conformada por um princípio falso. Ambas, contudo, têm como âmbito de aplicação o que pode ser de outra maneira.

## V

Poderemos, assim, determinar melhor o que é a sensatez se considerarmos aqueles que nós dizemos serem sensatos. Parece ser sensato aquele que tem o poder de deliberar corretamente acerca das coisas que são boas e vantajosas para si próprio, não de um modo particular, como, por exemplo, acerca daquelas coisas que são boas em vista do restabelecimento da saúde, ou da obtenção de vigor físico, mas de todas aquelas qualidades que dizem respeito ao viver bem em geral. Uma indiciação disto é dada pelo fato de, ao falarmos daqueles que são sensatos, dizermos que são capazes de calcular de modo correto a forma de chegarem a obter um certo objetivo final sério, fim este que não se encontra entre os produtos de qualquer perícia.

Assim, aquele que delibera é alguém absolutamente sensato. Porque ninguém delibera acerca daqueles entes que não podem nunca ser de outra maneira, nem acerca daquelas coisas sobre as quais não tem o poder de agir. Assim, se o conhecimento científico é capaz de demonstração e se, por outro lado, não há demonstração dos princípios daqueles entes que podem ser de outra maneira (precisamente porque neste horizonte toda a alteração é admissível), e se, finalmente, não é possível deliberar-se acerca daqueles entes que existem por uma necessidade intrínseca, então, a sensatez não pode ser nem um conhecimento científico, nem uma perícia. Em primeiro lugar, não pode ser conhecimento científico porque o que acontece no horizonte da ação pode ser sempre de outra maneira. Em segundo lugar, não pode ser uma perícia porque o gênero da ação é diferente do gênero da produção. Resta, então, que a sensatez seja uma disposição prática de acordo com o sentido orientador e verdadeiro em vista do bem e do mal para o Humano. O fim da produção é diferente da produção do fim; mas o fim da ação não poderá ser diferente da própria ação. Na verdade, o próprio agir bem é um objetivo final. É por este motivo que pensamos que Péricles e outros do mesmo gênero são sensatos. Porque

# 124 | Ética a Nicômaco · *Aristóteles*

10 são capazes de ver as coisas que são boas para si próprios, em particular, e para os homens, em geral. Pensamos que são deste gênero os peritos em economia e os peritos no bem-estar social.

Daí também empregarmos a designação «sofrosyne» («temperança»), porque se trata da salvaguarda da sensatez.[170] O que ela salvaguarda é de fato a nossa concepção do bem para nós. De resto, o prazer e o sofrimento não distorcem nem destroem qualquer espécie de concepção, como, por 15 exemplo, a de que um triângulo tem dois ângulos retos. Aqueles afetos distorcem e destroem apenas aquelas concepções que dizem respeito ao que pode ser realizado pela ação humana. Ou seja, os princípios das ações humanas são os fins em vista dos quais essas ações são praticadas. Mas a quem tem a lucidez distorcida, pela presença aguda do prazer ou do sofrimento, não aparecerá nenhum princípio de ação, em vista do qual devesse agir ou escolher todos os meios possíveis para o alcançar.

20 Na verdade, a perversão é intrinsecamente destruidora do princípio da ação, de tal sorte que é necessário que a sensatez seja uma disposição prática conforme a um sentido orientador e capaz de pôr a descoberto o bem humano.

Por outro lado, há certamente uma excelência na perícia, mas não excelência na sensatez. Assim, se na perícia é melhor errar voluntaria-mente, na sensatez errar voluntariamente é pior, tal como acontece com as restantes excelências. É evidente, portanto, que a sensatez é uma certa 25 excelência e não uma perícia.

Havendo duas partes na dimensão da alma que é capaz de razão, sensatez é a excelência de uma delas, a saber, daquela que forma opiniões. Porquanto tanto a formação de opiniões quanto a sensatez têm como ho-rizonte de aplicação aquilo que pode ser de outra maneira. Mas certamen-te a sensatez não é apenas uma disposição de acordo com um princípio racional. Uma indicação disto é que pode haver esquecimento de uma 30 disposição racional, mas não há esquecimento da sensatez.

## *VI*

1140b31 Uma vez que o conhecimento científico é uma certa concepção do universal e, na verdade, do que existe por uma necessidade intrínseca, e se as verdades demonstradas e o conhecimento científico assentam em princípios (na verdade, o conhecimento científico envolve um princípio 35 racional), por outro lado, não poderá haver conhecimento científico, nem perícia, nem sensatez dos princípios de onde se deduzem os conhecimen-tos científicos. O que é objeto de conhecimento científico tem de poder ser 1141a1 demonstrado a partir de princípios, enquanto a perícia e a sensatez dizem respeito ao que pode ser de maneira diferente. Nem, sequer, a sabedoria conhece os primeiros princípios. Porque até o sábio consegue apenas chegar a determinadas verdades através de demonstração.

Se, portanto, as operações da alma humana com as quais chegamos à verdade, as quais jamais nos deixam envolver em falsidade – a respeito do que pode ser de outra maneira e do que não pode ser de outra manei- 5 ra –, são o conhecimento científico, a sensatez, a sabedoria e o poder de compreensão [intuitiva]; se, por outro lado, nenhum dos primeiros três é capaz de apreender os primeiros princípios (com os três primeiros quero dizer a sensatez, o conhecimento científico e a sabedoria), resta o poder de compreensão intuitiva como a operação da alma com a qual se desocultam os primeiros princípios de tudo.

## VII

Atribuímos sabedoria, nas diversas perícias, aos peritos que as exer- 1141a10 cem de forma mais exímia, como é o caso de Fídias, exímio na perícia de esculpir pedra, e Policleto, exímio na perícia estatuária. Nestes casos, não pretendemos visar com o termo «sabedoria» outra coisa senão a excelência no domínio de uma perícia. Pensamos, por outro lado, que há alguns que são peritos exímios mas apenas em geral. Não, contudo, particularmente a respeito de qualquer coisa específica, como disse Homero no *Margites*: 15 os Deuses fizeram-no exímio[171] mas não para cavar nem para puxar o arado nem a respeito de nenhuma outra coisa. De tal sorte que a sabedoria é evidentemente o mais rigoroso dos conhecimentos científicos. O sábio não tem pois apenas que conhecer o que deriva dos primeiros princípios, mas tem também de desocultá-los. Portanto, a sabedoria envolve uma compreensão intuitiva e um conhecimento científico. É como que a forma extrema de conhecimento científico acerca daquelas coisas mais estimadas e mais importantes de todas. 20

Pois seria absurdo pensar-se que a perícia política ou a sensatez não são os saberes mais sérios que há, caso o Humano não fosse o ser supremo entre os que existem neste mundo. Se, por um lado, «saudável» e «bom» têm sentidos diferentes para homens e peixes e se, por outro lado, «branco» e «direito» têm sempre o mesmo sentido, então o que é visado no âmbito do sábio tem sempre o mesmo sentido, e o que é visado no âmbito da sensatez tem sentidos diferentes. Diz-se que tem sensatez aquele que 25 é capaz de ter em vista de um modo correto as circunstâncias particulares em que de cada vez se encontra a respeito de si próprio, e a quem somos capazes de confiar as nossas próprias coisas. Por esse motivo também dizemos que alguns dos animais são sensatos, a saber, todos quantos parecem ter a respeito da sua própria vida um certo poder de compreensão por antecipação. Ora é, assim, evidente que a sabedoria não poderá ser a

**126** | **Ética a Nicômaco** · *Aristóteles*

30 mesma coisa que a perícia em política, porque, se se chamasse perícia ao conhecimento daquilo que é vantajoso para cada um de nós, haveria muitas formas de perícia. Porém, não há uma única forma de saber o que é bom para todos os seres vivos, mas antes diferentes formas, consoante a espécie animal em causa, porque também não há uma única forma de medicina para todos os seres vivos. E nem mesmo que o Humano fosse o melhor de todos os entes vivos teria qualquer importância, porque na verdade há ou-

1141b1 tras coisas com uma natureza mais divina do que o Humano, como aquelas coisas mais esplendorosas de que este mundo é composto.

A partir do que foi dito é, então, evidente que a sabedoria é composta de conhecimento científico e compreensão intuitiva a respeito daquelas coisas que são as mais estimadas e as mais importantes de todas por natureza. Por essa razão as pessoas dizem que Anaxágoras e Tales e ou-

5 tros deste gênero são sábios, mas não sensatos, quando se aperceberam de que estes desconheciam o que era bom para eles próprios; e, embora dissessem que aqueles sabiam coisas extraordinárias, espantosas, difíceis de aprender e divinas, por outro lado, de nada lhes servia perceberem de tudo isso. Na verdade, não procuraram saber qual era o bem para o Humano. Ora, a sensatez diz respeito ao Humano e sobre o qual é possível

10 deliberar-se. Nós dizemos, então, que é sobretudo este o trabalho do sensato, *sc.* deliberar bem. Porque ninguém delibera acerca daquelas coisas que são impossíveis de ser de outra maneira, nem acerca dos meios para alcançar qualquer fim importante. Pois o fim é um bem que tem de ser realizável pela ação humana. Absolutamente bom deliberante é quem visa atingir o melhor dos bens alcançáveis através das ações humanas, conformadas por um cálculo.

15 A sensatez não abre apenas para coisas gerais, mas deve reconhecer as situações particulares e singulares em que de cada vez nos encontramos, porque a sensatez inere na dimensão da ação humana e a ação humana é a respeito das situações particulares em que de cada vez nos encontramos. Por essa razão é que alguns, não sabendo de determinadas coisas gerais, podem ser mais sensatos do que os sábios quando se trata de agir. De resto, os mais sensatos a respeito da ação são também os mais experimentados nas circunstâncias particulares em que de cada vez nos podemos encontrar. Por exemplo, se alguém souber que as carnes leves são de mais fácil digestão e, por isso, mais saudáveis, mas desconhecer quais são os animais

20 com carne mais leve, não conseguirá restabelecer a sua saúde. Contudo, quem souber que as aves são animais leves e, portanto, que têm carne mais leve, restabelecê-la-á mais facilmente. A sensatez é uma disposição atuante sobre o horizonte prático, de tal forma que se deve possuir ambas as formas de saber (o universal e o particular), mas mais do particular do

que do universal. Deve haver, contudo, também aqui uma perícia orientadora que lança as bases a partir de princípios fundamentais.

# VIII

A perícia política e a sensatez são uma e a mesma disposição. A essência de ambas não é, contudo, a mesma. A que diz, por um lado, respeito ao Estado é uma forma de sensatez legisladora, que lança as bases a partir de princípios fundamentais;[172] a que diz respeito às circunstâncias particulares que de cada vez se formam na vida tem a designação geral de perícia política. Ela própria é uma atividade do horizonte prático e deliberante, porque submeter um decreto a votação é o passo derradeiro da ação política. É por isso que se diz de modo simples dos que assim procedem que fazem política. Estes realizam a sua atividade tal como se fossem operários numa determinada área. Parece, por outro lado, também que a sensatez diz fundamentalmente respeito a cada um em si próprio na sua individualidade, e tem também a designação geral de sensatez. As outras disposições são a economia doméstica, a legislação e a própria perícia política, da qual uma é deliberativa e a outra judicial. Saber de si próprio parece ser uma espécie de conhecimento, mas admite muitas distinções. Assim, parece que quem sabe de si próprio e trata de fazer por si é sensato, enquanto os que detêm uma perícia política parecem tratar de diversas coisas em geral. E assim diz Eurípides: *Teria sido sensato, quando eu, livre de preocupações, poderia ter sido um simples número na turba multa, e tomar parte no destino comum? Os que são extraordinários e querem fazer mais do que os outros...*[173] Porque, na verdade, as pessoas procuram encontrar o bem para si próprias, e pensam ser em vista dele que devem agir. É desta opinião comum que resulta o fato de serem sensatos a agir no interesse de si próprios, ainda que talvez não possa haver nada de bom para o próprio, quando também não existe uma economia competente nem uma política correta.

Além do mais, não é evidente e tem, por isso, que se examinar como é que se devem perseguir aquelas coisas que são boas para si próprio.

Uma indicação do que acaba de ser dito é o fato de os jovens poderem tornar-se geômetras ou matemáticos e mesmo até peritos exímios a respeito destas matérias, mas não parece poderem tornar-se sensatos. O motivo disto reside no fato de a sensatez dizer respeito às situações particulares em que cada um de cada vez se encontra, situações relativamente às quais o conhecimento se forma a partir da experiência, e quem é jovem, simplesmente, não é experiente. É preciso muito tempo para ter experiência. Depois poder-se-ia procurar saber por que é que uma criança se pode tornar matemático, mas não filósofo ou cientista da natureza. Ou será que

# 128 | Ética a Nicômaco · *Aristóteles*

é porque as primeiras empregam operações de abstração e porque os princípios fundamentais da filosofia e da ciência da natureza são obtidos
20 a partir da experiência? Não será também que os jovens falam a respeito destas matérias da boca para fora, mas não acreditam verdadeiramente no que dizem, enquanto a essência das matemáticas [lhes] é evidente? Além do mais, a possibilidade do erro em matérias de deliberação é dupla. Tanto pode ser a respeito do princípio universal quanto a respeito da situação particular que de cada vez se forma. Assim, pode dizer-se, por exemplo, que toda a água pesada é nociva. Mas também pode dizer-se que
25 esta água aqui é pesada.

Parece, pois, resultar evidente que a sensatez não é um conhecimento científico. Isto é, a sensatez, tal como foi dito, abre para o limite extremo de cada caso particular. Na verdade, a ação é um caso extremo e requer um poder de compreensão extremo.[174] Deste modo, a sensatez opõe-se de certa forma à intuição; pois a intuição abre sobre princípios axiomáticos, que não requerem qualquer espécie de esclarecimento. Por outro lado, a sensatez abre sobre o limite extremo de cada situação particular que de cada vez se constitui, para a qual não há nenhum conhecimento científico, mas apenas uma espécie de intuição. Embora este tipo de intuição se distinga da que abre para os conteúdos peculiares de intuição. É através deste tipo de intuição que nos apercebemos, por exemplo, de que o triângulo é a figura do limite mínimo da representação.[175] Aqui também se
30 chega a um ponto em que se é obrigado a parar. É assim que a intuição pertence mais ao domínio da matemática do que ao da sensatez, esta é de uma espécie diferente daquela.

## IX

1142a31     Procurar e deliberar são dois processos diferentes, mas deliberar é procurar qualquer coisa. É preciso, por outro lado, também determinar-se o que é a boa deliberação. Ou seja, se se trata de uma espécie de conhecimento científico, se é alguma opinião ou uma boa conjectura[176] ou, por outro lado, se é alguma outra operação.

Não parece, contudo, à partida tratar-se de um conhecimento científico. Na verdade, quem está a passar por um processo de deliberação não
1142b1 procura saber nada acerca de coisas que já conhece. Por outro lado, a boa deliberação é uma certa forma de aconselhamento. Quem está em processo deliberativo está à procura e faz cálculos.

Mas certamente não é também nenhuma boa conjectura. A boa conjectura tem-se sem um acompanhamento do princípio de razão e forma-se rapidamente; ora, os que estão em processo de deliberação requerem

Livro VI | 129

muito tempo. Até dizem depois que é preciso pôr depressa em prática os resultados de um processo de deliberação. Deliberar é, assim, um processo que decorre lentamente. Demais, a perspicácia[177] é diferente da boa deliberação; e, de fato, a perspicácia é uma certa habilidade em conjecturar.

Nenhuma boa deliberação é, portanto, uma opinião.

Mas se quem delibera mal erra e quem delibera bem acerta, é evidente que a boa deliberação é uma certa forma de correção, embora nenhuma forma de correção científica ou de opinião. Em primeiro lugar, porque não se pode falar de correção a respeito do conhecimento científico (tal como de resto também não se pode falar de erro). Em segundo lugar, porque, quando se fala de correção de uma opinião, diz-se é a verdade. Depois, tudo aquilo de que se tem uma opinião está já definido de antemão. Portanto, não há boa deliberação sem um sentido de orientação. Resta, assim, determinar a boa deliberação como uma correção no processo do pensamento, pois enquanto se está a pensar não se chegou ainda a uma declaração final. Pois na verdade, se alguém com uma opinião quando formada não está já à procura, correspondendo, assim, de algum modo a fazer uma declaração conclusiva, por outro lado, quem estiver a passar por um processo de deliberação, seja o resultado da deliberação correto ou incorreto, está ainda à procura e a calcular probabilidades. Mas se a boa deliberação é uma certa forma de correção no aconselhamento, então tem de se perguntar pela natureza deste conselho e acerca de que é que dá conselho. Ora, embora «correção» se diga de muitas maneiras, é evidente que não é toda a forma de correção que ajuda a definir uma boa deliberação. Porque, por exemplo, quem não tem domínio de si, e é descuidado, pode perfeitamente atingir aquilo que se propôs e na verdade como o resultado de um cálculo de probabilidades. Assim, terá deliberado corretamente. Porém, o que quer que venha a obter será sempre um grande mal.

Deliberar corretamente é em certo sentido uma forma de bem, porque uma forma de correção deste gênero acompanhada de um bom aconselhamento é uma boa deliberação e visa alcançar algo de bom. Mas também é possível, por outro lado, chegar-se a um bem através de um raciocínio falso, do mesmo modo que é possível fazer o que se deve, mas da maneira incorreta. Ou seja, é possível, por exemplo, que o termo do meio seja falso. Neste caso, não se trata ainda de uma boa deliberação. Esta deliberação que permite atingir o que é devido, mas não da maneira que é devida, não é a melhor. Demais, é possível chegar à conclusão correta depois de se ter deliberado durante muito tempo; mas é também possível chegar lá depressa. Mas uma deliberação não é a correta apenas por ser mais demorada. A forma de correção aqui em causa diz apenas respeito ao que é vantajoso, isto é, delibera corretamente o objetivo, a maneira e

**130** | **Ética a Nicômaco** • *Aristóteles*

o momento oportuno. Demais, pode ter-se deliberado bem de um modo absoluto ou com relação a um determinado fim. A primeira forma de de
30 liberação absoluta será orientadora em vista do fim absoluto; a outra é uma certa forma de boa deliberação a respeito de um fim relativo. Se, por conseguinte, deliberar bem é próprio dos sensatos, a boa deliberação será a correção de deliberação a respeito do que é conveniente como meio para o fim, do qual a sensatez tem uma concepção verdadeira.

## X

1142b34    Entendimento[178] e bom entendimento são aquelas qualidades segundo
1143a1    as quais dizemos que alguém tem entendimento ou é bem entendido, e não é o mesmo que conhecimento científico ou opinião (porque assim todos seriam pessoas entendidas), nem se trata de um conhecimento científico particular, como a medicina a respeito da saúde e a geometria a respeito das grandezas [espaciais]. Não há também entendimento acerca dos
5    entes que são eternos e são imutáveis, nem acerca de tudo o que tenha acontecido, mas apenas acerca daqueles entes relativamente aos quais há dificuldade de compreensão e sobre os quais é possível deliberar. É por este motivo que há entendimento acerca das mesmas coisas a respeito das quais se pode ser sensato. Contudo, entendimento e sensatez não são o mesmo. Enquanto a sensatez tem uma função de comando, a respeito do que se deve ou não fazer – e esse é o seu fim –, o entendimento tem uma
10    mera função de discernimento. Entendimento e bom entendimento, ou ter entendimento e ter um bom entendimento, são a mesma coisa.

Mas entendimento não é ter nem adquirir sensatez. Tal como se diz que aprender é uma forma de entendimento, que faz uso do conhecimento científico, assim também dizemos do juízo que é uma forma de entendimento, quando empregamos a nossa capacidade de formar opinião para ajuizarmos acerca do que alguém diz sobre um determinado assunto do
15    âmbito da sensatez. Nessa altura ajuizamos bem, porque na verdade é o mesmo ajuizar corretamente e ter entendido corretamente. E é daqui que se introduziu o termo «entendimento», segundo o qual somos bem entendidos, a partir do processo de aprendizagem. Dizemos, pois, muitas vezes «aprender» no sentido de «entender».

## XI

1143a19    A capacidade de ser compreensivo,[179] segundo a qual dizemos que alguém tem capacidade de perdoar, é um discernimento correto do que é equitativo. Uma indicação disto é o fato de dizermos que o equitativo tem uma capacidade infinita de perdoar. Ser equitativo é ter a capacidade de perdoar algumas coisas. O perdão é a capacidade de ser compreensivo, isto é, trata-se da capacidade de discernir corretamente o que é equitativo. Uma tal capacidade de ser compreensivo é correta quando ajuíza em verdade. 25

Todas estas disposições tendem, de modo plausível, para o mesmo fim. Nós falamos de capacidade de ser compreensivo, de ter entendimento, sensatez e compreensão relativamente àquelas mesmas pessoas que mostram poder de compreensão e terem juízo, que são sensatas e têm entendimento. Todos estes poderes chegam a aceder aos limites extremos das situações que de cada vez se constituem na sua peculiaridade. Ora, quando alguém 30 tem capacidade de discernimento[180] acerca daquelas coisas que dizem respeito ao sensato, mostra ter entendimento e ser bastante compreensível ou ter capacidade de perdoar, porque todas as ações equitativas são comuns a todos os homens de bem nas suas relações com outrem. Assim, a possibilidade de ação diz respeito às situações que de cada vez se constituem em particular e aos seus limites extremos. Na verdade, também o sensato deve poder reconhecer a particularidade e o limite das situações que de cada vez se constituem; ter entendimento e poder de compreensão dizem respeito às situações particulares da ação; tais situações são 35 limite. O poder de compreensão intuitiva abre para ambas as dimensões das extremidades-limite, pois a compreensão intuitiva – e não a dedução 1143b1 lógica – abre tanto para os primeiros princípios axiomáticos quanto para os casos extremos e limite que de cada vez se constituem em particular. Enquanto a compreensão intuitiva, que intervém na obtenção da verdade por demonstração, abre para as primeiras definições imutáveis, a compreensão intuitiva que intervém nas situações de ação abre para o limite extremo de cada uma em particular, o qual pode ser [sempre] de maneira diferente, abre, assim também, para o teor da premissa menor. Estes são os próprios princípios fundamentais da compreensão do fim. A partir dos fins particulares que de cada vez se constituem, chega-se até ao fim universal. Também para este tem de haver uma intuição. Uma tal intuição é o poder de compreensão. 5

É por esta razão que se pensa que estes poderes são constituídos por natureza, e que ninguém é sábio naturalmente, isto é, parece que o Humano tem o poder, por natureza, de vir a ser compreensivo, ter entendimento e compreensão. Uma indicação disto é o fato de nós pensarmos que estes poderes acompanham as diferentes idades e que há uma idade determinada para compreender plenamente as coisas e ser totalmente compreensivo relativamente aos outros, como se a causa responsável por isso fosse natural. (É por isso que poder compreender é simultaneamente princípio e fim, pois os processos demonstrativos partem dos princípios fundamentais 10 e têm-nos em vista.) Deste modo, deve-se prestar atenção às declarações e às opiniões indemonstráveis de quem tem experiência de vida, dos que

# 132 | Ética a Nicômaco · *Aristóteles*

são mais velhos e são sensatos, não menos do que a prestada a declarações e opiniões demonstradas. É como se aqueles tivessem obtido através da experiência um olho com o qual veem corretamente.

15     O que é a sensatez e a sabedoria; a que entes concernem uma e outra: que cada uma delas corresponde a uma excelência de partes diferentes da alma humana foi o que acabou de ser analisado.

## *XII*

Pode levantar-se, ainda, a dificuldade de saber para que servem. A sabedoria não tem em vista nenhuma daquelas coisas a partir das quais o
20 Humano se pode tornar feliz (pois, nada tem de ver com a possibilidade de algo se gerar), a sensatez, por outro lado, tem essa possibilidade. Mas em vista de que fim será necessária? Se justamente a sensatez diz respeito à justiça, à beleza e à bondade para o Humano, são estes mesmos os fins em vista dos quais o homem de bem deve realizar as suas ações. Mas não
25 é por conhecermos estes fins que temos uma maior capacidade de ação, uma vez que as excelências são disposições meramente constitutivas do caráter. Do mesmo modo, não nos tornamos mais saudáveis, ou com uma melhor condição física, apenas por sabermos a que estados correspondem, mas pelo efetivo domínio da perícia que os produz, pois não nos tornamos mais saudáveis nem mais vigorosos apenas por percebermos [teoricamente] de medicina ou de teoria do treino. Se, por outro lado, não se pode dizer que a sensatez seja útil para sabermos o que são atos sensatos mas antes é útil para nos tornarmos sensatos, nessa altura ela não terá préstimo
30 mo para os que já são sérios.

Mas a sensatez também não poderá ser útil para os que não têm ainda qualquer disposição para agir sensatamente. E aqui não tem importância se eles são sensatos por si ou por obediência aos que a têm; para nós bastaria que nos comportássemos nestas matérias como a respeito da saúde. Pois na verdade queremos ter saúde mesmo que não tenhamos aprendido medicina. Além do mais, pareceria absurdo se a sensatez que é inferior à
35 sabedoria tivesse mais autoridade do que aquela, pois aquele poder que é capaz de produzir qualquer coisa governa e dá ordens a respeito de cada situação particular. Teremos ainda de falar acerca disto, porque até agora
1144a1 apenas levantamos dificuldades. Em primeiro lugar, temos de dizer que a sabedoria e a sensatez são em si mesmas possibilidades necessariamente preferenciais. Isto é, cada uma é a possibilidade extrema da parte da alma em que inere. Sabedoria e sensatez são preferenciais, mesmo que nenhuma delas produza o que quer que seja nos seus respectivos domínios. Em segundo lugar, tem de se dizer que, efetivamente, elas produzem algo, não, contudo, à maneira de a medicina restabelecer o estado saudável,

mas talvez como a própria saúde o cria. Assim, também a sabedoria cria 5
a felicidade, pois sendo parte da excelência total, torna quem a possui feliz, isto é, o acionamento da sabedoria é causa da presença da felicidade
nele. Além do mais, o trabalho específico do Humano é cumprido, na medida em que é feito de acordo com a sensatez e a excelência do caráter.
De fato, a excelência faz do fim um fim correto, e a sensatez abre para o
encaminhamento nessa direção. 10

De resto, não há nenhuma excelência desta espécie para a quarta
dimensão da lucidez humana, a saber, para a parte nutritiva [responsável
pela assimilação de alimentos e pelo crescimento]. Não há nada nela que
esteja dependente da nossa ação.

Mas talvez tenhamos que recuar um pouco para responder à objeção
segundo a qual através da sensatez não somos capazes de nos tornarmos
mais aptos para realizar ações belas e justas. Comecemos por este ponto
principal. Tal como dissemos dos que agem justamente poderem não ser
justos (isto é, ainda que pratiquem as ações que devem praticar e façam
tudo o que um homem sério deve fazer, por outro lado fazem-nos, apenas, 15
em conformidade com as disposições legais, ou involuntariamente, ou por
ignorância, ou por qualquer outro motivo extrínseco e não a partir de um
princípio fundamental intrínseco a si próprios), por outro lado, é também
possível a alguém agir em conformidade com uma disposição efetivamente constituída, isto é, agir como age uma pessoa de bem a respeito de cada
situação particular. Isto é, quando agem por decisão e em vista das próprias ações levadas à prática. A excelência faz a decisão ser uma decisão 20
correta; por outro lado, o que pode ser feito de modo natural para pôr
uma decisão em prática não diz já respeito à excelência, mas a um outro
poder. Temos de falar acerca disto para percebermos mais claramente de
que é que se trata.

Há uma certa capacidade a que damos o nome de esperteza. Ela é de
tal espécie que é capaz de realizar as ações que supostamente tendem de
modo concomitante para o fim tido em vista e assim atingi-lo. Ora quando 25
se trata de um fim magnífico, esta capacidade é louvável; mas se for mau, é
pura malícia. É por esse motivo que dizemos que tanto os sensatos como
os maldosos são espertos. Ora este poder não é sensatez, mas a sensatez
não existe sem esperteza. Mas a disposição deste olho que nasce na alma 30
não se constitui sem excelência, tal como foi dito primeiramente e parece
evidente. De fato, os raciocínios silogísticos que detêm o princípio fundamental em matérias de ação humana têm uma forma que pode ser assim
enunciada: «uma vez que o objetivo final, o fim suprema-mente bom, é tal
que...» (qualquer que ele seja – tomemos um qualquer ao acaso, em vista
da argumentação). Mas o fim suprema-mente bom apenas aparecerá ao
homem de bem. A maldade perverte e faz errar a respeito dos princípios 35

# 134 | Ética a Nicômaco • *Aristóteles*

fundamentais da ação humana, de tal sorte que é manifesto que é impossível alguém ter sensatez se não for um homem de bem.

# XIII

1144b1 Temos, então, de proceder a um novo exame acerca da natureza da excelência, pois, na verdade, ela comporta-se de um modo muito semelhante ao modo como a sensatez se comporta relativamente à esperteza – sensatez e esperteza não são o mesmo, mas são semelhantes. Assim também a excelência natural se comporta relativamente à excelência autêntica. Cada uma das disposições fundamentais constitutivas do caráter do Humano

5 parecem subsistir, de algum modo, em todos, sem exceção, por natureza. De fato, somos capazes de ser justos, sensatos e corajosos, bem como ter as restantes disposições de caráter constituídas logo desde o nascimento. Mas, mesmo assim, procuramos uma certa outra forma de bem autêntico e que as restantes disposições fundamentais deste gênero existam em nós de uma maneira diferente. É que também nas crianças e nos animais existem predisposições naturais para a constituição de disposições de caráter, só que, sem um poder de compreensão intuitiva, tornam-se nocivas. Isto,

10 pelo menos, parece poder observar-se: tal como pode acontecer a alguém com um corpo vigoroso, mas incapacitado de ver, que ao deslocar-se caia pesadamente por não ver, o mesmo pode acontecer a respeito das condições naturais sem o poder de compreender. Mas quem tiver o poder de compreensão, distingue-se no agir. A disposição que primeiramente era apenas semelhante à excelência ter-se-á tornado nessa altura uma excelência no sentido autêntico do termo. Assim, tal como a respeito do poder de

15 formar opiniões há duas formas, a esperteza e a sensatez, assim também a disposição fundamental do caráter humano tem duas formas: por um lado, a excelência natural, por outro, a excelência em sentido autêntico. Mas a excelência em sentido autêntico não se gera sem sensatez. É por isso que alguns dizem que todas as excelências são formas da sensatez, e foi assim que também Sócrates as investigou, por um lado, corretamente mas, por outro, erradamente. Errou porque tinha pensado que todas as excelências eram formas de sensatez; falou, por outro lado, corretamente

20 porque disse que nenhuma delas se constitui sem sensatez. Uma indicação disto é o fato de ainda agora todos, quando procuram definir o que é a excelência, para além de dizerem que se trata de uma disposição constituída que se manifesta em determinados comportamentos, acrescentam que existe «de acordo com o sentido orientador». Orientador é o sentido que projeta de acordo com a sensatez. De algum modo parece que todos

25 conjecturam que a excelência é uma disposição deste gênero, isto é, constituída de acordo com a sensatez. Mas talvez seja necessário alterar um pouco a fórmula. A excelência não é uma disposição constituída de acordo com

Livro VI | 135

o sentido orientador, mas é uma disposição constituída em cooperação com o sentido orientador. O sentido orientador projeta-se sobre as mesmas coisas que dizem respeito à sensatez. Sócrates tinha de fato pensado que todas as excelências eram princípios (na verdade, que todas eram formas de conhecimento científico); nós, porém, pensamos que são apenas cooperantes com o sentido orientador. É evidente a partir do que tem estado a ser enunciado que não é possível haver bem de modo autêntico sem sensatez, nem é possível que o Humano tenha sensatez sem a excelência da disposição fundamental do caráter. Mas assim também se resolverá o argumento dialético segundo o qual as excelências apenas poderão existir separadas umas das outras. Ou seja, que a mesma pessoa não pode estar naturalmente bem dotada para possuir todas as excelências, de tal sorte que pode apropriar-se de uma sem ter adquirido as restantes. Na verdade, isto é admissível a respeito das excelências naturais, mas a respeito daquelas excelências, segundo as quais se diz que alguém é simplesmente bom, já não é admissível. Pois se alguém tiver como única excelência a sensatez, logo terá presente nele todas as restantes.

É, pois, evidente, por outro lado, que mesmo que a sensatez não atuasse sobre o horizonte prático, ela nos seria necessária pelo fato de constituir a excelência de uma das partes da alma humana, e bem assim porque não poderá haver nenhuma decisão correta nem sem sensatez, nem sem excelência: esta faz-nos agir em relação ao fim; a sensatez faz-nos agir em relação aos meios para o atingir. Mas certamente que nem a sensatez terá domínio sobre a sabedoria nem sobre a melhor parte da alma humana, tal como nem a medicina tem domínio absoluto sobre a saúde. A medicina não se serve dela, mas vê como é que ela pode restabelecer-se. É por causa da saúde que a medicina dá as suas ordens, mas ela não dá ordens à saúde. Além do mais, algo semelhante seria dizer-se a respeito da perícia política que ela governa os deuses, porque dá ordens a respeito de tudo o que concerne à existência dentro de um Estado.

# Livro VII

## I

Posto isto, tem de ser dito, fazendo um novo começo, que há a respeito das disposições do caráter humano três formas que têm de ser evitadas. São elas a perversão, a falta de autodomínio[181] e a bestialidade.[182] As disposições contrárias às duas primeiras são evidentes. A uma chamamos excelência. À outra, autodomínio. A respeito da contrária à bestialidade, será mais apropriado falar-se de uma forma de excelência que transcende o Humano. A saber: de uma certa excelência heróica e divina, tal como Homero faz Príamo dizer de Heitor, que fora de tal forma extraordinariamente bom que *não parecia ser uma criança nascida de um mortal mas ter uma proveniência divina*.[183] Assim, se se diz que os homens se transformam em deuses por um excesso de excelência, é evidente que uma tal disposição será constituída de um modo oposto à bestialidade. Só que do mesmo modo que não se pode dizer haver perversão ou excelência a respeito de um animal, assim também não se poderá dizê-lo a respeito de um deus, porquanto o modo de ser deste terá um valor mais inestimável, portanto, maior do que o da excelência. A disposição do animal, contudo, será de um gênero diferente do da perversão. E é tão raro haver um homem com uma disposição de caráter divino, que os espartanos costumam, por exemplo, dizer de alguém, por quem têm uma forte afeição, que é um homem divino.[184]

Mas é também raro encontrar entre os Humanos um que tenha uma disposição bestial. Estes encontram-se sobretudo entre os bárbaros, embora se gerem também algumas formas bestiais por doença ou por defeituosidade. De resto, também falamos mal daqueles que são excessivamente perversos chamando-lhes animais. Mas uma degenerescência disposicional[185] deste gênero terá de ser mencionada mais tarde; agora temos de analisar, primeiramente, a natureza da depravação.[186] Analisemos, assim, primeiro, por um lado, a falta de autodomínio, a lassidão, a luxúria, e, por outro, o autodomínio e a perseverança.[187] De fato, não se pode supor que ambos estes grupos de disposições sejam idênticos, respectivamente, à ex-

# 138 | Ética a Nicômaco · *Aristóteles*

celência e à depravação. Contudo, também não se pode supor que se trata de um gênero de fenômenos diferente daqueles. É necessário, portanto, – tal como a respeito de outros fenômenos –, criar uma base fenomenal e levantar as primeiras dificuldades, para assim mostrarmos, tanto quanto

5 possível, todas as opiniões que se formam a respeito destas afecções patológicas da alma humana, ou, se não todas, pelo menos, a maior parte e as que revelarem ter uma maior autoridade. Porque terá sido mostrado o suficiente, se as questões mais difíceis tiverem sido resolvidas e tivermos ficado apenas com as opiniões mais conceituadas.

Parece, então, *a*) que o autodomínio e a perseverança são disposições sérias e louváveis, enquanto, da outra parte, a falta de autodomínio e a

10 lassidão são vis e repreensíveis. b) Demais, quem se domina a si permanece fiel às determinações do seu cálculo, enquanto quem não se domina está inclinado a traí-lo. *c*) O que não se domina, mesmo sabendo o que são ações vis, pratica-as – por causa da afecção patológica. Por outro lado, quem tem autodomínio, sabendo que os seus desejos são vis, não irá atrás deles, em virtude do sentido orientador. *d*) Todos dizem do temperado

15 que tem autodomínio e é perseverante. Mas que todos têm autodomínio e são perseverantes sejam temperados é afirmado por uns, mas negado por outros. Diz-se, por outro lado, indiscriminadamente, do devasso que não se domina e de quem não se domina que é devasso. Outros há, contudo, que distinguem os dois modos de ser. A respeito do sensato, *e*) uns dizem que nunca perde o autodomínio, outros, porém, dizem que alguns dos sensatos e espertos têm, de quando em vez, perda de autodomínio. *f*) Na verdade, diz-se dos que têm falta de autodomínio que o perderam

20 por causa da ira, pela ambição de honra e pela ganância. São, então, estas algumas das opiniões correntes acerca destas matérias.

## *II*

**1145b21**
**1, a respeito de c**
Pode, então, agora, levantar-se a questão de saber como é que alguém que tem uma noção correta de que o que vai fazer não está certo perde o domínio de si? Alguns dizem que tal não pode acontecer se essa pessoa tiver um verdadeiro conhecimento da situação. Porque, tal como pensava Sócrates, quando alguém está de posse de um conhecimento, é estranho que outra coisa mais forte o arrastasse atrás de si, tratando-o como

25 se fosse um escravo. Sócrates, na verdade, contestava completamente a nossa teoria, porque para ele não havia sentido para a noção de «falta de domínio». Segundo ele, ninguém age contra a noção que tem do que é o melhor de tudo, mas, quando assim age, fá-lo por ignorância. Ora esta teoria está manifestamente em contradição com os fatos da vida. É, por isso, necessário indagar desta afecção patológica, isto é, de que modo po-

Livro VII | 139

demos efetivamente agir por ignorância, bem como de que modo se pode ficar cego de ignorância. Pois, na verdade isto parece claro: quem perdeu o domínio de si não pensa que age corretamente, pelo menos antes de ter ficado sob o efeito de uma afecção. Alguns há que em parte concordam com esta teoria de Sócrates, em parte não concordam com ela. Por um lado, estão de acordo em dizer que não há nada mais poderoso do que o conhecimento. Mas já não estão todos de acordo que ninguém possa agir contra a opinião do que será pelo melhor. E é por este motivo que dizem que quem perdeu o domínio de si e sucumbe aos prazeres não tem nenhum conhecimento do que é o melhor, mas apenas uma mera opinião. Mas, certamente, se nele dominar uma mera opinião e não um verdadeiro conhecimento do que é o melhor, a convicção que forma acerca do que será pelo melhor não será suficientemente poderosa para poder oferecer resistência, mas é uma convicção fraca. É o que acontece com naturezas que têm tendências conflituosas. Por outro lado, se há perdão para os que não conseguem manter-se fiéis às suas opiniões em face de desejos poderosos, por outro, não poderá haver perdão para a depravação nem para nenhuma ação absolutamente repreensível. Será, então, que a sensatez tem o poder de oferecer resistência ao desejo de prazer, porque a sensatez é, de fato, o que há de mais poderoso? Mas tal é absurdo, porque nessa altura alguém poderia ao mesmo tempo ser sensato sem domínio de si. Isto é, ninguém poderá dizer que o sensato é voluntariamente capaz dos atos mais vergonhosos que pode haver. Acresce a isto o que foi mostrado primeiramente. O sensato é atuante, pelo menos, no horizonte prático (o seu horizonte de atuação é o das situações-limite que de cada vez se constituem de modo particular) e, na verdade, atuante, quando detém em si já constituídas as restantes excelências do caráter.

Ainda, se quem tem domínio de si se confronta com desejos lascivos poderosos e vergonhosos, o temperado não poderá ter domínio de si não menos do que quem tem domínio de si poderá ser temperado, pois quem é temperado não tem de se confrontar com desejos que passam da medida e são vergonhosos. E contudo certamente que tais desejos lascivos poderosos e vergonhosos têm de nascer em quem tem domínio de si. Porque se nele apenas nascerem desejos bons, a disposição que impede de segui-los é insignificante, de tal sorte que nem todo o autodomínio é uma coisa séria. Porquanto, por um lado, se forem desejos leves e não vergonhosos, não há nada de venerável em dominá-los, tal como, por outro lado, não há nada de grandioso em dominar desejos, de fato vergonhosos, mas leves.

Demais, se o domínio de si nos fizer permanecer fiéis a toda e qualquer opinião, é uma coisa má. Por exemplo, no caso de nos fazer insistir numa opinião falsa. Por outro lado, se uma perda de domínio nos fizer

**140** | Ética a Nicômaco · *Aristóteles*

20 abandonar uma determinada opinião, pode ser boa, como o caso de Neoptólemo no *Filoctetes* de Sófocles. Na verdade, ele é louvável por não ter sido coerente com as resoluções que foi levado a tomar por Ulisses, porque lhe era penoso mentir.[188]

4, a respeito de *a, c*
Demais, o argumento [falacioso] dos sofistas levanta uma dificulda-de. Ao pretenderem provar paradoxos, para que, caso obtenham suces-so, mostrem a sua esperteza, fazem um raciocínio que gera uma aporia. 25 O pensamento fica enredado, porque, por um lado, não consegue dar-se por satisfeito com a conclusão [aparente] a que chega, por outro, também não consegue progredir. Na verdade, não há como desatar o nó do argu-mento [falacioso]. Assim a conclusão que resulta de um argumento deste gênero pode ser, por exemplo: «A insensatez[189] em colaboração com a fal-ta de domínio é uma excelência.» Isto porque alguém pode agir de modo contrário ao modo como supõe que deve agir, por perda de domínio. Ora, 30 esse alguém supõe que o bem é um mal e não deve praticá-lo. Assim, ao agir de modo contrário ao modo como supõe que deve agir, praticará o bem e não o mal.

5, a respeito de *b, d*
Demais, quem age em vista do prazer e o persegue, por convicção e decisão, parece ser melhor do que quem não age por cálculo, mas por falta de domínio. Ou seja, o primeiro parece poder ser mais facilmente corrigi-do, porque pode ser convencido a alterar as suas convicções. Na verdade, 35 o provérbio: «Se a água é capaz de sufocar, porque a bebemos?» parece 1146b1 poder aplicar-se a quem não se domina. Se alguém age por ter sido con-vencido a fazer o que faz, deixará de o fazer se for convencido de outro modo. Contudo, estando ele agora convencido de que deve fazer uma 6, a respeito de *f* coisa, ainda assim fará uma coisa diferente. Ainda, se perda de domínio e o autodomínio podem ser ditos a respeito de tudo na existência, quem é que existe com uma absoluta falta de domínio? Porque ninguém perde o domínio a respeito de tudo. Contudo, dizemos de alguns que têm uma falta de domínio absoluta. Tais são as dificuldades que se levantam. Umas têm de ser resolvidas, mas outras ficarão deixadas em aberto. Porque re-solver uma dificuldade é uma forma de descoberta.

## *III*

1146b8
Em primeiro lugar, (1) temos de analisar se os que não têm domínio de si agem sabendo o que fazem ou não, e, se sim, de que modo o sabem. Depois, (2) temos de analisar a respeito de que acontecimentos se situa o 10 que não tem domínio de si e o que tem autodomínio, quero dizer, se é a respeito de toda a forma de prazer e sofrimento ou se é apenas a respei-to de algumas manifestações determinadas de prazer e de sofrimento. E

será que ter domínio de si é o mesmo ou é diferente de ser perseverante? E assim de modo semelhante a respeito de todas as questões que são
congêneres ao que aqui está em causa.

O ponto de partida desta investigação é, então, o de saber (a) se quem  15
tem domínio de si e quem não o tem são diferentes em vista dos seus objetos de prazer ou, antes, do modo como se comportam relativamente a
eles. Quer dizer, se quem não tem domínio de si o perde por causa de um
prazer específico ou *pelo modo* específico *como* se comporta relativamente
a ele. Ou ainda, se é por ambos os motivos. (b) A seguir a questão é a de
saber se o domínio de si e a sua perda dizem respeito a todos os campos
da existência. Pois, o que não se domina não tem necessariamente uma  20
falta absoluta de domínio em todos os campos da existência, mas apenas
naqueles relativamente aos quais definimos o devasso. A lascívia do devasso não é, em absoluto, insusceptível de ser dominada (porque se fosse
impossível de dominar, a lascívia e devassidão seriam a mesma coisa), quer
dizer, ela não é dominada, mas porque o afeta de um modo determinado.
Certamente, o devasso é levado pela lascívia, mas também não é menos
levado por uma decisão sua. Porque pensa que tem de ir sempre atrás do
gozo do instante presente.

Ora quem não se domina pensa que não deve perseguir o prazer, mas
não consegue deixar de o perseguir. Agora saber se, quando se perde do-  25
mínio de si, é a opinião verdadeira e não um verdadeiro saber o que ganha
preponderância, não tem qualquer relevância para a nossa argumentação.
Na verdade, alguns dos que apenas têm uma opinião formada não perdem tempo com hesitações, e pensam, antes, estar de posse de um saber
rigoroso. E se é verdade que quem tem uma mera opinião age mais frequentemente contra o que supõe dever fazer do que quem tem disso um
conhecimento rigoroso (em razão da diferença de graus de convicção), não
se distinguirá a este respeito a simples opinião do conhecimento rigoroso.
Na verdade, há quem não acredite menos nas suas convicções lá porque  30
foram formadas sobre meras opiniões do que quem as tem fundadas sobre conhecimentos rigorosos. Isto mesmo mostra-o Heráclito.[190]

(a) Mas como se diz «ter conhecimento» de duas maneiras (na verdade, diz-se que «tem conhecimento» tanto quem faz uso efetivo dele
quanto quem não faz efetivamente uso dele, pese embora o possua), assim também se diz haver diferença entre, por um lado, dispor de um conhecimento daquilo que se deve ou não fazer mas não o ter acionado em
vista do momento de agir e, por outro, dispor desse conhecimento e tê-lo
acionado em vista no momento da ação. Ora se esta última possibilidade  35
parece extraordinária, a primeira já não, porque não causa estranhe-
za que alguém aja, sem ter o conhecimento acionado em vista da sua

# 142 | Ética a Nicômaco · *Aristóteles*

1147a1 situação. (*b*) Demais, há dois tipos diferentes de premissas (maior e menor). Ora, mesmo quando se dispõe dos dois tipos de premissa, nada pode coibir ainda de se agir contra esse conhecimento. Isto é, pode, por exemplo, fazer-se, de algum modo, uso do conhecimento da premissa universal sem, por outro lado, fazer-se uso do conhecimento da situação particular dada. Ora, justamente no horizonte prático, as circunstâncias de ação são situações-limite que se constituem, de cada vez, de forma particular. Mas há
5 também uma diferença de tipos a respeito da premissa universal. Um diz respeito ao próprio agente, o outro à própria situação de ação. Por exemplo, pode dispor-se do conhecimento universal de que os alimentos secos são bons para todos os homens e ter-se esse conhecimento efetivamente acionado; pode saber-se até que alguém é um homem e que determinado tipo de alimento é seco. Por outro lado, pode não ter-se o conhecimento de que este alimento específico aqui seja desse gênero, ou então dispor do conhecimento acerca desse alimento mas não acionado no momento.

Há, portanto, uma diferença extraordinariamente grande entre estes modos de conhecimento, de tal sorte que não parece absurdo que quem não se domina tenha conhecimento no primeiro sentido do termo (isto é, dispor do conhecimento do que não deve fazer, mas não o ativar quando
10 deve), mas já seria espantoso se o tivesse no segundo sentido (isto é, que além de dispor de conhecimento, também o ativasse em vista da situação em que se encontra). (*c*) Mas os Humanos podem ainda «ter» conhecimento de um modo diferente daqueles que foram mencionados até aqui. Na verdade, conseguimos apurar diferenças de estado naquele modo de dispor de conhecimento sem estar acionado. Trata-se, de algum modo, de um ter e não ter simultaneamente. É o que acontece, por exemplo, com quem dorme, com o louco e com o bêbedo. Mas também é certamente assim com os
15 que se encontram sob o efeito de paixões, pois alguns acessos de ira, lascívia, e afetações do gênero, alteram manifestamente o corpo e criam até em algumas pessoas um estado de demência. É evidente que quem perde o domínio «tem» conhecimento ao modo daqueles o «terem». Nem, por exemplo, o fato de proferirem enunciados científicos é alguma indicação de que dispõem de conhecimento científico, pois também quem se encontra
20 sob o efeito daqueles estados de paixão consegue repetir demonstrações de teoremas da geometria e dizer de cor versos de Empédocles. De resto, os que estão a começar a aprender qualquer coisa também repetem vezes sem conta os enunciados dessa matéria, sem que se tenham já apropriado dos conteúdos correspondentes. Pois, estes precisam, primeiro, de ser assimilados, o que requer tempo. Assim, o que dizem os que perderam o domínio tem de ser concebido do mesmo modo que o que dizem os atores
25 quando representam o seu papel em palco. (d) Além disso, é possível considerar o fundamento responsável pela falta de domínio de si como sendo

constituído naturalmente. Assim: há, por um lado, uma opinião universal que corresponde à premissa maior. Por outro lado, há uma opinião que concerne as situações que, de cada vez, se constituem de um modo particular e que corresponde à premissa menor. Relativamente a este campo do particular a percepção desempenha um papel preponderante.

Assim, quando se forma uma opinião a partir da geminação das duas primeiras, a alma é obrigada no horizonte teórico a *afirmar* a conclusão derivada. No caso de se tratar do horizonte prático, a alma é obrigada a agir imediatamente. Por exemplo, se se diz «tem de se provar todas as coisas doces», e se «esta coisa aqui é doce», enquanto uma das coisas particulares que são doces, aquele que tem essa possibilidade, e nada o impede, tem necessariamente que pôr logo esse conhecimento na prática. Quando, porém, se forma na nossa alma uma opinião universal que nos quer impedir de provar coisas doces e simultaneamente se forma uma segunda opinião segundo a qual «tudo o que é doce é agradável», se houver, ainda, uma premissa menor que diz «isto aqui é doce» (e há uma percepção efetiva de que assim é), se, demais, o apetite se abrir no momento em que isso está presente, nessa altura gera-se um conflito, porque enquanto a opinião universal [premissa maior] nos diz para evitar [comer doces], ao mesmo tempo, contudo, o desejo que se sente, ao ser capaz de pôr em movimento todas as partes do nosso corpo, impele-nos nessa direção. Daqui resulta gerar-se um estado de perda de domínio pela ação provocada por um determinado princípio ou por uma certa opinião, uma opinião, contudo, que é contrária ao sentido orientador, não de forma absoluta, mas apenas acidentalmente. Na verdade, não é a opinião mas o desejo que o contraria. Quer dizer, não se pode dizer que os animais não têm domínio de si por este motivo, pois não têm concepção do universal. Isto é, apenas têm imaginação[191] e memória das situações particulares em que se encontram.

Se se pergunta pelo modo como se dissipa o estado de ignorância e de que modo quem perdeu o domínio de si pode voltar a ficar de posse do conhecimento de si, a resposta é a mesma que se dá quando fazemos a mesma pergunta a respeito da recuperação do estado de sobriedade dos bêbedos e do regresso ao estado de vigília de quem dorme, isto é, a dissipação do estado de ignorância não é mais peculiar à perda de domínio de si do que a de outros estados de afecção. A respeito disto, é preciso ouvir o que os fisiólogos têm para dizer do assunto.

A última premissa é, assim, uma certa opinião formada acerca do que é perceptível e é preponderante no horizonte prático ao incentivar as ações. Deste modo, quem está num estado de afecção não tem uma tal opinião ou tem-na mas sem que corresponda, por isso, a um conhecimento efetivo, mas mais um dizer da boca para fora, tal como um bêbedo que repete

**144** | Ética a Nicômaco · *Aristóteles*

de cor os versos de Empédocles. Ora, então, se o último termo não é um conhecimento universal nem se parece em nada semelhante a um conhe-
15 cimento científico, o resultado a que chegamos parece em tudo idêntico ao que Sócrates procurava. Porque quando sucumbimos à paixão, não está presente aquela forma de conhecimento que é autêntico, pois este não poderá ser arrastado por nenhuma forma de paixão. Antes, o tipo de conhecimento aí vigente abre meramente para o campo preceptivo.

Seja isto o bastante que há para dizer acerca de quem sabe e de quem não sabe [o que faz] e de como é possível perder o domínio de si, sabendo [o que é o melhor de tudo].

## IV

1147b20     Temos de analisar agora, se alguém pode ter uma falta de domínio em absoluto ou se a tem apenas relativamente a determinados campos da existência e quais poderão ser. Em primeiro lugar, é evidente que os que têm domínio de si e são perseverantes são qualificados desse modo por relação com o mesmo horizonte de prazeres e de sofrimentos que permite qualificar os que não têm domínio de si e são frouxos. Mas as coisas que
25 dão prazer são de dois tipos. Umas são necessárias; outras são desejáveis em si mesmas, mas admitem excesso. Necessários são os prazeres do corpo (refiro-me a prazeres como os da comida e os sexuais, e todos aqueles prazeres do corpo relativamente aos quais determinamos a possibilidade da devassidão e da temperança); outros prazeres há que não são necessá-
30 rios mas desejáveis por si próprios (refiro-me aos da vitória, da honra, da riqueza e, em geral, a prazeres deste gênero pelas coisas boas e agradáveis). Ora nós não chamamos sem domínio de uma forma absoluta àqueles que, a respeito deste tipo de desejos, ultrapassam as marcas constituídas pelo sentido orientador, mas acrescentamos que não tem domínio a respeito da riqueza, ou do lucro, ou da honra e do acesso de ira; não dizemos simplesmente que não têm domínio porque estes correspondem a um tipo
35 diferente de homens. São assim chamados por semelhança, tal como se
1148a1 chama Humano aquele que venceu as Olimpíadas. Com ele acontece que a designação comum «Humano» pouco se distinguiu do nome próprio. Contudo, o seu sentido é completamente diferente.[192] Uma indicação disto é o fato de a falta de autodomínio não ser apenas repreendida como se fosse um simples erro, mas também por ser uma perversão, seja ela absoluta, ou apenas a respeito de situações particulares. Ora nenhum daqueles casos acima mencionados é falta de domínio neste sentido por incorrerem
5 em erro e serem perversos. A falta de domínio é determinada em função da exultação sentida com os prazeres do corpo, ou seja, com prazeres a respeito dos quais definimos o temperado e o devasso. Neste horizonte, aquele que vai atrás de prazeres excessivos e foge do que é penoso – da fome, da sede, do calor e do frio e em geral de tudo aquilo que cai dentro

dos campos sensoriais do tato e do paladar –, não por tê-lo decidido, mas ao ir precisamente contra a sua decisão e intenção, esse não tem domínio 10 de si. A sua perda de domínio não requer uma qualquer outra sobredeterminação, como por exemplo se diz que alguém perde o domínio de si a respeito de algo concreto por causa de um acesso de ira. A perda de domínio aqui em causa é absoluta. Uma indicação disto é o fato de nós definirmos os frouxos[193] em função deste tipo de falta absoluta de domínio a respeito do gozo sentido com os prazeres do corpo e não a respeito de nenhuma qualquer outra forma de prazer, a qual requer um acréscimo de determinação. É, então, por este motivo que pomos nesta mesma categoria de prazeres (obtidos com o corpo) tanto quem não tem domínio de si e é devasso, quanto quem tem domínio de si e é temperado. Porém, apesar de ambos serem definidos em função do mesmo horizonte de prazeres e 15 de sofrimentos, eles não constituem a sua disposição do mesmo modo; uns são assim por uma decisão; outros não tomaram nenhuma decisão. Por isso chamamos mais propriamente devasso àquele que persegue o excesso nos prazeres, mesmo sem sentir desejo ou então só levemente, e evita todos os sofrimentos, mesmo os mais moderados, do que chamamos devasso àquele que age desse modo mas por sentir desejos veementes e sofrimentos violentíssimos. Pois que é que não faria o primeiro, se sentisse 20 nascer dentro de si os desejos ardentes da juventude e tivesse, pela falta dos prazeres necessários, um terrível mal-estar?

Mas há certamente desejos e prazeres que têm como objetos aquele gênero de coisas que são magníficas e sérias (pois na verdade, tal como os distinguimos primeiramente, alguns dos prazeres são eleitos pela sua própria natureza, outros há que lhes são contrários e outros ainda encontram-se numa posição intermédia). É o caso da riqueza, do lucro, da vitória e da 25 honra. Ora relativamente a todo este gênero de desejos e prazeres, bem como relativamente aos da classe intermédia, ninguém é repreendido apenas por sofrer por eles, desejá-los ou gostar deles, mas porque estas formas de se relacionar com eles são excessivas. (E assim se passa com todos os que, contra o sentido orientador, são dominados por – ou perseguem – fins em si mesmos magníficos e bons, como acontece com os que se esforçam por ambição de honra, ou se preocupam mais do que devem com os seus pais e filhos. Ora em causa estão coisas boas e quem se preocupa com elas 30 até é louvado; contudo, admitem excesso, e podem tornar-se obsessivas. Se alguém for como Níobe, e combater contra os deuses,[194] ou for como Sátiro, devoto do pai,[195] assim chamado pela extrema devoção ao seu pai, 1148b1 tão excessiva que parecia estar apaixonado por ele, não manifesta nenhuma forma de depravação do desejo pelo motivo já mencionado). Isto é, estas espécies de desejos e de prazeres são em si mesmas passíveis de serem escolhidas pela sua própria natureza. Porém, quando levadas ao excesso são

# 146 | Ética a Nicômaco · *Aristóteles*

5 más e absolutamente repreensíveis. De modo semelhante também não se pode falar aqui de falta de domínio, porque a falta de domínio não apenas deve ser evitada, como é uma das coisas que devem ser absolutamente repreendidas. É por uma semelhança na forma da afecção patológica que se fala aqui de falta de domínio, embora acrescentada da determinação específica a que se reporta; tal como quando falamos de um mau médico ou de um mau ator, não nos referimos a ninguém a quem chamaríamos absolutamente mau sem mais nenhuma especificação. Do mesmo modo, também aqui não se dá o caso [de chamarmos má pessoa ao mau médico 10 e ao mau ator], por não haver neles nenhuma forma de maldade específica, mas apenas uma maldade por semelhança e analogia. Assim também é evidente que só se pode conceber haver domínio e perder domínio a respeito do horizonte relativamente ao qual se definem as disposições do caráter da temperança e da devassidão. Porquanto, também a respeito do horizonte da ira, falamos de domínio de si e de falta ou perda de domínio mas apenas por semelhança. Isto é, temos sempre de acrescentar perda de domínio por acesso de raiva, tal como dizemos sem domínio na ambição de honra e na obtenção de lucro.

*V*

1148b15     Uma vez que há alguns prazeres que existem por natureza, e, destes, uns são-no em absoluto, outros, conforme as espécies de animais em que inerem ou conforme os Humanos, outros há, contudo, que não existem por natureza, mas por uma degenerescência motivada por defeituosidades ou maus hábitos, outros ainda motivados por naturezas perversas. Também se pode ver a respeito de cada uma destas espécies de prazer as disposições 20 do caráter que lhes correspondem. Refiro-me às naturezas bestiais, como a respeito daquela antropóide de quem se diz que abria a barriga às grávidas para lhes comer os bebés,[196] ou a respeito de alguns povos selvagens do mar Negro, de quem se diz comerem deliciados, uns, carne crua, outros, carne humana, outros ainda, oferecerem os próprios filhos uns aos outros para um banquete público, ou a respeito do que é contado de Fálaris.[197] 25 Estas degenerescências são bestiais; umas geram-se por doença (e nalguns casos até por loucura, como é o caso daquele homem que ofereceu a própria mãe em sacrifício, tendo-a comido, ou o caso do escravo que comeu o fígado de um companheiro de cativeiro), outras degenerescências são mesmo doentias ou são consequências de (maus) hábitos, como arrancar os próprios cabelos ou roer as unhas, ou até carvão e terra, bem como toda a espécie de práticas sexuais entre homens.[198] Pois estas práticas são 30 o resultado em alguns casos da própria natureza, noutros, do mau hábito, como acontece com os que foram abusados desde a infância. Ora no caso de todos os prazeres acerca dos quais não há falta de domínio, tal como não se pode dizer que as mulheres não se contêm, quando desempenham na cópula um papel ativo e não passivo, assim também não se pode falar de domínio a respeito de toda a degenerescência doentia produzida pelos maus hábitos.

A disposição constituída por cada uma destas formas de degenerescência extravasa os limites da perversão, tal como também a bestialidade. Não pode dizer-se que dominar ou sucumbir a uma tal disposição tenha que ver com uma simples falta de domínio, a não ser por semelhança, tal como o irascível não pode ser definido simplesmente como alguém que perde o domínio de si, mas, antes, como alguém que perde o domínio por causa de determinada afecção. 1149a1

Toda a forma excessiva de insensatez, covardia, devassidão e mau feitio pode ser considerada bestial ou doentia. Quando alguém é, por natureza, de tal maneira propenso a ter medo de tudo, até do chiar de um rato, diz-se que é bestialmente cobarde e que a sua covardia é bestial; aquele homem de quem se diz que tinha medo de uma doninha era por doença. E a respeito dos dementes, os que são por natureza incapazes de razão e vivem apenas pela percepção, são bestiais, tal como acontece com alguns povos bárbaros distantes; outros ainda são dementes por doença, como os que sofrem de epilepsia, ou de outras formas doentias de loucura. 5

10

Contudo, é possível ter apenas uma tendência para algumas destas formas de degenerescência e não se ser dominado por elas. Refiro-me, por exemplo, ao caso de Fálaris não conter o seu desejo de comer crianças ou de certas outras aberrações a respeito dos prazeres sexuais. Mas, por outro lado, é também possível ser-se dominado por estas formas de degenerescência e não apenas ter uma tendência para elas. Assim também no que respeita à perversão, aquela que existe no limite do horizonte Humano é chamada simplesmente perversão, mas aquela que é uma manifestação de bestialidade ou de morbidez não pode ser chamada simplesmente perversão, mas deve ter a sobredeterminação, perversão bestial ou perversão mórbida. Do mesmo modo, é, então, evidente que também a respeito da perda de domínio de si há uma forma de bestialidade e outra de morbidez. Mas perder absolutamente o domínio de si, sem mais nenhuma sobredeterminação, é a devassidão, enquanto uma forma de perversão que está ainda contida dentro dos limites do horizonte humano. 15

20

É, portanto, manifesto, por um lado, que não ter domínio e ter domínio de si são possibilidades de comportamento relativamente ao mesmo horizonte que define as disposições que pervertem a temperança; por outro lado, é também evidente que quando a falta de domínio é definida a respeito de outras formas de perversão, ela é assim designada de um modo metafórico, pedindo, contudo, uma especificação.

# VI

**1149a24** Vejamos agora que a falta de domínio a respeito do horizonte da ira
**25** é menos vergonhosa do que a que acontece a respeito da lascívia. É que
a ira parece escutar ainda a voz da razão, ainda que a escute mal.

O mesmo acontece com os criados precipitados, que, antes ainda de
terem ouvido tudo o que lhes está a ser dito, começam logo a correr e depois executam mal as ordens dadas, ou com os cães que, antes de saber se
alguém é amigo, começam logo a ladrar, mal ouçam um ruído. Do mesmo
**30** modo, a ira, instada pelo calor e precipitação próprias da sua natureza,
escuta ainda o comando que lhe é dado pela razão, mas escuta mal, e
precipita-se logo na direção da vingança. Mal a razão ou a fantasia reve-
lem que se recebeu um insulto ou se sofreu uma humilhação, a ira, como
que concluindo a partir de um raciocínio que deve fazer guerra à pessoa
que nos ofendeu, sente-se, logo, agravada. A lascívia, por outro lado, mal
a razão ou a percepção lhe digam que há prazer à vista, atira-se logo na
**1149b1** direção da exultação. Mas, de fato, a lascívia é mais vergonhosa do que
a ira. O que não domina a ira pode ainda de certo modo ser dominado
pela razão. Contudo, o que não domina a lascívia não é nunca dominado
pela razão.

Por outro lado, perdoa-se mais facilmente quem vai atrás dos seus apeti-
**5** tes naturais, porque também no que respeita aos desejos, são mais facilmente
perdoáveis, os que são comuns a todos os homens, ou os que são mais comuns ao maior número possível de homens. Por outro lado, a ira e o sentimento de agravo são mais naturais do que os desejos excessivos e que não
necessários. Tal como aquele que se desculpa por bater no seu pai, dizendo
**10** que «porque também este batia no seu e o seu no dele», e, apontando para
o seu filho ainda criança, diz: «Também este me baterá a mim, quando se
tiver tornado adulto: está-nos no sangue.» Ou como aquele que estava a
ser empurrado pelo seu filho até à porta, e lhe pediu para parar, pois também ele costumava empurrar o pai dele mas apenas até aí.

Quanto mais dissimulados, mais injustos são os homens. Ora o elemento irascível no Humano e a ira não são dissimuláveis, mas características
**15** manifestas. A lascívia, contudo, tal como se diz de Afrodite: *tecelã de tru-*
*ques, nascida em Chipre,*[199] e Homero diz do seu cinto bordado *persuasão*
*que dissimula até o sentido, mesmo de quem pensa com consistência.*[200] De
tal sorte que a falta de domínio da lascívia é mais injusta e vergonhosa
**20** do que a falta de domínio da ira; a primeira forma de falta de domínio é
absoluta e, de algum modo, uma perversão.

Demais, ninguém comete um ato insolente se estiver a sofrer. O irado
faz tudo o que faz por estar oprimido; o insolente age tomado de prazer.
Se, por um lado, nos irritamos de forma absolutamente justa quando rea-

gimos a injustiças que nos tenham feito, por outro lado, quem não domina a lascívia é mais injusto do que quem não domina a ira, porque não há elemento de insolência na ira.

Portanto, é evidente que quem não domina a lascívia é mais vergonhoso que quem não domina a ira, tal como evidente é que ter domínio e não ter domínio são formas de comportamento relativamente aos desejos e aos prazeres do corpo. Temos pois de ver os diferentes tipos de desejo e de prazer que há. Tal como foi dito por nós ao princípio das nossas análises, há desejos especificamente Humanos e naturais em gênero e grandeza; outros há que são de natureza bestial; outros ainda são degenerescências ou mórbidos. As disposições do caráter temperança e devassidão constituem-se apenas a respeito dos desejos e prazeres do primeiro gênero e grandeza. Por esse motivo também não se diz dos animais selvagens que são temperados ou devassos a não ser metaforicamente ou se de algum modo um gênero animal se distingue em geral de um outro gênero animal pela lascívia, pela sua capacidade destrutiva e depravação. É que os animais selvagens, tal como os homens loucos, não têm poder de decisão nem capacidade de raciocínio, mas são degenerescências que saem para fora da sua natureza. A bestialidade é [um] mal menor do que a perversão, mas é mais terrível. Pois não destrói o melhor no animal, tal como faz com o Humano, porque o animal não pode ansiar a ser melhor. Seria o mesmo se, ao compararmos um ente dotado de alma com um ente inanimado, perguntássemos qual é o melhor. A ruindade do que não detém o princípio da ação é sempre menos danosa. E o poder de compreender é um tal princípio. Seria, por outro lado, semelhante ainda comparar uma injustiça com o homem injusto; um homem pode sempre ser mais injusto do que outro e uma injustiça pode ser sempre pior do que outra. Pois, o Homem tem uma capacidade destrutiva dez mil vezes pior do que um animal selvagem ou um homem *bestial*.

## $\mathcal{VII}$

A respeito dos prazeres e dos sofrimentos que se constituem nos campos sensoriais do tacto e do paladar, e respectivas formas de desejo e fuga, as quais conformam a devassidão e a temperança, é possível, por um lado, estar de tal forma disposto que se é dominado, quando a maioria, nas mesmas circunstâncias, tem o domínio da situação, e, por outro, é também possível estar de tal forma disposto que se mantém o domínio da situação, quando a maioria, nas mesmas circunstâncias, o perde. Ora as possibilidades de ter ou não domínio de si definem-se relativamente aos prazeres que nascem precisamente naqueles campos sensoriais [*sc.* tato e paladar]. Por outro lado, relativamente aos sofrimentos que aí têm lugar definem-se as possibilidades de se ser frouxo e perseverante. A disposição

**150** | Ética a Nicômaco · *Aristóteles*

da maioria encontra-se no espaço intermédio entre aquelas duas disposições, ainda que se inclinem mais para a disposição pior.

Ora uma vez que alguns prazeres são necessários e outros não são, e são necessários apenas até certo ponto, sem admitir excesso nem defeito, e uma vez que o mesmo se passa com os desejos e os sofrimentos necessários, 20 – devasso é quem persegue o excesso no prazer ou prazeres excessivos, e, na verdade, quando os persegue por decisão própria em vista do excesso e não de qualquer outra consequência daí resultante. É forçoso que alguém deste gênero não tenha nenhuma disposição natural para se arrepender do que faz, de tal sorte que é incurável. Pois, na verdade, quem for capaz de se arrepender pode ser curado. Quem não sente falta nenhuma [destes prazeres] é o oposto do devasso. Mas quem se encontra na disposição intermédia é temperado. De modo semelhante [devasso] é também quem 25 foge aos sofrimentos do corpo [causados pela insatisfação do desejo], não por lhes sucumbir, mas por uma decisão tomada pelo próprio. Há também os que não chegam a tomar nenhuma decisão. Estes são obrigados a perseguir o prazer, e a procurar escapar ao sofrimento causado pelo desejo insatisfeito. Há assim diferenças entre estes dois modos de ceder ao prazer, ora por uma decisão tomada ou sem decisão prévia. Parece assim a toda a gente ser pior alguém que pratica uma certa ação vergonhosa não sentindo desejo ou sentindo-o levemente do que alguém que pratica uma ação vergonhosa tomado por um desejo violento. Assim também parece 30 pior que alguém bata a outrem sem estar irado do que alguém que o faz num acesso de ira. Pois, o que não seria capaz de fazer quando estivesse sob o domínio do acesso de ira? Por este motivo ser devasso é pior do que não ter domínio de si.

Dos tipos que foram mencionados, um parece mais ser frouxo. O outro parece de fato ser devasso. Enquanto o que tem domínio de si se opõe ao que o não tem, o perseverante opõe-se ao frouxo.

Assim, enquanto perseverar manifesta-se na ação de resistir, exercer autodomínio manifesta-se, por outro, na ação de perseverar. Quer dizer, resistir e perseverar são ações tão diferentes, quanto são diferentes não ser 1150b1 derrotado e obter vitória. Por este motivo, exercer autodomínio é preferível à ação de perseverar. O que mostra incapacidade de resistência naquelas situações em que até a maior parte é capaz de resistir é frouxo e lasso, pois também a lassidão é uma certa forma de frouxidão. Como, por exemplo, é o caso daquele que deixa escorregar o seu manto e o deixa ficar no chão 5 para não se cansar com o trabalho de ter de o apanhar, ou daquele que faz de conta que está doente e não se apercebe que *é* miserável, ao imitar quem *está* de fato num estado miserável. De modo semelhante se passa com as possibilidades de se ter autodomínio e não se ter autodomínio. Não é nada espantoso se alguém é derrotado por prazeres ou sofrimentos vigorosos e excessivos, é até perdoável se alguém lhes sucumbe depois de ter oferecido resistência. Tal é o caso de Filoctetes de Teodectes[201] quando é mordido pela víbora ou o caso de Cércion na Álope de Cárcino,[202] ou o caso dos que tentam reprimir o riso e acabam por explodir com uma gargalhada, como acontecia a Xenofonte. [Espantoso é, então,] se, relativamente àquelas situações [de prazer e sofrimento] em que os muitos conseguem oferecer resistência, alguém é derrotado sem ser capaz de lhes oferecer resistência, exceto se a incapacidade de oferecer resistência for de uma natureza genética ou causada por doença, como é o caso da frouxidão genética da família real de Cítia[203] e como em geral o sexo feminino relativamente ao masculino. Também parece que o que é do gênero brincalhão é devasso; mas, na verdade, ele é mais um frouxo.

A brincadeira é uma forma de relaxamento, no caso de se tratar de um descanso. Ora o do gênero brincalhão tende excessivamente para o descanso. Há a considerar ainda duas formas de falta de domínio, uma é por precipitação, a outra por fraqueza. Uns são os que, mesmo tendo chegado a uma decisão através de um processo de deliberação, não permaneceram fiéis ao resultado das suas deliberações, quando sucumbem à paixão; os outros são levados pela onda da paixão, sem sequer terem chegado a iniciar qualquer processo de deliberação. Alguns, na verdade, – como os que antecipam as cócegas que alguém lhes vai fazer, e por isso deixam de senti-las – comportam-se relativamente às paixões como se estivessem já a perceber ou a ver de antemão o que lhes vai acontecer. Isto é, ao despertarem-se a si próprios antecipando a situação em que efetivamente poderão vir a encontrar-se, provocam assim a sua capacidade de calcular probabilidades e não se deixam dominar pelas paixões que sentem estar a chegar, seja a respeito do que pode vir a dar prazer, seja a respeito do que pode vir a trazer sofrimento. Os que são inquietos[204] por natureza e os melancólicos não têm domínio de si devido à precipitação. Os primeiros não permanecem junto do sentido orientador por causa da pressa, os segundos pela veemência com que sentem as paixões, e por tenderem a ir sempre atrás das suas fantasias.

# VIII

O devasso, como já foi dito, é tal que não se arrepende nunca do mal que faz. Ou seja, é fiel à decisão que tomou. Por outro lado, quem perdeu o domínio de si tende a arrepender-se sempre do mal que faz. Por este motivo, as dificuldades por nós levantadas não correspondem efetivamente a nenhuma verdadeira objeção,[205] mas o devasso é incurável, enquanto quem perde o domínio de si é curável. A depravação parece-se com algumas doenças, como a hidropisia e a anorexia,[206] enquanto a falta de domínio se assemelha mais aos que sofrem de ataques de epilepsia. Uma

**152** | Ética a Nicômaco · *Aristóteles*

ruindade é crônica, a outra é intermitente. Assim, o estado de falta de domínio e a disposição perversa são gêneros totalmente diferentes. Enquanto a perversão é uma disposição que passa completamente desapercebida [a quem a *tem*], a falta de domínio é um estado que não passa desapercebido [a quem lhe *sucumbe*].

1151a1

Os que perdem o domínio, por ficarem facilmente fora de si, são melhores do que os que o não têm, por perda de um sentido orientador, ao qual não conseguiram manter-se fiéis. Estes são logo derrotados até por afecções de pouca intensidade e não sem uma deliberação prévia. Os primeiros, contudo, os que facilmente ficam fora de si perdem o domínio de um modo diferente. Na verdade, são mais parecidos com os que se embebedam rapidamente e com uma pouca quantidade de vinho ou, pelo me-
5 nos, embebedam-se com uma quantidade de vinho que é menor do que a tolerada pela maioria das pessoas. É evidente, então, que a perversão não é falta de domínio (embora talvez o seja, de uma certa maneira), porque enquanto uma é contra a uma decisão tomada, a outra é conformada por uma decisão tomada. Mas certamente que são semelhantes, pelo menos de acordo com as ações levadas a cabo sob sua influência, tal como o dito de Demódoco a respeito dos habitantes de Mileto:

*Os habitantes de Mileto não têm falta de entendimento, mas fazem as*
10 *mesmas coisas que os que não têm entendimento.* Também os que perdem o domínio não são injustos, mas cometem atos de injustiça.

Assim, enquanto o que perdeu o domínio de si é de uma natureza tal que o faz perseguir os desejos excessivos do corpo, contra as determinações do sentido orientador, mas sem estar convencido [de que isso é uma coisa boa], o devasso, por outro lado, está convencido de que isso é coisa boa, por ser da sua própria natureza ir atrás deles. O primeiro é facilmente levado a mudar as suas convicções; o segundo, não. É que na
15 verdade a excelência e a perversão têm o princípio da ação em vista, mas a última destrói-o enquanto a primeira o salvaguarda. No horizonte em que têm lugar as ações humanas, o princípio é o fim em vista do qual [elas são realizadas], do mesmo modo que, no horizonte das matemáticas, o princípio são as hipóteses teóricas. Mas o raciocínio é tão pouco capaz de ensinar os princípios fundamentais tanto no horizonte teórico quanto no horizonte prático. Disso é capaz a excelência, tanto a que se constitui naturalmente como a que se constitui pelo hábito de procurar formar uma
20 opinião correta em direção ao princípio. Quem assim é, é o temperado; o devasso é de modo contrário. Há, assim, um certo tipo humano que fica fora de si sob efeito da paixão e age contra o sentido orientador, mas de tal sorte que se, por um lado, a paixão o domina ao ponto de não o deixar agir em conformidade com o sentido orientador, por outro, a paixão não domina nele ao ponto de o fazer convencer-se de que deve perseguir

negligentemente prazeres deste gênero. Este é o que não se domina, e é melhor do que o devasso. Não é, de resto, completamente mau, porque o melhor nele, o princípio da ação, fica salvaguardado. Um tipo humano contrário deste é o de quem permanece fiel ao princípio da ação e nunca o abandona quando se encontra sob o efeito da paixão.

É evidente a partir do que foi visto que uma disposição é séria e a outra é má.

## IX

Será que quem se domina assim é definido deste modo por permanecer fiel a qualquer espécie de princípio e de decisão ou apenas àquela decisão que é correta? Por outro lado, será quem não se domina assim definido, por não permanecer fiel a nenhuma espécie de decisão, qualquer que seja, nem a nenhuma espécie de princípio, qualquer que seja, ou apenas por não permanecer fiel àquele princípio que não é falso nem àquela decisão que é correta? Assim era a dificuldade tal como primeiramente foi levantada. Talvez se possa dizer que não se trata de permanecer fiel a qualquer espécie de princípio ou de decisão tomados ao acaso, mas de permanecer essencialmente fiel ao princípio verdadeiro e à decisão correta. Porque se alguém escolhe – ou vai atrás de – $x$ por causa de $y$, persegue e escolhe $y$ por si próprio, mas $x$ acidentalmente. O «em si segundo si próprio» quer dizer «absolutamente». Assim se, por um lado, é possível permanecer-se fiel a uma opinião qualquer que ela seja, tal como é possível abdicar dela, essa opinião é relativa.

Mas permanecer «absolutamente» fiel a uma opinião, só é possível quando é formada verdadeiramente. Mas há alguns que permanecem fiéis a uma opinião formada a qualquer preço. A esses chamamos obstinados, e são difíceis de convencer. Por outro lado, não é fácil fazê-los mudar de opinião. De fato, estes comportam-se, de alguma maneira, de modo semelhante, aos que se dominam, tal como há semelhança entre o esbanjador e o generoso e entre o audaz e o confiante. Contudo, são diferentes relativamente a muitas coisas. Um [o que tem domínio de si] não muda facilmente, mesmo exposto à paixão e tomado de desejo, uma vez que em qualquer situação em que se encontre é capaz de ser facilmente convencido do que é correto: assim terá domínio de si. Os que não têm domínio de si, contudo, não se deixam facilmente modificar pelo sentido orientador, mas sim pelos desejos quando são tomados por eles; e, na verdade, muitos são levados pelos prazeres. Os obstinados são opiniosos, ignorantes, rudes; os opiniosos deixam-se influenciar pelo prazer e pelo sofrimento, porque ficam contentes com a vitória que obtêm não tendo sido persuadidos a mudar de opinião, e aborrecidos se as suas disposições tiverem

**154** | **Ética a Nicômaco** · *Aristóteles*

sido desautorizadas por decreto. Assim, parecem-se mais com os que tem domínio de si do que com os que não se dominam.

Há alguns outros ainda que não permanecem fiéis às opiniões formadas, mas não é devido a nenhuma perda de domínio, como é o caso de Neoptólemo no *Filoctetes* de Sófocles. Porque neste caso, ainda que não se tivesse mantido fiel à sua opinião, por causa do prazer, esse prazer era
20  bom. Quer dizer, para ele, dizer a verdade era um prazer, embora tivesse sido persuadido uma vez por Ulisses a mentir. Mas nem todo o que age por prazer é devasso ou mau ou tem falta de domínio, apenas aquele que age por um prazer vergonhoso. Há um certo tipo de pessoas que sente menos prazer no corpo do que é normal mas também não permanece desse
25  modo junto do sentido orientador. O que se domina está no meio, entre este e o que não se domina. Enquanto o que não se domina não permanece fiel ao sentido orientador devido a qualquer coisa de excessivo no prazer que sente, este, por sua vez, é devido a um certo déficit no sentir prazer. Mas o que se domina permanece fiel e não é modificável assim sem mais nem menos. É necessário, então, que, caso seja a disposição do domínio de si uma coisa séria, que ambas as disposições contrariamente consti-
30  tuídas sejam más, tal como de resto parece ser o caso. Mas devido ao fato de aquela disposição se manifestar em poucos e ser pouco frequente, do mesmo modo que unicamente a temperança parece opor-se à devassidão, assim também aqui o domínio de si parece unicamente ser o oposto à falta de domínio.

Muitas coisas dizem-se de modo analógico e assim fala-se em autodomínio a respeito do temperado. Tanto o que tem autodomínio como
1152a1  o temperado não são capazes de fazer nada contra o sentido orientador, mesmo sob a ação dos prazeres sentidos no corpo. Só que um tem desejos maus e o outro não; um é de tal modo que não consegue sentir prazer contra o sentido orientador, o outro é capaz mas não se deixa ser levado a tê-lo. O que não tem domínio de si e o devasso, por um lado, são semelhantes, embora, por outro lado, sejam diferentes. Ambos vão no encalço dos prazeres do corpo, mas enquanto um pensa que deve tê-los, outro pensa que não o deve.

**X**

1152a6  Também não é possível que ser sensato seja o mesmo que ter domínio de si, pois já tinha sido mostrado que o sensato é sério a respeito do caráter. Demais, não faz apenas parte do sensato saber o que deve fazer, mas pô-lo em prática. O que não se domina não consegue pôr em prática o que sabe.
10  E nada impede, por outro lado, que quem é esperto não se domine. É por isso que algumas vezes algumas pessoas parecem ser sensatas e, contudo, também, não se dominam, porque a esperteza distingue-se da sensatez

do modo mencionado nas nossas análises anteriores, isto é, aproximam-se segundo o sentido orientador, mas afastam-se a respeito da decisão tomada pela sensatez. Não acontece, pois, que o que não se domina possua um conhecimento do que é correto e faça uso efetivo dele. Mas embora aja voluntariamente (sabe de algum modo tanto o que faz como aquilo em vista do qual age), não é perverso. A sua intenção é boa, de tal sorte que é apenas meio perverso. Por outro lado, não é injusto; nem também alguém que conspire para fazer o mal. Uma das manifestações de falta de domínio é a dos que não permanecem fiéis às suas decisões, resultantes de um processo de deliberação; o gênero melancólico, contudo, não chega de todo a constituir processo de deliberação. O que não se domina também se parece com uma cidade com decretos corretos e leis sérias, mas não os utiliza, tal como Anaxândrides escarnecia: *A cidade tinha boas intenções, mas não se preocupava com nenhuma das leis.* O perverso também faz uso de leis, só que faz uso de leis perversas. A falta de domínio e domínio de si dizem respeito à possibilidade extrema do excesso relativamente às disposições da maioria.

Enquanto um é mais constante do que a maioria, o outro é menos. A falta de domínio dos melancólicos é mais facilmente curada do que aquela verificada naqueles que tomaram uma decisão baseada em deliberação, mas não lhe permaneceram fiéis; e os que perdem o domínio de si por hábito são mais facilmente curados do que os que o perderam pela sua natureza, pois é mais fácil de transformar o que se forma por hábito do que o que se constitui por natureza. Mas mesmo o hábito é difícil de alterar, porque se parece com a natureza, tal como diz Eveno: *Eu digo, meu querido, que é um exercício continuado permanentemente, pois, de fato, acaba por se tornar numa natureza para os Humanos.*[207] Foi assim agora analisado: que é ter domínio de si e a sua perda, o que é a perseverança e o que é a frouxidão, de que modo é que estas disposições se relacionam umas com as outras.

## *XI*

Ter em vista o que se passa com o prazer e o sofrimento faz parte de uma análise filosófica daquilo que se passa com o Estado. É que, na verdade, é o Estado que projeta o fim a partir dos primeiros princípios, o fim em vista do qual cada um de nós diz em absoluto o que é bom e o que é mau. Além do mais, é necessário levar a cabo um tal exame, porque a excelência e a perversão do caráter humano dizem respeito ao mesmo horizonte em que se manifestam os prazeres e os sofrimentos. E na verdade também porque a maioria diz que a felicidade e o prazer existem de modo concomitante. É por essa razão que a denominação «a bem aventurança» deriva do «regozijo».[208] Contudo, para alguns não há nenhuma forma de prazer

# 156 | Ética a Nicômaco • *Aristóteles*

que seja o bem nem segundo si própria nem acidentalmente, porque, na
10 verdade, o bem e o prazer não são o mesmo. Para outros, algumas formas
de prazer são boas, mas a maior parte não presta; para outros, ainda, em
terceiro lugar, mesmo que todas as formas de prazer fossem o bem, não
seria possível que o supremo bem fosse uma forma de prazer. Mas em geral
o prazer não é o bem porque o prazer é um processo de geração perceptível que se dirige para a formação de uma natureza [permanente]. Ora
nenhuma geração é congênere dos fins (alcançados), tal como nenhum
15 processo de construção de uma casa é congênere de uma casa acabada.
Demais, o temperado foge dos prazeres. Além do mais, o sensato persegue o que anódino e não o que é agradável. Os prazeres constituem impedimento ao exercício da sensatez, e quanto maior for o gozo que dão,
maior é a natureza do impedimento, como acontece com o prazer sexual.
Ninguém é capaz de ver o que quer que seja quando está tomado por ele.
Além disso, não há nenhuma perícia produtora de prazer, ainda que todo
20 o bem seja o produto de uma perícia. Mais: tanto as crianças como os animais perseguem os prazeres. A razão por que nem todos os prazeres são
sérios é que alguns são vergonhosos e repreensíveis, e porque outros há
que são nocivos. Na verdade, até porque algumas formas de obter gozo
são doentias. Mas a razão pela qual o supremo bem não é uma forma de
prazer é que não [pode ser] um fim, mas é um processo de geração. São
estas quase todas as teses enunciadas acerca disto.

## *XII*

1152b25     Estas considerações não têm como resultado que o prazer não é o bem
nem o bem supremo. Isso é evidente a partir do que se segue. Em primeiro
lugar, uma vez que se diz o bem de duas maneiras (o bem absoluto e o bem
relativo a alguém), também os estados naturais e as disposições de caráter
se dizem consequentemente de duas maneiras – do mesmo modo também
as mudanças[209] e os processos de geração. Na verdade, há determinados
30 prazeres dos que parecem ser maus, que podendo sê-lo em absoluto, não
o são relativamente a uma certa pessoa, isto é, podem de fato até ser escolhidos por ela; outros há que não são escolhidos por ninguém, ou então eventualmente, apenas por um certa pessoa, e uma só vez e durante
pouco tempo. Porém estes prazeres não são escolhidos de forma absoluta. Outros prazeres há que nem sequer são prazeres, mas parecem-no. É
o caso de todos aqueles que são sentidos com sofrimento num processo
curativo em vista do restabelecimento da saúde [enquanto o fim], tal como
acontece com os que se encontram doentes.

    Além disso, uma vez que o bem se diz da atividade [em exercício] e do
35 estado [final obtido], são prazeres acidentais os que intervêm no processo
de restabelecimento de um estado natural. A atividade existente nos dese-

jos é a atividade do que em nós ainda resta do nosso estado naturalmente constituído, outrora integral. Mas também há prazeres sem sofrimento ou desejo, como acontece com a atividade contemplativa, quando à natureza nada falta do que quer que seja. Uma indicação disto é que nós não gozamos o mesmo prazer estando ainda no processo de preenchimento do estado natural e tendo já sido restabelecido esse estado natural. Uma vez restabelecido o estado natural, gozamos prazeres de modo absoluto, mas quando ainda no processo de preenchimento gozamos até com prazeres que lhe são contrários. E na verdade pode até chegar-se a gostar de coisas ácidas e amargas, ou seja de coisas que não são nada agradáveis, nem por natureza, nem absolutamente. Assim, os prazeres que delas resultam não são agradáveis nem por natureza nem absolutamente. Pois tal como as coisas agradáveis são diferentes entre si, também os prazeres que delas resultam o são. Demais, não é necessário que haja algo diferente melhor do que o prazer, tal como alguns dizem que o fim obtido é melhor do que o seu processo de geração, pois os prazeres não são processos de geração, nem todos existem num processo de geração, mas são atividades e, por isso, enquanto tais um fim. Nem resultam do processo de nos tornarmos no que somos, mas do exercício que fazemos do que já somos. Nem todos os prazeres têm um outro fim que não si próprios, mas apenas aqueles que são levados em direção à finalização da sua própria natureza. É por isso que não está correto dizer-se que o prazer é um «processo de geração perceptível», mas antes deve dizer-se que é uma «atividade do modo de ser naturalmente constituído» e em vez de «perceptível» devia dizer-se «sem impedimento». Para alguns pensadores parece tratar-se de um processo, porque um processo é autenticamente um bem; estes pensam que uma atividade é um processo, mas é uma coisa diferente. Dizer, por outro lado, que os prazeres são maus porque alguns são prejudiciais à saúde, é o mesmo que dizer que algumas coisas são benéficas para a saúde mas más para a bolsa. Neste sentido, tanto o que dá prazer como o que é saudável podem ambos ser maus sob esta ou aquela perspectiva, mas não de uma forma absoluta. Deste modo, também a atividade contemplativa pode em algumas circunstâncias prejudicar a saúde. Mas nenhum prazer dado pela sensatez ou por uma qualquer disposição pode constituir um impedimento ao exercício dessas mesmas atividades, os prazeres que constituem impedimento a essas atividades têm de ter uma proveniência que lhes seja alheia, porquanto os prazeres que resultam da atividade contemplativa e da aprendizagem tornam ainda mais intensas a contemplação e a aprendizagem.

Ora que nenhum prazer pode ser produto de qualquer perícia é uma consequência natural. Porquanto não há nenhuma perícia de nenhuma atividade, mas apenas da sua condição de possibilidade. Ainda que a destilação de perfumes e a culinária se pareçam com técnicas de prazer. Que

**158** | **Ética a Nicômaco** • *Aristóteles*

o temperado foge do prazer e o sensato persegue uma vida anódina, que crianças e animais procuram prazer, são problemas que têm a mesma so-
30 lução. Porquanto foi dito, por um lado, de que modo há prazeres absolutamente bons e, por outro, de que modo nem todos os prazeres são bons. É este gênero [de prazeres que não são absolutamente bons], que tanto as crianças como os animais perseguem. Por outro lado, o sensato procura evitar o sofrimento que nasce da perseguição daquele gênero de prazeres que envolvem desejo e dor, ou seja, procura evitar o gênero de prazeres do corpo bem como todos aqueles que admitem excesso – pois é relativamente a estes que o devasso é definido como tal. É por esse mesmo moti-
35 vo que também o temperado procura evitá-los, embora se deva dizer que também há prazeres para o temperado.

# *XIII*

1153b1      Mas estamos certamente também de acordo que o sofrimento é um mal e que deve ser evitado. Na verdade, o sofrimento pode ser um mal absoluto, ou então um mal enquanto, de algum modo, se constitui como uma espécie de impedimento relativamente a alguém. Ora o contrário daquilo que deve ser evitado, já que o que deve ser evitado é um certo mal, tem de ser um bem. É necessário, pois, que o prazer seja um certo bem.
5 Mas o modo como Espeusipo procurou resolver o problema não é solução. Ele pretendia que [a relação do prazer com os seus contrários, isto é, com o sofrimento e com um estado neutro, seria] idêntica à relação do maior com o menor e com o igual; mas tal não é o caso, porque, na verdade, ele jamais poderia dizer que o mal é o mesmo que o prazer. E também nada impede que o supremo bem seja uma certa forma de prazer, se alguns dos prazeres são maus, tal como nada impede que o supremo bem seja uma certa forma de conhecimento boa, quando, por outro lado, algumas formas de conhecimento são más.

10      Mas se, pelo contrário, houver atividades livres de impedimento para cada estado disposicional e a felicidade for a atividade de todas as disposições (ou pelo menos de uma delas), uma tal atividade livre de impedimento será necessariamente a coisa mais querida que há. Ora uma atividade livre de impedimento é o prazer. Portanto, o supremo bem será uma certa forma de prazer, ainda que haja muitas formas de prazer más, podendo até acontecer que haja uma forma de prazer absolutamente má. É por este
15 motivo que todos pensam que a vida feliz é uma vida doce e envolvem o prazer na felicidade, o que de resto faz todo o sentido, porquanto nenhuma atividade está completada se experimentar algum impedimento, e a felicidade é uma das atividades completas. É por esta razão que para um homem ser feliz precisa ainda de bens para o corpo, bens exteriores, e ainda de sorte, para que a falta deles não se converta em nenhuma for-

ma de impedimento. Aqueles, por outro lado, que dizem do que está a ser torturado e do que cai em situações de grande infortúnio que pode ser feliz, caso seja um homem de bem, dizem disparates, intencionalmente ou não. É por se precisar tanto de boa sorte que parece a alguns ser o mesmo que felicidade, embora não o seja. Pois, na verdade, quando a boa sorte é excessiva pode constituir-se numa forma de impedimento de uma atividade e, assim, talvez já não seja adequado chamar-lhe boa sorte, porquanto ela apenas pode ser definida por relação com a felicidade. Mas também o fato de todos os animais e Humanos perseguirem prazeres é uma certa indiciação de que ela é de alguma maneira o supremo bem. *Rumor nenhum que muitos povos espalham por todo lado pode ser completamente calado.* [210] Mas o estado natural ou a melhor disposição não é nem parece ser o mesmo para todos, porque, ainda que todos persigam prazer, nem todos perseguem o mesmo. Mas talvez não se persiga o prazer particular que se pensa ou se diz estar a perseguir. Talvez todos persigamos o mesmo, porque tudo tem por natureza algo de divino. Mas os prazeres do corpo tomaram posse dessa designação pelo fato de tantas vezes nos atirarmos a eles e de todos tomarmos parte neles. Também pelo fato de ser a forma de prazer mais conhecida e familiar, pensa-se que é a única existente. Contudo, é manifesto que se não houver uma forma de prazer boa nem uma atividade que dê prazer, também o que é feliz não teria uma vida agradável. Nessa altura para que é que precisaria de prazer, caso não fosse um bem e conseguisse viver uma vida de sofrimento? Pelo contrário, se o prazer não fosse um mal nem um bem, também o sofrimento não seria bom nem mau. E assim porque teria de ser evitado o sofrimento? Demais se as atividades do homem sério não dessem um prazer maior, a sua vida não seria mais agradável do que a de toda a gente.

## XIV

Temos, então, agora de examinar o que dizem alguns a respeito dos prazeres do corpo, que há pelo menos alguns que são absolutamente preferíveis, pela sua excelência, mas outros há que devem ser preteridos, designadamente aqueles prazeres sensuais relativamente aos quais se define o devasso. Mas, então, por que é que os sofrimentos opostos aos prazeres sensuais são deprimentes? Pois não é verdade que o oposto do mal é o bem? Ou serão os prazeres necessários bons do mesmo modo que é bom o que não é mau? Ou serão bons mas apenas até um certo ponto? Pois, se por um lado, não é excessivo o prazer em todas as disposições e processos de alteração que excedem o limite do melhor. Por outro, é excessivo o prazer, quando se excede aquele limite. Ora há excesso a respeito dos bens dos corpos, e o vil é definido precisamente por perseguir esse tipo de excesso, não por perseguir aqueles bens, desejos ou prazeres necessários.

# 160 | Ética a Nicômaco · *Aristóteles*

Porque, na verdade, todos temos, de algum modo, prazer em comer, beber vinho e na satisfação dos desejos sensuais, mas nem todos, contudo, como deve ser. Por outro lado, verifica-se com o sofrimento o oposto. Porque, de fato, o vil não evita apenas o excesso a respeito do sofrimen-
20 to, evita de todo sofrer. Assim, o sofrimento não se opõe ao excesso de prazer, a não ser para quem persegue o excesso no prazer. Mas não basta aqui falar verdade, tem também de se denunciar a causa responsável pelo erro, pois conhecer esta causa contribui para formação de uma convicção. Porque sempre que se mostra de forma plausível o porquê de algo parecer
25 verdadeiro, quando não é, aumenta a nossa convicção na verdade.

Assim tem de se mostrar o porquê de os prazeres do corpo parecerem ser os preferidos.

A primeira razão é, então, porque expulsam o sofrimento. Pois os que sofrem com dores excessivas procuram um prazer excessivo, e em geral um prazer excessivo sentido no corpo, como se fosse um tratamento medicinal.
30 Tais formas de tratamento medicinal têm um efeito fortíssimo, razão pela qual são perseguidas: porque fazem surgir um estado oposto àquele em que o doente se encontra. É por estes dois motivos que o prazer não parece ser uma coisa séria, tal como já foi dito.[211] Porque há formas de prazer que resultam de ações de uma natureza vil (seja ela genética, como nos animais, seja criada pelo hábito, como nos homens vis) [e, portanto, são formas vis de prazer]; e formas de prazer que resultam dos tratamentos medicinais, mas apenas enquanto suprem a falta do estado natural saudá-
1154b1 vel. Contudo, *ser* saudável é melhor do que [*estar a*] *ficar* saudável. Esta última forma de prazer [na convalescença] enquanto complementação tem um caráter sério, mas apenas acidentalmente. Demais, é pelo fato de os prazeres sensuais serem tão fortes que são perseguidos mesmo pelos que não são capazes de sentir prazer em mais nada. Alguns chegam até a provocar em si mesmos estados de secura, [para poderem ter o prazer
5 de beber]. Ora, se quando os desejos que provocam, são inócuos, não há motivo de repreensão, já, quando são nocivos, é motivo de forte crítica. Pois não sentem prazer com mais nenhuma outra coisa, e para muitos o estado neutro em que não se sente prazer nem dor é, por natureza, já um estado doloroso. O ser vivo está sempre numa situação constante de esforço, tal como atestam os que se dedicam ao estudo da natureza. Dizem até que ver e ouvir são ações feitas em esforço. E se não nos apercebemos do esforço, dizem eles, é por já estarmos tão habituados a ver e a ouvir.

10 Um estado semelhante encontra-se na juventude, quando no processo de crescimento estamos como que num estado de bebedeira, e a juventude é um tempo cheio de prazer. Os melancólicos precisam sempre de um tratamento que lhes restabeleça o estado natural, porque o seu corpo encontra-se sempre num permanente mal-estar, o qual é resultante da sua

natureza mista. Vivem habitualmente num estado permanente de enorme ansiedade. O prazer só consegue expulsar o sofrimento – aquele específico a que se opõe ou outro qualquer – se for suficientemente forte. São, pois, estas as causas responsáveis pela forma de vida dos devassos e vis. Os prazeres sem formas de sofrimento opostas não admitem excesso. São estas mesmas as formas de prazer que existem por natureza e não apenas acidentalmente. Quando falo de prazeres acidentais refiro-me ao efeito surtido pelos tratamentos medicinais: porque na verdade ficar curado é o resultado da ação que exerce sobre nós aquela parte que permaneceu saudável, por isso que parece ser agradável. Quando digo «naturalmente agradáveis», refiro-me ao que provoca uma atividade dessa mesma natureza. Não há nada, contudo, que dê sempre o mesmo prazer, porque a nossa natureza não é simples. Existe nela algo de diferente, segundo o qual somos perecíveis. Assim, quando uma parte da nossa natureza está ativa, produz um efeito de natureza contrária sobre a outra parte; mas quando domina o equilíbrio, o resultado das atividades consertadas de ambas as partes da nossa natureza não parece doloroso nem agradável. Mas se a natureza de um determinado ente fosse simples, a sua ação seria sempre a mesma e daria sempre um prazer extremo. É por isso que Deus goza sempre com um único e simples prazer. A sua atividade não radica apenas no processo de transformação mas também na imutabilidade, pois o prazer dá-se mais no repouso do que no movimento. Porém, a transformação de todas as coisas é doce, diz o poeta,[212] segundo uma certa forma de perversão que há em nós. Tal como o homem que muda com facilidade é mau, assim também é a natureza que carece da possibilidade de transformação, porquanto não é simples nem boa. Falamos, então, sobre o ter domínio de si e perdê-lo, sobre o prazer e o sofrimento, o que é cada um deles e de que modo uns podem ser bons e outros maus. Resta-nos ainda falar acerca da amizade.

# Livro VIII

## I

Posto isto, analisemos agora a amizade.²¹³ De fato, trata-se de uma certa excelência, ou algo de estreitamente ligado à excelência; além disso, é do que mais necessário há para a vida. Pois ninguém há-de querer viver sem amigos, mesmo tendo todos os restantes bens. E até os ricos, os que têm posição e poder, têm uma necessidade extrema de amigos. Que vantagem haveria numa tal prosperidade se lhes tivesse sido retirada a possibilidade de fazer bem, sobretudo quando fazer bem aos amigos é o melhor e o mais louvável que há? Ou de que outro modo poderá ser cuidada e preservada a prosperidade assim sem amigos? Pois quanto maior for a prosperidade, tanto maior é a insegurança que se sente. Assim, tanto na miséria como nas desgraças, pensa-se sempre que os amigos são o nosso único refúgio. Os amigos são uma ajuda para os mais novos, ao evitarem que façam disparates; e para os mais velhos, por cuidarem deles e por suprirem à perda crescente de autonomia que resulta da sua fraqueza. Mas para os que estão na força da vida, os amigos são uma ajuda para a realização de ações excelentes. «Quando dois vão em conjunto».²¹⁴ Na verdade, com amigos, somos capazes de pensar e de agir melhor. A amizade encontra-se, como fenômeno natural, tanto na relação de progenitor a gerado, como na relação de gerado ao seu progenitor, e assim é não apenas entre Humanos, mas também entre as aves e a maior parte dos animais. A amizade manifesta-se assim entre os seres de um mesmo gênero, sobretudo entre os seres Humanos. Daí louvarmos a amizade do homem pelo homem. Também se pode ver, quando viajamos, um sentimento de afinidade²¹⁵ e um laço de amizade entre os homens. Na verdade, parece ser a amizade que mantém unidas as comunidades dentro dos Estados. Por isso que os legisladores se preocupam mais com ela do que com a própria justiça, porque almejam, por um lado, alcançar a concórdia,²¹⁶ que é algo de semelhante à amizade, e por outro procuram expulsar o mais possível a discórdia,²¹⁷ como uma forma de ódio. Se entre amigos não é necessária a justiça, entre os

# 164 | Ética a Nicômaco · *Aristóteles*

justos é necessária a amizade. Pois, entre os justos parece haver uma forma extrema de amizade. A amizade não é, então, apenas uma das coisas
30 necessárias à existência humana, mas é também bela. Assim, louvamos os que são amigos dos seus amigos, pois ser amigo de muitas pessoas parece uma das coisas belas que existem. Muitos pensam ainda que é a mesma coisa, ser um bom homem e ser um bom amigo.

Mas há discussão quanto ao seu sentido, e não é pouca. Uns supõem que a amizade seja uma certa forma de semelhança e que os amigos são semelhantes [entre si], donde dizem que o semelhante procura o seu semelhante ou «a gralha junta-se à gralha».[218] Outros, pelo contrário, dizem
35 que os semelhantes são entre si como «panelas [a bater umas contra os
1155b1 outras]».[219] Outros há que procuram ir mais alto e assim investigar mais profundamente a natureza da coisa; Eurípides, por exemplo, diz que «quando a terra está seca tem desejos de uma tempestade de chuva e quando o venerável céu está cheio de chuva, tem desejos de se abater sobre a ter-
5 ra»,[220] e Heraclito diz que «o que se opõe faz convergir» e «a mais bela harmonia nasce das divergências» e «tudo nasce da contenda»,[221] outros, contudo, exatamente o contrário, tal como Empédocles: «*o semelhante pro*
10 *cura o semelhante*».[222] Mas deixemos de lado as dificuldades de natureza teórica (porquanto não pertencem à presente investigação) e analisemos a respeito do acontecimento Humano, as diversas formas de amizade de acordo com as diversas disposições de caráter e as diversas formas de afecção que aí têm lugar. Por exemplo, se a amizade nasce entre todos os homens ou se é impossível entre homens de mal. Ainda, se há uma única essência ou várias formas de amizade. Quem, contudo, pensa haver uma única forma essencial, porque admite um mais e um menos, forma a sua
15 convicção sobre um indício insuficiente. De fato, há coisas que admitem um mais e um menos e são diferentes quanto à sua forma essencial. Já mencionamos esse aspeto em análises precedentes.

## *II*

Talvez se consiga obter uma maior clareza nestas matérias se reconhecermos o que é digno de amor.[223] Na verdade, nem tudo é suscetível de amor, apenas o que pode despertá-lo. Assim é o bem, o prazer e o útil.
20 Mas útil é o que produz algo de bom ou dá prazer, de tal sorte suscetível de amor, como fim em si mesmo, apenas há o bem e o prazer. Mas será que os homens têm amor pelo bem absoluto [*em si*] ou pelo bem relativo *para* eles? Às vezes há desacordo entre as duas coisas, tal como se passa a respeito do que possa ser o prazer.

Na verdade, parece que cada um tem amor pelo que lhe parece a si próprio ser bem, e enquanto o que é absolutamente bem é absolutamente suscetível de amor, o que é bem relativamente a cada pessoa em particular é apenas suscetível de amor relativamente a essa pessoa. Mas cada um ama não o que *é* efetivamente *bem* para si próprio, mas o que *lhe parece* ser *bom* para o próprio. Mas aqui não há verdadeiramente diferença alguma, porque o que é suscetível de amor é ao mesmo tempo o que parece ser suscetível de amor. Há três motivos pelos quais se gosta de qualquer coisa ou de alguém. Na verdade, pode falar-se de *apego* por entes inanimados, mas não se pode verdadeiramente falar de amor por... e amizade com... coisas, porque não há amor recebido em troca nem se pode desejar que uma coisa encontre o seu bem (seria absolutamente ridículo desejar coisas boas ao vinho, quando muito deseja-se que se mantenha bem conservado, para que cada um o possa provar etc.). Mas alguns dizem que desejam a um amigo tudo de bom que ele queira para si. Diz-se, então, daqueles que desejam coisas boas [aos seus amigos] que são benevolentes, quando se dá o caso de não receberem dos outros os mesmos votos. Apenas uma benevolência[224] que admita reciprocidade de sentimento[225] é amizade. Ou ter-se-á que acrescentar benevolência «que não passa despercebida»? Porque muitos são benevolentes a respeito de pessoas que supõem ser boas pessoas ou úteis, mas que nunca viram. E algumas destas pessoas podem ter um sentimento recíproco. Estas, de fato, parecem ser reciprocamente benevolentes, mas como poderemos dizer que são amigas se lhes passa despercebida a reciprocidade de tal disposição? Para que duas pessoas sejam amigas é necessário que se queiram bem uma à outra e se desejem mutuamente tudo de bom, mas de uma forma tal que isso não lhes passe despercebido, e o fundamento da amizade seja pelo menos um dos motivos mencionados mais acima.

## *III*

Os motivos pelos quais a amizade nasce distinguem-se segundo três formas essenciais; de acordo com esses três motivos, assim também são as respectivas formas de amizade. Há três formas essenciais de amizade e igual número de formas que caracterizam os objetos suscetíveis de amor. Segundo cada uma delas é possível uma afeição recíproca que não passe despercebida, e os que sentem amizade recíproca desejam-se mutuamente coisas boas, com base no modo como definem a sua amizade. Os que definem a sua amizade com base na utilidade não são amigos por aquilo que eles próprios são, mas pelo bem que daí pode resultar para ambos. De modo semelhante, acontece com os que definem a sua amizade com base no prazer, pois não se gosta de pessoas divertidas pelas qualidades do caráter que têm, mas por serem agradáveis.

Os que têm a amizade com base na utilidade gostam uns dos outros pelo bem que os outros lhes fazem; os que têm uma amizade com base

# 166 | Ética a Nicômaco · *Aristóteles*

no prazer gostam uns dos outros pelo próprio prazer que lhes dá. Nestes casos há amizade não pelo fato de outrem ser em si susceptível de amizade e amor, mas porque é útil e agradável. Estas formas de amizade são, portanto, meramente acidentais. Porque não se gosta do outro apenas por

20 aquilo que ele é, mas por ser vantajoso ou ser agradável. Esses laços de amizade são os que mais facilmente se rompem, sobretudo se os que por eles estão envolvidos com outros não ficarem os mesmos e se tiverem tornado diferentes ao longo do tempo. Isto é, deixam de ser amigos, quando o prazer acaba ou deixa de haver vantagens. A utilidade não permanece a mesma ao longo do tempo, mas altera-se conforme a diferença das circunstâncias.[226] Ora se deixar de existir utilidade, também cessa o motivo para a amizade. Assim, ela dissolve-se, como se tivesse existido apenas como meio para obtenção de vantagens, como o fim em vista. É sobretudo entre

25 os mais velhos que nasce esta forma de amizade (porque os que têm essa idade já não perseguem o prazer mas o que é útil), mas também entre os que estão na força da vida e todos os jovens que têm como único objetivo na vida o lucro. Estes também, de resto, nem sequer pretendem partilhar uma vida em conjunto, e em alguns casos até são desagradáveis entre si. Portanto, deixam de precisar de qualquer ligação com outrem, caso não

30 obtenham com isso nenhuma vantagem. Pois, apenas são agradáveis um ao outro, durante o tempo em que houver uma expectativa num bem em proveito próprio. Neste tipo de amizades também se inclui a hospitalidade. A amizade entre os jovens parece existir com base no prazer, porque estes vivem de paixões e perseguem sobretudo o seu próprio prazer e aquele que se oferece no momento presente. À medida que a idade passa, também são outras as coisas que lhes dão prazer. É por esse motivo que tão depressa arranjam amigos como deixam de os ter. A amizade altera-

1156b1 se com o que dá prazer e a alteração de objeto de prazer é muito rápida nestas idades. Por isso, os jovens estão também mais vulneráveis ao amor. E os fatores decisivos no amor são justamente a paixão e o prazer. É por isso que se apaixonam com a mesma facilidade com que deixam logo de estar apaixonados. Oferecem num só dia o sentimento a mil mudanças. Os jovens gostam, por outro lado, de passar a vida na companhia uns dos

5 outros. É, assim, que lhes acontece viverem a sua amizade.

Mas a amizade perfeita existe entre os homens de bem e os que são semelhantes a respeito da excelência. Estes querem-se bem uns aos outros, de um mesmo modo. E por serem homens de bem são amigos dos outros

10 pelo que os outros são. Estes são assim amigos, de uma forma suprema. Na verdade querem para os seus amigos o bem que querem para si próprios. E são desta maneira por gostarem dos amigos como eles são na sua essência, e não por motivos acidentais. A amizade entre eles permanece durante o tempo em que forem homens de bem; e, na verdade, a exce-

lência é duradoura. Cada um deles é um bem absoluto para o seu amigo. Os homens de bem são absolutamente bons e úteis aos outros; também são agradáveis entre si, porque quem é absolutamente bom é também absolutamente agradável. De mais, se cada um tiver prazer nas ações que ele próprio realiza (a partir do seu próprio interior e que exprimem a sua própria essência), ou em ações deste gênero realizadas por outro de quem se gosta; se, por outro lado, as ações dos homens de bem são iguais entre si ou pelo menos semelhantes umas às outras – então, uma tal amizade baseada na excelência é, com bom fundamento, duradoura, porque ela combina em si todas qualidades que os amigos devem ter. Agora, toda a amizade tem em vista um bem ou um prazer – um bem e um prazer que podem ser absolutos ou existir apenas através da vivência da amizade – e é conformada por uma determinada semelhança. Mas estas características, agora mencionadas, essenciais à amizade perfeita estão presentes nos que são amigos de verdade, porquanto a amizade perfeita e o amigo perfeito são determinados daquela mesma maneira. Demais o bem absoluto dá um prazer absoluto. É, por isso, portanto que o modo mais autêntico de amar e a amizade no sentido verdadeiro e mais excelente do termo apenas se verifica entre os melhores.

Tais amizades são, de fato, raras, porque são poucos os homens desta estirpe. Além do mais, é preciso tempo e cumplicidade, pois, tal como diz o provérbio, não é possível que duas pessoas se conheçam uma à outra sem antes terem comido juntas a mesma quantidade de sal.[227] Nem se pode reconhecer alguém como amigo antes de cada um se ter mostrado ao outro digno de amizade e merecedor de confiança. Pessoas que depressa produzem provas (exteriores) de amizade entre si querem ser amigos, mas não podem sê-lo logo. É preciso primeiro que se tornem dignos da amizade e se possa reconhecer neles essa mesma dignidade. O desejo de amizade nasce depressa, mas a amizade não.

## *IV*

Esta forma de amizade é perfeita tanto segundo o tempo de duração como de acordo com as restantes qualidades características; e a respeito de tudo cada um recebe de retorno o mesmo que dá ou de modo semelhante, tal como deve acontecer entre amigos. A amizade que nasce com base no prazer tem semelhanças com esta [perfeita]. Porque também os amigos verdadeiros dão prazer uns aos outros. De modo semelhante, também, se passa com a amizade cujo motivo é a utilidade, pois também os homens de bem são úteis entre si. Mas as relações de amizade entre estes são sobretudo duradouras, quando recebem em troca o mesmo que dão, como, por exemplo, prazer, e não um prazer qualquer, mas um prazer determinado, obtido a partir de uma mesma coisa, por pessoas de um mesmo nível. Tal

**168** | Ética a Nicômaco • *Aristóteles*

é possível, por exemplo, acontecer entre conversadores espirituosos, mas já não acontece entre amante e amado. Pois, estes não sentem prazeres a respeito das mesmas coisas; o amante tem prazer de ver o amado e o amado tem prazer em ser tratado com atenção pelo amante. Mas quando cessa
10 a flor da juventude não raro também cessa a amizade (o amante deixa de ter prazer em ver o amado e o amado deixa de ter a atenção que recebia do amante). Muitas [relações deste gênero] há, contudo, que duram, se pela intimidade vêm a sentir afeição pela maneira de ser de cada um, caso tenham as mesmas disposições de caráter. No respeitante àqueles, porém, que nas relações amorosas trocam entre si não prazer mas vantagens, a sua amizade é menor e menos duradoura.

Também as amizades baseadas na utilidade se dissolvem assim que deixa de haver vantagem nelas, porque estes não são amigos um do outro,
15 mas do ganho que podem lucrar um do outro. É possível que se estabeleçam relações de amizade que tenham como fim em vista o prazer e a utilidade tanto entre homens inferiores, entre homens superiores e homens inferiores bem como entre homens que não sejam especialmente inferiores nem superiores. Contudo, uma amizade que tem como fim em vista o que cada um é em si próprio existe apenas entre homens de bem, porque os
20 ordinários não podem sentir prazer nenhum uns com os outros, a não ser que possam obter uma qualquer vantagem. E só a amizade entre os bons é capaz de resistir à calúnia. Na verdade, não é fácil acreditar no que se diz sobre um amigo que foi posto à prova por nós próprios durante longo tempo. Na amizade entre boas pessoas, há confiança mútua. Ou seja, os homens de bem não agem nunca injustamente e, de resto, nesta amizade estão presentes todas as outras características que se pensa serem indispensáveis a uma verdadeira relação de amizade, enquanto, por outro
25 lado, nas outras formas de amizade nada impede que a calúnia, a falta de confiança e a injustiça se instalem.

Mas como os homens chamam amigos àqueles a quem estão ligados por laços de interesse em vista da utilidade, tal como acontece com os Estados (na verdade parece até que as alianças que unem os Estados se formam em vista de uma vantagem), e chamam também amigos àqueles de quem gostam em vista do prazer, como acontece entre as crianças, talvez também nós tenhamos que chamar amigos aos que estão envolvidos
30 em relações deste gênero e dizer, por outro lado, que há diversas formas de amizade. Mas primariamente amizade, no sentido autêntico do termo, é a que existe entre homens de bem pelo simples fato de serem bons em si próprios. As outras formas de amizade constituem-se por semelhança com aquela, porquanto são amigos por haver algo de bom a uni-los e algo de semelhante entre eles. Na verdade, também o prazer é um certo bem

para os amantes do prazer. Mas estas formas de amizade não são completamente coincidentes, nem sequer são as mesmas pessoas as que estabelecem laços de amizade por causa da utilidade e as que o fazem por causa do prazer. Pois o que se forma acidentalmente dificilmente constitui uma unidade. Estando, assim, a amizade dividida nestas duas formas essenciais, os inferiores serão amigos em vista do prazer ou da utilidade, sendo a este respeito semelhantes entre si; os homens de bem, por outro, são amigos em vista do «si próprio» dos amigos. Isto é, são semelhantes entre si por serem bons. Estes são amigos de uma forma absoluta, os outros apenas de uma forma acidental e, apenas, pelo sentido de a sua relação de amizade se ter assimilado àquela primeira.

Tal como a respeito das excelências uns são ditos bons de acordo com a disposição do seu caráter, outros de acordo com o seu acionamento através da ação, o mesmo se passa relativamente à amizade. Os que passam a vida juntos alegram-se efetivamente uns com os outros produzindo uns para os outros os bens de que precisam. Quando, porém, estão a dormir ou separados pela distância, não põem em prática a sua amizade. Têm é uma tal maneira de ser que estão sempre na disposição de pô-la em prática, porque a distância entre sítios não rompe os laços de amizade assim simplesmente, apenas impede a sua prática. Se a ausência for prolongada, parece originar um esquecimento na amizade, daí que seja dito: *muitas amizades terminam por falta de uma conversa*.[228] Os velhos e os amargurados não parecem ser dados à amizade, porque se pode tirar pouco prazer do seu convívio e ninguém é capaz de passar os seus dias com alguém que lhe é desagradável ou pelo menos que não lhe seja um pouco agradável. Pois, na verdade, a natureza parece obrigar-nos, por um lado, a evitar o que ameaça ser doloroso e, por outro lado, a ir no encalço do que promete prazer. Aqueles, por outro lado, que se toleram uns aos outros, mas não conseguem viver juntos, parecem ser mais pessoas de boa vontade do que amigos. Nada exprime melhor o que se passa entre amigos do que o passarem a vida juntos. (Os pobres anseiam por ajuda dos amigos, os bem-aventurados anseiam por passar o dia na companhia dos amigos: é que, na verdade, não é nada deles o viverem uma vida de solitários), mas é impossível passarem o tempo juntos se não gostarem uns dos outros ou não tiverem prazer na companhia uns dos outros. É precisamente isto que [toda] a camaradagem parece ter como característica.

Amizade mais autêntica é, assim, a que existe entre homens de bem, tal como tem sido dito frequentemente. Pois, na verdade, o absolutamente bem e agradável parece ser susceptível de um amor absoluto e ser simples-

# 170 | Ética a Nicômaco · *Aristóteles*

mente querido, enquanto o bem e o que é agradável para cada pessoa em particular é objeto de amor e querido para essa pessoa. O bem é, contudo, para os homens de bem, susceptível de amor e querido tanto em absoluto como relativamente a si próprios. Mas enquanto a afeição se assemelha a um estado passivo, a amizade é uma disposição ativa.[229] Por outro lado,

30 pode sentir-se afeição não menos por objetos inanimados do que por pessoas. Contudo, a amizade implica reciprocidade. Ora a reciprocidade na amizade implica uma decisão. Uma decisão, por outro lado, apenas pode ser tomada a partir de uma disposição do caráter. Demais, os homens de bem desejam o bem às pessoas de quem gostam por causa delas próprias, não de acordo com um estado [emocional] passivo, mas de acordo com uma disposição ativa. Ao amarem o amigo, amam o seu próprio bem, porque quando uma pessoa de bem se faz amiga de outrem, torna-se num

35 bem para o seu amigo. As pessoas de bem amam o seu próprio bem e, assim, restituem, em conformidade, em parte igual o bem que querem e o

1158a1 prazer que dão. É, por isso, que também se diz que a amizade é igualdade, sobretudo aquela que existe entre homens de bem.

## VI

1158a2  A amizade é menos frequente entre pessoas azedas e entre os mais velhos, porque quanto pior for o feitio das pessoas, menor é o prazer que têm no convívio. Ora o bom feitio e o convívio social são marcas de ami-

5 zade e motivos criadores de amizade. Por este motivo, os jovens depressa se tornam amigos, os velhos, não. É que não se podem tornar amigos daqueles na presença dos quais não sentem prazer; de modo semelhante se passa com os que estão sempre mal dispostos. Estes também podem ser benevolentes entre si porque desejam o bem ao outro e vão ao encontro das necessidades do outro. Contudo, não são completamente amigos uma

10 vez que não passam juntos o dia nem sentem prazer na companhia um do outro, coisas que parecem ser marcas distintivas de amizade.

 Agora, parece que não é possível ser-se amigo de muitas pessoas, pelo menos no sentido pleno da amizade, do mesmo modo que não é possível amar ao mesmo tempo muitas pessoas (tal parece que, na verdade, seria excessivo; e o amor costuma nascer naturalmente em relação a uma única pessoa), porque não é fácil de agradar de modo totalmente satisfatório a muitos ao mesmo tempo, nem eventualmente até para as pessoas de bem. Por outro lado, para se criar uma amizade perfeita tem de se ter

15 experiência conjunta [de dificuldades] e ganhar confiança mútua, o que é muito difícil. É possível agradar a muitos de modo satisfatório em vista da utilidade e do prazer, porque há muitas pessoas que são amigas nestas bases de amizade e há serviços que podem até ser prestados rapidamente.

Destes dois tipos de amizade, aquela que mais se aproxima da amizade perfeita é a que tem o prazer em vista. Sobretudo, quando há vantagens para ambas as partes, têm ambos prazer na presença um do outro e gostam das mesmas coisas. Tal é o caso das amizades que se criam entre os jovens. Pois parece haver nelas uma maior generosidade de sentimento. Por outro lado, a amizade que se cria em vista da utilidade parece ter um elemento comercial na sua base. Demais, os bem-aventurados não precisam de amigos úteis para nada, mas de amigos agradáveis, pois desejam a convivência com algumas pessoas. E embora suportem o sofrimento durante algum tempo, não seriam capazes de o suportar para sempre. Assim também ninguém suportaria o bem mesmo tratando-se do bem absoluto, se provocasse um tédio absoluto. É por esse motivo que procuram amigos agradáveis, e já agora amigos que sejam pessoas de bem, e ainda pessoas de bem e agradáveis relativamente a si. Só assim terão tudo o que é requerido para haver amizade. Os que estão numa posição de poder parecem dividir os seus amigos em dois grupos distintos. Uns por lhes serem úteis, outros por lhes serem agradáveis. Amigos que são ambas as coisas [úteis e agradáveis] quase não existem. Pois eles não procuram amigos agradáveis com um caráter excelente nem amigos úteis para a realização de feitos nobres, mas procuram pessoas espirituosas para a obtenção de prazer e pessoas expeditas para executar o que lhes foi mandado, e estas aptidões não existem facilmente numa mesma pessoa. Ora diz-se que uma pessoa séria pode ser ao mesmo tempo agradável e útil. Mas ninguém com estas características se torna amigo do seu superior hierárquico, a não ser que também fosse superior em excelência, de outro modo, não haveria possibilidade de restabelecer a igualdade proporcional, caso fosse inferior em excelência. Mas não aparecem muitos casos de amizade deste gênero. São, pois, as amizades mencionadas as que existem numa base de igualdade, pois ambos os amigos recebem o mesmo e desejam aos outros o mesmo que desejam para si, ou então recebem na mesma medida em que dão. Por exemplo, prazer em troca de uma vantagem. Contudo, foi já referido que tais amizades são menores e menos duradouras. De resto, por se constituírem por semelhança e por dissemelhança com referência a um mesmo sentido, parecem efetivamente tratarem-se de amizades, mas, por outro lado, também podem não parecer sê-lo. Isto é, por um lado, parecem ser amizades por semelhança com a amizade baseada na excelência (porque uma detém o elemento de prazer e a outra o elemento de utilidade, elementos que estão também presentes na amizade baseada na excelência), mas enquanto a amizade baseada na excelência resiste à calúnia e é mais duradoura, estas, por sua vez, por admitirem muitas mudanças que ocorrem depressa e por se distinguirem em muitos aspectos não parecem ser amizades, justamente por causa do grau de dissemelhança em que se encontram relativamente à amizade baseada na excelência.

# 172 | Ética a Nicômaco · *Aristóteles*

## VII

1158b11     Há uma outra forma de amizade que se constitui e que admite a superioridade de uma das partes, como a do pai pelo seu filho, e em geral como a de alguém mais velho por alguém mais novo. E também assim do homem pela mulher, e em geral da parte de alguém com poder relativamente a quem lhe está subordinado. Todas elas apresentam diferenças entre si. Isto é, cada uma destas formas de amizade está em planos diferentes e não tem

15   o mesmo grau de reciprocidade. Ou seja, a amizade dos pais pelos filhos é diferente da dos que detêm o poder pelos seus subordinados. Mas é também diferente a amizade do pai pelo filho da do filho pelo pai. Diferente em reciprocidade é também a amizade do homem pela sua mulher e a da mulher pelo seu marido. De fato, são diferentes a função e a excelência de cada uma delas, tal como diferentes são os motivos que fundamentam o seu amor e afeição. Há, assim, diferentes modos da afeição e relações

20   de amizade com graus diferentes de reciprocidade. O que ambas as partes recebem uma da outra não é o mesmo, mas de resto também não é isso que se deve procurar. Quando as crianças dão aos pais o que lhes é devido e os pais dão aos filhos o que devem dar por serem crianças, a relação de amizade que existe entre eles é duradoura e adequada. Há assim, em todas estas formas de amizade uma parte que tem um ascendente sobre a outra. Assim, a que tem um grau de superioridade sobre a outra deve receber em

25   afeição um grau proporcional. A parte melhor, superior em utilidade ou a respeito do que quer que seja, deve receber mais amizade do que a que oferece. Quando a afeição que nasce é oferecida ao outro de acordo com o valor merecido, só nessa altura se gera, de algum modo, uma igualdade, coisa que parece ser, então, própria da amizade.

    Contudo, a igualdade no âmbito da justiça não parece ser do mesmo

30   modo que no âmbito da amizade. No âmbito da justiça, a igualdade é definida primariamente de acordo com o valor merecido, em segundo sentido é definida de acordo com a quantidade; no âmbito da amizade, contudo, a igualdade é definida primeiramente de acordo com a quantidade e num segundo sentido de acordo com o valor merecido. Isso torna-se evidente se existir uma grande diferença entre os dois amigos a respeito da excelência ou da perversão, ou da riqueza, ou de qualquer outra coisa. Quando, porém, se acentuam as diferenças entre eles, podem deixar de ser amigos.

35   Isto torna-se absolutamente evidente a respeito dos deuses, pois o nível de superioridade com que nos superam estende-se a todas as boas qualidades

1159a1   que se pode ter. Mas [o mesmo] é também evidente a respeito dos reis, pois aqueles que se encontram num nível muito inferior não pensam poder vir a tornar-se amigos daqueles, nem os que têm pouco valor pensam vir a tornar-se amigos dos que são superiores em excelência ou sabedoria. Não há, no entanto, nenhum limite que defina rigorosamente, nestes casos, até que ponto os amigos podem ainda ser amigos, porque, na verdade, mesmo quando os amigos não parecem ter nada em comum, a sua amizade pode ainda persistir. Contudo, se a distância entre eles é absoluta, como no caso da distância entre o Humano e Deus, não pode verificar-se nenhuma espécie de relação de amizade. Ora daqui nasce uma outra dificuldade. Pois pode não parecer verdade que os amigos possam querer para os outros o bem supremo, se tal for, por exemplo, que se tornem deuses. É que caso obtenham esse bem supremo, já não poderão ser amigos, porque o fosso entre eles será abismal e deixarão de poder ser um bem para outrem. Ora os amigos são um bem. Assim, se foi dito, e corretamente, que o amigo deseja bem ao seu amigo em vista do próprio amigo, então este deve permanecer sempre igual a si próprio, seja ele de que maneira for. Quer dizer, quando se deseja a um amigo o bem supremo, esse bem supremo que se deseja terá de encontrar-se dentro do horizonte humano. O amigo tem, pois, de manter-se igual a si próprio, seja ele de que maneira for [e Humano]. Por isso, talvez não se deva desejar ao amigo todo o bem possível e imaginário, porque o bem que se deseja para outrem terá de ser um bem que se deseja para o próprio.[230]

# VIII

A maioria das pessoas, motivada pela ambição da honra, parece querer mais ser amada do que amar. Por isso que a maior parte das pessoas gosta de ser adulada. Porém, um amigo adulador está numa posição de inferioridade ou, pelo menos, finge que está nessa posição e, assim, dar mais amizade do que recebe. O sentimento de ser amado parece estar muito próximo do sentimento de ser honrado, e é isso por que todos ansiamos. Mas nem todos parecem preferir a honra em si a não ser de uma forma acidental. A maior parte dos homens gosta de ser honrada por aqueles que estão numa posição de poder, por causa das expectativas [que têm] (porque pensam vir a alcançar junto daqueles aquilo de que precisam e assim sentem prazer na honra como se fosse um sinal dos benefícios que podem vir a colher). Mas os que querem ser honrados pelos que são considerados pela sua excelência e pelo seu saber pretendem ver confirmada a opinião pessoal que têm de si próprios como merecedores de honra. Regozijam-se, na verdade, porque acreditam que são bons confiando no juízo dos que falam deles. Há uma alegria absoluta em ser-se amado, razão pela qual se pensa ser ainda mais poderoso do que ser honrado. Na verdade, escolhe-se a amizade por ela própria e não pelo que dela se possa vir a obter.

Demais, é superior à honra, porque reside mais no ato de amar do que no de ser amado. Uma indicação disso é a alegria que as mães têm

# 174 | Ética a Nicômaco · *Aristóteles*

em dar amor. Algumas chegam a dar os seus próprios filhos para serem criados por amas, mas amam-nos e sabem deles, mesmo sem procurarem
30 receber amor em troca, no caso de tal não ser também possível. É que parece bastar-lhes verem que os seus filhos estão bem, e elas amam-nos, mesmo se aqueles, por não saberem quem elas são, não lhes derem o que um filho deve dar a uma mãe. Ora uma vez que a amizade consiste mais em dar amor, e uma vez que se elogia os que são amigos dos seus amigos,
35 a excelência dos amigos parece consistir nisto mesmo, na capacidade que se tem de dar amor.

E assim aqueles que dão a sua amizade de acordo com o valor e a
1159b1 dignidade de cada um são amigos duradouros, bem como duradoura é a amizade entre eles. Desse modo, os que são desiguais serão mais amigos entre si, porque procuram restabelecer a igualdade. A igualdade e a semelhança são sinônimos de amizade, e sobretudo a semelhança que há entre amigos a respeito da excelência. Estes serão mais estáveis e permanecem
5 iguais a si próprios e na relação com os outros. Por outro lado, não são capazes de pedir determinados favores, se forem indevidos, nem eles próprios são capazes de o fazer. Antes, impedem-se mutuamente de agir mal. É próprio dos homens de bem não errarem nem deixarem os seus amigos errar. Os perversos não têm estabilidade, nem sequer permanecem iguais a si próprios ao longo do tempo. Se fizerem amizade entre si, será por
10 pouco tempo, e apenas pelo gozo que sentem com a maldade recíproca. Pelo contrário, os que são úteis uns aos outros e os que sentem prazer na companhia uns dos outros permanecem amigos durante mais tempo, ou pelo menos durante o tempo em que dão e recebem prazer ou prestam e recebem assistência uns dos outros. A amizade em vista da utilidade parece gerar-se sobretudo entre os opostos, como entre um pobre e um rico, ou um ignorante e um sábio. Quem sente falta de qualquer coisa, esforça-se
15 por obtê-la, dando algo em troca como contrapartida. Pode incluir-se aqui a amizade que existe entre amante e amado, ou entre uma pessoa bela e uma feia. Por isto é que por vezes também os amantes parecem ridículos, pensando que merecem receber amor do mesmo modo que dão o seu.

Talvez possam ter essa pretensão no caso de terem algo que os faça ser amados do mesmo modo como dão o seu amor, mas, não tendo nada que os faça ser queridos, comportam-se de um modo ridículo. Por outro
20 lado, se calhar os extremos não se atraem a não ser de modo acidental. E aquilo por que eles anseiam está no meio, porque isso é que é o bem. O seco não tende, por exemplo, a tornar-se úmido mas a atingir um estado intermédio. O mesmo se passa de modo similar com o calor e com outros pares de opostos. Mas temos de abandonar esta discussão porque é um objeto estranho à presente investigação.

## IX

Tal como foi dito no princípio, parece que a amizade e a justiça acontecem a respeito das mesmas situações e num mesmo tipo de relações pessoais. Em toda a espécie de comunidade parece haver algo de justo e também amizade. Costuma falar-se de amigos que navegam em conjunto, bem como dos que combatem no mesmo exército, e do mesmo modo a respeito das outras comunidades. E o ponto a que chega a comunidade é o ponto até onde vai a amizade: e assim também o direito. E o provérbio[231] «bens de amigos, bens comuns» está correto. Porque a amizade radica na comunidade. Ora os irmãos têm tudo em comum e assim também os companheiros. Há outra espécie de amigos que apenas têm em comum determinadas coisas, em alguns casos são muitas, noutros poucas, e assim também há amizades maiores e outras menores conforme o que os amigos têm em comum. Também a respeito dos direitos de cada um há diferenças a considerar. Tal como os direitos dos pais relativamente aos filhos e dos irmãos uns relativamente aos outros não são os mesmos, também não são os mesmos entre companheiros e cidadãos, e de modo semelhante são diferentes consoante as formas de amizade de cada vez em causa baseadas no grau maior ou menor de comunidade. Também são diferentes as formas de injustiça que se dão em cada uma destas formas de comunidade, e ganham intensidade quanto maiores forem os amigos; por exemplo, é muito pior roubar dinheiro a um companheiro do que a um simples cidadão; muito pior não socorrer um irmão do que um estranho; muito pior bater no pai do que em qualquer outra pessoa. Assim, é natural que os direitos aumentem quando a amizade cresce, uma vez que justiça e amizade se estendem correlativamente por pessoas do mesmo gênero. Mas todas as formas de comunidade assemelham-se a partes de uma mesma grande comunidade de estado. Os viajantes, por exemplo, fazem caminho em conjunto para a obtenção de uma determinada vantagem e para suprir a qualquer das coisas necessárias à vida de todos os dias.

Mas a comunidade de Estado parece ter sido fundada desde os primórdios em vista de uma vantagem comum e mantém-se [ainda assim nos nossos dias com esse fito]. É isto que os legisladores procuram alcançar e dizem que justo é o bem comum. As outras comunidades visam obter o bem comum, mas segundo a parte que lhes cabe. Os navegadores, por exemplo, procuram a produção de riqueza ou algo do gênero que possa ser obtido pela navegação, assim também os companheiros de armas procuram o mesmo com os assuntos de guerra, ansiando seja por riquezas, pela vitória ou pela conquista de uma cidade, enfim, passa-se o mesmo com os membros de uma mesma tribo ou de uma mesma cidadania. [Algumas das associações parecem ter sido fundadas com vista ao prazer, como

176 | **Ética a Nicômaco** · *Aristóteles*

20 as confrarias religiosas e os grupos gastronômicos. Umas têm em vista festas de sacrifício, outras a socialização.] Todas elas parecem, contudo, subordinarem-se ao sentido da comunidade de Estado. A comunidade de Estado que não tem em vista apenas suprir às necessidades presentes, mas ao bem necessário ao longo de toda a vida. Fazem sacrifícios e reuniões, conferindo honras aos deuses, e criando para si próprios momentos agra-
25 dáveis de lazer. As antigas festas de sacrifício e as reuniões que as acompanhavam pareciam ter lugar a seguir às festas da colheita e de iniciação, pois era sobretudo nesta altura do ano que as pessoas tinham mais tempo livre. Todas as comunidades parecem ser assim partes da comunidade de Estado. E as espécies de amizade resultam das formas de comunidade correspondentes.

## X

1160a31     Há três formas de constituição de Estado e igual número de degenerescências, como que destruidoras daquelas. As formas de constituição de Estado são a monarquia e a aristocracia[232] e em terceiro lugar a forma de constituição que assenta sobre as posses, e que se deveria com mais propriedade chamar timocracia, é a que a maior parte das pessoas costuma
35 chamar constituição da república. De entre estas formas de organização do poder de estado a melhor é a monarquia, e a pior, a timocracia. Como
1160b1 degenerescência desviante da monarquia temos a tirania. Ambas são efetivamente formas de monarquia, contudo, são completamente diferentes. Enquanto o tirano olha pelo seu próprio interesse, o monarca deve olhar pelo interesse dos seus súditos. Ora ninguém pode ser monarca se não tiver uma independência de recursos e não ultrapassar todos a respeito das melhores qualidades que se possam ter. Porque só uma pessoa assim
5 não terá necessidade de nada. Por isso, não olhará para o que é vantajoso para si, mas para o que pode ser vantajoso para os seus. Assim, se não tiver estas qualidades, pode ser rei, mas por lhe ter calhado em sorte. A tirania é, pelo contrário, a forma de poder que tem as qualidades exatamente opostas da monarquia. Pois, o tirano persegue apenas o seu próprio bem. E é por esse motivo notoriamente a pior forma de governo, porque o contrário da monarquia é o pior que pode haver. Mas uma monarquia pode também degenerar numa tirania.

    Assim, a tirania é a forma mais vil de monarquia e um rei vil pode
10 facilmente tornar-se tirano. Por outro lado, a aristocracia degenera numa oligarquia devido à corrupção dos governantes, que não repartem os bens do Estado de acordo com o mérito, mas antes repartem tudo, ou a esmagadora maioria dos bens, por si próprios, reservando-se sempre para si em exclusivo os cargos de poder, fazendo tudo o que é possível por enrique-
15 cer. Neste caso são poucos, mas corruptos, os que detêm o poder, quando

deviam antes ser os mais excelentes de todos a detê-lo. A timocracia, finalmente, degenera em democracia. Estas têm, na verdade, fronteiras comuns, porquanto, a timocracia pretende ser o governo da maioria e todos os que têm posses são iguais entre si. Ainda assim, a democracia é [das 20 formas de degenerescência] a menos má, porque se desvia apenas um pouco da forma da constituição da república. Estas são pois as formas de constituição que mais facilmente se transformam nas suas opostas, pois a fronteira entre os opostos é mínima e rapidamente se transformam uma na outra. Como casos semelhantes às formas de constituição, como modelos paradigmáticos, por assim dizer, podem tomar-se as diferentes formas de poder que ocorrem dentro de uma casa.

Assim, a relação de poder que existe entre pais e filhos tem uma confi-guração comum à da monarquia, porque cuidar dos filhos é a preocupação 25 do pai. Daí também que Homero chame pai a Zeus. Na verdade, a monar-quia pretende ser uma forma de poder paternal. Mas já entre os Persas a forma de poder paternal é tirânica, porque os pais servem-se aí dos filhos como se fossem escravos. E a relação de poder entre senhor e escravos é tirânica, porque nela se trata apenas do interesse do senhor. Mas se algu- 30 mas destas formas de exercício de poder paternal são corretas, a persa, pelo contrário, está errada. Agora, as formas de exercício do poder são diferentes conforme são diferentes os que nelas tomam parte. Em segundo lugar, o poder aristocrático parece caracterizar a forma de poder que existe entre marido e mulher, pois o marido tem o poder de acordo com o estatuto que possui a respeito das coisas que competem ao homem decidir, mas tudo quanto é do domínio de uma mulher, ele deixa-o para ela. Quando, porém, 35 o homem tem domínio mesmo sobre o que não lhe compete, transforma o seu poder numa espécie de oligarquia, porque age violando o princípio 1161a1 da dignidade e não pelo que é melhor. Às vezes também acontece que são as mulheres quem manda, por exemplo, por herdarem [fortuna]. Contu-do, estas formas de governo não são obtidas de acordo com a excelência, mas apenas por causa do poder que a riqueza confere, tal como acontece precisamente nas oligarquias. A timocracia, finalmente, parece-se com a forma de poder que existe entre irmãos. Pois os irmãos são iguais entre si, exceto a respeito da diferença de idades. Ou seja, se houver uma grande 5 diferença de idades entre irmãos também a amizade entre eles não será fraterna. A democracia aparece sobretudo em casas onde não há senhores (pois nelas todos estão em pé de igualdade), bem como naquelas em que o chefe é fraco e cada um faz o que quer.

## XI

Parece, portanto, haver uma forma de amizade correspondente a cada 1161a10 forma de constituição e governo, e na verdade proporcional à distribui-

**178** | Ética a Nicômaco • *Aristóteles*

ção dos direitos [por cada uma das partes].[233] Na relação do monarca com seus súditos há uma forma de superioridade na natureza do benefício que confere. Na verdade, o monarca faz bem aos seus súditos, na medida em que, sendo bom, olha por que eles vivam bem, tal como o faz o pastor com
15 os seus rebanhos de cabras. Daí também que Homero chame a Agamémnon «pastor de povos». Este gênero de amizade é paternal e distingue-se pela dimensão dos benefícios conferidos (pelo rei aos seus súditos.) Na verdade, o monarca é o fundamento responsável pela existência do seu povo. Existência que é um bem supremo, tal como a alimentação e educação. Ora, é precisamente isto que dizemos que os nossos antepassados nos asseguraram. Assim, as relações de poder entre pai e filhos, ascendentes
20 e descendentes, rei e súditos, são equivalentes. Essas formas de amizade radicam numa forma de superioridade, por isso que também os pais devam ser honrados. Também nestas relações de amizade o respeito pelos direitos dos outros não é o mesmo, mas verifica-se de acordo com o mérito. Ou seja, as espécies de amizade conformam a natureza do respeito pelos direitos dos outros.

Assim, [como vimos] a relação de amizade entre marido e mulher é a mesma que existe na aristocracia. Isto é, estabelece-se na proporção da excelência. Ao conferir um ganho maior ao parceiro que é melhor, confe-
25 re o ganho que lhe é adequado, porque é assim que deve acontecer com o respeito pelos direitos de cada um.

A forma de amizade entre irmãos assemelha-se mais à camaradagem, pois têm uma maneira de ser igual e são da mesma idade, razões pelas quais têm os mesmos gostos e as mesmas disposições a respeito de quase tudo. A forma de amizade fraterna é, pois, a que existe segundo a timocracia, porquanto também os cidadãos pretendem ter uma igualdade de oportunidades e que haja equidade entre si, quer dizer, anseiam que o
30 poder possa ser alternado e alcançado a partir de uma base de igualdade. Assim também é a sua forma de amizade.

Nas formas de constituição que degeneraram, uma vez que os direitos poucos que há não são respeitados ou então são absolutamente desrespeitados, há pouco espaço para a amizade se manifestar. E a amizade manifesta-se o menos possível na pior forma de constituição que há. Isto é, na tirania, porque, na verdade, não existe nenhuma forma de amizade entre o tirano e os seus subjugados. Ora, nas formas de constituição em que praticamente não há comunidade entre o governante e governados, do mesmo modo que não existe qualquer espécie de amizade a uni-los, assim também não há qualquer espécie de respeito pelos direitos de outrem. As relações que aí se verificam são idênticas às que se estabelecem
35 entre o perito e o instrumento ou entre a alma e o corpo ou entre o senhor
1161b1 e o escravo. Nestas relações, uma das partes é simplesmente usada e apenas

encontra a sua razão de ser, porque os seus utilizadores lhe conferem sentido ao usá-la. Mas tal como não se pode falar de relações de amizade entre seres inanimados, também não se pode falar aqui verdadeiramente de direitos. Ou seja, tal como não há verdadeiramente amizade por um cavalo ou por um boi, nem sequer por um escravo enquanto escravo, também não se pode dizer que ambas as partes tenham os mesmos direitos. Porquanto entre eles nada há em comum. Ou seja, do mesmo modo que um escravo é um instrumento dotado de alma, assim também instrumento 5 é um escravo que não é dotado de alma. Enquanto escravo, não se pode ter amizade por ele, apenas enquanto Humano, pois a amizade apenas existe entre Humanos. Parece assim haver apenas lugar para direito nas relações humanas relativamente a tudo aquilo que tenha a capacidade de tomar parte na legalidade e estabelecer acordo por contrato. Portanto, também a amizade se manifesta apenas no acontecimento do Humano enquanto Humano. As relações de amizade e o respeito pelos direitos nas tiranias são menores; maiores, contudo, nas constituições democráticas. Porquanto 10 é entre iguais que há mais bens comuns a poderem ser partilhados.

## XII

Toda a amizade, tal como foi dito, radica, então, numa comunidade. 1161b11 Mas podemos fazer abstração da amizade que existe entre membros de uma mesma família, tal como da amizade baseada na camaradagem. Por seu turno, as amizades estabelecidas entre Estados, tribos e viajantes parecem ser mais formas de associação, por parecer que se estabelecem apenas segundo uma certa afinidade. Nestas devemos também incluir a 15 hospitalidade.

A amizade baseada em laços familiares parece ser multiforme. Mas todas as formas de amizade familiar parecem ser derivadas da amizade paternal. Os pais, por um lado, amam os seus filhos como se fossem uma parte de si próprios. Os filhos, por outro, amam os pais como sendo uma parte daqueles. Mas os pais sabem melhor que os filhos que 20 estes são uma parte daqueles. E o vínculo de pertença é maior do gerador relativamente ao gerado do que inversamente do gerado relativamente ao seu gerador. Aquilo que nasce é tão próprio ao seu gerador como os seus dentes, cabelo, ou o que quer que seja dele, enquanto o que nasce não tem nada daquele, ou, se o tiver, é em menor grau. Depois uns começam a amar mais tarde do que outros. Com efeito, os pais amam os seus 25 filhos mal nasçam, mas os filhos só começam a amar os seus pais passado algum tempo, quando adquirem compreensão e começam a aperceber-se das coisas. A partir destas razões torna-se evidente por que razão é que o amor de mãe é maior. Os pais amam, pois, os seus filhos como a si próprios (os filhos deles são como que outros si próprios, embora exis-

180 | Ética a Nicômaco · *Aristóteles*

30 tam em separado), os pais amam os seus filhos porque nasceram deles. Os irmãos amam-se uns aos outros por terem nascido da mesma raiz. A identidade da relação relativamente aos pais estabelece por sua vez a identidade da relação entre irmãos. Daí que se diga serem do mesmo sangue, terem a mesma raiz etc. Eles são de algum modo a mesma essência mas existem em corpos separados. Mas o terem sido criados em conjunto e o serem da mesma idade contribui muito para a grande amizade entre ambos. «Os da mesma idade dão-se entre si» e «a confiança 35 mútua faz a camaradagem». Por isso a amizade fraterna assemelha-se 1162a1 à amizade entre camaradas. Por essas razões os primos e os restantes parentes têm o seu vínculo de pertença entre si, porque têm as mesmas origens. E uns têm um laço de pertença mais estreito a uni-los, outros são mais afastados. Isto é, o grau de proximidade e afastamento entre uns e outros é dado pela distância a que se encontram da sua ascendência.

5 O amor dos filhos pelos seus pais tal como a ligação dos homens aos deuses é paralelo ao laço que nos une ao bem e ao que nos é superior. Na verdade, fizeram-lhes o melhor bem que lhes poderiam ter feito, são responsáveis pela sua existência e pela sua criação, e depois pela sua educação. Demais, esta relação de afeição entre pais e filhos é fonte de maior alegria e é mais útil do que a que pode nascer relativamente a estranhos, uma vez até que a vida deles tem muito mais coisas em comum. Os mes-10 mos elementos que distinguem a amizade fraterna estão também presentes na amizade por camaradagem, mas mais presentes ainda nos irmãos que são excelentes e em geral nos que são iguais entre si – na medida em que é mais estreito o laço que os une e lhes acontece desde o nascimento amarem-se entre si, na medida também em que, nascidos dos mesmos pais, criados e educados em conjunto, são mais semelhantes nas disposições do caráter.

E [entre irmãos] o teste feito pelo tempo revela-se o mais resistente e 15 o mais digno de confiança. De um modo análogo se verificam as relações de amizade nos restantes laços de parentesco.

O laço de amizade entre um homem e uma mulher parece existir por natureza, porque o Humano tem, pela sua própria natureza, uma existência a dois mais do que numa comunidade de Estado. A nossa família vem em primeiro lugar e de um modo mais vinculativo do que o Estado. De 20 resto, a procriação é a característica mais abrangente de todas as espécies animais. Para as outras espécies animais a comunidade existe apenas para o objetivo da procriação; os Humanos, contudo, não coabitam apenas em vista da procriação, mas para providenciar tudo o resto que é necessário para a vida de todos os dias. As funções entre os Humanos estão logo à partida distribuídas e são diferentes para o homem e para a mulher. Assim suprem às necessidades uns dos outros ao oferecerem os trabalhos par-

ticulares de cada um ao bem da comunidade. Por esses motivos também 25
parece haver, neste tipo de amizade ao mesmo tempo, utilidade e prazer.
Poderá ser também fundada sobre a excelência se ambos os parceiros
forem pessoas extraordinárias, porque cada um terá a sua excelência e é
nisso mesmo que sentem alegria. Os filhos parecem ser um vínculo comum, por isso é que os casais que não têm filhos se separam com maior
facilidade. Os filhos são o bem comum de ambos, e é por eles que se
mantêm juntos.

Indagar do modo como deve ser a vida em conjunto entre um homem
e uma mulher e em geral entre amigos não é outra coisa senão indagar 30
do modo como são ou não respeitados os direitos de cada um nesses relacio-
namentos. Pois não parece haver o mesmo respeito pelos direitos de outrem
se se trata de uma relação entre amigos, estranhos, camaradas ou colegas.

# *XIII*

Há, assim, três tipos de amizade, tal como se disse ao princípio; de 1162a34
acordo com cada um deles, nuns casos os amigos estão numa base de 35
igualdade, noutros, um deles tem superioridade sobre o outro (pois na
verdade é possível que pessoas de bem se tornem amigas umas das outras do mesmo modo que é possível a uma boa pessoa ser amiga de uma
menos boa. Do mesmo modo pode haver amizade entre amigos com base no 1162b1
prazer mútuo nas vantagens recíprocas, sejam elas iguais ou diferentes).
Ora os que estão numa base de igualdade devem manter a igualdade pelo
amor que têm um pelo outro, pois o resto virá por acréscimo. Mas quando
a amizade é entre desiguais deve haver um princípio de proporção segundo o qual quem recebeu mais pela superioridade das ações da outra parte
deve retribuir com uma medida maior. 5

Queixas e recriminações dão-se sobretudo ou única e exclusivamente
na amizade que tem como base a utilidade, como é fácil de calcular. Os que
são amigos numa base de excelência estão sempre prontos para fazer por
que o outro passe bem (é precisamente isto que é próprio da excelência
e da amizade) e como é por isto mesmo que entram em disputa, não há
entre eles queixas nem conflitos, pois ninguém se aborrece com quem
lhe demonstra amizade e lhe confere benefícios, mas, pelo contrário, uma 10
vez que se trata de uma pessoa elegante, fará por se desforrar do bem
que lhe fazem. Quem, por outro lado, excede o outro no bem que faz
não pode queixar-se dele, porque atinge aquilo que queria, e aquilo que
queria era justamente o bem para si ou para outrem. Mas também não há
queixas entre os que são amigos pelo prazer, porque se tiverem alegria
na companhia um do outro, ambos alcançarão aquilo por que ansiavam.

De fato, pareceria ridículo se alguém se queixasse por não sentir pra- 15
zer na companhia de outrem, sendo perfeitamente possível não passar

**182** | Ética a Nicômaco • *Aristóteles*

tempo nenhum com essa pessoa. Mas a amizade com base na utilidade é suscetível de levantar queixas. Os que se servem uns dos outros em vista da utilidade querem sempre mais e mais e pensam ter menos do que é devido, por isso recriminam-se mutuamente por não terem alcançado junto

20 dos outros tudo aquilo de que se acham merecedores. Os que concedem benefícios não são capazes de satisfazer a todos os pedidos que recebem. Também parece, tal como a justiça pode ser dupla, a que não é escrita e a que existe por lei, que a amizade fundada na utilidade seja dupla, uma baseada na disposição do caráter de cada um, a outra numa característica [meramente] legal. As queixas mútuas verificam-se sobretudo quando a

25 amizade não é a mesma no momento em que celebram um contrato com vista a uma transação e no momento em que o resolvem. Quando se chega a um acordo celebrado em contrato escrito a amizade é estritamente legal, seja a transação comercial realizada imediatamente, ou tenha um período de tempo mais alargado para a realização do seu pagamento, embora também este caso não dispense acordo quanto ao que é trocado pelo quê. Nesse caso, a dívida que há para saldar é evidente e não admite discussão, embora o atraso do pagamento seja concedido em nome da

30 amizade. É por isso que a respeito de algumas transações deste tipo não estão previstas sequer sanções legais, mas pensa-se que a confiança mútua é suficiente para o cumprimento das obrigações. Por outro lado, a amizade com base na utilidade, fundada no caráter, não requer contratos escritos. O serviço prestado é aqui como se fosse uma oferta feita a um amigo ou qualquer outro favor que lhe fosse feito; embora quem dá calcule vir a receber [em troca] um favor igual ou até maior, pois o serviço prestado não foi dado de graça, mas é como se fosse um empréstimo. Ora quando alguém desfaz uma sociedade com uma atitude diferente de quando a

35 fez, nessa altura terá razões para se queixar. A razão de isso acontecer é porque todos os homens, ou a maior parte deles, desejam o que é nobre,

1163a1 mas escolhem o que é vantajoso. Nobre é fazer o bem sem esperar receber nada em troca; simplesmente vantajoso, contudo, é ser beneficiado. Quando, portanto, se está na situação de se poder fazê-lo, deve pagar-se o benefício recebido com um favor do mesmo valor, e tal deve ser feito voluntariamente, porque não podemos fazer um amigo se lhe pagarmos os favores de má vontade, pois é como se tudo estivesse errado à partida. Isto é, está errado receber um favor de quem não se deve – é o que acontece a alguém que não faz um favor por amizade ou desinteressadamente.

5 Assim, quem recebeu um benefício nas circunstâncias mencionadas deve desfazer a sociedade como se houvesse no contrato uma cláusula escrita para o efeito. E tem, também, de concordar-se que alguém deve pagar o serviço prestado, caso esteja em condições de o poder fazer; de resto, quem concede um benefício a alguém que sabe que não poderá pagá-lo não estará à espera de nenhum pagamento em troca. Porém, se alguém

Livro VIII | 183

estiver em condições de poder pagar o favor recebido, deve fazê-lo. Mas é logo ao princípio que devemos ver de quem estamos para receber um benefício e em que termos, porque apenas assim e nessa altura estaremos em condições de poder recebê-lo ou recusá-lo. 10

É também discutível saber se o valor do pagamento de troca pelo benefício recebido deve ser estimado por quem o recebe ou por quem o dá. Porque, por um lado, quem recebe, subestima a sua importância, dizendo até que era possível obtê-lo junto de outro qualquer, diminuindo assim o seu valor. Por outro lado, quem concede o benefício dirá, pelo contrário, que deu o que tinha de mais valor, que mais ninguém o poderia ter conce- 15 dido e que a situação era de perigo e necessidade. Não acontecerá, então, que, se a amizade se funda na utilidade, a avaliação do preço do pagamento deve ser feita por quem recebe a vantagem? Pois, é quem a recebe que precisava dela. O outro vem em seu auxílio, mas com a expectativa de uma igual contrapartida. Assim, a ajuda prestada terá tanto valor quanto 20 a vantagem recebida, no momento em que era requerida. Dessa feita, o pagamento em troca terá no mínimo de ser igual ao montante da vantagem recebida ou ainda maior, porque isso seria mais nobre. Nas amizades baseadas na excelência não há queixas, e a intenção de quem dá é o que parece ter de ser avaliado. Pois é a intenção o fator predominante da excelência e do caráter.

## XIV

Também nas amizades em que há superioridade de uma das partes 1163a24 se verificam diferenças de intenção. Porque ambas as partes acham-se 25 dignas de receber mais, e quando assim não acontece, rompem os laços de amizade. O que é superior pensa pertencer-lhe receber mais, pois também costuma dar mais; o mesmo acontece quando um pensa ser o mais útil. Porque se alguém for um inútil, tal como se diz, não deve receber uma parte igual. Nessa altura faz-se caridade, mas não se pode falar de amizade, pois o que daí se recebe não chega para pagar o trabalho que se 30 teve. Porque, tal como numa sociedade comercial, se os que contribuem com um capital maior de investimento pensam que devem receber uma parte maior dos lucros, assim também deveria ser nas relações de amizade. Mas quem está necessitado e é inferior em caráter pensa de modo inverso. Pois, pensa que é próprio de um bom amigo suprir às suas faltas. De outro modo, pergunta, qual será a vantagem de ter como amigo uma pessoa séria ou numa posição de poder, se não se ganhar nada com isso? 35

Mas de algum modo ambas as pretensões de ambas as partes parecem estar corretas, porquanto cada parte deve receber uma parte maior da sua 1163b1 amizade, não contudo a respeito do mesmo. Aquele que é superior deve receber uma parte maior de honra. Enquanto, por outro lado, o que é mais necessitado deve receber mais de lucro. A honra é o presente tanto da excelência como do benefício que se faz. O lucro é a ajuda na necessidade. Também parece ser isto o que se passa na vida pública.

Aquele que não contribui em nada para o bem público não é honrado, porque um bem da comunidade só é conferido a quem age em prol desse bem comum, e a honra é um bem comum. Mas não é possível ao mesmo tempo enriquecer às custas da comunidade e ser honrado. Ninguém aceita receber na vida sempre a parte mais pequena. Assim, concede-se honra àquele que sofreu uma perda de dinheiro e dá-se dinheiro a quem recebe subornos. Pois a honra é a justa contrapartida dada de acordo com o princípio do mérito. É a honra que restabelece a igualdade e assim conserva a amizade, tal como foi dito. Assim também deveriam ser as relações entre amigos desiguais. Aquele que é beneficiado em dinheiro ou em excelência tem de dar contrapartidas ao seu amigo, tem de honrá-lo o mais possível. É que a amizade pede em troca apenas o que é possível dar, não o que é devido. De resto, nem é possível fazê-lo em todos os casos, tal como, por exemplo honrar os deuses e os nossos pais. Nestes casos não é possível dar contrapartidas, de acordo com o que merecem. Contudo, quem cuida deles da melhor forma possível é tido por excelente. É por isso que, por exemplo, não é possível a um filho renegar o seu pai, mas é possível a um pai renegar um filho, porque quem está em dívida deve pagar o que deve, mas nada do que um filho for capaz de fazer chega para pagar o que o pai fez por ele, por isso que ficará sempre em dívida para com ele. Mas só o credor tem o poder de perdoar a dívida, e assim também o pai tem o poder de perdoar. Ao mesmo tempo nenhum pai abandonará o seu filho a não ser que este seja excessivamente perverso, pois, amizade natural à parte, não é humano rejeitar a ajuda que um filho possa dar ao seu pai. Para o filho perverso ajudar o seu pai é algo a evitar ou então para não fazer com particular empenho, porque a maior parte quer receber o bem, mas evita fazê-lo como se fosse algo sem proveito. Seja isso que foi dito acerca disso o bastante.

# Livro IX

## I

    Em todas as formas de amizade em que há dissemelhança é, tal como foi dito, o princípio da proporcionalidade que estabelece a igualdade e salvaguarda a amizade. Tal como nas relações entre cidadãos o sapateiro recebe pagamento como contrapartida pelos sapatos que faz, e assim também o tecelão e os restantes peritos e oficiais de acordo com o justo valor. Daí ter sido arranjada uma medida comum para essas relações comerciais, o dinheiro. Tudo tem como referência o dinheiro, como termo de comparação, e por ele tudo é medido. Até nas relações amorosas, por vezes, o amante queixa-se de que é maior o amor que dá do que o amor que recebe. É o que acontece quando a pessoa amada perde o que fazia dela ser querida. Por outro lado, também a pessoa amada muitas vezes se queixa de que, tendo o amante ao princípio tudo prometido, não veio a cumprir depois nenhuma das suas promessas. Situações deste gênero sucedem, porque o motivo pelo qual o amante gosta da pessoa amada é o prazer e o motivo pelo qual quem é amado gosta do amante é a utilidade, qualidades que podem a qualquer momento deixar de estar presentes em qualquer deles. Ora os laços de amizade que existem com base naqueles motivos rompem-se quando ambos os parceiros já não obtêm aquilo em vista do qual se tornaram amigos ao princípio. Quer dizer, nenhum dos parceiros amava o outro pelo que era em si, mas apenas pelos atributos que oferecia, e que não eram permanentes. Este tipo de amizade também não é duradouro. Apenas dura aquela amizade que é fundada sobre as disposições do caráter e que existe pela amizade enquanto tal [e não em vista de um qualquer outro motivo].

    As diferenças surgem quando os parceiros obtêm outras coisas que não aquelas por que ansiavam. Ora, é quase o mesmo não obter nada e não atingir aquilo que se queria alcançar. Como a história daquele que prometera a um tocador de cítara pagar-lhe mais conforme ele cantasse melhor. Mas quando o tocador de cítara lhe pediu para cumprir o prometido, este disse-lhe que já o tinha feito ao ter pago com o prazer sentido

**186** | Ética a Nicômaco • *Aristóteles*

[ao ouvi-lo] o prazer que ele lhe tinha dado [ao tocar]. Isso estava bem se um e o outro tivessem querido prazer; mas quando um quer prazer e o outro lucro, e um obtém o que queria mas o outro não, uma tal par
20 ceria não pode correr bem. É para aquilo de que está necessitado que alguém concentra a sua atenção. É com o fim de obter isso mesmo que dará tudo o que tiver.

Quem poderá fixar o valor do pagamento a receber por um serviço prestado? Será quem primeiramente se oferece para prestar os seus serviços ou quem os recebe adiantados? É que quem se oferece para prestar os seus serviços parece deixar para quem os recebe a fixação do preço. Era
25 isto mesmo que dizem que Protágoras fazia. Quando ensinava a respeito do que quer que fosse, pedia ao aluno para fixar o preço de quanto lhe parecia ser o valor do que tinha aprendido, e recebia o pagamento nesse montante. Mas nestas matérias parece agradar a alguns o princípio «pague-se ao homem o seu valor».[234] Os que recebem o dinheiro adiantado e depois não fazem nada do que disseram que faziam, por causa do caráter
30 excessivo das suas promessas, dão provavelmente razões de queixa contra si, porque não cumpriram o acordo estabelecido. Mas talvez que os sofistas sejam obrigados a pedir o pagamento adiantado porque de outro modo ninguém lhes daria dinheiro em troca dos conhecimentos que possuem. Os que recebem o salário adiantado dão razões de queixa contra si porque não fizeram o que prometeram.

Mas nas situações em que não há acordo prévio relativamente ao preço
35 a pagar pelos serviços prestados, se [o preço é fixado por] quem se oferece para prestá-los em vista daqueles que deles se beneficiam, tal como foi dito, não há razões para serem levantadas queixas contra si (tal é a ami-
1157b1 zade de acordo com a excelência). Deve, então, fixar-se a forma do pagamento em troca do serviço prestado segundo a intenção de quem o presta, pois é a intenção o que é próprio tanto de um amigo como da excelência. E é este o princípio (de intenção) que parece presidir aos que comunicam conhecimentos no domínio da filosofia, porque o seu valor não pode ser medido por comparação com um preço fixado em dinheiro, e nenhuma
5 honra que lhe fosse prestada poderia ter equivalente. Mas talvez baste, tal como relativamente aos deuses e aos nossos pais, pagar-lhes com toda a honra que nos seja possível fazer-lhes. Quando, porém, a dádiva não é deste gênero [desinteressada], mas tem em vista uma contrapartida, talvez o melhor seja que ambas as partes estejam de acordo quanto ao seu valor. Se tal não for o caso, não será apenas necessário, mas também justo, que seja a parte beneficiada a fixar o valor da contrapartida a pagar. Na ver-
10 dade, o benfeitor terá recebido a sua contrapartida, quando o beneficiado lhe tiver pago o preço justo pelo benefício recebido ou o valor correspondente ao prazer que lhe foi dado. Na verdade, é também isto que parece

passar-se nos mercados com as ações de compra e venda. E em alguns países há leis que não permitem mover processos judiciais a transações efetuadas voluntariamente, sob o fundamento de que, se alguém funda com outrem uma sociedade comercial na base da confiança e da boa-fé, é também nessa mesma base que deverá poder desfazê-la. Assim, pensa-se 15 ser mais justo que o preço a pagar seja fixado por quem recebe o crédito e não por quem o concede. No mais das vezes, os que têm uma coisa não avaliam o seu preço a partir de uma base igual à dos que querem tê-la. Pois cada pessoa parece dar sempre um valor enorme ao que tem e ao que pensa gastar para o ter. Mas, em todo o caso, o montante da contra-partida a pagar pelo serviço recebido deve ser fixado por quem o recebe. Mas talvez que o valor de uma coisa não deva ser estimado no momento em que alguém já a possui, mas no momento antes de a ter.

## II

Há também uma dificuldade que pode ser levantada a respeito de 1164b22 questões do gênero se se deve, por exemplo, conceder tudo a um pai e obedecer-lhe sempre; ou se se deve confiar num médico quando se está doente, ou, a respeito da escolha de um general, se se deve votar pelo melhor combatente? E do mesmo modo, se é melhor fazer um favor a um 25 amigo do que a uma pessoa séria ou se é preferível retribuir um favor a um benfeitor ou conceder um benefício a um companheiro, caso não seja possível fazer as duas coisas. Mas será fácil distinguir tudo isto de uma forma rigorosa?

É que cada caso particular admite muitas distinções em vista da im portância ou da insignificância, da nobreza e da urgência. Mas não deixa 30 de ser evidente que não se deve conceder tudo a uma mesma pessoa. De fato, na maior parte dos casos é um dever maior dar a contrapartida pelos favores recebidos do que favorecer os amigos. Do mesmo modo, é um de-ver maior pagar as nossas dívidas aos nossos credores do que emprestar dinheiro a um amigo. Mas talvez nem isso deva ser sempre assim em todas as circunstâncias. Por exemplo, será que alguém que tivesse sido resgatado 35 aos seus raptores deverá por sua vez pagar também um resgate pelo seu libertador [caso tenha sido, por sua vez, raptado], seja ele quem for; ou mesmo que não tivesse sido capturado, dever-se-á pagar-lhe dinheiro, no 1165a1 caso de ele o pedir, ou dever-se-á, antes, gastá-lo no pagamento do res-gate do nosso pai? Pois pode pensar-se que o nosso dever é em primeiro lugar para com o nosso pai e só depois para conosco próprios.

Deve, pois, em geral, tal como foi justamente dito, em primeiro lugar saldar-se a dívida, mas se a dádiva em causa for grande pela nobreza da ação e pela sua urgência, temos de nos afastar da regra geral. Na verdade, 5 às vezes dar contrapartida pelo que se recebeu não é restabelecer a igualdade, como acontece se A faz um favor a B que sabe que é uma pessoa séria e B tem de dar contrapartida pelo favor recebido de A que B pensa ser má pessoa. Mas nem sempre temos de emprestar dinheiro a quem nos emprestou uma vez dinheiro, porque se calhar que A emprestou dinheiro a B, que tem por uma pessoa séria, pensando que viria a receber o pagamento, enquanto B não tem esperança de vir a receber o pagamento por um empréstimo feito a uma pessoa de má índole. Se tal é o caso na verdade [e B é de má índole], então, o princípio de igualdade não impera, se tal não é o caso, mas as pessoas pensam que tal é o caso [que B é de má índole], não parece absurdo agir desse modo. Mas como já o repetimos diversas vezes, os enunciados concernentes a estas matérias, acerca das paixões e das ações humanas, têm um grau de definição correspondente aos domínios de que tratam. Assim, não deixa de ser evidente que não se tem os mesmos deveres para com toda a gente, tal como não se deve aceder a tudo o que um pai pede, do mesmo modo que não se deve sacrificar tudo por Zeus. Mas uma vez que o nosso dever para com os nossos pais, irmãos, companheiros e benfeitores é diferente em cada caso, devemos restituir a cada um deles as contrapartidas que lhes são pertinentes e adequadas. E parece ser este o modo das pessoas procederem. Para o casamento convidam-se os parentes, pois fazem parte da mesma família e tudo o que se passa com a família lhes diz respeito. É por essa mesma razão que se pensa que os parentes devem ir aos funerais dos seus. Por outro lado, parece ser um dever ajudar os pais com as despesas do dia a dia, porque somos devedores deles e porque é mais nobre ajudar aos responsáveis pela nossa existência do que ajudar-nos a nós mesmos. Por outro lado, também devemos honrar os pais tal como os deuses, mas não da mesma maneira. Nem sequer se respeita a honra do pai da mesma maneira que a da mãe, tal como é diferente respeitar a honra de um sábio e de um general. Contudo, devemos respeitar a honra devida ao pai da mesma maneira que respeitamos a honra devida à mãe.

Em geral, devemos respeitar a honra de alguém mais velho de acordo com a sua idade, por exemplo, levantarmo-nos quando essa pessoa entra ou oferecermos-lhe o lugar para se sentar etc. Porém, relativamente aos nossos companheiros e irmãos, devemos usar de franqueza e partilhar o que é nosso com todos eles. Devemos, pois, esforçar-nos sempre por retribuir a todos – sejam eles parentes, membros de uma tribo ou concidadãos – o que lhes é devido segundo o que lhes é próprio, e comparar as qualidades de cada um deles de acordo com o laço de familiaridade que nos une, bem como de acordo com a excelência e a utilidade. A comparação das qualidades entre pessoas de um mesmo gênero é difícil, mas entre pessoas afastadas é mais trabalhosa. Mas certamente que não é por esse motivo que deixamos de o fazer, mas temos de estabelecer essas definições, tanto quanto nos for possível.

## III

Outro problema é o de saber se se devem ou não romper os laços de amizade com aqueles que deixaram de ser como eram. Ou será que não é totalmente descabido romper com aqueles a quem nos unia laços de amizade com base na utilidade ou no prazer, quando já deixaram de ser úteis ou de nos dar prazer? É que eram precisamente aqueles os motivos da amizade. Ora, uma vez que deixem de existir, é compreensível que também a amizade acabe. Alguém poderá, por outro lado, queixar-se de alguém que fingisse que era seu amigo por causa do seu caráter, quando finalmente era pela utilidade ou pelo prazer, porque, como já dissemos no princípio, a maior parte das diferenças que se geram entre amigos dá-se quando os amigos não são o que se pensava que eram. Mas quando alguém se sente enganado por outrem, por supor que era amado apenas pelo seu caráter, quando, contudo, nada havia na atuação do amante que lhe permitisse fundar essa suposição, esse alguém apenas se poderá culpar a si próprio.

Mas se, por outro lado, tivesse sido enganado pela atuação fingida do outro, terá justas razões de queixa contra quem o enganou e, na verdade, razões de queixa mais fortes do que se poderá ter contra alguém que falsifica dinheiro, porque a ofensa é tanto maior quanto mais se lesa a dignidade de cada um. E acaso alguém que houvesse sido acolhido por nós como pessoa de bem, mas depois tenha vindo a tornar-se perverso, ou a agir como tal, poderá ainda ser amado por nós? Ou tal não é possível, se nada, a não ser o bem, for digno de amor? Mas o mal não pode ser amado, nem devemos amá-lo. Na verdade não é possível amar o mal, tal como não se deve ser assimilado por uma pessoa que não presta. E, tal como até já foi dito, o igual ama o seu igual. Devemos, então, romper logo a amizade? Ou não em todos os casos, mas apenas naqueles em que os nossos amigos se tiverem tornado irremediavelmente maus? Por outro lado, se houver possibilidade de corrigir-lhes o caráter, [não devemos desistir deles, mas] devemos procurar ir em seu socorro, mais ainda do que a respeito da sua situação financeira, uma vez que se trata de uma possibilidade de manifestação de amizade melhor e mais autêntica. Mas, de fato, quem rompe uma relação de amizade não age absurdamente, quando se dá o caso de romper com alguém que não é já quem era. Pois, uma vez que é impossível recuperar alguém que mudou completamente, a separação é inevitável. Mas então e se algum [dos amigos] tivesse permanecido como era e o outro se tivesse tornado melhor e, na verdade, até muito diferente do que era a respeito da excelência? Será que este deverá manter a amizade? Ou será que já não é sustentável?

Isso torna-se sobretudo evidente quando se cria uma enorme distância entre as pessoas, sobretudo entre as amizades do tempo da infância. Pois se quanto à mentalidade um tiver permanecido infantil, enquanto outro

## 190 | Ética a Nicômaco · *Aristóteles*

se tiver tornado um homem de grande capacidade, como é que poderão ser ainda amigos, se já não têm uma base comum para um mútuo entendimento, nem sentem alegria nem tristeza a respeito das mesmas coisas?

30 É que sem esta base mínima para o mútuo entendimento já nada existe entre eles. Sem ela, deixam de poder ser amigos, porque já não são capazes de viver em conjunto. Mas já falamos acerca disto.[235] E será que o nosso comportamento relativamente a um amigo [que deixou de o ser] deverá ser em tudo idêntico ao nosso comportamento relativamente a alguém que nunca tivesse sido nosso amigo? Ou deverá guardar-se uma lembrança da intimidade de outrora e, do mesmo modo que achamos que se deve fazer favores mais aos amigos do que a estranhos, assim também deve-

35 mos fazer alguma coisa pelos amigos de outrora em consideração à nossa amizade passada, caso a ruptura não se tivesse devido a uma maldade extrema?

## IV

1166a1     Os sentimentos de amizade que temos pelos nossos próximos e as características distintivas pelas quais as formas de amizade são definidas parecem resultar dos comportamentos e relações que o Humano tem consigo próprio. Nós supomos que amigo é quem quer bem – efetivo ou aparente – ao seu amigo e o faz em vista do próprio amigo. Ou seja amigo do

5 seu amigo é quem que lhe deseja o ser e a vida. (É precisamente isto que as mães sentem pelos seus filhos ou o que se sente por amigos de outros tempos com quem nos zangamos.) Outros dizem que amigo é quem passa o tempo da vida conosco e escolhe as mesmas coisas que nós ou partilha das mesmas dores e das mesmas alegrias. Ora isso acontece sobretudo às

10 mães. É por alguma dessas características distintivas que as amizades são definidas. Cada uma dessas características distintivas encontra-se presente na relação que o excelente tem consigo. (Essas características encontram-se também nos restantes homens na medida em que supõem ser pessoas de bem, porque, tal como foi dito, parece que a excelência e a pessoa séria constituem a medida em cada uma destas características.) Pois este está em consonância consigo próprio e anseia [sempre] pelas mesmas coisas de toda a sua alma. Deseja, portanto, para si próprio o bem e o que lhe parece

15 bem e age (pois é próprio da pessoa de bem empenhar o seu esforço no cumprimento do bem) em vista de si próprio (isto é, graças àquela parte de si que pensa compreensivamente, ou seja, aquela parte que parece ser o si próprio de cada um[236]). E deseja para si próprio viver e resguardar-se, e assim sobretudo através daquela dimensão que nele há que pensa. Pois a

20 existência é para o sério um bem. Cada Humano deseja para si próprio o bem, contudo ninguém o escolheria se para o obter tivesse de se transfor-

mar noutra pessoa, nem mesmo se aquele outro em que se tivesse tornado possuísse todas as coisas (pois Deus possui desde logo o Bem tal como ele é). Ou seja, cada Humano escolhe para si o bem, mas apenas se puder continuar a ser o que quer que desde sempre já seja. Parece, então, que *Compreender* é o que constitui autenticamente aquilo que é cada Huma no. Quem é desse modo deseja passar tempo na sua própria companhia, 25 e fá-lo com prazer. São doces as memórias do passado tal como boas e doces são as esperanças no que há de vir. E no seu pensamento abundam coisas para serem refletidas. Sente dor e a alegria sobretudo no interior de si próprio, porque o que o faz sofrer e o que lhe dá prazer tem para si próprio sempre o mesmo sentido e não se altera com a mudança dos tem-pos. Nunca se arrepende de nada, se assim se pode dizer. 30

É pois porque no excelente estão presentes cada uma das característi-cas essenciais na relação consigo próprio e porque o seu comportamen-to relativamente ao seu amigo é o mesmo que relativamente a si próprio (pois o amigo, na verdade, é um outro si próprio) que também a amizade parece consistir em alguma destas formas de comportamento e os ami-gos são aqueles que as detêm. Se há amizade de si para si ou não é uma questão que pode ser deixada fora de consideração no presente momen-to. Mas admitir que há uma amizade dessa natureza parece resultar do fato de [no Humano] haver duas ou mais dimensões [de acordo com as 1166b1 características enunciadas], e porque a amizade na sua forma extrema se assemelha ao amor próprio. Uma tal característica parece existir na maior parte das pessoas, inclusivamente nas pessoas inferiores. Mas talvez que todos tenham amor próprio, enquanto estão satisfeitos consigo e se acham excelentes. Já que em nenhum dos indivíduos absolutamente desprezíveis 5 e impiedosos existe alguma das características da amizade, nem sequer na aparência. De fato, as características que distinguem a amizade não estão presentes naqueles que são vis, porque estes estão num diferendo relati-vamente a si próprios, ou seja, são tomados de desejos por uma coisa mas querem outra, como é o caso dos que não têm domínio sobre si. Acabam, 10 até, por preferir prazeres nocivos em vez do que lhes parece ser bom para os próprios. Outros, por sua vez, devido à sua covardia e inação até dei-xam de agir em prol do que lhes parece ser o melhor de tudo. Mas aque-les que praticaram atos tremendos e se odeiam a si próprios por causa da sua própria depravação fogem da vida e acabam consigo próprios. Quer dizer, os depravados procuram, de fato, outros com quem passar o tem-po da vida, mas apenas para fugirem de si próprios. É que a partir do seu interior apenas veem nascer de forma espontânea lembranças de muitas 15 situações difíceis de suportar e têm expectativas com o mesmo teor para o seu futuro. Mas quando estão na companhia de outras pessoas, conse-guem esquecer-se de si. Mas porque nada neles é susceptível de amor,

# 192 | Ética a Nicômaco · *Aristóteles*

também não experimentam nenhuma afeição por si próprios. Sendo desta natureza não são capazes de sentir alegrias por si nem nada de si lhes dói. A
20 sua alma está como que em estado de sítio. Uma parte sofre devido à sua depravação, tendo de se abster de determinadas coisas, a outra parte sente prazer nisso; uma parte puxa-o numa direção, a outra, na outra, como se o quisessem despedaçar. E embora seja impossível sentir prazer e dor simultaneamente, deprimem quase logo imediatamente a seguir ao gozo do prazer, porquanto, na verdade, teriam preferido não ter tido gozo com
25 esses prazeres. É por isso que os que são de má índole estão cheios de arrependimento. Portanto, o que não presta não tem sequer relativamente a si próprio uma disposição de afeição, porque não tem nada em si que seja suscetível de amor. E, se assim é, tem de ser absolutamente miserável. Temos por isso de nos esforçar por fugir de toda a perversão e tentar ser excelentes. Só numa tal disposição alguém poder-se-á amar a si próprio e só assim também poderá amar a outrem.

1166b30    A Benevolência parece-se com uma disposição amigável, mas não será certamente amizade. Pois, pode haver benevolência relativamente a desconhecidos e ela pode passar-nos despercebida mesmo sendo nós o seu objeto. Não se passa assim, contudo, com a amizade. Também isto foi dito primeiramente.

Mas também não é nenhuma forma de amor, porque não envolve nenhum elemento de tensão nem de intenção, elemento que naturalmente acompanha toda a forma de amor. Ora o amor nasce com a familiarida-
35 de, enquanto a benevolência nasce de repente, como acontece a respeito
1167a1 dos competidores numa prova. Os espectadores sentem benevolência por eles e querem o mesmo que eles, contudo, não tomam parte de maneira alguma na ação que aqueles levam a cabo, pois, tal como dissemos, tornam-se benevolentes subitamente e sentem uma afeição mas meramente superficial.

A benevolência parece, então, ser o princípio da amizade, tal como o prazer de ver [alguém] é o princípio do amor, pois ninguém se apaixona
5 sem previamente se ter fascinado com a beleza de alguém, o que não quer dizer que quem gosta do aspecto de alguém esteja já apaixonado. Só se está apaixonado quando se tem saudades na sua ausência e deseja ardentemente a sua presença. Do mesmo modo, ninguém se pode tornar amigo de outrem sem haver benevolência mútua. Mas lá por as pessoas serem benevolentes entre si não quer dizer já que se amem. É que uns apenas
10 desejam bem àqueles relativamente aos quais são benevolentes, mas não fazem nada para os ajudar na obtenção desses bens, nem terão muito trabalho com eles. É por isso que, alterando um pouco o sentido, se poderá

dizer que benevolência é uma espécie de amizade inoperante, mas que se mantiver continuidade no tempo e chegar até uma certa intimidade se poderá tornar numa amizade verdadeira. Mas uma amizade tal que não se estabelece à base da utilidade nem do prazer, pois estas não fazem nascer a benevolência entre ambas as partes. Aquele que recebeu um benefício retribui com a benevolência o bem por que passou, fazendo assim o que era 15 justo. Mas o que deseja fazer um favor a alguém, porque tem a esperança nas vantagens que poderá vir a obter, não parece ser benevolente relativamente a essa pessoa, mas mais consigo próprio. Do mesmo modo não é amigo aquele que cuida de outrem apenas pelo proveito que poderá vir a receber dele. Em geral, a benevolência nasce através de uma excelência e de certa qualidade que se aprecia, como acontece quando alguém parece ser belo a outrem ou corajoso ou algo do gênero, tal como dissemos que 20 acontecia a respeito dos competidores numa prova.

## VI

A concórdia parece envolver um sentimento de amizade. É precisa- 1167a22 mente por este motivo que a concórdia não é unanimidade, porquanto esta pode dar-se até entre pessoas que não se conhecem mutuamente. Também não se diz dos que têm um mesmo parecer concordante acerca do que quer 25 que seja, por exemplo, dos fenômenos celestiais (porque a concordância a respeito destes fenômenos não envolve nenhum sentimento de amizade), que haja concórdia entre eles. Mas já se diz haver concórdia num Estado. Quando os cidadãos têm um mesmo parecer concordante acerca dos seus interesses, decidem-se pelos mesmos objetivos e põem em prática as resoluções tomadas em conjunto. Concórdia entre as pessoas acontece a respeito do que pode ser posto em prática em vista de um objetivo determinado, isto é, acerca de assuntos de grande importância e cuja resolução pode ser tomada por dois [partidos] ou por todos. Há assim concórdia nas 30 cidades quando, por exemplo, todos são do parecer que os cargos oficiais devem ser distribuídos por eleições, ou que se deve fazer uma aliança com Esparta, ou que Pítaco[237] deve governar quando chegar a sua hora, caso o deseje. Mas quando se dá o caso de dois partidos quererem para si individualmente o poder, como acontece com os protagonistas das Fenícias,[238] há discórdia. Porque não há concórdia quando ambas as partes têm a mesma coisa em mente, seja ela qual for, mas quando cada parte quer a mesma 35 coisa para a outra parte, como quando sucede que tanto o povo como os 1167b1 nobres querem ambos que sejam os melhores a governar. Só assim todos obtêm o que desejavam.

A concórdia parece, pois, ser, tal como já foi dito, um certo laço de amizade que une os cidadãos em torno de determinado objetivo, a saber, dos seus interesses comuns e das coisas concernentes à vida de todos os

**194** | Ética a Nicômaco · *Aristóteles*

5 dias. A concórdia assim caracterizada existe entre as pessoas de bem, pois concordam consigo próprios no seu íntimo e uns com os outros, na medida em que, se assim se pode dizer, existem assentes sobre si próprios (os seus desejos permanecem e não fluem e refluem como a maré em Euripo),[239] desejam o que é justo e o que é de interesse comum, e é, portanto, para esses objetivos que se lançam em conjunto. Mas os que são inferiores não 10 são capazes de experimentar concórdia, exceto em coisas sem importância, tal como acontece com a espécie de amizade que há entre eles, isto é, procuram obter [sempre] para si próprios mais vantagens do que os outros, mas no que toca a esforços e à prestação de serviços públicos esforçam-se por que lhes caiba o menos possível. Como cada um quer para si próprio o seu próprio proveito, olha para o vizinho para o impedir do mesmo, pois quando não se vigiam uns aos outros, destrói-se o interesse comum. O 15 resultado disto é a discórdia, na medida em que uns obrigam os outros a agir em conformidade com o que é justo, cada um deles individualmente, contudo, não fazendo qualquer tenção disso.

## VII

1167b17      Os benfeitores parecem gostar mais dos que recebem o seu benefício do que os beneficiados gostam dos que lhes fazem bem. Mas tem de se indagar por que motivo assim é, uma vez que parece ser um contrassenso. 20 A maior parte das pessoas pensa que é porque uns são devedores e outros credores. Ora tal como acontece com empréstimos, enquanto os devedores gostariam que os credores desaparecessem, os credores, por sua vez, preocupam-se com a saúde dos seus devedores, isto é, enquanto os benfeitores desejam que aqueles a quem fizeram bem continuem em vida, para que 25 possam receber o pagamento por troca dos serviços prestados, os outros, por seu lado, não estão particularmente preocupados com a contrapartida a dar. Talvez pudesse parecer a Epicarmo estarmos a falar [do Humano], visto do seu lado mau. Contudo, isto parece corresponder inteiramente à natureza humana, porque a maior parte dos homens parece ser esquecida e estar mais voltada para aceitar favores do que para os fazer.

     Mas a razão de isso ser assim parece ter uma natureza mais profunda 30 e não há nenhuma semelhança entre um benfeitor e um credor. Porque os credores não têm nenhuma verdadeira afeição por quem beneficiam. Podem, de fato, querer que os seus devedores tenham boa saúde mas apenas em vista da recuperação do dinheiro emprestado. Por outro lado, os benfeitores têm amizade e amor pelos que são seus beneficiados, mesmo se não chegarem a receber destes futuramente qualquer vantagem. É isto mesmo que parece acontecer com os artistas. Na verdade, todo o artista 35 ama mais o seu próprio trabalho do que poderia ser amado pelo próprio

trabalho se este ganhasse vida. Mas isto parece acontecer talvez sobretudo 1168a1
com os poetas, porque estes têm uma tamanha paixão pelos seus próprios
poemas que os amam tanto como se ama os próprios filhos. É qualquer
coisa deste gênero que parece passar-se com os benfeitores. O que é beneficiado por si é como que a sua própria obra e assim ama-a mais do que a
obra ama o seu obreiro. A razão disto ser é que a existência é para todos 5
o que há de preferível e o bem que mais se ama. Nós existimos na e através da atividade [de uma operação específica] (acionada pelo viver e pelo
agir), e o trabalho é em certo sentido quem o fez pela atividade da sua
produção. É por isso que ele ama o seu trabalho porque ama [o trazer à]
existência. Isso enraíza fundo na natureza das coisas. O que existe como
possibilidade é revelado pelo trabalho na sua efetividade.

Ao mesmo tempo para o benfeitor o que diz respeito à sua ação é 10
[sentido como] algo belo de tal sorte que tem alegria no outro que dá azo
ao surgimento dessa beleza, enquanto quem beneficia não experimenta
beleza alguma relativamente a quem lhe faz bem. Se sentir alguma coisa
é o proveito da vantagem, o que é menos agradável é menos suscetível
de amor. Enquanto a atividade sentida pela atuação do presente, a esperança no futuro e a lembrança do passado são formas de prazer, o prazer
supremo e a forma mais digna de amor é a que se sente de acordo com
atividade resultante do presente. Para quem faz o bem permanece a obra 15
(porque a beleza é mais duradoura), mas a vantagem para quem a recebe
é um bem que desaparece. A memória de coisas belas é doce, mas a de
coisas úteis não o é de todo ou então em menor grau. Com a expectativa
parece passar-se inversamente.

Amar parece-se com a ação de produzir. Ser amado é sofrer o efeito 20
[daquela ação]. Amar e as suas características distintivas estão mais propriamente presentes naqueles que têm superioridade na realização de
determinada ação. Além disso, todos gostam mais daquilo que foi obtido
à custa do esforço, por exemplo os que fizeram riqueza têm mais prazer
nela do que os que a herdaram. Receber um bem parece não envolver
esforço; mas fazer o bem parece ser trabalhoso. É por esta razão que as 25
mães estão mais ligadas aos seus filhos, porque dar à luz é mais trabalhoso, e elas sabem melhor que eles lhes pertencem. É isto o que parece ser
próprio dos benfeitores.

# VIII

Há ainda a dificuldade de saber se se deve amar a si próprio mais do 1168a28
que a qualquer outra pessoa. Na verdade, nós criticamos as pessoas que se
amam a si próprias dizendo delas depreciativamente que estão «apaixona-
das por si próprias». Também parece que o vil faz tudo por paixão por si, e

**196** | Ética a Nicômaco • *Aristóteles*

quanto mais depravado for, tanto mais está apaixonado por si – há queixas contra ele por não ser capaz de fazer nada que se desvie do seu interesse. Mas o que é excelente age em vista da nobreza da ação e quanto melhor for a pessoa, tanto mais age com esse objetivo em vista. Age em vista do
35 *si* de outrem amigo, deixando o seu próprio *si* de lado.

1168b1      Mas os fatos da vida não concordam com estes enunciados, o que não deixa de ter o seu sentido. Pois diz-se que se deve amar mais do que tudo o nosso melhor amigo; o melhor amigo, contudo, é aquele que deseja o bem a outrem e o deseja por amor do si no outro. Mesmo até quando ninguém saiba nada a respeito disso. Mas esta disposição de caráter, tal como todas as restantes características pelas quais o ser amigo é definido, estão
5 maximamente presentes na relação de si consigo próprio.

     Seja, então, dito que é a partir do amor por si próprio que todas as disposições de afeição e amor se estendem depois também aos outros. E até os provérbios são todos de parecer unânime, como, por exemplo, «uma só alma (entre amigos)»[240] e «bens de amigos, bens comuns»[241] e «amizade é igualdade» e «o joelho está mais próximo do que a canela». Mas todos estes ditos aplicam-se de uma forma extrema à relação que cada um tem consigo
10 próprio. É-se fundamentalmente amigo de si próprio e por isso cada um tem de se amar fundamentalmente a si próprio. A dificuldade que se levanta é, pois, a de saber qual dos dois pontos de vista se deve seguir, porquanto ambos têm algo de convincente. Mas talvez se deva então dissociar e delimitar ambos os pontos de vista de um modo tão preciso quanto possível e assim perceber até que ponto põem a verdade a descoberto. Ora talvez, se compreendermos de que modo ambos os pontos de vista entendem o
15 sentido da expressão «amor próprio», isto se torne claro. Por um lado, os que lhe imputam um sentido depreciativo chamam «amantes de si próprios» àqueles que distribuem por si a maior parte de dinheiro, honrarias e prazeres do corpo, pois são estas as coisas por que a maioria anseia e se esforça por alcançar, como se fossem as melhores coisas que há; e é esse
20 o motivo pelo qual competem entre si. Os que são gananciosos rejubilam com tais desejos e, em geral, com as paixões e com a parte da alma humana incapacitante de razão. Deste gênero é a maioria. Por este motivo é que a designação ganhou este sentido a partir do que a maioria [deseja para si], pois tal é de uma natureza medíocre. É, pois, de uma forma justa que se repreende o sentido da expressão «amor próprio». Assim, é evidente que, quando muitos falam dos que têm amor próprio, têm em vista este gênero de gente que costuma repartir por si mais do que é devido; porque
25 se alguém, mais do que toda a gente, se esforçar sempre seriamente por realizar ações justas, ou sensatas, ou de qualquer outro modo, como quer que as excelências venham a realizar-se, e em geral se alguém fizesse tudo o que está ao seu alcance para obter aquele caráter nobre presente na ação

Livro IX | 197

excelente, nessa altura ninguém diria que esse alguém tinha amor próprio, nem sequer o repreenderia. Mas é este quem mais autenticamente parece [não ter amor próprio, mas] ter amor por si. Porquanto, dispensa-se a si próprio, pelo menos, os bens mais nobres e supremos que há. Tem alegria 30 com a dimensão mais autêntica de si próprio, quando todas as restantes partes obedecem [a esta orientação de princípio].

Assim como num Estado – e em tudo o resto que existe segundo uma organização –, o que lhe pertence de um modo mais próprio é a parte mais preponderante de todas, assim também é com o Humano. Tem amor por si próprio de um modo extremo o que tem amor por esta parte preponderante e nela encontra a sua alegria. Demais, «ter domínio de si» e «não ter domínio de si» entende-se respectivamente por dominar o *poder de compreensão* no Humano ou não, porque *compreender* é o que constitui autenticamente o ser do Humano, sendo isto mesmo o que cada um é. E 1169a1 as ações que foram propriamente levadas à prática voluntariamente são as que compreendem as disposições do sentido orientador. É por isso evidente que cada um em si próprio é o poder de compreensão de si, manifestado na sua possibilidade extrema. É assim que o excelente tem amor por si. Ou seja, é por isso que este tem por si amor na sua possibilidade extrema, mas segundo uma forma essencialmente diferente da depreciativa. A diferença [entre estas duas concepções do amor próprio] é tanta quanto a que 5 existe entre um viver de acordo com as disposições do sentido orientador e um viver seguindo a paixão; ou ainda tanta quanto a que há entre fazer tenção na nobreza da ação ou numa vantagem meramente aparente. Todos reconhecem e louvam os que se esforçam seriamente e de um modo extraordinário por realizar belas ações. E, se todos competissem fervorosamente entre si pelo alcance da nobreza da ação e concentrassem todos os esforços para agir em vista de bens supremos, nessa altura o bem comum seria de todo em todo como é devido e cada um obteria individualmente 10 o bem supremo, caso a excelência seja justamente algo do gênero.

Assim, enquanto uma pessoa de bem deve ter amor por si (porque, se realizar ações belas, não será ele apenas a ter proveito, mas também trará vantagens para os outros), por outro lado, o perverso não pode ter nenhum amor por si, porquanto não apenas se prejudicará a si próprio como também aos seus próximos, seguindo os seus piores instintos. Há 15 uma contradição no perverso entre o modo como deve agir e o modo como de fato age. Mas a respeito do excelente, o modo como deve agir é, precisamente, o modo como age. Todo o poder de compreensão nele decide o melhor de tudo; e ele é excelente ao obedecer ao poder da compreensão. A verdade acerca do sério é esta: age em prol dos que ama e da sua pátria e, se tiver de ser, morrerá por eles. Abdicaria de dinheiro, de honrarias e, 20 em geral, daqueles bens pelos quais se luta, se lhe restasse no fim para

**198** | Ética a Nicômaco • *Aristóteles*

si a glória do feito. Prefere ter pouco tempo de vida e sentir uma alegria intensa do que ter muito tempo de vida mas num estado miserável. Prefere ainda viver gloriosamente durante um só ano do que ao deus-dará durante muitos anos. Mais vale um só feito glorioso e magnífico do que
25 muitos sucessos mas medíocres. É isto o que acontece aos que morrem por outros. Escolhem para si próprios uma glória magnífica. E renunciará a riquezas se com isso os seus amigos ficarem mais ricos. Pois, o amigo ficará com mais riqueza, mas ele, com a glória. Isto é, dispensar-se-á
30 a si autenticamente o maior bem. Comportar-se-á do mesmo modo com as honrarias e com os cargos públicos. Renunciará a tudo isso em prol do seu amigo, porque essa ação é que é gloriosa e merecedora de honra. O sério surge-nos assim com toda a probabilidade como sendo aquele que escolhe a nobreza, preterindo tudo o resto. É também possível que ele se apague e deixe ao amigo o protagonismo de determinadas ações, porque é mais nobre dar azo a que seja o amigo e não o próprio a agir. Em todas
1169b1 as situações dignas de louvor o sério aparece como o que se dispensa a si próprio uma maior parte de glória. É deste modo, tal como dissemos, que deve ser entendido o amor de si; não pode ser, portanto, como o entendem os muitos [como amor próprio].

## *IX*

1169b3      Uma das questões debatidas é sobre se quem é feliz precisará ou não
5 de amigos. Diz-se dos bem-aventurados e dos que são autossuficientes não precisarem nada de amigos, porque dispõem já das coisas boas da vida, e sendo autossuficientes não precisam de mais nada em acréscimo. Assim, um amigo que é um outro si, fornece-lhe aquilo que ele é incapaz de arranjar apenas só por si. É daí que vem o adágio; *quando a ventura*[242] *nos é favorável, para que se precisa de amigos?*[243] Mas parece absurdo que os que se dispensam a si próprios bens não arranjem também para si amigos, como um contributo para a felicidade, pois os amigos são o bem supre-
10 mo de entre os chamados bens exteriores. Por outro lado, se o fazer bem a alguém é uma possibilidade mais própria do ser amigo do que receber um benefício de outrem, se além do mais fazer bem a alguém é uma possibilidade de uma pessoa de bem e excelente, é mais belo fazer bem aos amigos do que a estranhos. *A fortiori,* o sério precisará de amigos que beneficiem consigo.

     Por essas razões também tem de ser indagado se precisamos de ami-
15 gos mais nos bons momentos do que nos maus momentos, pois se quem passa por um mau momento precisa de alguém lhes faça bem, por outro lado, quem passa por um bom momento precisa de outros para com eles o partilhar. Talvez então, seja absurdo fazer do bem-aventurado um solitário,

pois ninguém escolhe ter tudo o que é bom para o ter só para si. É que o Humano está implicado nos outros e está naturalmente constituído para viver com outrem. Ora também o feliz dispõe desta possibilidade, porque tem aqueles bens que o são por natureza. Assim é evidente que é preferível passar os dias na companhia de amigos que sejam excelentes do que com estranhos que vivam ao acaso. Quem é feliz precisa pois de amigos.

Qual é, então, o sentido daqueles primeiros enunciados? De que modo falam verdade? Ou será que partem do ponto de vista dos muitos que pensam que amigos são os que são úteis? É que de fato o abençoado não precisará de nenhum deste gênero de amigos, uma vez que dispõe de bens. Mas também não precisa de amigos para a obtenção de prazer, ou talvez em pequena escala (sendo a sua vida intrinsecamente um prazer a partir de si própria não vai precisar ainda de um prazer acrescido importado do exterior). Ora, não precisando de amigos deste gênero talvez se entenda que não precise, de todo, de amigos, mas talvez isto não seja bem verdade. Já no princípio dissemos que a felicidade era uma certa atividade, e se é uma atividade é evidente que vem à existência, mas não como qualquer coisa que está sempre ao nosso dispor, como se fosse algo de adquirido. Assim, se ser feliz consiste em fazer vida e no ativar de uma possibilidade, se, tal como dissemos ao princípio, a atividade de uma pessoa de bem é séria e constitui intrinsecamente prazer, se o que é nosso pertence é algo que nos dá prazer, e contudo somos mais capazes de olhar para os nossos próximos do que para nós próprios e mais para as ações daqueles do que para as nossas próprias ações, e se as ações dos sérios dão prazer às pessoas de bem que são suas amigas (e as ações levadas a cabo pelos nossos próximos e pelos sérios dão prazer pela sua própria natureza), nessa altura o bem-aventurado há de precisar de amigos, caso prefira olhar para as ações excelentes que são os seus pertences, tais são as ações de uma pessoa de bem que é sua amiga.

Pensa-se também que a vida de uma pessoa feliz deve ser agradável. Mas para o solitário a existência é difícil, porque não é fácil manter em exercício continuamente uma atividade apenas a partir de si próprio, mas é mais fácil quando ela é exercida com a ajuda dos outros e é dirigida para os outros. Terá então de haver uma atividade que é mais contínua ainda, e seja doce a partir do seu próprio interior. É essa mesma a que existe em torno do que é bem-aventurado. O sério, pela sua seriedade, sente alegria nas ações realizadas de acordo com a excelência, mas sente aversão com as ações que resultam da perversão; do mesmo modo, o músico delicia-se com melodias belas e detesta as más. Demais há certa forma de exercício da excelência que nasce do viver em conjunto com pessoas de bem, tal como diz Teógnis.[244] Se tivermos em vista a natureza mais profunda destas questões, parece-nos que o amigo sério é preferido, pela sua pró-

## 200 | Ética a Nicômaco · *Aristóteles*

15 pria natureza, por quem for uma pessoa séria. É que se diz do bem em si que dá um prazer intrínseco e é um bem para uma pessoa séria. O horizonte da vida define-se entre os animais pela capacidade perceptiva de que dispõem. Mas entre os homens o horizonte da vida define-se não só pela capacidade perceptiva de que dispõem como também pela capacidade que têm de compreender o sentido das coisas através do pensamento. Ora toda a capacidade ou poder são sempre reconduzidos até determinada atividade, pois o elemento decisivo da vida consiste em fazer entrar em atividade determinada possibilidade. Parece, portanto, que «viver» acontece de modo mais decisivo através do acionamento da possibili-

20 dade de percepcionar e de compreender. Mas o próprio viver é em si uma das possibilidades que há de manifestação do bem e de prazer, porque, na verdade, a vida é definida pela própria natureza do que é bom. Ora o que é bom em si é bom também pela sua própria natureza para o homem de excelência. E é por essa mesma razão que viver parece a todos os homens ser doce. Mas não se deve adotar, contudo, nenhuma forma de vida perversa, destrutiva, ou cheia de dores, porquanto uma tal possibilidade

25 de vida não tem contornos definíveis. Nem quem vive essa vida tem contornos definíveis. (Com as análises seguintes acerca do fenômeno da dor isto tornar-se-á mais evidente.)

Mas então se viver é em si mesmo bom e doce (é o que parece pelo fato de todos o desejarem, e sobretudo os homens de excelência e os que são bem-aventurados: porque, para estes, a sua existência é a escolha absoluta, e a sua forma de vida é a mais bem-aventurada que pode haver), e se, por outro lado, acontece que ao ver alguém se apercebe de que vê, ou que ao escutar alguém se apercebe de que escuta, ou ainda que ao ca-

30 minhar alguém se apercebe de que caminha e assim de modo semelhante no que respeita a todas as outras atividades, – parece então haver algo que nos permite apercebermo-nos de que nos cumprimos em tais possibilidades quando as acionamos. Ou seja, apercebemo-nos de que acionamos a capacidade perceptiva e apercebemo-nos de que acionamos o poder compreensivo. Mas se apercebermo-nos do fato de percepcionarmos ou apercebermo-nos do fato de compreendermos é apercebermo-nos do fato

1170b1 de existirmos (porque existir é desde sempre perceber ou compreender), e se percebermos que estamos vivos é um dos prazeres absolutos, então, a vida é um bem pela sua natureza intrínseca e perceber a existência de um bem em nós próprios é um prazer absoluto. Se viver é para nós uma possibilidade de escolha, e sobretudo para os homens de bem, porque o ser é

5 para eles um bem e um prazer (porque sentem prazer ao aperceberem-se do que é bom em si mesmo), e se o sério se comporta relativamente a si próprio como se comporta relativamente a seu amigo (porque um amigo é um outro si próprio), nessa altura, então, do mesmo modo que a própria

existência é uma escolha feita por cada um em si próprio, assim também a existência do amigo é uma escolha feita de um modo muito semelhante. Mas o próprio existir é uma possibilidade de escolha resultante do próprio perceber de que se é em si próprio uma pessoa de bem. Perceber uma possibilidade desta natureza é constituir um prazer a partir do interior dessa mesma possibilidade. Devemos por isso apercebermo-nos de modo concomitante da existência do amigo, o que poderá acontecer pela vida passada em conjunto e pela partilha mútua de palavras e pensamentos. É deste modo que parece que «viver em conjunto com alguém...» se diz apenas dos homens, e não tal como se diz dos rebanhos que pastam em conjunto num mesmo sítio. Então se o existir é para o bem-aventurado uma possibilidade de escolha tomada em si mesma, sendo de uma natureza intrinsecamente boa e um prazer, de modo muito próximo também o é a existência do amigo; o amigo será então uma das possibilidades autênticas de decisão. O que é escolhido por si próprio terá de existir conosco para sempre, ou então sentiremos para todo o sempre a sua falta. Assim, para se ser feliz são necessários amigos sérios.

Mas então será que devemos fazer o maior número possível de amigos, ou devemos seguir o conselho daquele adágio sobre a hospitalidade, que diz, parecendo bater na tecla certa: *Nem muitos hóspedes, nem nenhum hóspede.*[245] Assim também será adequado dizer-se sobre a amizade: não viver sem nenhum amigo nem ter um número de amigos excessivo etc. O dito parece adequar-se perfeitamente aos amigos que temos em vista da utilidade, porque seria extremamente trabalhoso pagar a muita gente os serviços prestados, e a vida é curta demais para poder fazê-lo. Assim, ter amigos a mais seria supérfluo para a nossa própria vida privada e impediria que vivêssemos bem. Relativamente aos amigos em vista do prazer bastam poucos, tal como o tempero na comida. E a respeito de amigos sérios, será que devemos ter o maior número possível de amigos deste gênero ou haverá uma certa medida que delimite as nossas relações de amizade, tal como há um limite para o número de cidadãos numa cidade? Dez homens não chegam para constituir uma cidade, mas também deixa de ser cidade se for constituída por [10] vezes [10] 000. Embora a quantidade não possa eventualmente ser fixada numa unidade numérica precisa, mas corresponde a toda a multiplicidade que possa ser mantida dentro de certos limites, assim também o número de amigos terá de ser limitado e corresponderá talvez ao maior número possível de amigos com os quais nos seja possível manter uma vida em comum (uma vez que, tal como vimos, esta parece ser uma das características mais importantes da relação de amizade).[246]

**202** | **Ética a Nicômaco** • *Aristóteles*

Que nos é completamente impossível partilhar a nossa vida com muitas pessoas em comum e que nos possamos repartir por toda a gente é absolutamente evidente. Além do mais, caso todos estivessem para passar o tempo da vida na companhia uns dos outros, todos teríamos de ser amigos uns
5 dos outros. Mas é muito difícil que tal aconteça com um grande número de pessoas. Por outro lado, torna-se difícil partilhar intimamente as alegrias e as dores com muita gente, pois pode dar-se a coincidência de partilharmos a alegria de uns ao mesmo tempo que nos condoemos com as misérias de outros. Talvez por isso não se deva procurar ter o maior número possível
10 de amigos, mas apenas tantos quantos sejam os bastantes para podermos partilhar a vida com eles. De resto, também não parece que seja possível ser um grande amigo de muita gente ao mesmo tempo. Este é também o motivo pelo qual não é possível estar apaixonado por muita gente ao mesmo tempo. Porque o amor quer dizer, de certa forma, uma intensificação da amizade, mas tal apenas relativamente a uma única pessoa. Uma amizade extrema só poderá existir relativamente a poucas pessoas. Também isto é o que parece acontecer em vista das próprias circunstâncias da vida.
15 É que não parece que se criem muitas amizades do gênero da amizade por camaradagem; as próprias amizades cantadas pela literatura são sempre entre dois amigos. Aqueles que são muito amigos e de toda a gente não parecem ser de fato intimamente amigos de ninguém, exceto no sentido da ligação de amizade que se estabelece entre concidadãos. Esses também são chamados obsequiosos. Na verdade, é possível ser-se amigo de muita gente no sentido de amizade por cidadania e até de uma forma autêntica e sem ser-se subserviente. Contudo, a amizade por excelência e em vista do si próprio dos outros não pode criar-se relativamente a muita gente.
20 Podemos, na verdade, contentar-nos se descobrirmos alguns poucos com quem possamos estabelecer esse elo estreito de amizade.

## XI

1171a21 Mas será que se precisa mais de amigos nos momentos de felicidade ou nos momentos de infelicidade? Os Humanos procuram-nos em ambas as situações. Pois quando estão aflitos precisam de ajuda. Quando atravessam momentos felizes, contudo, precisam de amigos com quem partilhar a própria existência e a quem possam fazer bem. Na verdade, anseiam por poder fazer o bem. Ainda que seja mais necessário ter amigos nos
25 momentos infelizes, razão pela qual são precisos amigos que nos possam ser de utilidade, é mais belo ter amigos nos momentos felizes, razão pela qual nesses momentos se procuram amigos que sejam excelentes. Escolher amigos excelentes a quem fazer bem e com quem se passar a vida é uma possibilidade mais autêntica. A simples presença dos amigos é doce tanto nos momentos felizes quanto nos momentos infelizes. Os que sofrem são

aliviados pelos amigos com quem partilham a sua dor. Daí que também se 30
possa levantar a questão se os amigos ajudam de algum modo como que a
carregar o fardo a alguém ou então se a sua simples presença, por ser doce
e compreensiva, permite a partilha da dor e diminui de fato o sofrimento.
Se o alívio do sofrimento acontece por este motivo ou por algum outro
qualquer, é uma questão que tem de ser deixada de lado. O que é fato é
que o estado de coisas parece acontecer tal como foi descrito. A presença 35
dos amigos parece, contudo, ter uma certa natureza mista. Ver simples- 1171b1
mente os amigos é doce, sobretudo quando se atravessa um momento
infeliz, e parece ajudar a que não se fique deprimido (porque é próprio do
amigo ser encorajador, quer pelo seu semblante, quer pela sua palavra,
caso proceda com tato. Ele conhece o caráter e a disposição do seu amigo,
bem como tudo aquilo que lhe dá prazer e o faz sofrer). Por outro lado, dá
pena perceber que um amigo sofre com as nossas próprias infelicidades, 5
porque toda a gente evita ser motivo de sofrimento para os seus amigos.
É por esse motivo que os que têm uma natureza viril tomam precauções
para que os amigos não fiquem a saber do seu próprio sofrimento, porque
só alguém com uma natureza totalmente insensível à dor será capaz de
suportar tornar-se na causa de sofrimento para outrem. Em geral não admi-
tirá que ninguém se lamente consigo, porque ele próprio não é propenso
a lamentar-se. Mas a natureza feminina e os homens efeminados gostam 10
daqueles que com eles choram e, na verdade, gostam deles como amigos
de verdade e partilham efetivamente da sua dor. Mas é evidente que, em
todas as circunstâncias da vida, é quem tem uma natureza melhor quem
deve ser imitado. Por outro lado, a presença dos amigos nos momentos
felizes torna doces esses momentos passados com eles e permite-nos ter
a consciência de que ficam felizes com as coisas boas que nos acontecem.
Por esta razão parece que se deve chamar prontamente os amigos para 15
partilharem conosco a nossa felicidade (é nobre fazer algo de bom), mas
devemos hesitar em chamá-los para partilharem das nossas infelicidades.
Pois devemos partilhar o mínimo possível de coisas más com os outros,
daí que se diga «*para infeliz já basto eu*».[247] Mas devemos sobretudo recorrer aos nossos amigos, quando, à custa de pouco trabalho, eles puderem
dar-nos uma grande vantagem. Inversamente, contudo, será apropriado 20
ir prontamente até junto dos que passam por momentos infelizes, mesmo
sem se ser chamado (é próprio do ser amigo o fazer bem a alguém e, sobretudo, aos que estão numa situação de necessidade, mesmo sem o terem
pedido. É mais nobre e dá mais prazer para ambas as partes). A respeito dos
que atravessam momentos felizes deve-se ir prontamente até junto deles
enquanto se puder colaborar [na partilha desse bom momento] (também nestas circunstâncias há necessidade de amigos). Quando, contudo,
em vista do mero benefício que se pode receber, devemos ir até eles mas 25
mais lentamente, porque não é bonito estar sempre pronto para receber

# 204 | Ética a Nicômaco · *Aristóteles*

um benefício. Devemos evitar parecermos ser desagradáveis ao rejeitar [o convite para partilharmos das alegrias com os nossos amigos nos momentos felizes], o que acontece algumas vezes. Em todas as circunstâncias, portanto, deve escolher-se a presença dos nossos amigos.

## *XII*

1171b29    Será, pois que acontece entre amigos o mesmo que acontece entre apaixonados? Isto é, se o melhor do mundo para os apaixonados é verem-se um ao outro e se preferem esta percepção a todas as outras, – porque é sobretudo com o olhar que o amor acontece e dele resulta a sua existência –, será também que para os amigos o melhor que há é a companhia uns dos outros? Porque a amizade é partilha, e como alguém se comporta relativamente a si próprio assim também se comporta relativamente ao seu amigo. Perceber a existência de si próprio é uma preferência; assim também
35    acontece com o perceber a existência do amigo. A possibilidade desse aper-
1172a1    cebimento acontece ao partilhamos a vida com amigos, e é nessa direção que nos lançamos. E o que quer que possa ser o sentido da existência para cada um e o fundamento em vista do qual [cada um] escolhe viver, é nisto mesmo que consiste, no fato de se desejar passar o tempo na companhia de amigos. É por essa razão que uns passam o tempo na companhia uns dos outros a beber ou a jogar dados. Outros, ainda, a praticar desporto ou
5    à caça. Ou, ainda, a estudar filosofia em conjunto. Cada um deles passa o tempo na companhia dos outros atrás daquilo mesmo que para si é o que mais gostam de fazer na vida. Desejando, pois, viver, na companhia de amigos fazem e partilham com eles aquilo que pensam constituir a base do seu viver em conjunto. A amizade que nasce com quem não presta é má (na verdade os instáveis associam-se com quem não presta e tornam-se perversos por se assimilarem uns aos outros). Mas a amizade existente
10    entre os excelentes é ela própria excelente. Cresce concomitantemente aos laços que os unem. Até parece que os benfeitores se tornam ainda melhores, ao servirem de orientação uns para os outros. Cada um fica com a impressão deixada pelo outro daquelas coisas que lhe dão satisfação. Daí o dito: *atos nobres são realizados pelos* nobres.[248] Do que foi dito acerca da amizade seja isto o bastante. Passaremos a seguir a falar sobre o prazer.

# Livro X

## I

Depois disto, segue-se uma discussão acerca do prazer. Pois pensa-se que o prazer é uma das possibilidades extremas mais profundamente domiciliadas na nossa natureza. Esse é o motivo pelo qual educamos os mais novos a saberem guiar-se, quando se encontram expostos ao prazer e ao sofrimento. Por outro lado, parece de uma importância extrema para a realização da excelência do caráter o sentir prazer e aversão a respeito do que é devido.[249] Prazer e sofrimento estendem-se ao longo de toda a nossa vida. Têm peso e influência sobre a constituição da excelência e a possibilidade em alcançar a vida feliz. Decidimo-nos, de antemão, pelo que dá prazer. Mas procuramos também, por outro lado, fugir ao que traz sofrimento.

Acerca de fenômenos desta importância não parece convir nada passar por cima deles, sobretudo quando são tão discutíveis. Uns dizem que o prazer é o bem. Outros, contrariamente, dizem que é qualquer coisa absolutamente desprezível. A respeito destes últimos, alguns há que estão talvez convencidos de que assim é, outros há que o dizem por pensarem ser melhor para a nossa vida mostrar que o prazer é desprezível, mesmo que tal não seja o caso. É porque a maior parte dos homens se inclina na sua direção e se escraviza aos prazeres, que acham que devem contrariá-los para ir em direção à posição do meio.

Mas dizer-se isto talvez não esteja correto. É que os enunciados sobre os fenômenos de afecção e da ação são menos convincentes do que os efeitos que estes fenômenos produzem. Assim, quando os enunciados estão em desacordo com os fenômenos, tal como lhes acedemos na percepção, são menosprezados e o seu caráter de verdade é destruído. Porque mesmo aquele que censura o prazer pode ser visto algumas vezes a desejá-lo. Pode, pois, parecer, a partir de uma tal inclinação, que todo o prazer seja desejável. Na verdade, a maior parte da Humanidade não tem capacidade para o distinguir. Parece assim, por conseguinte, que os enunciados que exprimem os fenômenos verdadeiramente são de uma utilidade extrema

# 206 | Ética a Nicômaco · *Aristóteles*

não apenas para o saber (puro teórico), mas também para a própria vida, porque sendo concordantes com os efeitos produzidos pela própria realidade têm o poder de nos convencer, razão pela qual os que são entendidos exortam a viver de acordo com o seu sentido.

Mas baste de considerações deste gênero. Passemos em revista as teses acerca do prazer.

## *II*

1172b9/10      Eudoxo pensava que o prazer era o bem, pelo fato de ver tudo – tanto seres capazes de razão como seres incapazes dela – a esforçar-se por obtê-lo e porque em todas as situações possíveis o que se escolhe é sempre o melhor de tudo. E o que se escolhe incondicionalmente é o mais poderoso dos bens. O fato, então, de tudo se movimentar numa mesma determinada direção parece indicar que isso será o melhor de tudo para todos os seres (porque cada um descobre o bem para si próprio, tal como acontece com a descoberta da alimentação adequada); mas o que é o bem para todos e, portanto, o objetivo final que todos se esforçam por obter é
15   o bem supremo.

Estes enunciados eram convincentes mas mais pela excelência do seu caráter do que propriamente por si próprios, porque [Eudoxo] era tido por alguém extraordinariamente temperado. E assim dava a impressão de falar, não enquanto amigo do prazer, mas tal como as coisas se passam verdadeiramente na realidade.

Pensava também que a sua teoria não era menos evidente a partir da consideração da tese oposta, isto é, que o sofrimento é algo a evitar por
20   todos segundo a sua própria essência, e que, desse modo, por conseguinte, contrariamente ao prazer tem de ser rejeitado.

Na verdade, o que pode ser escolhido de uma forma incondicional não é o que escolhemos por qualquer outro motivo a não ser graças a si próprio. Uma tal coisa é o prazer, tal como é geralmente aceite, pois a ninguém se pergunta em vista do que é que sente prazer, porque o prazer é uma escolha absoluta pela sua própria essência.

Portanto, se o prazer for acrescentado a qualquer dos bens faz deles uma escolha mais preferencial, por exemplo ao ser acrescentado ao cumprimento da justiça ou da temperança, isto é, aumenta o que de si já tem
25   uma característica de bem.

Este enunciado parece mostrar que o prazer é um bem entre outros, mas não que está acima de qualquer outro. Pois qualquer bem se torna uma escolha mais preferencial quando está em conexão com qualquer outro bem, mais do que quando se apresenta isoladamente. É com um argumento deste gênero que também Platão refuta a tese de que o prazer é o bem. É uma melhor escolha a vida de prazer em combinação com a sensatez do que sem ela. Ora se a vida mista é melhor do que o prazer isolado, este último não pode ser o bem. Não há nada que tenha de ser acrescentado ao bem em si mesmo para fazer dele uma melhor escolha, pois é evidente que se o bem se tornar numa melhor escolha pela sua combinação com algum dos bens em si próprios não será outra coisa senão o bem em si próprio. Qual poderá ser então o sentido de um bem desta natureza no qual também nós homens tomamos parte? É algo deste gênero o que está a ser investigado. 30

35

Os que se opõem a que aquilo que todos se esforçam por obter seja um bem não dizem nada com nexo. Porque o que parece a toda a gente, isso mesmo nós afirmamos que é. Ora quem refuta uma tal convicção não diz nada de convincente. Se fossem apenas os seres incapazes de razão que ansiassem por prazer, poderia ser que houvesse algum sentido no que foi dito, mas se também são os seres capazes de sensatez a ansiar por prazer, como pode acontecer que haja algum sentido nisso? Mas talvez haja nas espécies de vida mais rudimentares algo como um instinto natural mais poderoso do que elas próprias, e que obriga cada uma delas a esforçar-se por atingir o bem que é peculiar a cada uma. 1173a1

5

Mas nem sequer acerca do enunciado formulado *a contrario* parece (Eudoxo) falar corretamente, porque se o sofrimento é um mal não se segue [necessariamente] que o prazer seja um bem. Um mal pode opor-se a um outro mal e dois males podem opor-se ao que é neutro[250] – os que assim argumentam não o fazem incorretamente, mas também não descobrem a verdade a respeito dos estados de coisa mencionados. Porque se ambos os fenômenos (prazer e sofrimento) são males, seria preciso evitar ambos. Mas se ambos forem neutros, das duas uma, ou não se evita nenhum dos dois ou evitam-se os dois de modo semelhante. Mas o que parece acontecer é que se evita o sofrimento como se fosse um mal e se escolhe o prazer com se fosse um bem. Neste sentido opõem-se um ao outro. 10

## *III*

Não é, contudo, pelo fato de o prazer não fazer parte de nenhuma das qualidades que, por esse motivo, não é nada de bom. Nenhuma das atividades acionadas pela excelência são qualidades, nem sequer o é a felicidade. 1173a13

15

Diz-se, além do mais, que o bem pode ser definido e que o prazer é indefinível, porque admite um mais e um menos. (*a*) Ora se determinam o que dizem a partir do fato de se sentir prazer mais ou menos intensamente, o mesmo se passará a respeito da justiça e das outras excelências, [porque

208 | **Ética a Nicômaco** • *Aristóteles*

20 é] de acordo com elas que se diz, de forma manifesta, que os que são dessa qualidade possuem em maior ou em menor grau essas excelências, de acordo com as quais também agem. Assim pode-se sempre ser mais justo e mais corajoso, tal como por outro lado é possível realizar mais e menos ações justas ou sensatas. Mas se por outro lado (*b*) determinam o que dizem com base nas diversas formas de prazer, não são capazes de enunciar o fundamento, se é que se dá o caso de umas formas de prazer serem sem mistura e outras serem mistas.

(*c*) Pois o que é que impede de se passar com o prazer o mesmo que com a saúde, a qual, ainda que sendo uma condição definida, admite o
25 mais e o menos? A saúde não é constituída por uma mesma proporção global de elementos em todas as pessoas, nem há sequer apenas uma mesma proporção global determinada que permaneça sempre a mesma ao longo do tempo na mesma pessoa, mas pode desleixar-se e assim a proporção global pode permanecer apenas em equilíbrio até certo ponto. Admite, portanto, uma graduação diferencial de maior e menor equilíbrio proporcional. É qualquer coisa deste gênero, então, o que pode acontecer a respeito do fenômeno do prazer. Ao admitirem [os platônicos] que o bem é algo de completo, e [por outro lado] que as mudanças e os processos de
30 geração são processos incompletos, tentam depois mostrar que o prazer é uma espécie de mudança e processo de geração.[251] Mas não parece que falem corretamente, uma vez que nem sequer o prazer parece que seja um fenômeno de mudança. É que parece ser uma propriedade essencial de toda a mudança a rapidez ou a lentidão. Se uma mudança não é em si rápida nem lenta de uma forma absoluta (como a mudança de toda a ordem cósmica), então é rápida e lenta relativamente a uma qualquer outra mudança. Ora, nenhuma destas propriedades está presente no prazer. Pode ficar-se tomado por prazer tão depressa como se pode ficar irado,
1173b1 mas no estar [efetivamente] a sentir prazer [num momento atual] não há rapidez nem lentidão, nem sequer por relação a qualquer outra coisa. Mas é já isso precisamente o que acontece com movimentos como correr, crescer e todos os desse gênero. Enquanto sofrer o processo de transformação que nos faz sentir prazer pode dar-se rápida ou lentamente, o estar já efetivamente exposto à ação do prazer em si mesmo, quer dizer, o estar de fato a sentir prazer num momento atual, não admite rapidez. Mas em
5 que sentido, então, é que o prazer poderá ser um processo de geração? É que não parece válida a proposição *o que acontece nasce do acaso*, mas antes *o a partir de onde algo nasce é o para onde se destrói*[252] e se o prazer é o processo de geração, oriundo de algures, assim também o sofrimento é destruição. Demais, dizem que o sofrimento é uma falta [do que constitui] o estado natural e o prazer o respectivo preenchimento. Este tipo de afecções é somático. Se, então, o prazer é um processo de preenchimento do que faz falta para se constituir o estado natural, então aquilo no qual

o preenchimento tem lugar encontra-se em estado de sentir prazer. Tal 10 coisa seria, portanto, o corpo próprio.[253] Tal não parece, contudo, ser o caso. De resto, nem sequer o preenchimento é prazer; acontece é que no decurso do processo de preenchimento se pode sentir prazer, tal como se sofre ao ser-se submetido a uma intervenção cirúrgica. Mas esta própria perspectiva parece ter a sua origem nas sensações de prazer e de dor que se conectam com a ingestão de alimentos. Pois quando se fica num esta- 15 do de falta e se sente primeiramente sofrimento [com essa falta], sente-se efetivamente prazer no processo de preenchimento. Mas não é isto o que acontece com todos os fenômenos de prazer. Por exemplo, não são pre- cedidos por sentimentos de dor os prazeres sentidos com os processos de aprendizagem, nem, de entre as sensações, os prazeres sentidos com a detecção de fragrâncias, e bem assim com muitas impressões acústicas e visuais, e assim também memórias e expectativas. Se se trata de proces- sos de geração, serão gerações de que coisas? É que não se gerou [previa- 20 mente] nenhuma falta de que se possa gerar posteriormente um processo de preenchimento.

Relativamente aos que apresentam formas de prazer vergonhosas, poder-se-á responder que tais não são verdadeiramente agradáveis (por- que, se é um fato que há prazeres que podem agradar aos homens que se encontram numa má condição, não tem de se assumir que se trata de prazeres em geral, exceto para estes em particular. Do mesmo modo há coisas que parecem ser saudáveis ou doces ou amargas aos que se encon- tram num estado enfermo, mas que o não são. Ou há coisas que parecem 25 brancas aos que sofrem da vista e que o não são); ou poder-se-á também responder assim: que os prazeres são escolhas, mas certamente não os prazeres que têm aquela origem, tal como, por exemplo, se escolhe enri- quecer, mas não se, para tal, tiver de se trair alguém, ou como se escolhe restabelecer a saúde, mas certamente não, se, para tal, se tiver de comer o que quer que seja. Ou pode dizer-se que os prazeres se distinguem quan- to à sua forma específica. Uns são os que têm uma origem nobre, outros os que têm uma origem vergonhosa. Ora, não se pode sentir o prazer do 30 justo se não se for também justo, nem o prazer do músico se não se tiver uma sensibilidade musical, e de modo semelhante a respeito de todas as outras formas específicas de prazer. E o fato de um amigo ser diferente de um bajulador parece fazer ver que há prazeres que não são bons e que se distinguem quanto à sua forma específica. Porque um parece ter uma re- lação com outra pessoa em vista do bem dela. O adulador, contudo, tem em vista o seu próprio prazer. Enquanto um é repreendido, o outro é lou- 1174a1 vado como que fundando o elo da sua ligação em vista de outros sentidos [para além do mero prazer]. Ninguém escolheria viver com uma menta- lidade de criança ao longo de toda a existência, mesmo podendo gozar de forma extrema com prazeres infantis; nem ninguém escolheria gozar

# 210 | Ética a Nicômaco • *Aristóteles*

prazeres que implicassem fazer algo de extremamente vergonhoso, nem
5 se viesse a ter de sofrer por isso. Fazemos um caso muito sério de muitas
coisas, mesmo que elas não nos tragam nenhum prazer, como é o caso de
ver, lembrar, saber, ou possuir as excelências. Não faz aqui diferença alguma se há prazeres que acompanham necessariamente algumas daquelas
operações, porque nós as escolheríamos para nós, mesmo que nenhum
prazer tivesse nelas a sua origem.

Parece, então, resultar destas considerações que o prazer não é o bem
nem toda a forma de prazer é uma escolha compreensível; parece também
10 resultar evidente que há alguns prazeres que por si próprios são escolhas
compreensíveis, por se distinguirem quanto à sua forma essencial ou
terem origem em coisas extraordinárias.

Fiquemo-nos por aqui acerca das opiniões vigentes sobre os fenômenos de prazer e sofrimento.

## *IV*

1174a13    Qual é a sua essência e qual é a sua qualidade é o que poderá tornar-se
absolutamente claro se retomarmos a nossa análise a partir do princípio.

O processo de visão parece ser sempre completo em qualquer momen-
15 to temporal do seu decurso, porque nada há já que lhe falte e que esteja
ainda por constituir-se num momento futuro para completar a sua forma
essencial. Um acontecimento deste gênero parece também ser o prazer.
Porque é qualquer coisa como uma totalidade e ninguém conseguirá captar nenhum prazer em qualquer momento temporal da sua duração que
pudesse vir a ter uma forma essencial ainda mais completa, se tivesse uma
maior duração temporal.

É por esse mesmo motivo que o prazer não é nenhuma mudança. Toda
20 a mudança transcorre no tempo e tem determinado fim [que lhe serve de
completude], como é o caso da construção de uma casa. Ela está completa
quando se acaba de fazer aquilo em vista do qual ela tinha sido projetada.
Mas será que o processo de construção está completo em qualquer momento temporal do seu transcurso ou apenas naquele momento preciso
em que a casa é dada por terminada? Nas seções parciais de tempo, todas
[as mudanças parciais] ainda incompletas são completamente diferentes
entre si e todas elas [já completas] são também diferentes do aspecto essencial acabado do próprio todo. A composição de pedras, por exemplo, é
diferente da decoração em baixo-relevo das colunas. Ambas as mudanças
[embora processos intervenientes] são diferentes da mudança completa
25 que é a construção acabada do templo. Enquanto a construção do templo
é uma mudança completamente acabada (porque nada lhe falta relativamente ao que fora inicialmente projetado), as mudanças da construção

da base e dos triglifos são incompletas. Cada uma delas é, apenas, uma mudança parcial [cooperante em toda a construção]. Trata-se, portanto, aqui de diferenças quanto à forma essencial e não é possível captar em qualquer momento temporal nenhuma mudança que seja completa quanto ao seu aspecto e forma essencial, a não ser se o transcurso temporal no seu todo já tiver terminado.

O mesmo se passa a respeito da marcha e dos restantes movimentos do gênero. Ora se, por um lado, a deslocação espacial é [algo que pode ser definido como] uma mudança de um sítio para outro, por outro lado, 30 também ela admite diferenças específicas, por exemplo, voar, andar, saltar, e outras do gênero. Mas há no próprio andar outras diferenças a registrar. O [sentido] «de um sítio para outro sítio» não é o mesmo numa volta completa à pista do estádio e em cada parte dessa volta. Da mesma forma não é o mesmo em cada trecho do percurso. Também não é o mesmo atravessar esta linha do percurso ou aquela ali. É que não se trata apenas de se percorrer 1174b1 uma linha, mas uma linha que se encontra neste local específico e aquela outra que se encontra naqueloutro local específico, isto é, [trata-se de percorrer] uma linha diferente da outra. Mas já se discutiu com rigor acerca da mudança noutros escritos.[254] A mudança não está completa em todo e qualquer momento temporal do seu transcurso, antes é como se as diversas mudanças [que o compõem] estivessem ainda incompletas e se distinguissem quanto ao aspecto fundamental acabado, se é que o *de onde* e o *para onde* são [operadores] especificadores. Mas a forma essen- 5 cial do prazer está completa em todo e qualquer momento em que dura. É, portanto, evidente que prazer e mudança são dois gêneros de acontecimento completamente diferentes entre si e que o prazer é das coisas que existem como totalidade e completude.

Também esta opinião pode ser formada pelo fato de não ser possível haver uma mudança que não transcorra no tempo, mas é possível sentir prazer desse modo. O que existe num agora e aqui é qualquer coisa de total.

Daqui resulta, pois, evidente também que não se pode dizer corre- 10 tamente que o prazer é uma mudança ou um processo de geração. Pois estes fenômenos só podem ser predicados do que é divisível em partes e não existe como um todo, porque também não há processo de geração do ato de visão nem de um ponto matemático nem de uma unidade. Não se pode, portanto, também aqui falar de mudança ou de processo de geração. Portanto, não há nenhuma mudança nem qualquer processo de geração do prazer, porque se trata de um todo.

Se toda a percepção aciona a sua atividade na sua relação com o seu perceptível [específico], o que acontece na perfeição quando a capacida- 15 de perceptiva se encontra em boas condições e se relaciona com o que de mais excelente pode cair no seu campo específico (pois é qualquer coisa

**212** | Ética a Nicômaco · *Aristóteles*

deste gênero aquilo a que corresponde a atividade completa na sua possibilidade plena, e não há diferença nenhuma dizer-se que é a percepção ou o órgão do qual ela faz uso a acionarem a atividade perceptiva), então, a atividade mais excelente, de acordo com cada campo perceptivo particular, é a que se verifica quando o órgão que se encontra em boa condição se relaciona com o objeto mais excelente dos que caem sob o seu campo
20 perceptivo. O acionamento desta atividade é o mais completo que existe e o que dá um prazer extremo. Todo e qualquer campo perceptivo tem um prazer que lhe corresponde, tal como o pensamento teórico e a contemplação têm os seus prazeres específicos. A atividade que chega à máxima completude é a que dá um prazer extremo. Uma atividade [perceptiva] chega à sua completude máxima quando o seu órgão de acesso, em boa condição, se relaciona com o objeto mais sério dos que caem sob a sua ação perceptiva. O prazer leva a atividade a uma maior completude. Mas
25 o prazer não completa a atividade do mesmo modo que [a completam] o objeto perceptível e a percepção, no caso de serem bons, tal como a saúde e o médico não são do mesmo modo os fundamentos responsáveis pelo restabelecimento da saúde.

Que se gera prazer em cada campo perceptivo é evidente (nós dizemos das sensações visuais e acústicas que são agradáveis). É também evidente que o prazer é o maior possível se uma percepção fortíssima atua desse
30 modo sobre um objeto também impressionante. Se o objeto perceptível e o elemento perceptivo são deste gênero [de completude], então produzir-se-á sempre prazer, pois o elemento produtor da atividade e o que sofre o seu efeito estão ambos presentes.

O prazer leva a atividade a uma maior completude, não da mesma maneira que a disposição o faz, estando já disponível de modo imanente, mas como uma espécie de finalização superveniente a um processo de desenvolvimento, semelhante ao modo como a força e o vigor sobrevêm aos que estão na flor da idade.[255]

Enquanto o objeto da compreensão intuitiva e da percepção sensorial são tais como devem ser, e do mesmo modo o sujeito do discernimento ou
1175a1 o da contemplação, haverá prazer no acionamento dessa atividade, pois, sendo os elementos passivo e ativo semelhantes entre si e comportando-se do mesmo modo um relativamente ao outro, produz-se pela própria natureza das coisas um e o mesmo resultado.

Mas por que motivo, então, ninguém goza continuamente de prazer? Ou será que é porque se farta? Será porque nada do que é humano é capaz
5 de existir numa contínua atividade? E assim também não existirá nenhum prazer [continuamente ativo], porquanto ele acompanha uma atividade? Algumas coisas dão-nos gozo, enquanto são novidade, mas depois já não

o dão da mesma maneira pelo mesmo motivo. É que ao princípio o pensamento é excitado e exerce a sua atividade intensamente sobre os mesmos objetos, tal como acontece com a vista, quando olhamos intensamente para as mesmas coisas. Mas depois a atividade deixa de ser tão intensa, acabando por afrouxar. É por isso que também o prazer esmorece. 10

Poderá pensar-se que todos os homens anseiam por prazer porque também todos desejam viver. Por outro lado, a vida é uma certa atividade, e cada um individualmente exerce a sua atividade naquelas áreas e com aquelas capacidades de que mais gosta, como é o caso do músico que exerce a sua atividade com a percepção acústica na área da melodia, ou quem gosta de aprender que exerce a sua atividade com o pensamento [com- 15 preensivo] no campo dos objetos de consideração teórica, e, deste modo, cada qual a respeito das suas áreas de interesse. Ora é o prazer que leva as atividades a um maior grau de completude, e assim também é a vida, pela qual todos os Humanos anseiam. Por isso é também compreensível que todos procurem alcançar prazer, porque aquilo que é capaz de tornar a vida de cada um mais completa é uma possibilidade preferencial. Se escolhemos viver em vista do prazer ou se escolhemos ter prazer em vista da vida, é uma questão que pode ser deixada em aberto para já. Porque ambos parecem estar intimamente ligados e não ser possível separá-los. 20 Portanto, sem atividade não há prazer e o prazer leva toda a atividade a um maior grau de completude.

## V

É também a partir deste fundamento que os prazeres parecem dis- 1175a21 tinguir-se segundo espécies fundamentais, porquanto nós pensamos que coisas de espécies fundamentalmente diferentes são levadas a um maior grau de completude através da ação de diferentes atividades (é assim que parece acontecer com os entes que nascem na natureza, animais e árvores, e com os entes produzidos por uma perícia artística, um quadro e uma 25 estátua, ou uma técnica, uma casa e um apetrecho). De modo similar, por sua vez, também as diferentes espécies de atividades são levadas a um maior grau de completude através de diferentes espécies da sua produção. As atividades do pensamento teórico são diferentes das atividades dos diversos campos perceptivos, e estas são por sua vez diferentes umas relativamente às outras quanto ao seu gênero fundamental. Por consequência, assim também serão os prazeres que lhes conferem um maior grau de completude.

Isso mesmo pode ser visto porque cada espécie de prazer tem um laço 30 estreito de afinidade com a atividade a que confere um maior grau de completude. Pois a intensidade de uma atividade aumenta com o prazer que lhe é pertinente. Assim, quem exerce a sua atividade com prazer obtém a respeito de cada tarefa um mais alto grau de discernimento e rigor, como é o caso dos que se tornaram competentes em geometria pelo gozo que sentem em resolver problemas geométricos. Estes compreendem cada pormenor de um modo mais profundo. Do mesmo modo os que têm amor

35 pela música ou pela construção de casas e outros a respeito de outros domínios progridem na realização do seu trabalho específico se tiverem prazer nele. Os prazeres aumentam de intensidade ao mesmo tempo que os resultados pertinentes às respectivas atividades produtoras aumentam de

1175b1 qualidade. Mas às atividades que são diferentes em espécie, os resultados que lhes são pertinentes são também diferentes em espécie.

Isso pode tornar-se ainda mais manifesto se verificarmos o fato de os prazeres resultantes de determinadas atividades constituírem impedimento aos prazeres resultantes de outras atividades. Assim, os que gostam de ouvir tocar flauta são incapazes de prestar atenção a uma discussão filosófica se

5 o som de uma flauta lhes chegar aos ouvidos. Pois sentem um prazer maior a tocar flauta do que na atividade que os ocupa em dado momento. Isto é, o prazer resultante da perícia de tocar flauta pode destruir por exemplo a atividade que se ocupa da fixação do sentido numa análise filosófica. Algo de semelhante parece acontecer quando alguém quer exercer duas atividades simultaneamente, porque a atividade mais agradável expulsa a outra e quanto maior for a diferença entre essas atividades baseada no prazer que dão, tanto mais facilmente a que dá maior prazer expulsa a que

10 dá menos, até que deixa finalmente de exercê-la. É por isso que quando temos um prazer extremo numa qualquer atividade não nos ocorre fazer mais nada, isto é, só começamos a fazer outras coisas quando o que fazemos até aí já quase não nos satisfaz. É o que acontece com os que comem doces nos espetáculos. Eles fazem-no sobretudo quando os atores não

15 prestam. Ora uma vez que as atividades se tornam mais rigorosas, duradouras e melhores pelo prazer que lhes é pertinente, enquanto os prazeres [de outras atividades] que lhes são estranhos as arruinam, é evidente que vai uma grande distância de uma espécie de prazer à outra. Os prazeres estranhos atuam quase da mesma maneira sobre as atividades como os sofrimentos que lhes são pertinentes, porque os sofrimentos pertinentes destroem as respectivas atividades. Por exemplo, alguém, para quem escrever ou calcular seja desagradável e muito difícil, não escreve nem faz

20 cálculos porque essa atividade lhe é penosa. Há então um efeito contrário sobre determinada atividade resultante dos prazeres e sofrimentos que lhes são essencialmente pertinentes. «Que lhes são pertinentes» quer dizer «o que se gera» pelo exercício de uma atividade exclusivamente a partir de si própria enquanto tal. Por outro lado, os prazeres estranhos, já foi de resto dito, produzem um efeito muito semelhante a um sofrimento. Na verdade, são destrutivos, exceto que não o são da mesma maneira.

As atividades distinguem-se pela sua excelência ou mediocridade, umas 25
são de escolher, outras a evitar, outras ainda neutras; do mesmo modo
acontece com as espécies de prazer, porque de acordo com cada atividade
há um prazer que lhe é pertencente por essência. O prazer que pertence
essencialmente a uma atividade séria é excelente, mas o que pertence a
uma atividade medíocre é perverso. Assim também os desejos dos homens de bem são louváveis, mas os dos vis são repreensíveis. Os prazeres 30
que se encontram nas próprias atividades[256] pertencem-lhes de um modo
mais próprio do que aos seus anseios. Porque um anseio delimita-se de
uma atividade segundo a ordem temporal e de acordo com a sua natureza
essencial. Os prazeres, contudo, estão tão próximos das suas atividades
que parecem ser indissociáveis delas, de tal sorte que se pode duvidar se
a atividade não será o mesmo que o prazer. Mas certamente que o prazer
não parece ser o mesmo que o pensamento teórico nem uma percepção
(porque seria absurdo). É apenas pelo fato de serem indissociáveis que 35
parecem ser o mesmo para alguns.

Assim, então, como as atividades são diferentes, também os prazeres
são diferentes. A percepção visual é superior em nível de pureza à táctil, 1176a1
bem como a acústica e olfativa é superior à do gosto ou paladar. Também
os prazeres se distinguem de um modo semelhante: os do pensamento
teórico são superiores em grau de pureza aos prazeres das sensações. E
dentro de cada um destes gêneros, são superiores os prazeres das atividades com um maior grau de pureza.

Parece, pois, que cada animal tem a sua forma específica de prazer,
tal como acontece ter a sua função específica, a saber, aquele prazer específico que corresponde à sua atividade peculiar. É, pelo menos, o que 5
parece tornar-se manifesto para quem considera cada animal na sua individualidade. São diferentes respectivamente os prazeres específicos do
cavalo, do cão e do homem. Tal como diz Heráclito, «*um burro prefere a
palha ao ouro*»,[257] porquanto a comida dá mais prazer ao burro do que o
ouro. A diferentes espécies animais correspondem diferentes espécies de
prazer. Por outro lado, é compreensível que não haja prazeres diferentes
numa mesma espécie animal. Contudo, as diferenças de espécies de prazer 10
que existem entre os homens são enormes. Porque o que para uns é uma
delícia para outros é um nojo e o que para uns é doloroso e abjeto para
outros é agradável e desejável. É o que acontece com os doces, porque as
mesmas coisas não sabem a doce para quem está com febre e para quem
goza de boa saúde; nem a mesma temperatura parece quente para o en
fermo e para o que está numa boa condição física. De modo semelhante 15
acontece com outros casos.

Mas em todos esses casos tudo deverá ser como aparece ao sério. Se
esse enunciado está correto, como parece ser o caso, e a excelência assim

# 216 | Ética a Nicômaco · *Aristóteles*

como a pessoa de bem enquanto tal constituem a medida de cada coisa, então também serão prazeres [verdadeiros] aqueles com que goza a pessoa
20 de bem, tal como [verdadeiramente] agradáveis serão as coisas que lhe dão alegria. Se o que é difícil de suportar parece ser agradável a outrem não é nada de espantar, porque há muitas formas de destruição e ruína que acontecem ao Humano. Tais coisas não são agradáveis senão para aqueles que estão dispostos a acolhê-las como tais.

É, portanto, evidente que aqueles prazeres que são unanimemente tidos por vergonhosos não poderão ser chamados prazeres, exceto para os que estão num estado de depravação.

Mas de entre aqueles prazeres que parecem ser de uma natureza excelente, qual será o que poderá ser determinado como, por excelência,
25 pertencente à natureza humana? Não se manifestará, quando tivermos em vista as atividades especificamente humanas, posto que os prazeres acompanham as atividades específicas a que são afins? Seja uma única ou mais do que uma as atividades em que o Humano se exprime na sua possibilidade extrema de completude e bem-aventurança, serão autenticamente chamados prazeres especificamente Humanos aqueles que elevam as suas atividades a um maior grau de completude. As outras formas de prazer apenas constituem prazer em segundo ou enésimo grau, consoante sejam as outras formas de atividade que acompanham.

## VI

1176a30    Tendo nós já discutido as diversas formas de excelência, de amizade e de prazer, resta-nos passar a analisar numa caracterização dos seus traços essenciais a felicidade, porquanto supomos que ela é o fim da natureza humana. Mas a análise tornar-se-á mais concisa se retomarmos o que foi dito previamente acerca do assunto.

Dissemos, então, que a felicidade não era nenhuma disposição, pois, desse modo, poderia estar presente em quem passasse toda a sua existên-
35 cia a dormir, tivesse uma vida de vegetal ou se encontrasse numa situa-
1176b1 ção de extrema infelicidade. Mas, se estas consequências não satisfazem, e supusermos que a felicidade é mais uma certa atividade, tal como foi dito nas análises precedentes, [e que por sua vez] há atividades que são necessárias e escolhas como meios para fins, outras que são possibilidades de escolha em si próprias (como fins), é evidente que temos de supor que a felicidade é uma certa atividade das que são escolhidas segundo si pró-
5 prias enquanto fins e não das que são meios para quaisquer outros fins, porquanto a felicidade não carece de nada; basta-se a si própria.

Ora, são possibilidades absolutas de escolha aquelas atividades das quais nada mais se espera para além do estarem ativas. Deste gênero parecem ser as ações de acordo com a excelência. Praticar atos nobres e sérios são possibilidades que existem em e por si próprias.

Mas também as brincadeiras divertidas que gostamos de fazer não são escolhidas como meios para outros fins. Delas resultam mais prejuízo do que proveito, porque por elas descuidamos de corpo e posses. A maioria daqueles que são tidos por felizardos refugia-se em formas de passar o tempo desta natureza. É por esse motivo que aqueles que são versados em formas deste gênero de passar o tempo atingem boa reputação junto de tiranos. É que eles próprios sabem ser agradáveis ao suprir os desejos dos senhores e estes precisam de gente desta espécie. Isso pode ser visto como índice de felicidade porque os poderosos costumam passar a vida a divertir-se.

Mas este tipo de homens não é talvez o melhor indício, porquanto a excelência e o poder de compreensão, de que dependem as atividades sérias, não existem necessariamente no exercício do poder. E lá por estes homens nunca terem provado o sabor de um prazer puro e próprio do que é livre, mas sempre se terem refugiado nos prazeres do corpo, não se pode pensar que estes prazeres são escolhas preferíveis, pois também as crianças acham que as coisas a que dão mais valor para elas são as melhores que existem. É portanto compreensível que, tal como o valor das coisas é diferente para as crianças e para os adultos, a mesma diferença se verifique entre os vis e os excelentes. Tal como foi então já dito frequentemente, as coisas com valor e agradáveis são as que parecem ao sério terem valor e serem agradáveis. Para cada um é uma possibilidade de escolha absoluta aquela atividade que existe de acordo com o modo de ser que lhe é próprio; para o sério essa atividade é [escolhida] de acordo com a excelência.

A felicidade não consiste, por conseguinte, numa brincadeira. E seria absurdo que o fim derradeiro da existência humana fosse uma brincadeira, isto é, que trabalhássemos e sofrêssemos uma vida inteira para podermos brincar. Nós podemos escolher tudo como um meio para um fim, exceto a felicidade. Ela própria é o fim último. De resto parece uma tolice e absolutamente infantil esforçarmo-nos e sofrermos por causa de uma brincadeira. Contudo, o dito de Anacársis «*brincar para se poder ser sério*» parece estar correto. O divertimento assemelha-se ao descanso; e o Humano precisa de descanso porque não consegue trabalhar continuamente sem descansar. Mas o descanso não é nenhum fim último. Existe, antes, em vista da atividade.

Por outro lado, a vida feliz parece ser a que existe de acordo com a excelência. Uma tal existência só pode ser vivida com seriedade e não no meio da brincadeira.

Nós também dizemos que as coisas sérias são superiores às coisas ridículas e feitas a brincar e dizemos que a atividade da dimensão superior

# 218 | Ética a Nicômaco · *Aristóteles*

do Humano ou do homem que é superior é a mais séria. A atividade do homem superior é mais poderosa e possui já um maior índice de felicidade. Seja quem for pode gozar os prazeres do corpo, o escravo não menos do que o mais nobre; contudo, a um escravo ninguém dá parte da felicidade
10 a não ser que lhe dê uma existência livre. A felicidade não consiste, pois, em tais formas de passar o tempo, mas nas atividades que se produzem de acordo com a excelência, tal como foi dito primeiramente.

## VII

1177a12    Se, por conseguinte, a felicidade é uma atividade de acordo com a excelência, é compreensível que terá de ser de acordo com a mais poderosa das excelências, a excelência da melhor parte do Humano. Seja a melhor parte do Humano o poder de compreensão ou qualquer outra coisa que
15 pareça, por natureza, comandar-nos, conduzir-nos ou dar-nos uma compreensão intrínseca do que é belo e divino – seja isso mesmo divino em si, ou a mais divina das possibilidades que existem em nós –, a atividade desta dimensão será de acordo com a excelência que lhe pertence. Tal será a felicidade na sua completude máxima. Uma tal atividade é, como dissemos, contemplativa.

Essa perspectiva está de acordo com o que foi apurado nas nossas primeiras análises, bem como com a verdade das coisas. É que esta atividade
20 é ela própria a mais poderosa que existe (porque o poder de compreensão intuitiva é o que de mais poderoso existe em nós, e os objetos mais excelentes que podem ser conhecidos são aqueles a que o poder de compreensão intuitiva acede) e é também a mais contínua de todas, porquanto nós somos capazes de nos demorarmos mais no olhar contemplativo do
25 que na execução de qualquer outra ação.[258] Nós pensamos também que a felicidade tem de estar misturada com o prazer, porque a mais agradável de todas as atividades que se produzem de acordo com a excelência é unanimemente aclamada como a que existe de acordo com a sabedoria. Parece, então, pois que a filosofia possui a possibilidade de prazer mais maravilhosa que há em pureza e estabilidade, e é compreensível pensar-se que fruir de conhecimentos é mais agradável do que passar o tempo a procurá-los. E é em torno da situação contemplativa que se cria o que designamos por independência autossuficiente. Pois, se é verdade que o sábio como o justo e os restantes homens de excelência precisam do que
30 é necessário à vida, por outro lado, uma vez supridas, de modo suficiente, as suas necessidades vitais, o justo necessitará sempre em acréscimo de outros relativamente aos quais e conjuntamente com os quais possa praticar atos de justiça, o temperado para praticar atos de temperança, o corajoso para praticar atos de coragem e assim para cada campo específico de manifestação de excelência. Mas o sábio[259] é capaz de criar uma situa-

ção contemplativa sozinho apenas a partir de si próprio e em si próprio, e quanto mais sábio for mais facilmente o consegue fazer. Talvez que o possa fazer melhor tendo colaboradores, mas mesmo assim será sempre o mais independente e autossuficiente dos homens. Demais, esta atividade parece ser a única que é querida por si própria porque dela não se produz mais nenhuma consequência para além do próprio olhar contemplativo, enquanto a partir das atividades práticas ainda conseguimos obter um resultado melhor ou pior para além da própria ação. A felicidade parece ainda acontecer quando há tempo livre, porque nós ocupamos o tempo a trabalhar para podermos gozar de tempo livre, do mesmo modo que fazemos a guerra para poder viver em paz. Ora, a atividade das excelências práticas desenvolve-se nos domínios da ação política ou do tratamento de assuntos de guerra. As ações levadas a cabo nestes domínios não parecem gozar de tempo livre, ou pelo menos parece ser assim em absoluto com os assuntos de guerra (porque ninguém escolhe fazer a guerra pela guerra ou preparar-se para a guerra pela guerra; e alguém que pretendesse fazer dos amigos inimigos só para provocar lutas e derramar sangue teria de ser considerado um assassino absolutamente sanguinário). Mas a atividade política também não é sem tempo livre e visa atingir mais qualquer coisa do que a participação ativa na vida política, a saber, poder e honrarias ou pelo menos a felicidade particular a quem se dedica a ela e a dos seus concidadãos. Mas é uma espécie de felicidade diferente da atividade política a que nós procuramos. Se, portanto, entre as atividades realizadas de acordo com as excelências se destacam de forma eminente em beleza e grandeza as atividades no domínio da ação política e do tratamento de assuntos de guerra, mas carecem de tempo livre e visam atingir um outro fim, não sendo elas próprias escolhas em si mesmas; se, por outro lado, a atividade do poder de compreensão, sendo uma atividade contemplativa, se distingue extraordinariamente em seriedade e não visa atingir nenhum outro fim último a não ser o que é obtido já com o seu próprio acionamento e tem um prazer que lhe pertence por essência (prazer este que aumenta a intensidade da atividade); se, ainda, a autossuficiência, o tempo livre e, dentro dos limites Humanos, a infatigabilidade, bem como tudo o resto quanto pode ser imputado ao que é bem-aventurado, se manifesta pelo próprio acionamento desta atividade, nessa altura, então, esta atividade é a felicidade humana no seu grau de completude, desde que se estenda ao longo de toda a vida, porque nenhum aspecto da felicidade pode ser deixado incompleto.

Uma existência deste gênero está acima das possibilidades humanas, porque não poderá ser vivida pelo Humano enquanto Humano, mas somente pelo Humano enquanto nele existe algo de divino. E tanto quanto este elemento [de divino] constitui diferença relativamente à natureza composta do Humano, na mesma proporção é diferente a sua atividade

## 220 | Ética a Nicômaco • *Aristóteles*

relativamente às que são acionadas por qualquer outra das excelências
30 humanas. Se, então, o poder de compreender é divino no âmbito do horizonte Humano, também a existência vivida segundo o poder de compreensão é divina no âmbito da existência humana. E não devemos seguir as exortações segundo as quais devemos enquanto Humanos ter pensamentos Humanos e enquanto mortais ter pensamentos mortais, mas tanto quanto possível devemos tentar libertar-nos da lei da morte e tudo fazer por viver de acordo com a possibilidade mais poderosa que nos acontece. Porque
1178a1 embora seja pequeno em volume, em poder e valor está muito acima de tudo o que existe.

Poder-se-á então dizer que este é o verdadeiro si próprio de cada um, na medida em que é o que em nós existe de mais autêntico e de melhor. E seria completamente absurdo se cada um de nós não escolhesse a existência [autêntica] de si próprio mas a de qualquer outro si estranho.

5 Aquilo que foi apurado primeiramente é ainda agora adequado, porque aquilo que pertence a cada si próprio pela sua própria natureza é o que há de mais poderoso e que dá um maior prazer. Desta forma, para o Humano, isso é a existência humana de acordo com o poder da compreensão do sentido, porquanto é este tipo de existência que corresponde à possibilidade extrema do próprio si Humano e essa existência é também a mais feliz de todas.

# *VIII*

1178a9 A existência vivida de acordo com as outras formas de excelência é feliz
10 mas numa segunda ordem, porquanto as atividades que se produzem desse modo fazem parte do horizonte Humano enquanto tal. É que as ações justas ou corajosas ou conformes às restantes possibilidades de cumprimento da excelência que realizamos através do nosso relacionamento com os outros implicam uma atenção cuidada com as pretensões de cada um, seja em contratos comerciais, nos momentos de necessidade, seja em toda a espécie de situações em que se encontrem, seja em toda a espécie de paixões que os aflijam, tudo isto parece ser próprio do acontecimento do Humano. Al-
15 gumas situações parecem resultar do fato de existirmos num corpo próprio e a respeito de muitas coisas parece haver um laço de estreita afinidade entre a excelência do caráter e as paixões que nos afligem. Por outro lado, também a *temperança* parece estar estreitamente conectada com a excelência do caráter, e esta por sua vez com a *sensatez*, se é que justamente se dá o caso de, por um lado, os princípios fundamentais da *sensatez* serem excelências constitutivas do caráter e, por outro, o sentido orientador das excelências caracterizadoras ser projetado segundo a *sensatez*. Estando

as excelências do caráter por sua vez, elas próprias, intimamente ligadas 20
às paixões que nos afligem, elas existem na nossa natureza composta; as
excelências humanas fazem parte desse acontecimento composto. Assim
também são a existência vivida de acordo com elas e a felicidade que com
elas pode ser alcançada. Mas a felicidade que faz parte do poder de compreensão existe separadamente. Mas seja apenas dito isto acerca dela, pois
um tratamento mais rigoroso desta questão sairia do âmbito do presente
inquérito. Mas uma tal felicidade parece necessitar de pouco no que respeita ao suprimento dos bens exteriores ou menos ainda do que necessita
a felicidade constituída pela excelência do caráter. Seja admitido que am- 25
bas precisam de bens de primeira necessidade, a um mesmo nível (ainda
que o homem de ação política se preocupe mais com as coisas que dizem
respeito ao corpo, ou com bens deste gênero), porque a diferença entre
ambas parece ser pequena. Mas em vista das atividades a que se dedicam
a diferença é enorme. O generoso precisará de dinheiro com o qual possa
praticar atos generosos, e o justo para poder retribuir os favores recebidos 30
(pois as simples intenções não podem ser vistas e até os que não são justos
fingem querer agir justamente), e o corajoso precisa de força e poder, se é
que quer levar a cabo algo de acordo com essa excelência, e o temperado
precisa do momento da tentação, pois de que outro modo poderia ele ou
outro qualquer revelar-se como é? É também matéria de discussão saber se
é a [boa] intenção ou se são as ações [de fato levadas à prática] a desem- 35
penhar o papel mais preponderante na constituição da excelência, uma vez
que ambas parecem constituí-la. Pelo menos é evidente que ela só atinge 1178b1
o seu grau de completude quando ambas [boa intenção e ação levada à
prática] estão presentes na sua constituição. Além disso, para levar à prática ações excelentes são necessários muitos (complementos exteriores)
e quanto maiores forem as ações em grandeza e esplendor, serão precisos
mais ainda [num maior grau e em maior número]. Mas quem tem como
atividade a contemplação não tem necessidade de nenhum complemen-
to deste gênero para [o acionamento e] a produção da sua atividade. Na
verdade, os bens exteriores constituem, por assim dizer, impedimentos à
criação da situação teórica. Mas o Humano enquanto Humano vive em 5
conjunto com outros homens e prefere levar à prática ações excelentes.
Para tal há de necessitar de bens desta natureza [exteriores, complemen-
tares] para poder existir como Humano.

Que a felicidade completa é uma atividade [constituída] pela ação
da contemplação, será também evidente a partir das seguintes considerações. Nós supomos que os deuses são bem-aventurados e felizes de uma 10
forma extrema, mas que espécie de ações podemos atribuir-lhes? Serão
eventualmente ações justas? Mas não será antes que parecerão ridículos
ao vermo-los, entrar em negociações de contratos e restituir os depósitos
recebidos e todas as ações deste gênero? Ou serão atos de coragem, ao

## 222 | Ética a Nicômaco · *Aristóteles*

vermo-los, por exemplo, a suportar situações tremendas e exporem-se a perigos pela nobreza da ação? Ou atos de generosidade? A quem é que
15 ofereceriam o quê? Porque parece absurdo [imaginá-los] com dinheiro ou qualquer coisa do gênero. E o que é que seriam para eles ações tempera-das? Não parecerá grosseiro louvá-los pelo fato de não terem desejos or-dinários? Se passarmos em revista tudo o que foi dito, parece que todas as ações de natureza excelente [que imaginemos serem] realizadas por deuses são insignificantes ou indignas deles. Mas certamente todos supomos que os deuses existem e, por conseguinte, atuam. Não podemos imaginá-los
20 a dormir como Endímion.[260] Mas se nós retirarmos a um ser vivo a possi-bilidade de agir e mais ainda de produzir, o que é que lhe resta senão a atividade da contemplação? Assim, a atividade de Deus, distinguindo-se pela sua ventura terá de ser a da contemplação. É por isso que a atividade humana com uma mais estreita afinidade com aquela é tida como a que mais exponencia a felicidade.

Uma indiciação disto é o fato de nenhum dos restantes animais tomar parte da felicidade porque está completamente privado da possibilidade
25 de uma atividade contemplativa. Pois enquanto para os deuses toda a vida é bem-aventurada, para os homens apenas na medida em que neles há um símile de uma atividade daquele gênero. Mas nenhum dos outros animais pode ser feliz, uma vez que não toma parte de modo algum na possibilidade da contemplação. Assim, quanto maior for a profundidade
30 da contemplação, mais intensa será a felicidade. Aqueles em quem existir maior capacidade de contemplação tanto mais felizes serão, e não de uma forma acidental, mas pela própria natureza constitutiva da situação con-templativa. A situação contemplativa tem em si a sua própria dignidade. É por isso que a felicidade é uma certa forma de contemplação.

Mas quem se dedica à contemplação, sendo Humano, há de neces-sitar também de circunstâncias favoráveis exteriores, porque a nossa na-tureza não é autossuficiente para produzir apenas a atividade de contem-
35 plação, precisa também de manter o corpo de boa saúde, de o alimentar
1179a1 e de lhe prestar todos os outros cuidados. Mas se não é possível alcançar uma disposição bem-aventurada sem bens exteriores, certamente não se deverá pensar que se precisará de muito para se ser feliz. É que o caráter de autossuficiência e a ação excelente não dependem de uma prosperi-
5 dade excessiva. É possível realizar feitos nobres mesmo se não se tiver poder sobre a terra e sobre o mar. Mesmo a partir de posses moderadas é possível a alguém agir de acordo com a excelência (isto pode ver-se de uma forma evidente, porque os simples cidadãos parecem ser capazes de ações excelentes não menos do que os poderosos, talvez até mais ainda). Basta ter o suficiente. A vida do que atua de acordo com a excelência será
10 uma vida feliz.

Sólon descreveu corretamente em que é que consistia ser feliz ao dizer que tinham sido felizes aqueles que ele pensava que tinham sido dotados de modo suficiente com bens exteriores, tinham realizado feitos nobres e tinham levado uma vida com temperança. É possível, pois, aos que têm posses moderadas fazer o que é devido. Também Anaxágoras[261] tinha para si que um Humano feliz não possuía riqueza nem era poderoso, dizendo que não era de espantar que o feliz parecesse absurdo aos olhos de muitos. Porque estes ajuízam a partir do que é exterior, sendo isso a única coisa que conseguem perceber. Mas as opiniões dos sábios parecem estar de acordo com os nossos apuramentos.

As nossas análises parecem atingir um grau de convicção, pois a verdade no horizonte prático é decidida a partir dos feitos realizados e da existência vivida. É aqui que se manifesta o elemento decisivo. O que foi dito até aqui tem de ser posto à prova por comparação com as ações praticadas e a vida que se leva. Se o que foi dito concordar com as ações praticadas foi demonstrado como verdadeiro, mas se estiver em desacordo com elas, terão de ser tomadas como meras palavras.

Por outro lado, aquele que exerce a atividade do poder de compreensão, cuida dela e a mantém na melhor condição possível parece ser quem é o mais amado pelos deuses. Pois se há alguma preocupação dos deuses com os humanos, tal como parece ser o caso, tem sentido que eles se alegrem com o que de mais excelente há e lhes é absolutamente congênere (e tal será o *poder de compreensão* no Humano) e que retribuam com favores àqueles que amam e estimam essa possibilidade de um modo extremo. Porque estes se preocupam com aquelas coisas que são queridas aos deuses e praticam ações de modo correto e nobre. Que tudo isto é próprio ao sábio de uma forma extrema é absolutamente evidente. Na verdade é ele quem é o mais amado pelos deuses. E como tal, é também provável que seja a quem eles concedem a maior felicidade possível. Assim o sábio será quem existe de um modo extremamente feliz.

## IX

Será que, depois de apresentada uma caracterização nos seus traços essenciais destas coisas, das excelências do caráter Humano, da essência da amizade e da natureza do prazer, podemos pensar que se atingiu o objetivo proposto? Ou não será antes verdade, tal como foi dito, que o fim em matérias de ação humana não consiste em construir teorias acerca de cada uma delas ou aceder-lhes cognitivamente, mas antes no próprio agir? Também acerca da excelência não se dá o caso de bastar conhecê-la, mas tem de se tentar possuí-la e aplicá-la, ou de qualquer outro modo tornarmo-nos pessoas de bem.

# 224 | Ética a Nicômaco • *Aristóteles*

Se acontecesse que os discursos nestas matérias fossem por si sós su-
5 ficientes para fazer de quem os escuta homens excelentes (segundo diz
Teógnis),[262] seria apenas preciso redigi-los, para logo ganharem, de uma
forma justa, salários de montantes elevados. Mas se os discursos éticos
parecem ter a força para exortar e incitar os jovens de espírito generoso,
bem como para fazer de um caráter nobre de nascimento e verdadeiramente apaixonado pela nobreza da ação ser tomado pela possibilidade da
excelência, por outro lado são completamente impotentes para exortar os
10 muitos para a nobreza do bem. É que estes pela sua natureza obedecem
não por vergonha mas por medo e não evitam praticar más ações por serem vergonhosas mas pelos castigos que podem acarretar. Como vivem
por paixões, perseguem, por um lado, os prazeres que são próprios do
seu nível e aquelas coisas que servem de meios à sua obtenção, por outro, procuram escapar às dores que lhes são opostas. Não têm, contudo,
15 sequer compreensão, por ínfima que fosse, da essência da nobreza ou do
que dá um verdadeiro prazer, nunca lhe tendo chegado a provar o gosto.
Que discurso é capaz de transformar a maneira de sentir de gente desta
espécie? É que não é possível – ou então só muito dificilmente – remover
apenas com a ação da palavra disposições há já muito tempo alojadas. Já
20 nos damos por contentes se, dispondo nós de tudo aquilo que parece poder
tornar os homens bons, pudermos tomar parte na excelência.

Alguns pensam que os homens se tornam homens de bem por disposição natural, outros por habituação, outros ainda, por aprendizagem. A
possibilidade de nos tornarmos bons por disposição natural é evidente que
não depende de nós. Mas está presente, antes, naqueles que por determinado motivo de ordem divina foram favorecidos pela sorte, no verdadeiro
sentido do termo. A palavra e o ensinamento não têm a mesma força jun-
25 to de todos, mas a alma do que escuta tem de ser preparada de antemão
pelo trabalho através de diversas formas de habituação para poder sentir
alegria e abjeção de um modo correto – do mesmo modo que uma terra
é preparada para receber uma semente e a fazer fomentar. Mas o que vive
exposto à paixão não é capaz de ouvir a palavra que o tenta desviar do seu
caminho e [mesmo que a ouça] não conseguirá entendê-la. Como poderá
mudar-se a maneira de sentir daquele que assim vive?

Mas em geral a paixão não parece obedecer ao sentido [da palavra],
mas à violência.

É necessário pois que a disposição do caráter com uma afinidade intrín-
30 seca com a excelência exista já, de algum modo, de antemão: tendo amor
pela beleza e desgosto pela vergonha. Receber desde novo uma condução correta em direção à excelência é difícil, se não se tiver sido educado
a obedecer às leis congêneres. Porque viver de um modo temperado e de
uma forma paciente não é agradável à maioria das pessoas, sobretudo aos

jovens. Por este motivo, a primeira forma de instrução e as suas ocupações têm de ser determinadas por uma legislação correta. Pois [a temperança e a paciência] já não serão dolorosas depois que se tiverem tornado num hábito. Não basta aos jovens receberem uma instrução e terem uma ocupação correta, mas uma vez que se tiverem tornado adultos têm também de pôr estas coisas em prática e acostumarem-se a elas; precisamos, por isso, de leis que legislem nestas matérias [na idade adulta] e em geral durante todo o tempo da vida. Os muitos obedecem mais à força do que à palavra e mais aos castigos do que aos bons exemplos. É por esse motivo que alguns pensam que os legisladores devem ao mesmo tempo encorajar e exortar à excelência os que estão mais avançados [nesse caminho], em vista do esplendor da nobreza moral, na expectativa de que, pelas formas de habituação adequadas, estes hão-de escutá-los; impor, por outro lado, também castigos e multas aos que desobedecem e aos que são mal formados por natureza. Mas aos que são absolutamente incuráveis, a esses impõem a extradição, pois enquanto o homem de bem é capaz de obedecer ao sentido orientador da nobreza da ação, o vil, ansiando sempre por prazer, será castigado pelo sofrimento como se fosse um animal a quem se aplica uma canga sobre o cachaço. Por este motivo, dizem, devem criar-se sofrimentos contrários aos prazeres com os quais eles mais gozam.

Se, por conseguinte, tal como foi dito, para que alguém se torne uma pessoa de bem tiver de ser corretamente educada e formada nos bons hábitos e seguir a sua vida de forma a preenchê-la com ocupações úteis e não praticar ações vis, voluntária ou involuntariamente, tal é possível que venha a acontecer, se os homens projetarem as suas existências de acordo com certa forma de compreensão e segundo uma ordem correta que tenha força para prevalecer. É que o mandamento paterno não terá força suficiente nem capacidade coerciva, nem em geral terá o que é ordenado por um só homem, a não ser que se trate de um rei ou de alguém investido de poder. Apenas a lei tem poder coercivo, sendo um sentido dado a entender pela sensatez e pela compreensão. Enquanto os homens que se opõem às inclinações dos demais, mesmo quando o fazem com toda a razão, são odiados, a lei, por outro lado, que ordena o que é equitativo não é sentida como opressora. Só na cidade-Estado de Esparta ou em algumas outras poucas exceções é que parece que o legislador teve uma verdadeira preocupação com a educação e as formas de ocupação [dos cidadãos], enquanto na esmagadora maioria das cidades-Estados houve completa negligência a respeito destas matérias e cada um vive como bem lhe apetece, dispondo de poder sobre filhos e mulher à maneira de um Ciclope.[263]

A melhor coisa que pode acontecer é haver uma preocupação comum com um fim correto [e que haja o poder de o pôr em prática]. Mas quando isto é completamente negligenciado pela comunidade, parece evidente

# 226 | Ética a Nicômaco • *Aristóteles*

que cabe a cada um contribuir para que os seus próprios filhos e amigos obtenham uma orientação em direção à excelência, ou pelo menos para se decidirem nessa direção. A partir do que foi dito anteriormente, isso parece ter um maior poder de aplicação se tiver sido produzido por uma
35 legislação. É evidente que as preocupações comuns são criadas pelas leis
1180b1 e as boas preocupações pelas leis seriamente elaboradas. E nisto não há distinção se as leis são escritas ou não, nem tampouco se será apenas um único ou serão muitos os que virão a ser educados nelas, tal como acontece com a música ou o exercício físico ou qualquer outra das restantes ocupações e atividades. Da mesma forma que os usos e os costumes têm força e influência dentro das cidades-Estados, assim também terão força
5 e influência hábitos familiares, talvez até mais ainda dados o laço familiar e os benefícios conferidos, pois há de antemão amor dos filhos pelos pais e eles são naturalmente obedientes. Além do mais, as educações particulares destacam-se em superioridade das comuns, tal como acontece com o tratamento médico. Vale como uma regra geral que para quem está com
10 febre convêm descanso e abstinência de alimentos sólidos, mas talvez tal não convenha neste caso particular a esta pessoa, da mesma forma que o instrutor de uma arte marcial não ensina todos os seus alunos a combater no mesmo estilo. Parece, então, que, quando se desenvolve uma preocupação particular para cada área específica [de cuidado], atinge-se um maior grau de rigor, porquanto cada área particular de cuidado parece desse modo atingir melhor o objetivo que lhe é próprio. Mas um médico ou um instrutor de ginástica ou qualquer outro perito cuidarão melhor de cada
15 um individualmente se tiverem um conhecimento geral do que é bom para todos ou para os que são de determinado tipo (os conhecimentos científicos estabelecem apuramentos acerca do que é comum e só assim é que se tornam no que são). Mas certamente que nada impede que certo indivíduo não seja tratado convenientemente por um outro qualquer. O qual, embora sem deter competência científica, tivesse observado, de uma forma rigorosa, através da experiência, os resultados obtidos por cada forma de tratamento nas mais diversas situações particulares em que esse indivíduo se encontrou. Do mesmo modo, pode haver médicos que se acham
20 os melhores que há, mas sem nunca terem sido capazes de prestar assistência a alguém. Não obstante aquele que pretende tornar-se competente em determinada área ou capacitado teoricamente para o efeito há de ter de começar – assim o parece – por atingir os conhecimentos universais, e terá de reconhecê-los o melhor possível; foi já dito que as ciências têm em vista o conhecimento geral. Talvez também, por outro lado, aquele que pretender, através da sua preocupação, tornar melhores os homens,
25 sejam muitos, sejam poucos, terá de tentar tornar-se um legislador competente, se é que nós Humanos nos podemos tornar melhores através da ação das leis. Porque quem propõe como tarefa alterar para uma boa dis-

posição quem quer que seja não poderá ser uma pessoa qualquer, mas, se, de todo, houver alguém que o consiga, terá de ser o perito nessa área, tal como acontece com a medicina e as restantes áreas onde operam uma certa preocupação e sensatez.

Ora, a seguir a isto temos de ter em vista a partir de que base ou de que modo se poderá constituir uma capacidade legisladora competente. Ou será que tal como aprendemos outras perícias junto dos especialistas 30 nessas áreas, também podemos aprender a perícia legisladora junto dos que dominam o saber nas áreas do exercício do poder político? Ou será que não há semelhança entre a perícia no exercício do poder político e as restantes ciências e capacidades? É que nas outras ciências e capacidades parecem ser as mesmas pessoas as que passam o seu saber a outrem e as que exercem essa atividade, como é o caso dos médicos e dos pinto- res. Mas, no caso da perícia em assuntos de política de Estado, nenhum 35 dos que proclamam ensiná-la, os sofistas, a põe em prática. Ela é antes exercida por aqueles que tomam parte em assuntos de política de Estado, 1181a1 os quais parecem mais pô-la em prática através de certa capacidade que lhes é intrínseca e pelo conhecimento obtido por experiência do que por uma qualquer forma de pensamento compreensivo desses assuntos. Pois ninguém os vê ler nada ou escrever o que quer que seja acerca destes as- suntos (ainda que isso lhes trouxesse, eventualmente, mais fama do que a redação de discursos forenses e de natureza parlamentar), ou terem feito 5 dos seus filhos ou de alguns dos seus amigos homens com capacidade e de ação política. E, contudo, isso pareceria fazer todo o sentido, no caso de disporem verdadeiramente dessa capacidade, pois nada de melhor ha- veria para deixar como legado às suas cidades-Estados, nem haveria nada de superior que escolhessem para si próprios e por conseguinte para os que lhes são mais queridos do que possuir uma tal capacidade. Certamen- 10 -te que não é pouco relevante o contributo dado pela experiência nestas matérias. De outro modo ninguém se tornaria perito em política apenas pelo contato com ela. Por esse motivo aqueles que aspiram ao saber em áreas políticas precisam de experiência. Por outro lado, os sofistas que proclamam ser professores nestas áreas estão muito longe de o ser. Na verdade, eles desconhecem totalmente qual é a qualidade essencial da ciência política, bem como quais são os seus objetos. De outro modo não 15 a poriam ao mesmo nível da retórica, ou num nível ainda mais baixo, nem achariam que seria fácil de legislar apenas reunindo aquelas leis que têm a reputação de ser as melhores. Porque eles pensam que é possível esco- lher as melhores de entre elas, como se uma seleção do que há de mais importante não requisesse um entendimento ou um verdadeiro discerni- mento, como, por exemplo, acontece com a música. Os que são experien- tes a respeito de cada pormenor em particular discernem corretamente os 20

**228** | Ética a Nicômaco • *Aristóteles*

produtos [de uma determinada produção] e têm consciência dos meios e do modo como podem vir a ser realizados e quais as partes que concordam entre si. Mas os que não têm experiência nenhuma podem já dar-se por satisfeitos o não lhes passar despercebido se determinado produto foi feito de modo correto ou incorreto, tal como acontece com a pintura. Ora

1181b1 as leis parecem ser os produtos da perícia política. Como é que, então, alguém, a partir do fato de elas existirem, se pode tornar um legislador competente ou pode discernir quais são as melhores de entre elas? Aparentemente, ninguém se torna médico apenas pela leitura de compêndios de medicina. E ainda assim os autores tentam descrever não apenas os métodos de tratamento, mas também de que modo se obtém a cura e

5 como se deve tratar cada caso particular, tendo dividido e classificado os diversos estados e condições do corpo. Ora isso parece ter utilidade para os que têm experiência na matéria mas nenhuma para os que ainda nem sequer adquiriram qualquer competência científica genérica. Assim talvez também que coleções de leis e de constituições políticas possam ser úteis para os que são capazes de as considerar teoricamente e discernir delas o que há de bom e de mau, e que partes melhor se adequam a determi-

10 nadas circunstâncias. Mas aqueles que as leem sem a formação adequada não dispõem da possibilidade de as avaliar corretamente, a não ser por um mero acaso, ainda que possam adquirir uma melhor capacidade para entender matérias desta natureza.

Uma vez que a questão da natureza da legislação nos foi deixada por investigar pelos pensadores do passado, talvez seja melhor se a considerarmos nós próprios, bem como em geral a questão da constituição do

15 Estado, para que, na medida do possível, a questão filosófica acerca do Humano venha a poder ser completada.

Em primeiro lugar, temos de tentar percorrer tudo o que particularmente foi dito com relevância pelos investigadores que nos precederam, a seguir analisar teoricamente a partir das compilações de constituições quais delas conservaram as suas cidades-Estados e quais delas as destruíram, bem como quais são os diferentes tipos de constituição particular, e

20 quais são os motivos responsáveis por que umas governaram corretamente e outras o contrário. Ao analisar teoricamente cada uma destas questões, talvez obtenhamos uma sensatez mais aguda de qual é a melhor constituição de todas, que tipo de ordem traz cada constituição, de que tipo de leis e costumes se serve. Digamos, então, para começar.[264]

# NOTAS

[1] Não é possível datar com exatidão o ano da sua redação. O texto não alude sequer a fatos históricos que Aristóteles tenha presenciado. Contudo, pode perceber-se que é posterior à *Ética a Eudemo* e anterior aos *Magna Moralia*, uma espécie de compilação doutrinal destilada a partir das duas Éticas. O significado do título não pode ser cabalmente esclarecido. Não se sabe se o Nicômaco, a quem o escrito é dedicado, terá sido o filho de Aristóteles caído na guerra ou o editor do texto. De resto, também não há certezas de que o Eudemo a quem é dedicada a *Ética a Eudemo* seja Eudemo de Rodes, o aluno de Aristóteles, e o seu editor. Cf. DIRLMEIER (1999), p. 249.

[2] Texto compilado a partir das duas Éticas eventualmente por um aluno de Aristóteles da geração seguinte.

[3] Há fatos de uma importância histórica decisiva, que terão sido vividos por Aristóteles e que não são referidos na *Ética a Nicômaco*. Por exemplo, não se faz menção da batalha ganha por Filipe da Macedônia em Queroneia na Beócia em 388, que data o começo do declínio das Cidades-Estado (πόλεις) gregas, substituídas por grandes monarquias militares. Não se alude também à viagem a oriente de Alexandre, o *Grande*, que terá durado de 334 a 323 com a conquista do império Persa.

[4] O horizonte de indagação filosófica deixa de estar exclusivamente ligado ao problema posto pela experiência maciça do ser. Na verdade, é a presença maciça e absolutamente problemática do ser que mobiliza o pensamento pré-socrático. Todo o seu esforço estava concentrado na procura da ἀρχή, isto é, de um princípio, origem e proveniência dos entes no seu todo. A questão filosófica do ser reparte-se, contudo, com Aristóteles, por diversas frentes de investigação. Mas, a despeito da diversidade de ontologias regionais e das respectivas formas específicas de acesso, podemos perceber que todas elas cabem dentro de uma distinção fundamental. A diferenciação entre um horizonte teórico e um horizonte prático e respectivas formas constitutivas de acesso passa agora a redefinir o projeto de investigação filo-

# 230 | Ética a Nicômaco · Aristóteles

sófico pré-socrático. Em causa está a ἀρχή, mas nos diversos modos como pode ser dita. Fala-se portanto de ἀρχαί, e na verdade interpretadas explicitamente como αἰτίαι. A diferenciação entre os dois modos fundamentais de haver princípio – fundamentos responsabilizáveis pelos entes nos respectivos horizontes – não é, contudo, uma invenção aristotélica mas um dividendo colhido do pensamento platônico.

[5] «Por exemplo, o carpinteiro e o geômetra investigam de modo distinto o ângulo reto. Um valoriza o aspecto útil para o seu trabalho, o outro, porém, a essência e a qualidade específica [do ângulo reto]; porque está tomado pelo olhar da verdade.» *EN*, 1089a29 e ss.

[6] «Os que examinam a ação e as situações humanas têm em vista o modo como algo é, não o que é eterno, mas o que é relativo e o que é agora no instante presente.» *MF*, 993b20.

[7] τὰ ἐνδεχόμενα ἄλλως ἔχειν/τὰ μὴ ἐνδεχόμενα ἄλλως ἔχειν: as coisas que podem ser de maneira diferente/as coisas que não podem ser de maneira diferente. Esta distinção é fulcral para o isolamento do sentido do horizonte do Ético e da dimensão prática do Humano enquanto tal, cf. *EN*,1139a7 ss.

[8] Ou com o substantivo πρᾶγμα e o verbo πράττειν. Dificilmente o seu sentido pode ser vertido, respectivamente, por prática ou ação e agir.

[9] Assim é em Homero; δὶς τόσσον ἅλα πρήσσοντες ἀπῆμεν, *Od.* 9.491, ocorrência citada na entrada πράσσω no LSJ. Assim também em Píndaro, ainda que com um campo semântico mais alargado e complexo. O sentido de πράσσειν é atravessar. Πρᾶξις é a ação de atravessar, enquanto *nomen actionis*, isto é, aquilo por que se passou, os momentos bons e maus que se atravessaram, as circunstâncias concretas que de cada vez se constituem. As situações em que se cai ou que se criam. Cf., por exemplo, τῶν δὲ πεπραγμένων/ἐν δίκαι τε καὶ παρὰ δίκαν ἀποίητον οὐδ' ἄν/Χρόνος ὁ πάντων πατὴρ/δύναιτο θέμεν ἔργων τέλος, *Odes Olímpicas*, 2.15 e ss. Aqui τὰ πεπραγμένα não quer dizer *strito sensu* o que se fez, as ações que se praticaram, mas o que aconteceu, aquilo por que se passou. Cf. também as seguintes *Odes Olímpicas*. 37, 4.4, 8.29, 8.73, 10.30, 11.4, 13.106; *Odes Píticas*, 2.40, 2.73, 3.115, 4.243, 8.52, 9.104, 10.11; *Odes Nemeias*, 1.26, 3.46, 5.36, ?.3; *Odes Ístmicas*, 5.8, 6.11.

[10] O *terminus technicus* ἕξις dificilmente é vertido para português de um modo tão conciso e com o poder semântico do original grego. Na verdade, se a tradução latina pela palavra *habitus* ou pela solução composta de Bonitz *actio habendi,* cf. H. BONITZ (1992) p. 267 e ss já se afastam do sentido original grego, *a fortiori* se afastam as versões portuguesas daqueles termos latinos. Não podemos traduzi-los por hábito nem sequer por estado. As soluções de algumas línguas modernas podem eventualmente surtir efeito, como no caso da alemã de Dirlmeier, Cf. DIRLMEIER (1999), «Grundhaltung», *passim*. Adotamos a solução «disposição», mas sem, contudo, podermos deixar de pensar que se trata de um «modo de ser constituído por aquisição e de que se pode dispor permanentemente». Outra ressalva ter-se-á, também, de fazer. É que o próprio termo *disposição*, διάθεσις, existe também como *terminus*

*technicus* em Aristóteles, e na mesma constelação de sentido do termo ἕξις, cf., *MF* 1022b e ss. Aí mostra-se como uma disposição, διάθεσις, é uma organização, τάξις, de acordo com um lugar (τόπος), um poder (δύναμις) ou de acordo com uma forma (εἶδος). A ἕξις é, por outro lado, uma certa atividade do que tem e do que é tido. É nesse sentido que os dois conceitos se interpenetram. Um estado é uma disposição de acordo com a qual o que está disposto está bem ou mal disposto. Contudo, assim nos parece, podemos traduzir ἕξις por disposição, porque apresenta uma especificidade semântica na *Ética a Nicômaco*. Ou seja, em causa está aquele tipo de ἕξις que exprime a constituição de um modo de ser que altera pela sua atuação para o bem ou para o mal o que está exposto ao efeito produzido pela sua ação.

[11] Uma análise desta problemática é feita pelo tradutor em *A Areté como Possibilidade Extrema do Humano – Fenomenologia da «Prâxis» em Platão e Aristóteles*, Imprensa Nacional – Casa da Moeda, Lisboa, 2002, p. 275-461.

[12] ῥίμφα ἐ γοῦνα φέρει μετά τ᾽ ἤθεα καὶ νομὸν ἵπων, onde ἤθεα são os campos familiares de pastagem, cf. *Ilíada*, 6.511, 15.268; τὰς (*sc.* σύες) μὲν ἄρα ἔρξαν κατὰ ἤθεα κοιμηθῆναι, aqui ἤθεα é o local para onde são recolhidas as porcas para dormirem, portanto, onde descansam e, estão, por assim dizer, resguardadas. Cf. *Odisseia*, 14.411.

[13] Wolfgang Schadewaldt traduz ἀρετή por «Bestheit», qualidade do que é o melhor. A origem etimológica ἀρ é comum, segundo este autor, a ἄριστον, ótimo, o melhor que há, o bem supremo. «In diesem Sinne bezeichnet es die höchste Qualität von etwas.» «Ich habe mir darum erlaubt, für meinen Privatgebrauch das Wort 'Bestheit' zu bilden.» Cf. SCHADEWALDT (1978) p. 75-76. Cf. também KRÄMER (1959) p. 39, DODDS (1959) p. 334, T. IRWIN (1982) p. 219.

[14] A sensatez, φρόνησις, é identificada e isolada por Aristóteles como a operação específica da alma humana que abre para as condições gerais da ação. A sensatez tem em vista o princípio correto tal como a situação particular e concreta em que de cada vez nos encontramos. A sensatez é de algum modo uma operação idêntica à de compreensão intuitiva, νοῦς; pois trata-se de uma forma de percepção de um axioma limite. Também a sensatez abre sobre o limite extremo de cada situação particular que de cada vez se constitui. A diferença reside no fato de que a situação limite pode-se apresentar sempre de maneiras diferentes. Não há dela nenhum conhecimento científico, cf.. *EN*, 1142a25-30.

[15] Traduzimos φρόνησις por «sensatez», em vez das alternativas «sabedoria prática» (*practical wisdom*), «evidência moral» (*moralische Einsicht*), «prudência» ou «sageza». O substantivo «sensatez» e o adjectivo «sensato» aproximam-se mais do original grego. A definição de prudência, oriunda do latim *providentia*, aponta de fato para uma das qualificações apontadas por Aristóteles à sensatez. A *phronêsis* é um poder que compreende de antemão, δύναμις προνοετική. Mas se o substantivo em latim já perdeu a força da expressão grega *a fortiori* perdeu-a o português. Por sua vez, a raiz de «sensatez» é a mesma que a das palavras como «senso», «percepção»

# 232 | Ética a Nicômaco · *Aristóteles*

ou «sentido», isto é, palavras que apontam para uma forma de acesso ao que acontece. E é isso, mais do que outra coisa, o que está pensado no substantivo *frónesis* e no verbo *fronein* da mesma família. A sensatez é uma forma de compreensão que abre de cada vez para a situação concreta em que nos encontramos. Abre, enfim, para o limite, o caso isolado, a possibilidade extrema que de cada vez singularmente nos interpela e insta à ação. O substantivo φρόνησις, tal como o adjetivo φρόνιμος, sensato, têm na sua origem de raiz o substantivo φρήν. O seu sentido concreto é a membrana que envolve um órgão, a envoltura do coração, do fígado, vísceras e entranhas. A tese de ONIANS, 1951, segundo a qual o sítio onde, para os gregos, estavam sediadas, no corpo humano, as paixões e as diversas formas de compreensão do que de cada vez acontece era os pulmões, determina a φρήν como o diafragma. Assim, nós respiramos calmamente ou de modo ofegante, inspiramos ou expiramos, suspiramos, somos inspirados, os ambientes são irrespiráveis, a respiração é sustida etc. etc. – como, de resto, dizemos em português – de acordo com a situação concreta em que nos encontramos. A φρόνησις e o φρόνιμος procuram estar sob o poder da ação desta forma específica que constitui abertura para o sentido das diversas circunstâncias e situações que de cada vez se constituem. É assim também que estão num acesso ao modo como se encontram envolvidos pela atmosfera dessa situação. Só dessa forma é possível encontrar o encaminhamento que constitui uma possibilidade-limite de resolver o sentido de cada situação concreta e, assim, ver como é possível agir. É nesta constelação de fenômenos que Heidegger traduz o termo por «Gewissen». «Aber es ist doch aus dem Zusammenhang deutlich, daß man in der Interpretation nicht zu weit geht, wenn man sagt, daß Aristoteles hier auf das Phänomen des Gewissens gestoßen ist. Die φρόνησις ist nichts anderes als das in Bewegung gesetzte Gewissen, das eine Handlung durchsichtig macht. Das Gewissen kann man nicht vergessen», Cf. M. HEIDEGGER (1992), p. 56.

[16] ARISTOTELIS, *Ethica Nicomachea*, recognovit brevique ad notatione critica instruxit, I. Bywater, Oxonii e Typographeo Clarendoniano, 1894, 1988.

[17] Τέχνη não surge ainda aqui como *terminus technicus*. «Arte» é a sua tradução tradicional. Mas o termo de origem latina está longe de dar conta da riqueza e da especificidade semânticas do termo grego. Este tanto pode querer dizer uma atividade de produção artística como uma atividade de produção técnica. Em ambos os casos trata-se, contudo, de uma perícia. Da mesma raiz de τέχνη é o verbo τεύχω, que significa «deixar pronto, fazer, produzir por trabalho ou arte». Designa, portanto, tanto um técnica de produção ou manipulação, portanto, também uma arte enquanto ofício e bem assim uma atividade artística. Quem domina uma tal capacidade técnica é o perito. É assim que o sentido dos termos *artífice*, ou *artesão*, e *artista* são especificações do sentido mais alargado de perito.

[18] Μέθοδος no original. O campo semântico dos compostos de ὅδος tem de ser compreendido como *nomina agentis*. Ou seja, um caminho não é *a priori* nada que se encontre disponível no mundo, mas apenas existe quando percorrido pelo caminhante, o caminho faz-se caminhando. É o fazer caminho e o estar num enca-

minhamento que são decisivos para a compreensão do termo *método*. Assim, um método é encaminhamento, um processo em trânsito. Não está necessariamente já descoberto, disponível. Tem que ser de cada vez inventado e reinventado no próprio encaminhamento da investigação e da procura. Daí preferirmos a tradução «processo de investigação» para μέθοδος em vez da simples transliteração «método».

[19] O termo πρᾶξις será traduzido, consoante a especificidade do contexto em que de cada vez ocorre, por «ação» ou «situação prática». Aqui, nesta primeira ocorrência não tem ainda um emprego técnico. Quer dizer apenas um procedimento, o qual pressupõe desde logo o seu sentido prático. Não se trata apenas de uma conduta, por assim dizer, moral, mas também de tudo o que fazemos em prol do alcance de um determinado objetivo.

[20] O termo προαίρεσις não surge aqui ainda como *terminus technicus*. O grego é um composto de αἵρεσις, «escolha». Προαίρεσις significa escolher uma coisa em vez de outra, ou seja, preferir uma coisa e simultaneamente preterir outra. Mas o prefixo designa também uma antecipação que está a constituir um ato de escolha. Trata-se, por conseguinte, de uma decisão. Por decisão, define-se determinada situação de natureza indefinida. E doravante as coisas passarão a ser diferentes.

[21] O bem, ἀγαθόν, não tem à partida sem mais o sentido de "moralmente bom". Significa «apto, apropriado».

[22] «Fim», τέλος, não significa o que é em último lugar. Significa «completude, acabamento, cumprimento». A completude pode ser alcançada antes do termo fatal da vida.

[23] Traduzimos ἐνέργεια por «atividade». À letra significa «estar em atividade, estar a trabalhar, a operar». Designa, portanto, o próprio exercício de uma atividade e uma atividade que se exercita. Mas por outro lado pensa o modo específico de um qualquer ser se expressar, isto é, o seu trabalho específico.

[24] ἔργον é o trabalho ou o produto ou resultado do trabalho. Portanto, tanto pode ser um *nomen actionis* como um *nomen rei actae*. Tal como em português «trabalho» pode querer dizer a atividade de produção ou, como aqui pretende Aristóteles, o produto, ou seja, o resultado de um trabalho.

[25] Aqui πράξεις são as ações de produção. Marca-se a diferença entre ἐνέργεια e πρᾶξις, atividade e ação de produção.

[26] Difícil a tradução de δύναμις que aqui surge com um sentido lato. Não significa apenas uma faculdade ou uma capacidade, mas aquilo que constitui uma faculdade ou uma capacidade, isto é, o poder que têm para transformar, para se efetivarem. Um poder tem a possibilidade de se ativar. Aqui mais especificamente poder agir num campo específico pericial.

[27] Preferimos a tradução «intenção» para ὄρεξις em vez de «desejo ou apetite» que são especificações de uma intenção. Da mesma família deste substantivo é o verbo ὀρέγω, que significa «estender-se», «esticar-se», mas também «tender para

# 234 | Ética a Nicômaco · *Aristóteles*

algo». A intenção é vivida sempre em determinada tendência relativamente à qual são diferenças específicas o desejo, a vontade, a inclinação etc.

[28] A mais arquitetônica.

[29] πολιτική não pode sem mais ser traduzido por saber ou ciência política. Trata-se, como conotam todas as palavras com o sufixo – ική, de perícia ou arte, desta feita capaz de alcançar e conservar o bem Humano na πόλις, no Estado.

[30] O campo semântico de καλόν não se reduz apenas ao da experiência estética. O belo é bom. Deste modo, manifestam beleza os corpos em forma e bem formados, os apetrechos adequados que cumprem rigorosamente as suas funções, não menos do que as obras de arte. Assim também as ações que manifestam excelência. As boas ações são belas. Expressam nobreza. Contrariamente, as más são feias.

[31] A locução adverbial ὡς ἐπὶ τὸ πολύ convertida em *terminus technicus* em Aristóteles significa "geralmente". Preferimos, contudo, a tradução quase literal, «o mais das vezes».

[32] Verte-se aqui πρᾶξις por «situação de vida». Não se trata aqui de uma ação, mas das situações que se atravessam na vida.

[33] A tradução de εὐδαιμονία por «felicidade» não pode deixar de ser apenas uma aproximação ao sentido do original grego. O composto e εὖ e δαίμων surge em Eurípides: ««feliz»: quando o δαίμων dispensa bem/ boas coisas.» (εὐδαίμων ὅταν ὁ δαίμων εὖ διδῶι). Citado por DIRLMEIER, p. 271, n. 7. *Eudaimonia* pode exprimir como em português «prosperidade e boa sorte». Neste sentido, a felicidade resulta da contingência do acaso, sendo a nossa relação com ela meramente passiva. Estamos-lhe expostos. Mas há uma dimensão ativa da nossa relação com a felicidade que constitui o tema de análise na *Ética a Nicômaco*, sobretudo no livro I. Cf. 1102a5: «...a felicidade é uma certa atividade da alma de acordo com uma excelência completa».

[34] Aristóteles identifica aqui o modo como experimentamos o fato de estarmos desde sempre lançados. Este lance é determinado por Aristóteles como teleológico. Mesmo que indeterminado, sabemo-nos num encaminhamento, ainda que não conseguimos dar reposta à pergunta pelo porquê. Para Aristóteles basta que a compreendamos como um fato. A situação do Humano é tal que tem uma abertura ao fato de que assim é. Assim, o pedido de explicação da completude (τέλος) não requer nenhuma resposta à pergunta: por que é que assim é?

[35] Hesíodo, *Os trabalhos e os dias*, v. 293 e v. 295-297.

[36] Rei mítico assírio, de quem temos duas versões do seu epitáfio, registradas por Ateneu (335, 530). A primeira diz: «Come, bebe, brinca, porque tudo o resto não vale o estalar de dedos.» A segunda diz: «Eu tenho aquilo que comi, e as delícias de amor com que exultei e sofri.»

[37] A tradução das categorias segue a tradição latina. Entre o que grego diz e o que o latim traduz (a *fortiori* o que é vertido para português) está um abismo.

Substância traduz habitualmente οὐσία, que aparece no texto na sua formulação interrogativa τί ἐστι; à letra pergunta-se: que é que é x? A própria tradução «substância» não exprime o que o grego diz a não ser derivadamente. Οὐσία significa «os haveres, a riqueza e as posses de alguém», portanto, não apenas o sustento, mas aquilo de que em geral alguém dispõe, os seus recursos nas mais variadas acepções. Οὐσία é na sua forma, então, a possibilidade de dispor da presença, a forma ou o modo específico de cada ente se apresentar, poder chegar a uma apresentação. As categorias são interrogações estruturais que procuram determinar a origem e a proveniência dos entes no seu todo. Qualidade, quantidade, tempo, espaço etc. são respectivamente literalmente as perguntas qual é?, quanto é?, onde?, quando? etc. A própria designação «categoria», embora de origem grega, perdeu a sua relação com o étimo. Categoria quer dizer «acusar, fazer o que está escondido ou oculto e é implícito acusar-se». Denunciar. Nesta passagem trata-se de uma apresentação de categorias que não se constituem apenas como caracteres do ser em geral, mas do ser específico do Humano, isto é, características específicas da relação do Humano com a situação em que de cada vez se encontra.

[38] O termo νοῦς é traduzido por «poder de compreensão», quando o contexto o requer por «compreensão intuitiva» ou simplesmente «compreensão». Trata-se do ato por excelência da lucidez humana, o poder de compreender o sentido do ser, das diversas situações em que de cada vez nos encontramos, e assim também, de cada ente, de cada coisa, de cada objeto etc. etc.. Os substantivos «mente», «espírito», «intelecto» são *noûs* enquanto empregues numa ação de perceber e pensar. Assim, o dicionário LSJ traduz por senso, ou sentido. O termo é usado desde Homero como «o poder de… ou a capacidade e/ou habilidade para ver para além do que está efetivamente dado e à vista». Como dizemos em português de alguém perspicaz que tem faro. Não se trata, contudo, da diferença existente entre um ver agudo que resulta por exemplo de um espreitar ou de um ouvir que resulta de um escutar, portanto, não se trata de uma diferença de acuidade. Trata-se de um compreender, de um apercebimento, que se manifesta justamente contra o que aparentemente está dado a ver ou a ouvir, um poder de compreensão contra as aparências.

[39] O termo καιρός é traduzido por momento oportuno. «Oportunidade» retém o étimo de «porta», ou de «porto». A porta de entrada em terra ou de saída para o mar. Nesse sentido a oportunidade é agarrada ou perdida, quando se abre. O momento oportuno não é sem mais o que resulta inautenticamente de uma atitude oportunista que abre portas a todo o custo, mas o que de um modo autêntico resulta de uma compreensão de que é ocasião de agir. Quem sabe faz a hora, não espera acontecer, diz a canção.

[40] Traduzimos a partícula ᾗ por «enquanto». A melhor tradução seria caminho «por onde», que traduz o ablativo latino *qua* [*sc.* via]. Em causa está o caminho por onde o Humano chega a ser Humano. A investigação metafísica tem em vista precisamente o caminho por onde um ente vem a ser o que é, o caminho que um ente tem de percorrer para chegar a ser. Cf. *Metafísica*, 1003a1 e ss.

236 | **Ética a Nicômaco** · *Aristóteles*

[41] Carbonato natural de chumbo, de cor branca ou amarelada.

[42] αὐτάρκεια significa «autossuficiência», «independência», é a característica fundamental daquele que se basta a si próprio.

[43] Cf. n. 24.

[44] O adjetivo triforme σπουδαῖος tem a mesma raiz do substantivo σπουδή, melhor entendida através do verbo σπεύδω «ter pressa». Daí que o σπουδαῖος seja sério em face da pressão, tenha zelo, se emule, faça o seu melhor, tente superar-se. O sério opõe-se ao negligente, ao descuidado, ao vil e desprezível, ao mau, ao inferior, ao ordinário e barato: φαῦλος.

[45] Ou um dia de bom tempo.

[46] Αρχή significa «princípio, a origem e a proveniência de qualquer coisa».

[47] O termo ψυχή é traduzido por «alma humana». O que os gregos visavam com o termo era também a lucidez, a vida, a existência que acontecem ao Humano.

[48] Todo o livro VI será dedicado a uma análise do sentido da φρόνησις.

[49] As distinções são especificações da oposição clássica entre potência e ato constituída como *termini technici* em Aristóteles mas que não são de maneira nenhuma desconhecidas de Platão que as emprega como conceitos operatórios.

[50] Sólon: Heródoto, I, 32-33. Creso, rei da Lídia, pergunta a Sólon, depois de lhe ter mostrado todo o seu poder e riqueza, quem é o homem mais feliz que conhece. Sólon responde-lhe que é Telo, por ter vivido o tempo suficiente para ver os seus netos e morreu gloriosamente em combate. A resposta deixou Creso furioso. Ao que Sólon responde que a sabedoria ateniense não teria importância nenhuma quando comparada com o poderio de Creso. Ou seja, a vida humana está sujeita a muitos reveses. Para avaliar do seu sucesso tem que se esperar pelo fim, porque muitas coisas podem acontecer. Anos mais tarde, Creso, derrotado por Ciro, rei da Pérsia, quando estava prestes a ser queimado vivo, exclama três vezes o nome de Sólon, lembrando-se do que o sábio lhe tinha dito.

[51] Ποικίλος quer dizer «variegado, multicolor, multiforme». Mas aqui refere a disposição do caráter de alguém é volátil, ou seja, influenciável pelas circunstâncias internas ou externas da sua existência. O feliz permanece estável e é constante no seu modo de ser.

[52] Há uma grande dificuldade em verter para português toda a riqueza semântica da oposição ἄλογον/λόγον ἔχον. A tradução habitual é «irracional/racional». Preferimos, contudo, a tradução «ser capaz de razão/ser incapacitante ou incapaz de razão». O Humano enquanto τὸ ζῷον λόγον ἔχον é o *animal rationale*. Contudo, o que está em causa é a própria de relação do Humano com o sentido. Na verdade, a existência humana encontra-se entre esses dois limites extremos. Desse modo, o Humano vive na possibilidade de estabelecer uma relação com a razão ou de se desconectar dela. À letra, ἄλογον seria não ter qualquer relação com o sentido, neutra,

por conseguinte, relativamente à possibilidade incapacitante de razão e à possibilidade capaz de razão, cf. *EN* 1102b13-14. «Parece, por outro lado, haver uma certa outra natureza da alma que não é racional, mas que, ainda assim, toma, de algum modo, parte na sua dimensão racional.» Mas há um sentido ativo para ἄλογον que exprime tanto a possibilidade de não fazer sentido, mas de, ativamente, produzir o não sentido. Λόγον ἔχον exprimirá, portanto, a nossa possibilidade de ativarmos uma relação com o sentido, de podermos encontrar sentido no que fazemos, exprimi-lo. Portanto, de sermos capazes de razão. Cf. *Política,* A 2, 1253a9 e ss: «apenas o Humano de entre os animais tem a possibilidade de se exprimir [de dizer como é consigo]». *Pace* HEIDEGGER (2002) p. 46.

[53] Aristóteles distingue excelências dianoéticas, isto é, do pensamento que aplica a compreensão, das excelências do caráter Humano, propriamente éticas. As primeiras são assim excelências teóricas, porque a sabedoria, a compreensão e a sensatez são operadores teóricos. A generosidade e a sensatez são disposições do caráter.

[54] ἔθος e ἦθος respectivamente «hábito» e «caráter». Um hábito pode ser algo de adquirido (*nomen rei actae*) ou o processo de aquisição (*nomen actionis*). Daí se ter preferido a tradução habituação. Cf. Nota da introdução.

[55] É no livro VI que se procederá a uma análise pormenorizada do sentido orientador, ὀρθὸς λόγος. O sentido da expressão é a de um plano de ação projetado a partir de princípios. O adjetivo ὀρθός é traduzido habitualmente por correto. Mas o seu sentido é também ativo, é corretivo, e na verdade orientador, porque põe de pé quando caímos, volta a pôr-nos no caminho certo quando erramos.

[56] O campo de aplicação do sentido orientador é onde ocorrem τὰ καθ'ἕκαστα, as diversas situações concretas que se vão constituindo particularmente de cada vez ao longo da vida.

[57] Aristóteles procura definir um horizonte nos limites do qual a vida humana ganha e conserva ou perde uma disposição permanente do caráter, uma excelência ética. Se quisermos imaginar este meio de um ponto de vista geométrico, ele não corresponde ao centro de uma circunferência mas ao que se encontra delimitado por ela, à própria área do círculo. O meio é assim uma disposição entre um defeito que não chega a constituir verdadeiramente nenhum horizonte, isto é, nenhum círculo, e um excesso que destrói os limites, anula o disposto, por assim dizer. Cf. Meio, μέσος, 1107b32; 1108a5, b24.

[58] Traduzimos aqui σημεῖον por indiciação, embora à letra queira dizer sinal. O prazer e o sofrimento, enquanto afecções ou paixões, não são meros sinais simbólicos, mas assinalam-nos ou indiciam-nos espontânea e concretamente o modo e o sentido do ser da situação em que nos encontramos. Não há uma heterogeneidade entre o sinal como signo e o assinalado, como acontece habitualmente na relação entre sinal e assinalado. Há é, antes, uma total homogeneidade entre as afecções e as situações em que nos encontramos. Nós somos, espontaneamente, a situação em que nos encontramos, afetados desta ou daquela maneira. Os fenômenos so-

# 238 | Ética a Nicômaco · *Aristóteles*

frimento e prazer são, assim, indicações da nossa maneira de ser e de estar, isto é, do modo como cada situação nos dispõe. O que assim é indicado é insuscetível de uma exibição sensível. Não pode, pois, ser apresentado a nenhuma (ou por nenhuma) forma sensorial de acesso. Na verdade, apenas a ψυχή, enquanto sua forma peculiar de lucidez, lhes acede.

[59] Traduzimos πάθος por «afecção» por nos ter parecido a que mantém um maior nível de neutralidade. As possibilidades «paixão» e «afeto» parecem-nos já demasiadamente comprometidas. Faremos, contudo, uso delas, quando o contexto for inequívoco.

[60] κακία é uma perversão. É o que corrompe o caráter ou o resultado de uma corrupção do caráter.

[61] Pré-socráticos 22 B 85.

[62] Atleta da antiguidade, séc. VI. a. C.

[63] DIEHL, *Fragmenta Elegiaca Adespota*, I, p. 138, nº 16.

[64] Poder-se-ia falar de novo-riquismo.

[65] βωμολοχία denomina a situação em que alguém está à coca para comer as migalhas do altar ou em que faz tudo para ir a uma festa, cf. LSJ, *ad loc*. Quem é definido por esta disposição é um comediante que se faz passar por quem não é.

[66] ἐπιχαιρεκακία, «prazer com a desgraça alheia», traduzido de forma rigorosíssima pelo termo alemão «Schadenfreude».

[67] κοσμιότης, «justa proporção, controle, moderação».

[68] *Od*. XII, v. 219.

[69] Cf. Platão, *Fédon*, 99c9. A «segunda navegação» é um dito proverbial. Quando não há vento, usam-se os remos. Cf. R. D. ARACHER-HIND (1894, 1973), *ad loc*.

[70] II.3, v. 156-160: «Quando os chefes mais velhos avistaram Helena, assim que ela chegou às muralhas, disseram uns para os outros suaves palavras aladas: não há razão para se poder ficar zangado com os troianos nem com os aqueus bem protegidos pelas grevas por terem sofrido tanto durante tanto tempo por causa de uma mulher tão bela: como ela tem um aspecto igual às deusas livres da lei da morte. Mas mesmo assim, terá que regressar a casa nos navios.»

[71] ἐπιλέγειν, «escolher», mas neste caso é «escutar», porque quem escuta não apenas ouve, como também acolhe e é cuidadosamente colhido pelo sentido das palavras.

[72] ἑκούσιον-ἀκούσιον são termos traduzidos respectivamente por «voluntário/involuntário». A designação não deixa de ser, contudo, um anacronismo. Aristóteles não conhece a vontade como os modernos a definem. Ter-se-á, portanto, que ter presente que os termos gregos querem dizer respectivamente de bom grado e de mau grado. É nesse sentido que agimos contra a nossa vontade ou de livre vonta-

de e com gosto. Aristóteles define ainda uma outra categoria de atos congêneres destes. Trata-se de atos não voluntários, isto é, feitos sem querer e perpetrados sem uma plena capacitação das suas consequências.

[73] Traduzimos aqui pela expressão «sob coação» o substantivo βία, que quer dizer «violência», emprego da força.

[74] ἄγνοια quer dizer etimologicamente «incapacidade de reconhecimento, não apercepção, deixar passar despercebido». Como veremos mais adiante, Aristóteles distingue uma ignorância passiva, inocente, se assim podemos dizer, de uma ignorância ativa, nociva e da qual somos absolutamente responsáveis. Podemos compreender a primeira como a que acontece em situações que criamos, como costumamos dizer, sem saber. De fato, às vezes dizemos ou fazemos coisas sem saber o que estamos a dizer ou a fazer. A segunda resulta de um esforço ativo de não querer saber, nem o que se diz nem o que se faz. Assim, age o bêbado. Para Aristóteles o bêbado não age sem saber, mas sem querer saber, não age por ignorância (δι'ἄγνοια) mas na ignorância (ἀγνοίᾳ), isto é, por ter criado conscientemente as circunstâncias para não querer saber o que está a fazer.

[75] Eurípides, fr. 68 NAUCK.

[76] τὸ καλόν, «o belo, o nobre, a glória, o esplendor».

[77] Como se fôssemos «presas fáceis».

[78] Μεταμέλεια não pode ser confundida com a μετάνοια do Novo Testamento. Contudo, traduzimos a palavra por «arrependimento», embora à letra signifique «alteração do objeto de preocupação» e assim também «alteração da conduta». De resto, também μετάνοια significa uma alteração da compreensão do sentido do que se faz. A tradução latina de μετάνοια por *poenitentiam agere* não quer dizer «sofrer o castigo ou penitência», mas «entristecer-se, passar por um processo de entristecimento». Cf. as respectivas entradas no LSJ.

[79] A diferença de sentido para que Aristóteles aponta entre estes dois modos de agir na ignorância é sutilmente exprimida pelas designações «involuntário», «não voluntário».

[80] À letra: «ignorando-se a si próprio».

[81] Ésquilo foi acusado de ter divulgado os mistérios de Deméter em algumas das suas tragédias, tendo, contudo, sido absolvido. *Pace* RACKHAM, *ad loc.*

[82] Na peça perdida Cresfrontes de Eurípides.

[83] Cometem, assim, uma falta. Tal como na moderna luta livre não é admissível a aplicação de golpes de mãos ou pés.

[84] Θυμός, que traduzimos por «ira», designa o «ânimo, o humor e as suas alterações», isto é, o temperamento que leva a dizer de alguém que tem bom ou mau feitio.

85 Traduzimos aqui ἐπιθυμία por «desejo». A palavra é composta pelo prefixo ἐπί e pelo substantivo θυμός. Como com muitos compostos de ἐπί, também este significa «estar exposto a...». O desejo é um princípio incapacitante de razão atuante sobre o Humano. Nesse sentido o Humano está exposto ao desejo, como se o desejo tivesse um querer próprio e nós não. É o que dizemos às crianças que não têm querer. Mas ἐπιθυμία tem diversos cambiantes. Mais tarde ocorrerá como expressão da lascívia. Cf. FRÄNKEL (1955), p. 25.

86 O desejo pode sobrepor-se com toda a sua eficácia afectiva a uma decisão tomada.

87 βούλησις é um propósito, um desejo, uma intenção. Escolhemos o substantivo «anseio» para o traduzir, para assim o diferenciarmos de termos *afins*. O anseio é a relação que o Humano tem com o impossível.

88 A diferença entre τέλος e τὰ πρὸς τὸ τέλος é o original grego para a oposição clássica do fim aos meios. O fim é, no entanto, o que cumpre e completa. Os meios, por outro lado, o que o veicula. É um encaminhamento até lá. Não se trata necessariamente de um instrumento. É por que o instrumental não é um fim em si próprio mas serve de encaminhamento até ao objetivo proposto que também ele é um meio. O anseio é a abertura ao fim. A decisão, por outro lado, é abertura ao meio ou aos modos de chegar ao objeto de anseio. Não decidimos ser felizes, mas ansiamos por ser felizes. Só decidimos, bem ou mal, do modo de chegar à felicidade.

89 τὰ ἐφ' ἡμῖν designa o horizonte específico da ação humana. Trata-se de tudo aquilo que é constituído pela ação direta e o que se encontra sob dependência do Humano enquanto tal, ou seja, sem a existência do Humano não haveria nenhum dos objetos, das situações e das circunstâncias que por ele são criadas. O mundo em que vivemos não é o planeta Terra, ou o universo. A Terra e o Universo podem perfeitamente continuar a haver, quando ou se o Humano tiver sido exterminado, varrido da face da Terra. Mas o mundo é coexistente e simultâneo ao Humano. Deixará assim de existir mundo quando o Humano deixar de existir.

90 Δόξα é, na verdade, uma opinião, mas na medida em que é formada. Trata-se assim de um parecer, o resultado de me parecer a mim, por exemplo, nos diálogos platônicos, *passim* δοκεῖ μοι.

91 Βουλή era a assembleia deliberativa, a sede de deliberação. Βούλευσις é o ato de aconselhamento e deliberação *qua nomen actionis*. A deliberação é um processo e é, assim, o que serve de base fundamental a toda a decisão. Não há decisão sem deliberação. A decisão é a expressão autêntica e o culminar do processo de deliberação.

92 No original, à letra está: alguém com νοῦς.

93 O sentido do termo «cibernética» é «perícia de pilotar de navios» e não obviamente o contemporâneo: ciência que tem por objeto o estudo comparativo dos sistemas e mecanismos de controle automático».

94 Cf. JOACHIM, *ad loc.*: seja o fim de um determinado diagrama t. A posição que o produz é s na ordem da análise, o que se tem é qualquer coisa como uma regressão t, s, r, q, p. Assim, s realiza t, mas r realiza s e assim sucessivamente. O p é a última razão ou fundamento, anônima, mas responsável, a distância, pela produção do fim t. O primeiro a ser escrito é o último a ser encontrado.

95 Traduzimos ἀνδρεία por «coragem». O termo quer dizer «virilidade, o que permite a perseverança». Virtude *stricto sensu* deriva da *vis* que constitui e se manifesta num *vir*.

96 τὰ φοβερά são coisas que metem medo, coisas medonhas.

97 Na raiz da palavra encontra-se δέος, que quer dizer também medo, alarme. O covarde é assim verdadeiramente medroso, cheio de medo.

98 À letra: imitam os corajosos.

99 O covarde tem uma relação com o futuro, mas má. Δύσελπις, desespero, sem esperança de que as coisas mudem. O corajoso, por outro lado, é definido pela sua boa abertura ao futuro, tem uma boa expectativa, εὔελπις. Enquanto o primeiro está encerrado na sua situação, paralisado pelo medo, sem ver saída; o segundo vê uma saída para a situação medonha em que se encontra. O caráter de bondade desta expectativa não leva a um otimismo. Define, apenas, pelo menos, a possibilidade de uma abertura e assim de uma saída para a situação em que se encontra.

100 Sobre o suicídio, cf. Platão, *Fédon*, 61c9, *Banquete*, 179bc, *Leis*, 854a5-c5, onde o suicídio é admitido no caso de alguém ter uma tendência criminosa irremediável.

101 *Il.*, XXII, 100.

102 *Ibid.*, VIII, 148.

103 *Il.*, II, 391.

104 Templo de Hermes em Queroneia na Beócia. Alusão a uma batalha da chamada «terceira guerra santa», 354/3 a.C.

105 Para a descrição homérica dos irascíveis, cf. *Il.* XIV.151, XVI.529 e *Od.* XXIV.318. A última frase é de Teócrito XX. 15 (*pace* RACKHAM *ad loc.*).

106 A ἐπιθυμία aqui tem a acepção específica de «lascívia».

107 À letra: os que estão tomados pela ira, os irascíveis.

108 Na batalha travada junto à longa muralha de Corinto, 392 A.C. Os Lacedemônios desmontaram e armaram-se com os escudos dos Siciônios, Xenofonte, IV. iv. 10, *pace* RACKHAM *ad loc.*

109 O termo σωφροσύνη é traduzido habitualmente por «temperança», tradução que mantemos. Contudo, o seu étimo fica muito distante com essa tradução. Como o próprio Aristóteles indica, a σωφροσύνη é a ação que conserva a sensatez a salvo (σώζουσα τὴν φρόνησιν), 1140b13. A tradução «temperança» aponta para

# 242 | Ética a Nicômaco · *Aristóteles*

a noção de moderação e contenção a respeito do gozo de determinados prazeres, designadamente os da lascívia.

[110] Φιλομάθεια não pode sem mais ser traduzido por «amor pela aprendizagem». Habitualmente traduzimos o prefixo *filo* – nas palavras por ele compostas por «amor de... ou amor por...». Mas por exemplo filosofia não quer dizer amor pela sabedoria, a não ser que entendamos o amor como uma paixão, como uma afetação que deixa quem lhe está exposto num estado obsessivo. Contudo, traduzimos aqui de um modo mais suave φιλομάθεια por «gosto de aprender». Sobre o que está em causa nos compostos de filo – o autor é inteiramente devedor de um estudo extraordinário do Prof. Mário Jorge de Carvalho sobre a constituição complexa do si no discurso de Aristófanes no *Banquete* de Platão que, espera-se, virá a lume o mais depressa possível.

[111] Tendo um grou um pescoço enorme demorará muito mais tempo a engolir. Assim, o tempo do prazer no contato com a comida será também muito mais demorado.

[112] *Il.* 24, 130.

[113] Φιλοτοιούτοι exprime a relação do obsessivo com o seu objeto.

[114] À letra quer dizer «irremediável, incurável». Descreve a situação em que alguém se encontra quando o ato perpetrado é tão grave que é insuscetível de ser castigado e por isso é incorrigível. Traduzimos ἀκολασία por «devassidão», o que perde o vigor da negatividade do termo em grego. Contudo, a tradução «deboche» (seguida até pelos anglo-saxônicos) também não manteria a equivalência com o original e seria um galicismo.

[115] ἐλευθεριότης (eleutheriotes) é a condição ou os sentimento de um homem livre, daí o termo «liberalidade ou generosidade». Só um homem livre dispunha dos meios financeiros para poder ser generoso. Mas tal como em português, o termo «generoso» não se circunscreve ao modo de lidar com o dinheiro.

[116] ἄσωτος é o que age de acordo com a disposição da ἀσωτία, sem esperança nem salvação, abandonado. Age como um perdido. Neste caso concreto o termo significa «gastar à tripa forra». Preferimos por isso a tradução «esbanjamento».

[117] O grego diz à letra: falta de generosidade. Mas preferimos a tradução que em português exprime o sentido em causa, «avareza».

[118] À letra, viscoso, portanto o que não deixa escorrer ou pingar facilmente.

[119] κυμινοπρίστης quer dizer literalmente alguém que divide a semente do cominho em dois.

[120] À letra, o lucro ou ganho vergonhoso.

[121] A diferença entre a generosidade e a magnificência é da ordem da quantidade. Trata-se de uma generosidade suntuosa com um caráter esplendoroso. À letra, μεγαλοπρέπεια significa grande esplendor.

[122] *Od.* XVII. 420.

[123] No original está τὸ ἔ ργον, o trabalho. Mas aqui a tradução mais adequada parece ser obra.

[124] Os habitantes de Mégara eram tidos por pessoas de mau gosto. Cf. DIRL-MEIER, *ad loc.* Não é a utilização da cor púrpura nem de um tapete o que por si só são enquanto tais indícios de mau gosto. A cor púrpura era utilizada nos serviços religiosos e por isso não era para ser pisada em circunstâncias cômicas. DIRLMEIER cita Ésquilo *Agamémnon*, p. 918 e ss.

[125] À letra: grandeza de alma.

[126] À letra: mesquinhez de alma.

[127] κατ' ἀξίαν, de acordo com o valor, a estima.

[128] Há diferentes graus no querer uma coisa. A aspiração legítima, a ambição e a ganância. Apenas o contexto permite por vezes detectá-los.

[129] πραότης, gentileza ou suavidade, bom feitio.

[130] ἀοργησία, incapacidade que alguém tem de se irritar.

[131] φιλία.

[132] εἴ ρων, o irônico, é o que faz perguntas, fingindo ignorar a resposta.

[133] O caráter sincero ou verdadeiro, τὸ ἀληθές.

[134] À letra: de repouso ou descanso.

[135] αἰδώς diferente de αἰσχύνη, respectivamente, pudor e vergonha.

[136] Δικαιοσύνη, δίκη, τὰ δίκαια, δικαιόω em oposição a ἀδικία, τὰ ἀδικήματα, ἀδικεῖν são traduzidos tendo em vista a oposição entre JUSTIÇA e INJUSTIÇA. Na raiz das palavras portuguesas está o étimo latino *IVS*, direito. Se, mantivermos, então, presente o sentido do étimo, a teia de significação encerra conceitos como legalidade e ilegalidade, respeitar ou desrespeitar os direitos de outrem e, assim também, então: justiça e injustiça. Contudo, no étimo do grego, encontramos *DIK*– a mesma raiz do verbo δείκνυμι, apontar para..., indicar... E o objeto dessa indicação é o caminho em direção ao restabelecimento da ordem e do equilíbrio das coisas. A ἀδικία exprime assim perda do equilíbrio, desordem, saída para fora dos eixos, desvio, e assim também transgressão. Cf. SCHADEWALDT (1978), p. 106 e ss.

[137] Quer dizer, há indícios nos corpos que nos revelam a sua forma física, isto é, são interpretados como efeitos sintomáticos da presença e atuação do que neles verdadeiramente lhes condiciona o estado físico. Do mesmo modo, uma tal sintomatologia só é possível em vista da compreensão da etiologia da boa ou má condições físicas.

[138] As ἕξεις são aqui subdivididas em boas e más, respectivamente εὐεξία e καχεξία. A acepção específica do termo, captada pelo contexto, obriga a uma tradução

# 244 | Ética a Nicômaco · *Aristóteles*

mais específica da que tem sido oferecida, permitindo contudo perceber melhor o que está em causa no termo *disposição*. Na verdade, trata-se aqui nesta passagem do modo de ser do corpo Humano numa boa ou má condição físicas, num bom ou mau estado. Assim como o bom estado resulta de um processo por que passa em vista do restabelecimento da saúde, ou de aquisição da boa forma, assim também o mau estado, a má forma e a má condição física resultam de um processo de deterioração. Ambas as possibilidades opõem-se, por certo, mas enquanto limites de um mesmo substrato.

[139] κλείς, no original, é homônimo para estes dois sentidos diferentes: clavícula (do latim «pequena chave») e chave.

[140] Πλεονεξία é πλεονεκτεῖν, i. e., πλέον + ἔχειν, à letra, ter mais, querer ter mais. O modo, contudo, lesa o que é devido. Ou seja, trata-se de um querer ter mais do que se deve, ou de que nos é devido. É, por isso, sinônimo de ganância.

[141] Eurípides, fr. 486 NAUCK. *Pace* DIRLMEIER, *ad loc.*

[142]Teógnis, 147. *Pace* DIRLMEIER, *ad loc.*

[143] «É impossível perceber claramente a alma, o coração e os pensamentos de cada um antes que tenha sido posto à prova no seu cargo público e na sua dignidade», diz Creonte 175-177 (REINHARDT), *pace* DIRLMEIER.

[144] A justiça e o direito manifestam-se na realização de qualquer coisa de boa para outrem. A distinção em causa entre justiça e excelência resulta do fato de a primeira se constituir na relação com outrem e a segunda de uma forma absoluta. A excelência é assim sem mais, (ἁπλῶς), ao passo que a justiça é excelência por relação com outrem, πρὸς ἕτερον.

[145] A tradução das diversas formas de justiça segue a tradição latina, embora Aristóteles nunca tenha *expressis verbis* distinguido uma δικαιοσύνη διανεμητική de uma δικαιοσύνη διορθωτική. Traduzimos assim a primeira ideia de justiça na distribuição equitativa das partes por distributiva, correspondendo ao estabelecimento da proporção da igualdade geométrica. A justiça corretiva, por sua vez, διορθωτικὸν/ἐπανορθωτικὸν/ὀρθωτικὸν δίκαιον, corresponde ao estabelecimento de uma igualdade aritmética. A tradição latina pensa uma *iustitia correctiva* para *obligationes ex delicto* e uma *iustitia commutativa* para obligationes «*ex contractu*». Cf. DIRLMEIER *ad loc.*

[146] *Ius talionis:* fazer pagar a quem nos fez sofrer.

[147] Χάρις quer dizer graça, mas também agradecimento.

[148] Aristóteles encontra uma mesma raiz para o termo νόμισμα, «dinheiro, moeda» e νόμος, «convenção ou costume». Embora tal etimologia possa ser fantástica, ambos os substantivos comungam de uma mesma ideia que lhes está na base.

Notas | 245

[149] Ἀδίκημα, enquanto *nomen rei actae* significa injustiça enquanto o resultado da ação praticada. Ἀδικία, enquanto *nomen actionis,* significa, por outro lado, agir injustamente.

[150] As distinções aqui apresentadas são especificações do sentido geral de justiça: τὸ δίκαιον. Δικαίωμα é um *nomen rei actae.* É aqui definido *stricto sensu* como a correção de um ato injusto, ou seja, de uma injustiça efetivamente praticada. Por outro lado, δικαιοπράγημα é um *nomen actionis.* É uma expressão da conduta pautada pela observância do sentido geral da justiça.

[151] Eurípides, *Alcméon,* fr. 68.

[152] *Il.,* 6, 236.

[153] Literalmente quer dizer adequado, conveniente.

[154] No grego: cânone.

[155] Disposições do caráter.

[156] Disposições do pensamento teórico. Cf. 1103a1 ss.

[157] Isto é, que tem uma relação com o sentido *qua* princípio, isto é, que pode estabelecê-lo.

[158] τὰ ἐνδεχόμενα ἄλλως ἔχειν/ τὰ μὴ ἐνδεχόμενα ἄλλως ἔχειν: as coisas que admitem ser de maneira diferente/as coisas que não admitem ser de maneira diferente. Essa distinção é fulcral para o isolamento do sentido do horizonte do Ético e da dimensão prática do Humano enquanto tais.

[159] Τὸ ἐπιστημονικόν, a possibilidade ou capacidade de constituir um ponto de vista científico aplica-se àquele horizonte em que inerem entes que não podem ser de maneira diferente, isto é, não estão expostos intrinsecamente à variação das circunstâncias nem à alteração das situações.

[160] Τὸ λογιστικόν, τὸ λογίζεσθαι, a possibilidade ou capacidade de calcular inere na dimensão que na alma humana é capaz de razão. Do mesmo modo a possibilidade ou capacidade de deliberar. Mas o seu horizonte de aplicação é o dos entes que podem ser de maneiras diferentes.

[161] Ἀλήθεια, a verdade, significa à letra «retirar do escondimento, desocultar». A verdade é um *nomen agentis,* significa o processo de descobrir e desocultar não o que é descoberto e está desocultado. A verdade resulta de um processo de apropriação ou capacitação.

[162] O grego diz: onde tem origem a movimentação, mas não aquilo em vista do qual. A decisão é a causa eficiente da ação, não a final.

[163] Fr. 5. NAUCK. *Pace* DIRLMEIER.

[164] Σοφία significa originalmente não apenas o domínio de determinada perícia, mas a sua execução de uma forma exímia. O sábio, do mesmo modo, é o perito exímio em determinada perícia. O termo aponta para a noção de abertura,

# 246 | Ética a Nicômaco · *Aristóteles*

σαφήνεια, clareza; σαφής, σαφές, σαφῶς, o que é claro, manifesto, evidente, claramente, manifestamente, evidentemente.

[165] *An. Post.*, I, 1, 71a1.

[166] *An. Post.*, I, 1, 71b21-22.

[167] Ποίησις: produção, fabricação.

[168] Tem o seu campo de aplicação na geração de qualquer coisa.

[169] Fr. 6.

[170] Aristóteles estabelece uma relação entre σωφροσύνη, temperança, e φρόνησις, sensatez, com o étimo grego que perdemos completamente em português: ἡ φρήν, o diafragma, enquanto a sede da alma, da capacidade perceptiva, do poder da compreensão, o campo de ação das paixões. O que poderá corresponder ao nosso «coração», «ter bom/mau coração» etc.

[171] À letra, σοφός, sábio, enquanto perito exímio.

[172] À letra: arquitetônica.

[173] Do *Filoctetes* de Eurípides, Frs. 785, 786.

[174] O termo αἴσθησις tem várias acepções: percepção, sensação, impressão e, como aqui, intuição.

[175] O triângulo é configurado por três linhas, condição limite para a possibilidade de uma configuração em geral. Duas linhas por exemplo não encerram nenhuma figura. *Pace* RACKHAM, *ad loc.*

[176] Εὐστοχία, boa conjectura, habilidade em adivinhar.

[177] ἀγχίνοια perspicácia ou sagacidade. A palavra é composta de ἄγχι: próximo de... e de νοῦς: poder de compreensão. Portanto, em causa está uma capacidade de compreensão fina.

[178] Σύνεσις significa unir, unificar. Entender uma determinada matéria é dar-lhe uma unidade de sentido. Dizemos em português que alguém é entendido numa determinada matéria, mais do que tem entendimento dela.

[179] Γνώμη significa juízo em geral, sentença ou máxima. Ser compreensível é uma forma de ter consideração por outrem, por isso, de julgar caracteres, condenar, mas, aqui, perdoar. O termo συγγνώμη significa julgar conjuntamente, ter simpatia por, compreender e perdoar.

[180] Tem juízo crítico, κριτικός.

[181] Traduzimos o par de opostos ἐγκράτεια/ἀκρασία respectivamente por domínio de si e falta de domínio de si.

[182] Ou ferocidade.

[183] *Il.*, 24, 258.

[184] *Seios=theios.* Cf. Platão, *Leis,* 818c3 acerca do fato de um tal Humano divino ser raro. *Pace* DIRLMEIER.

[185] O termo διάθεσις corresponde literalmente ao nosso termo *disposição*. Este termo contudo foi reservado para traduzir ἕξις. Na *Metafísica,* 1022b10, diz Aristóteles o seguinte: «De um outro modo estado disposicional diz-se da disposição segundo a qual aquilo que está disposto está bem ou mal, seja em absoluto seja relativamente, assim, por exemplo, a saúde é um estado disposicional, uma vez que se trata de uma disposição deste gênero.»

[186] Temos traduzido κακία por perversão e não por depravação ou vício. Traduzimos aqui, μοχθηρία por depravação.

[187] καρτερία: força de perseverar.

[188] Cf. *Filoctetes,* vv. 54-122; 895-916.

[189] Ἀφροσύνη: demência. Mas aqui claramente insensatez enquanto o que se opõe à φρόνησις, sensatez.

[190] Cf. fr. 1, (Pré-Socráticos, 22 B 1), *pace* DIRLMEIER.

[191] Há uma diferença entre fantasia e imaginação. O primeiro termo significa aparição ou capacidade de reproduzir ou produzir aparições. O segundo termo significa reproduzir ou produzir imagens. Se toda a imagem é em certo sentido uma fantasia *qua* aparição, nem toda a fantasia *qua* aparição é uma imagem.

[192] Humano como nome próprio é um homônimo de Humano como substantivo comum. Mas em certo sentido a pessoa com nome Humano é também humana.

[193] μαλακία, moleza, brandura, debilidade física e moral.

[194] *Theomachein.*

[195] *Philopator* não é apenas alguém que gosta do pai, mas alguém que tem uma fixação obsessiva no pai, alguém que gosta obsessivamente do pai.

[196] Cf. Gauthier et Jolif, *ad loc. cette virago,* p. 627, Anônimo, p. 427, DIRLMEIER, *ad loc.* Mulher com o nome do vampiro Lamia p. 485.

[197] A sua prática era queimar as suas vítimas humanas num caldeirão de bronze. *Pace* RACKHAM *ad loc.*

[198] Pederastia.

[199] *Il.,* XIV, 214, 217.

[200] *Il.,* XIV, 217.

[201] Orador e escritor trágico. Filoctetes teve de aguentar durante muito tempo as dores causadas pela mordidela de uma víbora na mão. Finalmente, acabou a gritar: «cortem-ma». Cf. *ad loc.* DIRLMEIER, p. 490.

[202] Trágico. Anônimo indica que o pai de Álope começara por suportar a dor causada pela vergonha que aquela lhe fizera sentir, mas acabou por sucumbir. (Se

## 248 | Ética a Nicômaco · *Aristóteles*

matou a filha ou a si próprio não se consegue perceber pelas palavras. Segundo Higínio, fab. 187, foi a filha.) Cf. *Anonymus in Eth. Nicom.* VII, 8, p. 436-437.

[203] Cf. Heródoto, i. 105, *pace* RACKHAM.

[204] Ὀξείς no original grego. Contudo, a tradução, à letra, por «espíritos penetrantes» não permite uma apropriação adequada do que está aqui em causa.

[205] 1146a31-b2.

[206] Anorexia significa falta de desejo. É assim que deve ser entendido o termo e não na acepção médica contemporânea.

[207] Eveno de Paros, fr. 9 D, p. 94. *Pace* DIRLMEIER *ad loc.*

[208] Μακάριος, o bem-aventurado, é derivado aqui de μάλα χαίρειν, regozijar-se muito. Em português não é possível manter a proximidade etimológica entre os dois termos no original grego. A não ser que o bem-aventurado seja o que tem boa-ventura. Mas aí não se acentua o caráter afetivo que Aristóteles pretende sublinhar.

[209] Κίνησις é diferente de φορά. Este último termo designa mais uma deslocação, enquanto o primeiro uma alteração, portanto, encerra em si um sentido temporal mas não necessariamente um sentido espacial. Uma coisa pode alterar-se sem se deslocar. Assim, para distinguir uma deslocação espacial de uma alteração temporal, traduzimos κίνησις por mudança, sabendo, no entanto, tratar-se de uma tradução questionável.

[210] Hesíodo, *Trabalhos e os Dias*, 763.

[211] 1148b15-19; 1152b26-33.

[212] Eurípides., *Orestes*, 234.

[213] Φιλία é traduzido por amizade. O termo tem contudo vários matizes e um campo semântico diferente daquele. Φιλία pode ser tanto amizade, como amor e afeição. Pode querer dizer também predileção, gosto, uma tendência ou inclinação obsessiva para qualquer coisa, uma paixão. O verbo φιλεῖν pode querer dizer, de fato, ter amizade por..., mas também: amar, gostar de qualquer coisa ou de alguém, fazer gosto em..., ter uma obsessão compulsiva por algo ou alguém. São estas várias possibilidades de relacionamento e de comportamento para com coisas e pessoas que φιλία e φιλεῖν exprimem.

[214] *Il.*, 10, 224.

[215] Οἰκεῖον é um ser da casa, familiar, afim.

[216] Traduzimos ὁμόνοια por concórdia, embora à letra queira mais dizer unânime.

[217] Traduzimos στάσις por discórdia, embora à letra queira dizer estado de sítio, portanto, divisão, dissidência.

[218] Dirlmeier faz a genealogia deste provérbio. *Retórica,* 1371b17, Demócrito, Pré-socráticos 68 B128, 68 B 164.

[219] Hesíodo, *Trabalhos e os Dias,* 25.

[220] Fr. 898, 7-10, NAUCK.

[221] Pré-socráticos, fr. 22 B 8 e 80.

[222] *Ibid.,* 31 B 22, 4-5.

[223] Amor e afeição mais do que amizade. Como veremos a peculiaridade da φιλία na acepção estrita de amizade implica reciprocidade de sentimento. Por isso traduzimos φιλία *lato sensu* por amor, afeição ou predileção, conforme o caso.

[224] Traduzimos εὔνοια por benevolência. À letra, compreender bem [alguém], mostrar compreensão, ser bastante compreensivo.

[225] Ἀντιπάσχω significa sofrer por algo que se fez. A amizade implica uma reciprocidade de sentimentos.

[226] Amizade baseada no interesse e na necessidade.

[227] Cf. *Ética a Eudemo,*1238a2. DIRLMEIER cita Cícero, «*multos modios salis simul edendos esse», adloc.*

[228] Autor desconhecido.

[229] Para a diferença entre Πάθος/ἕξις enquanto fenômenos da alma humana, cf. 1105b19 ss.

[230] Ou seja, ao querer para outrem o que se quer para si, não se pode querer que outrem se torne Deus. Na verdade, querer esse bem para outrem seria desejar-se mal a si, uma vez que se perderia um amigo. A possibilidade da amizade está absolutamente circunscrita ao horizonte Humano enquanto tal.

[231] Escólio a Lísias 207c10. Cf. DIRLMEIER *ad loc.,* p. 525.

[232] A aristocracia não tem aqui obviamente o sentido de grupo ou classe dos que, por berço ou por concessão, detêm o prestígio dos títulos nobiliárquicos, mas significa o governo dos melhores, ou a melhor forma de governo.

[233] O tradutor é inteiramente devedor de um artigo de José Allen de Sousa Machado Fontes, intitulado «Súmula de uma leitura do conceito de justiça no Livro V da Ética a Nicômaco de Aristóteles» in *Ab uno ad omnes,* 75 anos da Coimbra Editora, 1920-1995, Organização de Antunes Varela, Diogo Freitas do Amaral, Jorge Miranda, J. J. Gomes Canotilho, Coimbra Editora, 1998, p. 167-174, que traduz τὰ δίκαια por respeito pelos direitos dos outros em oposição a τὸ ἄδικον, desrespeito pelos direitos dos outros, cf. sobretudo, p. 171. A tradução não pode, contudo, a nosso ver generalizar-se a todas as ocorrências destes termos, nem designadamente, as que ocorrem no livro V, isto é, precisamente, no local em que o autor faz incidir a sua análise.

[234] Hesíodo, *Trabalhos e os Dias,* 379.

250 | **Ética a Nicômaco** • *Aristóteles*

[235] Cf. 1157b22-24 e 1158b33-35.

[236] Traduzimos por si próprio ou simplesmente por si o que em inglês e alemão é respectivamente traduzido por «self» e «Selbst».

[237] Todos os cidadãos queriam que ele continuasse governar Mitilena no princípio do séc. VI a. C. Ele era, contudo, o único a não o querer. *Pace* RACKHAM, *ad loc.*

[238] Eurípides, *Fenícias*, 588 ss.

[239] Em grego, euripos significa mar estrito onde o fluxo e o refluxo das marés são particularmente violentos.

[240] Eurípides, *Orestes,* 1046, cf. RACHAM, *ad loc.,* p. 548.

[241] Cf. 1159b31.

[242] Δαίμων no original. O δαίμων concede e coincide com a ventura, a boa-ventura como a má, a desventura.

[243] Eurípides, *Orestes,* 665.

[244] Verso 35.

[245] Hesíodo, *Trabalhos e os Dias,* 715, Teógnis 73.

[246] *Sc.* o poder viver em conjunto, o poder partilhar a vida em comum.

[247] Cf. Sófocles. *Rei Édipo* 1061e Eurípides, *Orestes,* 240.

[248] Teógnis, 35(-38).

[249] Temos traduzido ὁ δεῖ πράττειν por «o que se deve fazer», e às vezes por «o que é devido». Contudo, na ética de Aristóteles falar-se de dever, no sentido da «Pflicht» dos modernos é um anacronismo. O que se deve fazer não resulta da relação com a imperatividade, seja ela hipotética, seja ela categórica. O que é devido resulta de um projeto do sentido orientador. Aristóteles analisa as situações de transgressão ao sentido orientador, enquanto o que o viola por excesso e por defeito. O indicador de uma tal transgressão é o modo como a alma fica afetada por uma tal atuação. Isto é, tudo o que fazemos afeta-nos de algum modo disposicionalmente, deixa-nos em determinado estado. Mas em última instância o que Aristóteles pretende é a identificação do sentido orientador. Apenas um tal princípio é definidor da ação verdadeiramente prática, uma ação livre porque fundamentada numa decisão.

[250] No sentido etimológico, neutro, *neuter,* quer dizer nenhum dos dois, portanto, aqui o que não é bom não mau.

[251] Aristóteles refere-se às análises apresentadas por Platão no Filebo em 53c-54d.

[252] Anaximandro, Fr. 1.

[253] Σῶμα é o corpo próprio onde a vida e alma estão domiciliadas, não se trata de corpo no sentido meramente material e físico do termo.

[254] *Physica*, VI-VIII, DIRLMEIER cita MICHAEL *ad loc.*

[255] No cume da vida ou nos melhores anos da vida.

[256] Acionadas e ativas.

[257] Fr. 22B 9.

[258] A θεωρία não é um estado passivo, mas uma atividade. Traduzimos por contemplação o que dificilmente pode ser vertido para português através deste termo. Na *Metafísica* diz Aristóteles que a φρόνησις enquanto atividade especulativa se forma em vista da ῥαιστώνη e da διαγωγή, da recreação e para preencher o tempo livre (*MF*, 982b22 ss). Mas também como reação ao tempo livre e ao aborrecimento, quando os homens se encontravam naqueles locais onde tinham tempo livre, ou se aborreciam (*MF*, 981b23 ss). Ou seja, a contemplação é uma atividade. Trata-se de uma situação intrinsecamente ligada à relação do Humano com o modo como de cada vez se encontra, ou seja, como lida com as afecções da alma. Quando numa situação de inatividade, atua. Procura criar aquela possibilidade extrema teórica co-constituída por um prazer do mesmo gênero. Cf. HEIDEGGER (1927, 1986, 16), p. 138.

[259] Sábio, σοφός significa originalmente o perito ou o artista exímio em determinado domínio. Não é portanto o que vive contemplativamente e não ativamente. Mas o sentido do termo σοφός está para além da oposição teórico/prático tal como a entendemos na linguagem natural. Enquanto perito ou artista exímio, o sábio tem uma abertura de compreensão e atua em conformidade. Não executa sem compreender. Não compreende sem executar. Sábio, então, aqui é o que ativa a possibilidade extrema do Humano, enquanto tal. A contemplação é uma atividade. A presença dessa atividade no Humano transforma-o.

[260] Endímion, de quem se conta ter sido beijado pela Lua para um sono eterno.

[261] Tido como exemplo de dedicação à atividade da contemplação. Cf. mais acima 1141b3-8.

[262] Teógnis, 432 ss. «Se Deus tivesse dado aos médicos, a capacidade de curar a perversão e miséria dos homens, ganhariam salários elevados.»

[263] *Od.*, IX, 114.

[264] O texto acaba assim de um modo aparentemente abrupto, não se sabendo se um outro curso lhe dá continuidade ou se terá sido um acrescento espúrio.

# BIBLIOGRAFIA

A) Comentários:

DIRLMEIER, F. (Ed.), *Aristoteles Nikomachische Ethik*. Werke in deutscher Übersetzung, v. 6, Berlim, Akademie Verlag, 1999, 10.

GAUTHIER, R. A.; JOLIF, J. Y. *L'Ethique à Nicomaque*. Introd. traduction et commentaire par René Antoine Gauthier et Jean Yves Jolif, 2.ème éd. avec une introd. nouv. Louvain: Publications Universitaires, 1970.

HEYLBUT, G. Eustratii et Michaelis et Anonyma in Ethica Nicomachea Commentaria. In: *Commentaria in Aristotelem Graec*a, v. XX, Berlim, 1892.

IRWIN, T. *Aristotle's Nicomachean Ethics*. Translation with commentary, Hackett, 1986.

JOACHIM, H. H. (Ed.). *Aristotle The Nicomachean Ethics*, Oxford: Clarendon Press, 1951.

B) Estudos:

1) Sobre Aristóteles:

ACKRILL, J. L. Aristotle on Eudaimonia. *Proceedings of the British Academy*, 60, p. 339-359, 1974.

ADKINS, A. W. H. "Theoria" versus "Praxis" in the *Nicomachean Ethics and the Republic, Classical Philology*, 73, p. 297-313, 1978.

ALLAN, D. J. Quasi-mathematical Method in the Eudemian Ethics. In: *Aristote et les probèmes de méthode*: communications présentées au Symposium Aristotelicum, 1960, Paris: Louvain, 1961, p. 303-318.

ANNAS, Julia. Aristotle on Inefficient Causes. *Philosophical Quarterly*, 33, 1988.

APOSTLE, Hippocrates G. *Aristotle, the Nichomacean Ethics*. D. Reidell Publishing Company, Dor-drech Holland/Boston, 1975. Actions-Productions.

# 254 | Ética a Nicômaco · *Aristóteles*

ARREGUIN, Zagal Hector. Argumentacion y Metodo en la *Etica Eudemia. Topicos*, 4(7), p. 43-65, 1994.

_____. Nous y Phronesis. Un comentario a *EN* 1143a-35 e ss, *Topicos*, 3(4), p. 109-121, 1993.

AUBENQUE, Pierre. Das Verhältnis von Hermeneutik und Ontologie am Beispiel des *peri Hermeneias* von Aristoteles, *Perspektiven der Philosophie*, 18, 1992, p. 27-46.

AUSTIN, J. L. *Agathon* and *Eudaimonia* in the *Ethics* of Aristotle. In: MORAVCSIK, J. M. E. (Ed.). *Modern Studies in Philosophy, Aristotle, a Collection of Critical Essays.* London: University of Notre Dame Press, Notre Dame, 1968, p. 261-296.

BALABAN, Oded. Aristotle's Theory of πρᾶιθ, *Hermes*, 114, p. 163-172, 1986.

BERTI, Enrico. Il metodo della filosofia pratica secondo Aristotele. In: ALBERTI, Antonina (Ed.). *Studie sull'Etica di Aristotele*. Firenze: Bibliopolis, 1990.

BONITZ, Hermann. *Commentarius in Aristotelis Metaphysicam*. Zürich, Nova Iorque: Georg Olms Verlag, Hildesheim, 1992.

CAEIRO, António. A Arete como possibilidade extrema do Humano. Lisboa: I.N.C.M. 2002.

CAPOBIANCO, Richard M. Heidegger, Caputo, and the ethical Question Revisited. *Journal of the British Society for Phenomenology*, v. 25/2, maio 1994.

CARVER, Eugene. The meaning of THRASOS in Aristotle's Ethics. *Classical Philology*, 77, p. 228-235, 1982.

CHAMBERLAIN, Charles. Why Aristotle Called Ethics *Ethics. Hermes*, 112, p. 167-183, 1984.

COOPER, J. M. The Magna Moralia and Aristotle's Moral Philosophy. *American Journal of Philology*, 94, p. 327-349, 1973.

DAVIDSON, Donald. *Causal Relations, Essays on Actions and Events*. Oxford: Clarendon Press, 1980. 2

DE VOGEL, C. J. On the Character of Aristotle's Ethics. *Philomahtes, Studies and Essays in the Humanities in Memory of Philip Merlan*, The Hague, 1971. p. 116-124.

DEHART, Scott M. The Convergence of Praxis and Theoria in Aristotle. *Journal of the History of Philosophy*, p. 7-27, 1995.

DIRLMEIER, Franz. Beobachtung zur Nikomachischen Ethik. *Wiener Studien*, LXIX, p. 162-172, 1956.

_____. Die Zeit der *Großen Ethik, Rheinisches Museum*, 88, p. 214- 243, 1939.

_____. Zum gegenwärtigen Stand der Aristoteles-Forschung. *Wiener Studien*, LXXVI, p. 52-67, 1963.

DÖNT, Eugen. Die Schlußkapitel der *Nikomakischen Ethik*. Antidosis, Festschrift für Walther Kraus zum 70. Geburtstag, hrsg. von R. Hanslik, A. Lesky, H. Schwabl, Wien, Köln: Graz, 1972 [*Wiener Studien*, Beiheft 51, p. 93-102].

DRAC, Gennadi V.; KONDELSKA, V. V. Aristoteles und die Probleme der Antiken Wissenschaftstheorie. *Philologus*, 131, p. 109-118, 1987.

DÜRING, Ingemar. *Aristoteles, Darstelung und Interpretation seines Denkens*. Heidelberg: Carl Winter Universitätsverlag, 1966.

EGERMANN, Franz. Platonische Spätphilosophie und Platonismen bei Aristoteles. *Hermes*, 87, p. 133-142, 1950.

ENGBERG-PEDERSEN, Troels. *Aristotle's Theory of Moral Insight*. Oxford: Clarendon Press, 1983.

EVERSON, Stephen. L'explication aristotélicienne du Hasard. *Revue de Philosophie Ancienne*, VI/1, p. 39-76, 1988.

FEDERSPIEL, Michel. Sur l'Origine du Mot ΣHMEION en Géometrie. *Révue des Études Geometriques*, 105, p. 385-405, 1992/2.

FEREJOHN, Michaer T. Aristotle on Focal Meaning and the Unity of Science. *Phronesis*, XXV, p. 117-127, 1980.

FINKELBERG, M. Pattherns of Human Error in Homer. *Journal of Helenic Studies*, 115, p. 15-29, 1995.

_____. Hellmut. Die Kritik der Platonischen Ideenlehre in der Ethik des Aristoteles. *Synusia, Festgabe für Schadewaldt*. Pfullingen, p. 223-246, 1956.

_____. Hellmut. Die medizinischen Grundlagen der Lehre von der Wirkung der Dichtung in der griechischen Poetik. *Hermes*, 84, p. 12-48, 1956.

FONTES, José Allen de Sousa Machado. Súmula de uma leitura do conceito de justiça no Livro V da Ética Nicomaqueia de Aristóteles. In: Varela, Antunes; Amaral, Diogo Freitas do; Miranda, Jorge; Canotilho, J. J. Gomes. *Ab uno ad omnes, 75 anos da Coimbra Editora, 1920-1995*. Coimbra: Coimbra Editora, 1998, p. 167-174.

FORTENBAUGH, W. W. *Aristotle on Emotion*. Duckworth, 1975.

_____; WILLIAM, W. *Nichomachean Ethics*, I, 1096b26-29. *Phronesis*, XI, p. 185-194, 1966.

_____; WILLIAM, W. τὰ πρòθ τò τέλοθ and Syllogistic Vocabulary in Aristotle's *Ethics*. *Phronesis*, X, p. 191-201, 1965.

FUNKE, Gehard. Gewohnheit. *Archiv für Begrifssgeschichte*, v. 3, 1958.

GADAMER, Hans Georg. Der aristotelische *Protreptikos* und die entwicklungsgeschichtliche Betrachtung der aristotelischen Ethik. *Hermes*, 63, p. 138-164, 1928.

GARRET, Jan Edward. The Moral Status of "The Many" in Aristotle. *Journal of History of Philosophy*, XXXI, p. 171-189, 1993.

# 256 | Ética a Nicômaco · Aristóteles

GARVER, Eugene. Aristotle's Genealogy of Morals. *Philosophy and Phenomenological Research*, XLIV, no 4, p. 471-492, 1984.

GAUTHIER, René Antoin; JOLIF, Jean Yves. *L'Éthique à Nicomaque*: Introduction, Traduction et Commentaire par René Antoine Gauthier et Jean Yves Jolif, 2. ed., 1970.

GAWOLL, Hans-Jürgen. Über den Augenblick. Auch eine Philosophiegeschichte von Platon bis Heidegger. *Archiv für Begriffsgeschichte*, XXXVII, p. 152-179, 1994.

GIANNANTONI, Gabrielle. Etica Aristotelica ed Etica Socratica. In: Alberti, Antonina. *Studie sull'Etica di Aristotele*. Firenze: Bibliopolis, 1990, p. 303- 327.

GIGON, Olof. "Phronesis" und "Sophia" in der Nicomachischen Ethik des Aristoteles, *Kephalaion, Studies in Greek Philosophy and its Continuation, offered to C. J. Vogel*, ed. by J. Mansfeld, L. M. de Rijk, Assen, 1975, p. 91-104.

GILL, Christopher. The Ethos/Pathos Distinction in Rhetorical and Literary Criticism. *Classical Quarterly*, 34, p. 149-166, 1984.

GILL, Mary Louise. Aristotle's Theory of "Causal Action" in Physics III, 3. *Phronesis*, XXV, p. 129-147, 1980.

GOTTLIEB, Paula. Aristotle on Dividing the Soul and Uniting the Virtues. *Phronesis*, XXXIX/3, p. 275-290, 1994.

GOULD, Carol S. A Puzzle about the Possibility of Aristotelian enkrateia. *Phronesis*, v. XXXIX/2, p. 174-186, 1994.

GOURVITCH, Danielle. Un Thérapeute Accompli (Note sur l'Adjectif τελεῖος). *Revue de Philosophie*, 61/1, p. 95-99, 1987.

GRAHAM, Daniel W. The Etymology of ENTELECEIA. *American Journal of Philology*, 110, 1989.

GRANGER, Herbert, Aristotle on the Analogy Between Action and Nature. *Classical Quarterly*, 43, p. 168-177, 1993.

GRIMALDI, W. M. A. Semeion, Tekmerion, Eikos in Aristotle's Rhetoric. *American Journal of Philology*, 101, p. 383-398, 1980.

HAGEN, Charles, Τηέ ἐνέργεια-κίνησις Distinction and Aristotle's Conception of πρᾶξις. *Journal of History of Philosophy*, 22, p. 263-280, 1984.

HAMLYN, D. W. Aristotelian Epagoge, *Phronesis*, XXI, p. 167-184, 1976.

HARDIE, W.-F. R. The Final Good in Aristotle's Ethics. In: Moravcsik, J. M. E. (Ed.). *Modern Studies in Philosophy, Aristotle, a Collection of Critical Essays*. Londres: University of Notre Dame Press, 1968, p. 297-322.

HARDY, J. *Aristote, Poétique*. Texte établi et traduit par J. Hardy, Paris (1. ed. 1932), 1979.

HARE, J. E. Aristotle and the Definition of Natural Things. *Phronesis*, XXIV, p. 168-179, 1979.

HÖFFE, Gottfried. *Praktische Philosophie, Das Modell des Aristoteles*, Anton Pustet. Verlag: München und Salzburg, 1970.

HURSTHOUSE, Rosalind. Acting and Feeling in Character. *Nicomachean Ethics* 3.i, *Phronesis*, XXIX/3, p. 252-266, 1984.

INGENKAMP, Heinz Gerd, Erkenntniserwerb durch στοχάζεσθαι bei Aristoteles. *Hermes*, 109, p. 172-178, 1981.

IOPPOLO, Anna Maria. Virtue and Happiness in the First Book of the Nicomachean Ethics. In: Alberti, Antonina (Ed.). *Studie sull'Etica di Aristotele*. Firenze: Bibliopolis, 1990, p. 119-149.

IRWIN, T. H. Permanent Happiness. Aristotle and Solon. *Oxford Studies in Ancient Philosophy*, 3, p. 89-124, 1985.

JAEGER, Werner. Medizin als methodisches Vorbild in der Ethik des Aristoteles. *Zeitschrift für Philosophische Forschung*, 13, p. 513-530, 1959.

JOACHIM, H. H. *Aristotle, The Nicomachean Ethics*, ed. by D. A. Rees. Oxford: Clarendon Press, 1951.

JOHANSEN, Thomas K. Aristotle on the Sense of Smell. *Phronesis*, v. XLI/1, p. 1-19, 1996.

KENNY, A. The Practical Syllogism and Incontinance. *Phronesis*, XI, 1966, p. 163-184.

_____. *Aristotle on Perfect Life*. Oxford: Clarendon Press, 1992.

KIRWAN, Christopher. Two Aristotelian Theses about Eudaimonia. In: Alberti, Antonina (Ed.). *Studie sull'Etica di Aristotele*. Firenze: Bibliopolis, 1990, p. 149-193.

KOSMAN, L. A. Predicating the Good. *Phronesis*, XIII, 1968, p. 171-174.

LABARRIÈRRE, Jean-Louis. Imagination Humaine et Imagination Animale Chez Aristote. *Phronesis*, 29, p. 17-49, 1984.

LAWRENCE, Gavin. Akrasia and Clear-Eyed Akrasia. *Revue de Philosophie Ancienne*, VI/1, p. 78-106, 1988.

LECOULTRE, Henri. *Essai sur La Psychologie des Actions Humaines d'après les systémes d'Aristote et de saint Thomas d'Aquin*. Lausana: Imprimerie Georges Bridel, 1883.

LEIGHTON, Stephen R. Aristotle and the Emotions, *Phronesis*, XXVII, p. 144-173, 1982.

_____. *Eudemian Ethics* 1220b11-13, 34, p. 135-138, 1984.

LESZL, Walter. Alcune specifità del sapere pratico in Aristotele. In: Alberti, Antonina (Ed.). *Studie sull'Etica di Aristotele*. Florença: Bibliopolis, 1990, p. 65-119.

LIEBERG, Godo. *Die Lehre von der Lust in den Ethiken des Aristoteles*. Munique: Verlag C. H. Beck, 1958.

LISKE, M. "Kinesis" und "Energeia" bei Aristoteles. *Phronesis*, v. XXXVI/2, p. 161-178, 1991.

# 258 | Ética a Nicômaco · *Aristóteles*

LLOYD, G. E. R. The role of medical and biological analogies in Aristotle's Ethics. *Phronesis*, p. 68-83, 1968.

_____. The Role of Medical and Biological analogies in Aristotle's Ethics. *Phronesis*, XII, p. 68-87, 1968.

MACINTYRE, Alsdair. *Geschichte der Ethik im Überblick. Vom Zeitalter Homers bis zum 20. Jahrhundert*, Hain, 1984.

MERLAN, P. H. Studies in Epicurus and Aristotle. *Klassisch-Philologische Studien*, 22, Wiesbaden, p. 83-93, 1960.

MILLS, M. J. The Discussions of ANDREIA in the Eudemian and Nichomachean Ethics. *Phronesis*, XXV, p. 198-218, 1980.

_____. Aristotle's Dichotomy of εὐτυχια. *Hermes*, 111, p. 292-295, 1983.

NATALI, Carlo. Les Fins et les Moyens – Un Puzzle Aristotélicien. *Revue de Philosophie Anciènne*, VI/1, p. 107-146, 1988.

_____. Virtù o scienza? Aspetti della φρόνησις nei "Topici" e nelle "Etiche" di Aristotele. *Phronesis*, XXIX, p. 50-72, 1984.

NUSSBAUM, Martha. Tragedy and Self-Sufficiency. *Oxford Studies in Ancient Philosophy*, 10, p. 107-160, 1992.

O'MERARA, Dominic. Remarks on Dualism and the Definition of Soul in Aristotle's. *De anima, Museum Helveticum*, 44, p. 168-174, 1987.

OLMSTED, E. H. The "Moral Sense". Aspect of Aristotle's Ethical Theory. *American Journal of Philology*, 69, p. 42-61, 1948.

ONIANS, R. B. The origins of European thought: About the body, the mind, the soul, the world, time, and fate: new interpretations of Greek, Roman and kindred evidence also of some basic Jewish and Christian beliefs. Cambridge: Cambridge University Press, 1951.

OWEN, G. E. L. Aristotelian Pleasures. *Proceedings of the Aristotelian Society*, 72, p. 135-152, 1972.

PETERSON, Sandra. Apparent Circularity in Aristotle's Account of Right Action in the Nicomachean Ethics, *Apeiron*, 25(2), p. 83-108, 1992.

PRICHARD, H. A. The meaning of ΑΓΑΘΟΝ in The Ethics of Aristotle, 241-260. In: Moravcsik, J. M. E. (Ed.). *Modern Studies in Philosophy, Aristotle, a Collection of Critical Essays*. London: University of Notre Dame Press, 1968, p. 241-260.

RACE, William H. καιρός in Greek Drama. *APA*, 111, p. 197-213, 1981.

REEVE, C. D. C. *Practices of Reason, Aristotle's Nichomacean Ethics*. Oxford: Clarendon Press, 1992.

RENEHAN, Robert. Aristotle's Definition of Anger. *Philologus*, 107, p. 61-74, 1963.

_____. The Derivation of ἐυθυμός. *Classical Philology*, 58, p. 36-37, 1963.

RICHTER, Lukas. "Theorie" und "Praxis" der Musik im aristotelischen Protreptikos. *Hermes*, 88, p. p. 177-188, 1960.

RICKEN, Frido. *Der Lustbegriff in der Nikomachischen Ethik des Aristoteles*. Vandenhoeck & Ruprecht in Göttingen, 1976.

RIST, John M. Notes on Aristotle De Anima, 3.5, *Classical Philology*, 61, p. 8-20, 1966.

RITTER, Joachim. Das bürgerliche Leben. Zur aristotelischen Theorie des Glücks. *Vierteljahresschrift für wissenschaftliche Pädagogik*, 32, p. 60-94, 1956.

ROCHE, Timothy D. In Defense of an Alternative View of the Foundation of Aristotle's Moral Theory. *Phronesis*, XXXVII/1, p. 46-84, 1992.

ROWE, Christopher. Alcune Specificità del Sapere Pratico. In: Alberti, Antonina (Ed.). *Studie sull'Etica di Aristotele*. Florença: Bibliopolis, 1990.

_____. The Good for Man in Aristotle's Ethics and Politics. In: Alberti, Antonina (Ed.). *Studie sull'Etica di Aristotele*. Florença: Bibliopolis, 1990, p. 193-227.

SAN, Debra. Thinking Mortal Thoughts. *Philosophy and Literature*, 19(1), p. 16-31, 1995.

SAUNDERS, Trevor J. *Arete* and *Ergon* in Aristotle, *Politics* 1276b24-26, *Mnemosyne*, 33, p. 353-355, 1980.

SCHILLING, Harald. *Das Ethos der Mesotes, Eine Studie zur Nikomachischen Ethik des Aristoteles*. Tübingen: J. C. B. Mohr Verlag, 1930.

SCHÜSSLER, Ingebor. Die Frage nach der `Υ δαιμον...α in der *Nikomachischen Ethik des Aristoteles*. *Perspektiven der Philosophie*, 19, p. 257-294, 1993.

SCHÜTRUMPF, Eckart. The Model for the Concept of *Ethos* in Aristotles *Rhetoric*. *American Journal of Philology*, 137, 1993.

SEDLY, David. Is Aristotle's Teleology Anthropocentric? *Phronesis*, XXXVI/2, p. 179-196, 1991.

SEEL, Gerhard. Die Bedeutung des Begriffspaares "Dynamis-Energeia" für die Aristotelische Güterlehre Zu Met. IX, 9, 1051a-14. *Archiv für Geschichte der Philosophie*, v. 60. 1978.

SHIELDS, Christopher. Soul as Subject. *Classical Quarterly*, 38, p. 140-149, 1988.

SMITH, A. D. Character and Intellect in Aristotle's Ethics. *Phronesis*, v. XLI/1, p. 56-74, 1996.

TAUMARKIN, Anna. Die Kunsttheorie von Aristoteles im Rahmen seiner Philosophie. *Museum Helveticum*, 2, 1994.

_____. Die Kunsttheorie von Aristoteles im Rahmen seiner Philosophie. *Museum Helveticum*, 2, p. 108-122, 1945.

TAYLOR, C. C. W. States, Activities and Performances. *Aristotelian Society*, XXXIX, p. 85-102, 1965.

# 260 | Ética a Nicômaco · *Aristóteles*

URMSON, J. O. Aristotle on Pleasure. In: Moravcsik, J. M. E. (Ed.). *Modern Studies in Philosophy, Aristotle, a Collection of Critical Essays.* London: University of Notre Dame Press, 1968, p. 323-334.

VAN DER WAERDT, P. A. Aristotle's Criticism of Soul Division. *American Journal of Philology*, p. 243-627, 108, 1987.

VERBECKE, G. Moral Behaviour and Time in Aristotle's *Nicomachean Ethics, Kephalaion, Studies in Greek Philosophy and its Continuation*, Assen, p. 78-90. 9, 1975.

WALKER, A. D. M. Aristotle's Account of Friendship in the "Nicomachean Ethics". *Phronesis*, XXIV, p. 180-196, 1979.

_____. Aristotle's Account of Friendship in the *Nicomachean Ethics*. *Phronesis*, XXIV, p. 180-196, 1979.

WATSON, Gerard. FANTASIA in Aristotle. *Classical Quarterly*, 32, p. 89-99, 1982.

WEBB, Philip. The relative Dating of the Accounts of Pleasure in Aristotle's Ethics. *Phronesis*, XXII, p. 235-262, 1977.

WHERLI, Fritz. Die aristotelische Anthropologie zwischen Platonismus und Sophistik. *Museum Helveticum*, 39, p. 179-205, 1982.

_____. Ethik und Medizin, Zur Vorgeschichte der aristotelischen Mesonlehre. *Museum Helveticum*, 8, p. 36-62, 1951.

WEISS, Roslyn. Aristotle's Criticism of Eudoxan Eudonism. *Classical Philology*, 74, p. 214-221, 1979.

WETZ, Franz Josef. *Das nackte Daß- Die Frage nach der Faktizität*. Günter Neske Verlag, Pfullingen, 1990.

WHITE, Stephen A. Natural Virtue and Perfect Virtue in Aristotle. *Proceedings Boston Colloquium in Ancient Philosophy*, 8, p. 135-168, 1992.

WIELAND, Wolfgang. Aristoteles als Rhetoriker und die exoterischen Schriften. *Hermes*, 86, p. 323-346, 1958.

_____. *Die aristotelische Physik*. Untersuchungen über die Grundlegung der Naturwissenschaft und die sprachlichen Bedingungen der Prinzipienforschung bei Aristoteles. Göttingen: Vandenhoeck & Ruprecht, 1979.

WOODS, Michael. Aristotle on Akrasia. In: Alberti, Antonina (Ed.). *Studie sull'Etica di Aristotele*. Florença: Bibliopolis, 1990, p. 227-263.

# GLOSSÁRIO

Atividade em exercício, ἐνέργεια, *passim*

Atividade sem impedimento, ἀνεμπόδιστος ἐνέργεια, 153a15, b10

Ato injusto/o injusto, ἀδίκημα dist. ἄδικον, 135a8 e ss.

Afecção, paixão, emoção, πάθος, 1132a9

Afeição, φίλησις, 1155b28; 1156a6; 1159b19; 1166b33, 34; 1167b30; 1168a19

Alheio, estranho, alienado/próprio, peculiar, ἀλλότριος, opp. οἰκεῖος, 1120a18; 1162a3

Alma, lucidez humana, ψυχή, 1105b17, 20; 1139a18, b15; 1147a27

Amar, estar apaixonado, ἐρᾶν, 1155b3; 1158a11; 1167a4; 1171a11, b29

Ambição de honra, φιλοτιμία, 1107b31; 1117b29; 1125b22, 23; 1159a13

Amizade fraterna, ἀδελφικὴ φιλία, 161a6, b35, 162a10

Amizade, amor e afeição, φιλία, 1105b22; 1108a28; 1126b20, 22

Ânimo, ira, θυμὸς, 1105a8; 1111b11; 1116b23; 1147a15; 1149a3, 26

Anseio, vontade, βούλησις, 1111b11; 1113a15; 1155b29; 1156b31; 1157b36; 1178a30

Aperceber(-se) de algo, αἰσθάνεσθαι, 118a21, sentir, 126a6, perceber, 170a e ss. 171b4, 179a16, poder perceber ou compreender, αἰσθάνεσθαι ἢ νοεῖν, 170a19, 33, o percebido, τὸ αἰσθανόμενον, 174b30, para o vivo, mas sem consciência, τῷ ζῶντι μὴ αἰσθανομένῳ δέ, 100a20

Aquelas coisas que nos dizem respeito e dependem de nós, τὰ ἐφ' ἡμῖν, 1111b3; 1112a31; 1113a10; 1114a29

Aquilo em vista do qual, τὸ οὗ ἕνεκα, *passim*

Aquisição, posse, κτῆσις, 1098b32; 1120a9, b26; 1176b11

Arrependimento, μεταμέλεια, 1110b19, 22; 1111a20; 1166b12

# 262 | Ética a Nicômaco · *Aristóteles*

Artes e ofícios, δημιουργούμενα, 1094b14

Audácia, θρασύτης, 1108b31; 1109a1, 109

Autossuficiência, independência, αὐτάρκεια, 1097b7; 1134a27; 1177a27

Avareza, falta de generosidade, ἀνελευθερία, 1107b10; 1119b27; 1121a11, b13; 1122a14; 1130a19

Bem-aventurado, μακάριος, *passim*

Benevolência, εὔνοια, 1155b33; 1166b25 e ss.

Boa ação, boa situação de vida, εὐπραξία, 1098b22; 1139a34, b3; 1140b7

Bom assim sem mais, simplesmente bom, ἀγαθὸς ἀπλῶς, 130b27; autenticamente bom, κυρίως, 144b31; coisas belas e boas, καλὰ κἀγαθά, 99a6; ações boas e nobres, ἀγαθαὶ καὶ καλαὶ πράξεις, 99a22; prazer, útil, ἀγαθόν, distinguido de ἡδύ, χρήσιμον, 155b19; o Bem, definição, τἀγαθόν, 94a3. 97a18. 172b14; o bem e o que foi obtido corretamente, τἀγαθὸν καὶ τὸ εὖ, 97b27; o bem supremo, τὸ ἄριστον, 97a28. b22. 98b32. 152b12 e ss. 153b7 e ss.; o bem supremo e o bom correto, τὸ ἄριστον καὶ τὸ εὖ, 107a8; o bem e o bem supremo, τἀγαθὸν καὶ τὸ ἄριστον, 94a22; o bem completo, τὸ τέλειον ἀγαθόν, 97b8; o que é autenticamente o bem, τὸ κυρίως ἀγαθόν, 144b7; o bem de acordo com a verdade, τὸ κατ' ἀλήθειαν ἀγαθόν, 114b7; o bem aparente, τὸ φαινόμενον ἀγαθόν, 113a16. 114a32. 155b19; o bem diz-se de tantos modos quantos se diz o ser, τἀγαθὸν ἰσαχῶς λέγεται τῷ ὄντι, 96b23; τἀγαθόν em Platão, 95a27. 96a11 e ss.; o bem peculiar, τὸ οἰκεῖον ἀγαθόν, 173a5; o bem Humano, τὸ ἀνθρώπινον ἀγαθόν, 94b7. 98a16. 102a14; os bens Humanos, τὰ ἀνθρώπινα ἀγαθά, 140b21. 141b8; o bem susceptível de ser alcançado pela ação humana, τὸ πρακτὸν ἀγαθόν, 97a23. 141b12; o mais extremo dos bens susceptível de ser obtido pela ação humana, τὸ ἀκρότατον τῶν πρακτῶν ἀγαθῶν, 95a16; coisas boas que podem ser realizadas pela ação humana e são susceptíveis de ser alcançadas, τὰ πρακτὰ καὶ κτητὰ ἀγαθά, 97a1 (cf. 96b34); bens pelos quais se luta, τὰ περιμάχητα ἀγαθά, 169a21; as que são boas segundo si próprias e as que são boas como meios para aquelas, τἀγαθὰ τὰ μὲ`ν καθ' αὑτὰ θάτερα δὲ`διὰ ταῦτα (=ὠφέλιμα), 96a14; o bem absoluto e o bem para alguém, τὸ ἀγαθὸν τὸ μὲ`ν ἀπλῶς τὸ δὲ`τινί, 152b26; Os bens são, por um lado, os chamados bens exteriores, por outro, os que concernem a alma humana e, por último, os do próprio corpo, τὰ ἀγαθὰ τὰ μὲ`ν ἐκτὸς τὰ δὲ`περὶ ψυχὴν καὶ σῶμα, 98b13; [o Humano precisa] dos bens que fazem sentir o seu efeito no corpo, de bens exteriores e de sorte, τὰ ἐν σώματι ἀγαθὰ καὶ τὰ ἐκτὸς καὶ τῆς τύχης, 153b17; bens sensuais, τὰ σωματικὰ ἀγαθά, 154a15; o bem [diz-se] da atividade [em exercício] e do estado [final obtido], τοῦ ἀγαθοῦ τὸ μὲ`ν ἐνέργεια τὸ δ' ἕξις, 152b33

Bom entendimento, εὐσυνεσία, 1143a e ss

Calcular probabilidades, λογίζεσθαι, 1175b18, 119

Glossário | **263**

Capacidade, δύναμις, *passim*

Capaz de resistir à calúnia, ἀδιάβλητος, 157a21, 158b9

Caráter, caráter íntimo do Humano, ἦθος, *passim*

Casas em que não há senhores, ἀδέσποτοι οἰκιήσεις, 161a7

Cidade-Estado, Estado, πòλις, *passim*

Ciência, perspectiva científica, conhecimento científico, ἐπιστήμη.

Coisas desautorizadas, ἄκυρα, 1151b15

Coisas insuscetíveis de geração de corrupção, ἀγένητα καὶ ἄφθαρτα, 139b4

Cometer injustiça contra si próprio, ἀδικεῖν ἑαυτόν, 136b1, 138a4 e ss.

Competição, ἀγών, 116b13

Compreender [intuitivamente], νοεῖν, 1170a19, 32

Condução orientadora, ἀγωγὴ ὀρθή, 171b31

Contemplação, situação teórica, olhar puro contemplativo, θεωρία, 1122b17; 1174b21; 1178b5

Coragem, virilidade, valentia, ἀνδρεία, 1104a18; 1105b1; 1107a33; 1108b32; 1109a2

Covardia, δειλία, 1109a3; 1119a21, 28; 1130a18, 31

Cuidado, ocupação, preocupação, ἐπιμέλεια, 1099b20; 1121b12; 1179a24; 1180a1, 25, b28

Decisão de antemão, decisão antecipatória, προαίρεσις, *passim*

Deliberação, βούλευσις, 1112b22

Desconhecidos, ἀγνῶτες, 126b25. 166b31

Desejo, apetite, desejo lascivo, lascívia, ἐπιθυμία, 1103b18; 1111b11; 1117a1; 1119a4, b5; 1147a15; 1148a21; 1149a26

Devassidão, ἀκολασία, 1107b6; 1109a4, 116; 1114a28; 1117b27; 1118a24; 1119a20, b31; 1121b9;

1130a30; 1147b28; 1148b12; 1149a5, 22, b30

Direito que não está escrito, ἄγραφον δίκαιον, 162b22, leis que não estão escritas ἄγραφοι νόμοι, 180b1

Discórdia, estado de sítio, στάσις, 1155b25

Disposição do meio, μεσότης, 1104a26; 1106b12; 1107a33; 1108a15; 1133b32

Disposição permanente, ἕξις, *passim*

Disposição, διάθησις, 1107b16, 30; 1108a24, b11; 1145a33

Domínio sobre si, domínio, ἐγκράτεια, 1128b34; 1145a18, b8; 1146a14, 117, b18; 1150a34; 1151b28; 1152a25

## 264 | Ética a Nicômaco · *Aristóteles*

Dos amigos a que nos une um interesse comercial, ἀγοραῖοι, 158a21; amizade baseada no interesse comercial, ἀγοραία φιλία, 162b26

Ensino, aprendizagem, διδαχή, 1179b21, 23

Entendimento, σύνεσις, 1143a e ss.

Equidade, ἐπιείκεια, 1121b24

Erro culposo (*nomen rei actae*), ἁμάρτημα, 137b17, 25 def. 135b12

Erro, falta, pecado (*nomen agentis*) ἁμαρτία, 1110b29; 1115b15; 1142a21

Esbanjamento, ἀσωτία, 1107b10; 1108b32; 1119b27; 1121a11; 1122a15

Escolhas, αἱρέσεις, op. a fugas, φυγαί, 1104b30

Escultor de imagens, ἀγαλματοποιός, 97b25

Esperteza, δεινότης, 1110a27

Estabilidade, βεβαιότης, 1100b13

Estátua, ἄγαλμα, 175a24

Estranho, ἀδελφός, op. ὀθνεῖος, 160a6; irmãos, ἀδελφοί, 100a1. 161a4, 25. 161b30. 165a16, 29.

Exatidão, ἀκρίβεια, 98a27

Excelência, ἀρετή, *passim*

Exímio em perícia, sábio, σοφός, *passim*

Existir e viver, εἶ ναι καὶ ζῆν, 166a4

Extremidade, ἀκρότης, 107a8

Extremo, ἄκρος, 107a23. 123b14. 134a1

Falsa modéstia, ironia, dissimulação, εἰρωνεία, 1108a22; 1124b30; 1127a14, b30

Falta de domínio, ἀκρασία, 1136b2

Falta de exercício físico, ἀγυμνασία, 114a24

Fanfarronice, ἀλαζονεία, 108a21. 127a13.b28

Felicidade, εὐδαιμονία, *passim*

Forma, aspecto essencial εἶ δος, *passim*

Frouxidão, lassidão, μαλακία, 1116a14; 1145a35, b9; 1150a31, b3, 115

Função vital de nutrição e capacidade de crescimento, θρεπτικὴ ζωή, 1098a1

Função vital do crescimento, αὐξητικὴ ζωή, 1098a1

Função vital perceptiva, αἰσθητικὴ ζωή, 1098a2

Fundamento, razão, causa responsável, αἰτία, 1098b1; 1099b23; 1100a2; 1109a12; 1110b2, 32; 1112a25; 1174b26

# Glossário | 265

Generosidade, ἐλευθερία, 1131a28

Habilidade em adivinhar, εὐστοχία, 1142a23, b2

Hábito, e ἔθος, 1103a17, 26; 1180b5; 1181b22

Honra, valor, τιμή, *passim*

Humano, ἄνθρωπος, 118b2, 170b13

Ignóbil, ἀγεννής, 121a26; 124b22

Ignorância, ἄγνοια, 1145b29; 1147b6; ignorância do fim, ἄγνοια τοῦ τέλους, 114b4; ignorância na decisão, ἡ ἐν τῇπροαιρέσει, 110b31; ignorância em geral, ἡ καθόλου, 110b32; por ignorância, δι' ἄγνοιαν, 110a1. b18 e ss. 144a16. 145b27; errar por ignorância, δι' ἄγνοιαν ἁμαρτάνειν, 136a7; [ações realizadas] por ignorância, ações pelas quais os agentes não são responsáveis, δι' ἄγνοιαν ἧς μὴ αὐτοὶ αἴτιοι, 113b24

Ignorar, estar na ignorância, ἀγνοεῖν, 110b24 e ss. 113b33 e ss. 117a23. 135b33. 141b19; ignorar as suas conveniências, ἀγνοεῖν τὰ συμφέροντα, 110b31, 141b5; ignorar-se a si próprio, ε' αυτόν, 125a22, 28; agir na ignorância, ἀγνοῶν πράττειν, 110b25. 135a24; falhar, fazer algo de errado, ἁμαρτάνειν, decidir na ignorância, κρίνειν, 136b32; ato realizado na mais completa ignorância, τὸ ἀγνοούμενον, 135a32

Igualdade, equidade, ἰσότης, 1131a22; 1133b4, 118; 1158b1, 28; 1162a35, b2

Imortalidade, ἀθανασία, 111b23

Imparcial, ἀδέκαστοι, 108b8

Impotência, impossibilidade, incapacidade, ἀδυναμία, 1121b14

Imutabilidade, ἀκινησία, 1154b27

Incapaz de se arrepender, ἀμεταμέλητος, 1150a22; 1166a29

Incompleto, imperfeito, ἀτελής, 1095b32; 1173a30; 1174a22; 1177b25

Indeterminável, indissociável, indistinto, ἀδιόριστος, 112b9. 175b32

Indiciação, σημεῖον, *passim*

Infâmia, ἀδοξία, 115a10, 13, 128b12

Injustiça, ἀδικία, 1129a3 e ss.

Insensatez, demência, ἀφροσύνη, 1146a27; 1149a5

Insensato, ἀνόητος, 1119b9; 1123b24

Insensibilidade, ἀναισθησία, 1109a4; 1119a7

Insolência, ὕβρις, 1115a22; 1125a9; 1149a32, b23, 33

Instáveis, ἀβέβαιοι, 172a9

Intenção deliberada, βουλευτικὴ ὄρεξις, 1113a11; 1139a23

**266** | Ética a Nicômaco · *Aristóteles*

Intenção, ânsia, ὄρεξις, 1094a21; 1095a10; 1107b29; 1116a28; 1119b7, 8; 1127b7; 1138b11; 1139a18; 1159b20; 1166b33; 1175b30

Involuntário, ἄκων, 110b21; 113b15; 117b8; 135a17; 144a15

Involuntário, ἀκούσιον, 1110b18; 1111a24; 1132b31; 1135a33, b2; 1136a16

Ira, ὀργή, 1105b22; 1108a4; 1125b30; 1126a22; 1130a31; 1135b29; 1138a9; 1149b20

Irracionais, incapazes de fazer sentido das coisas, ἀλόγιστοι, 1149a9

Justiça, δικαιοσύνη, 1108b16; 1120a20; 1127a34; 1155a24, 27; 1173a18

Lei, νόμος, *passim*

Lesa o princípio da proporção, παρὰ τὸν λόγον, 1131b11; 1134a8, 112; 1136a3

Libertar-se da [lei da] morte, ἀθανατίζειν, 177b23

Limite, ἔσχατον, *passim*

Lucro vergonhoso, αἰσχροκερδής, 122a2

Magnanimidade, μεγαλοψυχία, 1107b22, 26; 1123a34 e ss.; 1125a33, 34, b3

Magnificência, μεγαλοπρέπεια, 1107b17; 1122a18 e ss.; 1125b3

Maldade, depravação, μοχθηρία, 1100b32.113b16; 1129b24; 1130a7, b24; 1135b24; 1144a35; 1145b1; 1148b2; 1149a16, 117; 1150b32; 1159b10; 1163b23; 1165b18, 36; 1166b20, 27

Manifestação, ideia, ἰδέα, *passim*

Meio, μέσος, 1107b32; 1108a5, b24

Mesquinhez, μικροπρέπεια, 1107b20; 1122a30

Momento oportuno, καιρός, 1096a32

Mudança, κίνησις, 1173a31; 1174a19

Natureza irracional, ἄλογος φύσις, *passim*

Natureza, ἀνάγκη, op. φύσις, acaso, τύχη, 112a32, op. sentido, λόγος, 180a4

Natureza, φύσις, *passim*

Negligenciar, descuidar, ἀμελεῖν, 1120b2; 1124b27; 1176b11

Nobreza, beleza, esplendor, glória, καλόν, 1099b3

Nocivo, βλαβερός, 1123a32

Nos seus traços essenciais, ἐν τύπῳ, 1179a34, 1129a11, em oposição a *grosso modo*, παχυλῶς, 1094b20

O errar é de muitos modos, ἁμαρτάνειν πολαχῶς ἔστιν, 106b28, op. acertar ibid. κατορθοῦν

O mais das vezes, ὡς ἐπὶ τὸ πολύ, *passim*

O porquê/o quê, διότι/ὅτι, 1095b7

O que deve ser escolhido, αἱρετέον, 110a30. b7

O que é devido, o dever, δέον, 94a 22, 1107a32; 1145b28

# Glossário | 267

O que é impossível ser de outra maneira, ἀδύνατα ἄλλως ἔχειν, 1140a32; 1141b11

O que está fora de si, ἐκστατικός, 1145b11; 1146a18; 1151a1

O que não tem autodomínio, ἀκρατής, 1095b9; 1102b14; 1111b13; 1119b31; 1136a32, b6; 1145b11 e ss.; 1166b8; 1168b34

Objeto de ação, susceptível de ação, praticável πρακτόν, *passim*

Opinião, parecer, δόξα, *passim*

Os que não provaram o sabor de qualquer coisa, ἄγευστοι, 176b19. 179b15

Pensamento compreensivo, διάνοια, 1139b21 e ss., 1142b 112; 1146a25; 1157a7, b34; 1176a3

Percepção acústica, ἀκοή, 1118a7; 1175a14; 1176a1

Percepção, αἴσθησις, 1118a19; 1170b10

Percepcionável, αἰσθητόν, 174b14 e ss.

Perdão, συγγνώμη.

Perícia no lançar bases a partir de princípios, ἀρχιτεκτονική.

Perícia, τέχνη, perícias, artes e ofícios, τέχναι, 1097a17; 1103a22; 1132b9; 1133a14; 1139b14; 1140a7, 30; 1141a10

Perito, artífice, artista, τεχνίτης, 1097a7, b26; 1101a6; 1106b13; 1161a34; 1167b34

Perseguição e fuga, δίωξις/φυγή, 1139a22

Perseverança, καρτερία, 1145a36, b8; 1150b1

Perspicácia, ἀγχίνοια, 1142b5

Perversão, κακία, *passim*

Poder, δύναμις, *passim*

Poder de compreensão [intuitiva], νοῦς, 1096a25, b29; 1097b2; 1112a33; 1139a18, 33, b4, 117; 1141a5, 7, 119, b3; 1142a25, b7, 110; 1150a5; 1168b35; 1169a17, 118; 1176a18; 1177a13; 1177b30; 1178a22; 1179a27

Poder ser de maneira diferente, ἐνδέχεσθαι ἄλλως ἔχειν, 1140a34, b2

Pôr a verdade a descoberto, desocultar, ἀληθεύειν, 1127a19; 1139b13, 115; 1141a3; 1151b20; 1168b13; 1169b23; 1173a9

Por coação, βία, 1135a33

Possibilidade de escolha, αἱρετόν, op. a o que pode ser evitado, φευκτόν, 1119b22; 1148b3; 1179b20. Coisas desejáveis por si próprias, αἱρετὰ κατ' αὐτά, op. a coisas necessárias, ἀναγκαῖα, 147b24. 176b3; o bem preferível, τὸ αἱρετὸν ἀγαθόν, 131b23

Prazer, ἡδονή, *passim*

Prazeres desejáveis, ἀγαπώμεναι ἡδοναί, 1180a14

Prazeres inofensivos, ἀβλαβεῖς ἡδοναί, 154b4

**268** | Ética a Nicômaco · *Aristóteles*

Princípio fundamental, princípio fundamental de origem de motivação; origem e proveniência, ἀρχή, *passim*

Procedimento prático, conduta, comportamento, ação, ação de produção, situação prática, πρᾶξις, *passim*

Processo de geração,γένεσις, *passim*

Processo de investigação, método, μέθοδος, 1094a1, b11; 1098a29; 1126a6

Produção, disposição de produção, fabricação, ποίησις, 1140a2, b4, 6

Produtível, ποιητόν, *passim*

Promulgar [uma lei] ἀγορεύειν, 129b14

Proporção, ἀναλογία, 1131a31

Pudor, sentimento de pudor, αἰδώς, 1108a32; 1116a28, 31; 1128b10; 1179b11

Pusilanimidade, μικροψυχία, 1107b23; 1125a33

Qualidade do que é desagradável, ἀηδία, 171b26

Que pertence ao Humano, ἀνθρώπεια, 175a4

Relaxamento, ἄνεσις, 1150b17

Retribuição, retaliação, ἀνταπόδοσις, 133a3,163a11, 164b7, 165a6, 178a30

Rude, ἄγροικος, 104a24. 108a26. 128a9. b2. 151b13.

Rudeza, ἀγροικία, 108a26

Sabedoria/perícia exímia [absolutamente compreensiva], σοφία, 1098b24; 1103a5; 1139b17; 1141a2, 109 e ss.; 1143b19, 34; 1144a5; 1145a7; 1177a22; 1141a19, b2

Sem medo, ἀδεής, 115a33. b1

Sem vergonha, qualidade do que não tem vergonha, ἀναισχυντία, 1107a11; 1128b31

Sensatez, φρόνησις, 1096b24; 1098b24; 103a6; 1139b16; 1140b35; 1141a5, 7, 21, b8; 1142a14, 23, 30, b33; 1143a7, 26, b20, 21; 1144a7, b2, 115; 1146a4; 1152a12; 1153a21; 1172b30; 1178a16; 1180a22, b28

Sensato, φρόνιμος, 1140a25; 1141a24, b9; 1142a1; 1143a28, b12, 28; 1144a36, b32; 1146a6; 1152a6

Sentido orientador, λόγος ὀρθός, *passim*

Sentido, princípio, razão λόγος, *passim*

Sério, autêntico, σπουδαῖος, 1109a24; 1136b8; 1137b4; 1140a29; 1141a21; 1143b29; 1145b8; 1146a15, 119; 1148b23; 1151a27; 1154a31, b2; 1163a35; 1164b25; 1165a6

Situações de ação que de cada vez se constituem de forma particular, τὰ καθ' ἕκαστα πρακτά, 1109b23; 1110b6; 1124b4; 1142a14; 1143a29, 32, b4;1147a3, 26, b5

Situações relativamente às quais o desfecho será incerto, ἄδηλα πῶς ἀποβήσεται, 112b9; intenções que não podem ser vistas, αἱ βουλήσεις ἄδηλοι, 178a30

Sofrimento, dor, depressão, λύπη, *passim*

Tato, percepção táctil, ἀφή, 1118a26, 31; 1148a9; 1150a9; 1176a1

Tagarela, ἀδολέσχης, 117b35

Tem uma predileção compulsiva por qualquer coisa, φιλοτοιοῦτος, 1099a9; 1118b22; 1125b14

Temperança, σωφροσύνη, 1103a6; 1104a19, 25; 1107b5; 1109a3, 119; 1140b11; 1147b28; 1148b12; 1149a22, b30; 1151b31

Ter amor por si próprio, φίλαυτος, 1168a30, b15

Ter uma forte afeição por algo, ἀγασθῆναι του, 1145a29

Trabalho, produto ou resultado do trabalho, obra, função, ἔργον, *passim*

Transformação, μεταβολή, 1100a4, 24, b1; 1154b28, 31; 1156b1

Universal, καθόλου, *passim*

Uso, fazer uso de..., utilização, χρῆσις, 1100b27; 1129b31; 1130b20; 1165a33; 1167a18

Vão, frívolo, vanglorioso, χαῦνος, 1123b9, 25; 1125a18, 27

Verdade, ἀλήθεια, 1139a18, 26, b12, sinceridade, 1108a20

Vergonha, αἰσχυνή, 1128b21

Versatilidade, εὐτραπελία, 1128a15

Vileza, vulgaridade, qualidade sem préstimo, φαυλότης, 1107a10, 1150a5; 1160b10; 1175a25